경쟁과
경쟁제한성의 이해

정재훈

Jae Hun Jeong

Competition

&

Competitive
Effects

박영사

서 문

　필자는 이 책을 통하여 경쟁법의 핵심 주제인 '경쟁과 경쟁제한성'을 이론적인 방향성과 실무적인 유용성의 측면에서 탐색하고 접근하려고 시도하였습니다. 이 책이 나오게 된 배경과 특징은 다음과 같습니다.

　첫째, 필자는 경쟁법을 연구하는 학자이지만, 그와 별도로 법원과 공정거래위원회에서 경쟁법 사건을 실무적으로 다룬 경험을 가지고 있습니다. 그 과정에서 필자는 무엇이 경쟁의 본질이고, 경쟁제한성을 어떻게 판단해야 하는지의 근본적인 문제에 대한 의문이 있었습니다. 이런 이유에서 이 책은 필자가 이 문제를 두고 그동안 탐색한 과정을 담고 있습니다. 다만, 지금 필자의 역량으로는 '경쟁과 경쟁제한성'이라는 크고 무거운 주제에 대하여 완결된 텍스트를 완성할 수 없었습니다. 언제일지 모르지만, 보다 진전되고 완결된 텍스트를 만들어, 지난(持難)하지만 흥미로운 여정을 마무리하기를 소망할 뿐입니다.

　둘째, 경쟁과 경쟁제한성은 단순한 이론이나 실무적 기준의 문제가 아니라, 그 시대의 산물로 볼 수 있습니다. 지금의 시대를 미래는 팬데믹의 시대로 기억하겠지만, 경쟁법의 시각에서는 종래 흐름을 바꾸려는 전환의 시대로 기억할 가능성이 높습니다.

　이 책은 '경쟁과 경쟁제한성'이라는 근본 주제를 두고, 시대별·국가별 변화를 한국 시장에 어떻게 적용하며, 구체적으로 담아낼지에 대한 고민을 담고 있습니다. 외국의 사례와 이론이 한국 시장과 현실에 그대로 통용되기에는 한국의 시장과 경제가 복잡해진 현실을 고려하여, 변혁기에서 우리 시장과 법현실에 맞는 법이론을 어떻게 만들어 적용할 것인지라는 과제에 다가서려고 시도하였습니다.

셋째, '경쟁제한성'은 경쟁법의 이론적 핵심 개념이며, 동시에 공정거래 위원회 심의 및 법원의 재판에서 실무적인 공방(攻防)의 대상임에도 이를 심층적으로 다룬 서적은 부족하였습니다. 이러한 의미에서 이 책은 '경쟁 제한성'에 대한 다양한 논점을 다룸으로써, 경쟁법 연구자, 경쟁법을 집행 하는 공무원, 경쟁법 사건을 처리하는 법률가, 그리고 경쟁법 이론과 실무 에 관심이 있는 학생 등을 대상으로 작성되었습니다.

넷째, 이 책은 총 5개 장으로 구성되어 있습니다. 제1장에서 경쟁에 관 련된 기본 개념을 다루고, 제2장에서 경쟁제한성의 개념, 경제학과 경쟁법 의 상호 작용을 다룬 후, 경쟁의 기본적 가치로 경쟁성과, 효율성, 후생 개 념을, 경쟁의 외연적 가치로 혁신, 시장구조, 경쟁과정보호, 소비자선택권, 의사결정의 자유, 불공정성 등을, 경쟁의 관련적 가치로 경제력 집중, 불 평등, 공익적 가치 등을 기술하고 있습니다. 제3장에서 경쟁제한성의 판단 기준을 봉쇄효과 기준, 동등효율경쟁자 기준, 경쟁자비용상승 기준 등을 중심으로 다루고, 제4장에서 경쟁제한성 증거와 증명 문제를, 제5장에서 시장지배력 남용, 공동행위, 기업결합 등 유형별 경쟁제한성 문제를 다루 고 있습니다.

이 책은 고려대학교 ICR Law Center(혁신·경쟁·규제법 센터)의 지원으 로 출간될 수 있었습니다. 어려운 출판환경에서 소중한 지원을 해 주신 이 황 교수님과 ICR Law Center에 깊이 감사드립니다. 한편, 이 책의 집필이 필자의 게으름으로 지연되고 있었으나, 2021년 미국 캘리포니아 어바인로 스쿨에서 연구년을 보내는 기간 동안 이 책의 많은 부분을 집필할 수 있었 습니다. 체류기간 동안 집필에 도움을 주신 김성은(Summer Kim) 교수님과 한국법센터(Korea Law Center)에도 감사드립니다.

더불어 책의 초고를 읽고 소중한 의견을 주신 서경원 교수님(서울대학교 경영대학), 윤진하 변호사님, 최지필 선임연구원님(김앤장 법률사무소)과 이화여자대학교 경제법 교실의 성윤진, 심동은, 임나진, 장승희 변호사님, 김은혜 판사님, 이정은 법학석사께 감사드립니다. 그리고 책의 출판으로 수고하신 박영사의 조성호 이사님과 양수정 선생님에게 감사의 말씀을 전합니다.

끝으로, 이 책이 나온 기쁨을 사랑하는 아들 찬희(Channey Jeong)와 나누고 싶습니다.

차례

제2장   경쟁제한성의 이해

제3장　　　경쟁제한성 판단기준

제4장 경쟁제한성의 증명

제1장

—

경쟁의 이해

제1장

경쟁의 이해

제1절 | 경쟁

경쟁을 다루는 규범으로 경쟁법이 존재한다. 많은 국가가 경쟁법을 두어 경쟁을 보호하고 있고, 한국도 경쟁법으로 공정거래법을 두고 있다. 그렇다면 경쟁 보호는 당연하고 절대적인 가치일 수 있다. 그런데도 경쟁을 논의해야 한다면 그 이유가 무엇일지 고민할 필요가 있다.

경쟁법은 실정법으로 존재하고 집행되고 있다. 그러나 법이 존재한다는 사실만으로 규범적인 현상을 모두 설명하지 못한다. 경쟁법이 존재하는 상황에서도 경쟁법이 보호하는 경쟁이 무엇이고, 어떤 방법으로 보호할지에 대한 이론적 논의가 여전히 필요하다.

경쟁법은 경쟁을 보호하고, 경쟁제한적인 행위를 금지하고 있다. 그 전제로 무엇이 경쟁인지, 경쟁제한성의 실체가 무엇인지에 대한 이해가 필요하다. 그러한 전제에서 이 책은 경쟁법의 기본 개념에 대한 탐색 과정을 담고 있다.[1]

---

1) 경쟁의 이해를 위한 접근 방법에는 철학적 접근 방법, 역사적 접근 방법, 판례에 기한

1. 경쟁에 대한 접근과 이해

가. 경쟁의 정의

경쟁의 사전(辭典)적 의미는 '같은 목적에 대하여 이기거나 앞서려고 겨룸'이다.[2] 일반적인 정의와 별도로, 경쟁법의 시각에서 경쟁을 정의하는 문언도 그 특징이나 범위에서 차이가 나타나고 있다.

첫째, 경쟁을 넓게 정의하는 광의설로 '한정된 자원을 차지하기 위해 각 개체들이 경합하는 상태'로 정의하는 견해가 있다.[3]

둘째, 경쟁을 시장과 연관지어 이해하는 협의설로 경쟁을 '시장에서 가능한 한 자기에게 가장 유리한 계약을 체결하려는 모든 시장참가자들의 노력과정'으로 이해하는 견해도 있다.[4]

셋째, 경쟁을 보다 특정적으로 이해하는 최협의설로 경쟁을 '사업자가 상품 또는 용역의 공급 또는 수요의 관계에서, 거래상대방을 획득하기 위해서 다른 사업자와 서로 경쟁하는 과정'을 의미한다고 보는 견해가 있다.[5]

나. 경쟁의 이해와 체계화 필요성

경쟁의 정의 문제와 별도로 경쟁의 이해에는 다음과 같은 유의점이 있고, 이는 체계화의 필요성으로 연결된다.

첫째, 경쟁(특히 경쟁법의 규범적 전제가 되는 경쟁)은 선험적으로 정의되고 이해되기 어렵다.[6] 논리적인 순서를 따르자면, 경쟁 개념이 정의되고, 그에 기초하여 경쟁제한성이 논의되며, 경쟁제한성 판단을 함에 있어 경쟁

접근 방법, 법령에 기한 접근 방법, 비교법적 방법, 관계에 대한 연구 등이 모두 포함된다.
2) 네이버 국어 사전.
3) 권오승·서정, 독점규제법, 법문사, 2022, 10면.
4) 이봉의, 공정거래법, 박영사, 2022, 51면.
5) 岩本章吾, 獨占禁止法精義, 悠悠社, 2013, 111면.
6) 일본의 독점금지법 제2조 제4항은 경쟁의 정의(definition) 규정을 두고 있다.

제한효과를 고려할지, 고려한다면 어떤 방식으로 고려할지가 논의된 연후에, 마지막으로 판단기준과 증명책임 등이 뒤따르는 것이 자연스럽다.

그러나 매사가 그렇듯 논리적인 순서에 따라 실제 발생하는 현상을 규정하기 어렵다. 오히려 실제 집행을 염두에 두면 그 반대 순서일 수 있다. 경쟁제한성 개념을 전제로 행위를 판단하는 것이 아니라(기준→행위), 문제가 되는 행위를 먼저 특정한 후, 경쟁제한성의 개념을 그로부터 추론하는 경우(행위→기준)가 보다 다수일 수 있다.

이는 경쟁제한성 개념이 경직되기보다 유연하고, 제한적이기보다 확장적임을 시사한다. 경쟁과 경쟁제한성을 선험적으로 정의하고, 그에 따라 남용행위와 그 효과를 심사하는 방식이 항상 유용한 것은 아님을 의미한다. 따라서 경쟁 보호는 추상적 용어(abstract terms)로 정의될 수 없다. 경쟁 보호는 행위가 발생한 구체적인 맥락(specific context)에서 파악되어야 한다.[7]

둘째, 그럼에도 불구하고 경쟁은 체계적으로 이해되어야 한다. 경쟁법 집행이 시계열적, 종적(縱的)으로 일관성 있고, 지역적, 횡적(橫的)으로도 균형적이려면 경쟁 개념에 체계적으로 접근할 필요가 있다. 체계화 과정을 통하여 경쟁의 개념이 경직된 방식으로 다루어질 우려도 있다. 그러나 체계화는 논의의 대상이 어떤 지점에 위치해 있는지를 객관적으로 파악할 수 있게 하는 중요한 역할을 한다.

다. 가치로서 경쟁

경쟁에 대한 다양한 시각이 있으나, 경쟁 자체의 장점에 대하여는 이견이 드문 편이다.[8] 그럼에도 경쟁의 가치가 절대적이고 필수적인지에 다양

---

7) Abayomi Al-Ameen, Antitrust pluralism and justice, in The goals of competition law(Zimmer ed., Edward Elgar, 2012), p. 267.
8) Stucke, Is competition always good?, Journal of Antitrust Enforcement, Vol. 1, No. 1, 2013, p. 166.

한 사고와 관점이 존재한다. 역사적, 연혁적으로 보면 경쟁 보호에 대한
우호적인 시각만 존재한 것은 아니었다.

1) 경쟁보호 전통과 경쟁 가치의 독립성

첫째, 경쟁보호 문제는 근대 시장경제와 함께 등장하지 않았다. 그보다
오랜 역사적, 종교적 전통에서 경쟁보호를 찾을 수 있다. 특히 독점과 경
쟁의 문제에 대하여는 19세기 말 이전부터 다양하고 오랜 논쟁이 있었
다.9) 서구를 기준으로 보면 합리성, 효율성, 경쟁의 도덕성, 혁신의 중요
성은 기독교 전통과 밀접한 관련을 가지고 있다. 경제적 효율성을 높이기
위한 독점금지법의 목적은 'good stewardship'과 밀접한 연관성을 가지고
있다.10) 이 점에서 기독교 전통은 혁신에 적대적이지 않았다고 평가하는
견해도 있다.11)

둘째, 경쟁은 독립적인 경제적 가치로 인정받고 있다. 경쟁 보호는 시장
에 기반을 둔 경제에 각별히 중요하다. 경쟁의 과정은 다른 경제적 가치와
방법론에서 구별된다.12) 역사적으로 질서자유주의와 오스트리아 학파13)는
경쟁을 다른 가치, 예컨대 부(wealth)의 가치와 분리하는 데 기여했다.14)

---

9) Elzinga and Crane, Christianity and Antitrust A Nexus, in Christian and Market Regulation(Crane ed., Cambridge, 2021), p. 76.
10) Elzinga and Crane, Christianity and Antitrust A Nexus, in Christian and Market Regulation(Crane ed., Cambridge, 2021), p. 75.
11) Elzinga and Crane, Christianity and Antitrust A Nexus, in Christian and Market Regulation(Crane ed., Cambridge, 2021), p. 95.
12) Andriychuk, Thinking inside the box: Why competition as a process is a sui generis right, in The goals of competition law(Zimmer ed., Edward Elgar, 2012), p. 95.
13) 오스트리아 학파는 동적 경쟁을 강조한다. 대표적인 인물이 하이에크(von Hayek) 교수이다. 그에 따르면 경쟁은 탐색과정(discovery process)이다. 경쟁자들이 소비자선택을 받기 위해 경쟁하는 과정에서 시장이 발견된다. 경쟁법은 경쟁자들이 경쟁하는 과정에 개입하지 않아야 한다. 이러한 개입은 탐색과정을 왜곡할 수 있다. Jones & Sufrin, EU Competition Law, Oxford, 2016, p. 24.
14) Andriychuk, Thinking inside the box: Why competition as a process is a sui generis right, in The goals of competition law(Zimmer ed., Edward Elgar,

셋째, 경쟁은 공공재(public good)로 분류된다. 독점금지법의 역할은 경쟁제한적인 행위로부터 소비자를 보호하는 데 있다. 경쟁제한적 행위에 가격인상, 공급량감축, 혁신과 경제성장[15] 저해 등이 포함될 수 있다. 이 점에서 경쟁은 공공재이다. 경쟁제한적 행위의 피해자가 스스로 보호할 것을 기대하기 어렵다면 경쟁법의 개입이 필요하다.[16]

2) 경쟁 보호에 대한 찬반론

첫째, 역사적으로 경쟁 자체가 불필요하다는 견해도 존재하였다.[17] 유럽의 경우 2차대전 이후까지 카르텔 형성이 경제의 자유 영역으로 이해되었다. 정부도 이를 금지하지 않았다. 오히려 가격안정화를 위해서 카르텔이 장려되었다.[18] 특히 나찌즘(Nazism)은 카르텔을 옹호하였다. 그 반작용(反作用)으로 전후 독일에서 경쟁에 바탕을 둔 경제헌법이 강조되었다.[19]

이러한 견해는 다른 관점에서 여전히 존재한다. 먼저, 협동이 경쟁보다 유익한 경우도 있다는 입장이다. 경쟁으로 사람들이 협동을 하지 못하게 된다. 경쟁은 이기적인 행위를 늘리고, 무임승차를 늘리며, 공공선에 대한 기여를 줄인다는 지적이다.[20]

한편, 소비자의 합리적 판단 능력이 제한된 상태에서, 기업이 소비자를 착취하기 위하여 경쟁을 한다면, 경쟁이 사회에 해악을 줄 수 있다는 우려도 있다.[21] 경쟁이 증가하고, 마진이 감소함에 따라 기업이 비윤리적인 행

2012), p. 110.
15) 혁신과 경제성장은 경쟁을 넓게 볼 경우에 그 범주에 포함된다.
16) Jonathan Baker, The Case for Antitrust Enforcement, 17 J. Econ. Persp. 27 (2003), p. 27.
17) ABA, Antitrust Law Development, 2017, p. 52.
18) Gifford, The Atlantic divide in antitrust, The University of Chicago Press, 2015, p. 8.
19) Gifford, The Atlantic divide in antitrust, The University of Chicago Press, 2015, p. 8.
20) Stucke, Is competition always good?, Journal of Antitrust Enforcement, Vol. 1, No. 1, 2013, p. 168.
21) Stucke, Is competition always good?, Journal of Antitrust Enforcement, Vol. 1,

위를 할 가능성이 높다. 이런 행위가 누적되면 사회 전체에 해악을 줄 수 있다는 견해도 존재한다.[22]

그 밖에도 경쟁을 제한하는 것이 유익하다는 지적이 있다. 예를 들면, 운송 산업 등 안전이 중요한 분야에서 저가(低價)경쟁은 안전 문제를 도외시하는 결과에 이를 수 있고, 주류(酒類) 등 사회적으로 유해성이 있는 상품의 경우 경쟁에 따른 낮은 가격의 공급이 사회적 해악을 가져올 수 있으며, 소수의 경쟁자가 협력하여 규모의 경제를 달성할 수 있고, 생산자의 판매자에 대한 제한이 상품의 효율성을 높일 수 있다는 취지이다. 그러나 이러한 문제는 별도의 규제법을 통하여 보완할 수 있거나, 효율성을 유발하는 공동행위에 대한 인가 제도 등으로 해결할 수 있고, 수직적 제한행위에 대하여는 효율성 평가를 통하여 문제를 해결할 수 있으므로, 경쟁자체를 제한할 근거가 되기 어렵다는 반론이 있다.[23]

둘째, 경쟁보호를 입법 선택의 문제로 보는 견해도 존재한다. 이 견해에 따르면 경쟁은 절대적 가치가 아니다. 입법정책에 따라 선택될 수도 있고, 그렇지 않을 수도 있다. 역사적으로 경쟁보호는 절대적 가치가 아니었고, 오히려 경쟁제한이 일종의 공공선으로 인식되기도 하였다.

셋째, 경쟁법을 제도로 채택한 법제에서는 경쟁의 필요성에 대한 논의는 실정법 해석 차원에서는 더 이상 의미가 없다는 견해가 있다. 대표적으로 미국 연방대법원은 Professional Engineer 사건[24]에서 경쟁을 통하여 가격이 인하되고 품질이 좋아진다는 전제에서 셔먼법이 입법정책으로 경쟁을 채택한 이상, '경쟁을 통하여 공공안전이 저해된다'는 주장을 받아들일 수 없다고 판단하였다.[25]

넷째, 경쟁이 필수적이라는 전제에서도, 어떤 방식으로 경쟁 시장이 구

No. 1, 2013, p. 174.
22) Stucke, Is competition always good?, Journal of Antitrust Enforcement, Vol. 1, No. 1, 2013, p. 183.
23) Whish & Baily, Competition Law, Oxford, 2018, p. 13, 14.
24) National Society of Professional Engineers v. U.S., 435 U.S. 679(1978)
25) ABA, Antitrust Law Development, 2017, p. 75

현되어야 하는지에 대하여 시각차가 존재한다. 경쟁은 신축성 있는 (resilient) 유연한 개념이다.[26] 개별 시장에서 이를 어떤 방식으로, 어떤 기준으로 구현할 것인지에 대하여 다양한 대안이 존재할 수 있다.

라. 경쟁과 규범

첫째, 경쟁법에서 말하는 '경쟁'은 약육강식 상태의 경쟁이 아니라 경기 (競技)의 경쟁에 가깝다. 경쟁법에서 구현하려는 경쟁은 '제한되고 부족한 자원'에 대한 진화론적 다툼이나 '약육강식'을 의미하지 않는다.[27] 경쟁은 스포츠 경기와 같이, 시장 참여자가 자발적으로 규칙(rule)을 존중한다는 전제에서 이루어진다.[28] 그 점에서 경쟁은 필연적으로 규범을 수반한 다.[29] 자유시장의 장점 중 하나는 넓은 다양성(wide diversity)이 허용된다 는 점에 있다.[30] 자유시장에서 정부는 게임의 규칙(rules of the game)을 정하고, 그 규칙을 해석하며 집행하는 역할을 한다.[31]

이 문제와 관련하여, 성경은 경쟁을 하는 운동선수처럼 훈련을 하고, 경 주에 참여할 것을 권고한다. 이는 시장에서 경쟁 원리가 기독교적 윤리에 부합함을 의미한다.[32] 시장은 강자가 약자를 몰락시키는 곳이 아니라(the

---

26) Hayek, Competition as a Discovery Procedure, a 1968 lecture at the Univ. of Kiel, translated in The Quarterly Journal of Austrian Economics Vol. 5, No. 3(2002), p. 20.
27) 물론 경쟁의 사전적 의미로는 '같은 목적에 대하여 이기거나 앞서려고 겨룸'의 의미와 더불어, '생물이 환경을 이용하기 위하여 다른 개체나 종과 벌이는 상호 작용'의 의미 도 있다(네이버 국어 사전).
28) Stucke, What is competition?, in the goals of competition law(Zimmer ed., Edward Elgar, 2012)
29) Stucke, What is competition?, in the goals of competition law(Zimmer ed., Edward Elgar, 2012)
30) Friedman, Capitalism and Freedom, The University of Chicago Press, 2002, p. 15.
31) Friedman, Capitalism and Freedom, The University of Chicago Press, 2002, p. 15.
32) 히브리서 12:1-2. 고린도전서 9:27. Elzinga and Crane, Christianity and Antitrust A Nexus, in Christian and Market Regulation(Crane ed., Cambridge, 2021), p. 93.

powerful crush the powerless), 각자가 자신의 잠재력을 발휘하는 곳이다. 운동선수가 최선을 다해서 경기를 할 때, 경쟁자도 좋은 성과를 내게 된다.[33]

둘째, 경쟁의 이해는 (시장에 대한) 경쟁법 개입의 근거와 직결된다. 정치적 자유방임주의가 독일 바이마르 공화국의 파멸과 나찌즘의 부흥을 초래하였듯이, 경쟁에 아무런 규제가 없으면 소수의 기업이 생존하고 다수 기업이 희생되는 결과에 이를 수 있다는 우려가 있다. 민주주의의 측면이든, 시장경제의 측면이든 자유는 질서에 의하여 보완되어야 한다.[34]

셋째, 경쟁은 법적 가치, 나아가 헌법적 가치로 인정받는 경우가 있다. 경쟁이 경제적 권리(economic right)로 인정되는 과정에서, 경제헌법(economic constitution)을 강조하는 질서자유주의가 영향을 미쳤음은 자연스럽다.[35]

넷째, 경쟁은 불확실성과 그로 인한 탐색 과정을 통하여 나타날 수 있다. 경쟁은 A와 B가 동시에 같은 대상을 얻으려고 할 때 주로 발생한다.[36] 경쟁은 경쟁의 대상이 부족한 경우 자주 발생한다(scarcity).[37] 경쟁은 불확실성(uncertainty)과 연결되어 있다. 하이에크 교수는 이 점에서 경쟁을 탐색 과정(procedure of discovery)으로 본 바 있다. 같은 맥락에서 기회(chance)의 차원에서 경쟁에 접근할 수 있다.[38]

33) Elzinga and Crane, Christianity and Antitrust A Nexus, in Christian and Market Regulation(Crane ed., Cambridge, 2021), p. 94.
34) Andriychuk, Thinking inside the box: Why competition as a process is a sui generis right, in The goals of competition law(Zimmer ed., Edward Elgar, 2012), p. 110.
35) Andriychuk, Thinking inside the box: Why competition as a process is a sui generis right, in The goals of competition law(Zimmer ed., Edward Elgar, 2012), p. 102.
36) 경쟁은 동시에 발생하지 않고 시차를 두고 발생할 수 있다.
37) 경쟁의 대상이 풍부한 경우에도 경쟁은 발생할 수 있다.
38) Black, Conceptual Foundations of Antitrust, Cambridge, 2005, p. 17-19.

2. 경쟁의 분류

첫째, 완전경쟁(perfect competition)이다. 완전경쟁시장의 경우 개별기업
은 자신의 이윤을 극대화하려는 목적을 갖고 있다. 그러나 개별기업은 가
격수용자이므로 기업의 행동(공급량 결정)이 가격에 영향을 미치지 않는
다.[39] 완전경쟁시장이 성립하기 위해서 가격수용자로서 공급자와 수요자,
동질적인 상품, 자원의 완전한 이동성, 완전한 정보 등 조건이 충족되어야
한다.[40]

완전경쟁[41]과 그 후에 등장한 유효경쟁은 범위의 문제에서 차이가 있을
뿐, 절대적으로 구별되는 기준이 아니다. 완전경쟁 모형이 현실에서 적합
하지 않게 된 이유는 다양하다. 대표적인 요인 중 하나는 규모의 경제
(economies of scale) 문제이다.[42]

둘째, 유효경쟁(effective competition, workable competition)이다. 유효경
쟁에서 기업이 생산비용을 초과하는 가격을 설정할 수 없게 된다.[43] 유효
경쟁[44]은 1930년대 메이슨(Edward Mason) 교수, 클라크(John Maurice
Clark) 교수 등에 의하여 제안되었다. 시장지배력이 존재하는 현상을 불가
피한 것으로 받아들이고 그 남용을 어떻게 방지할 것인가의 문제에 집중
하였다. 경제학에서 논의되는 완전경쟁이 실제로 존재하기 어렵다는 점에

---

39) 김상택, 산업조직론, 율곡출판사, 2018, 122면.
40) 이준구, 미시경제학, 법문사, 1990, 353, 354면.
41) 완전경쟁에서 개별기업은 이윤극대화의 목적이 있으나 가격수용자이므로 공급량 결정
   등 기업의 행동이 가격에 영향을 미치지 않게 되어(김상택, 산업조직론, 율곡출판사,
   2018, 122면), 경쟁법의 개입이 불필요하게 된다. 이는 수요자도 시장가격에 영향을
   미칠 수 없음을 의미한다(N. Gregory Mankiew, Principles of Economics, Dryden
   Press, 2001; 김경환·김종석 공역, 「맨큐의 경제학」, 교보문고, 2003, 320면).
42) Hovenkamp, Federal Antitrust Policy, West, 2020, p. 33. 뉴브랜다이즘의 설득력
   에도 불구하고 독점기업을 제어하지 못하는 이유로, 그 동안 규모의 경제에 따른 효
   율성이 현실에서 나타났고, 이를 부정하기 어려운 점을 들 수 있다.
43) 이준구, 미시경제학, 법문사, 1990, 353, 352면.
44) 유효경쟁에서는 기업이 생산비용을 훨씬 초과하는 가격을 설정할 수 없게 된다(이준
   구, 미시경제학, 법문사, 1990, 352면).

서 시장의 불완전성을 해결하기 위한 대안으로 제시되었다.[45] 다만, 경쟁이 유효하기 위한 조건이 무엇인지에 관하여 다양한 견해가 존재한다.[46]

셋째, 동적경쟁(dynamic competition)이다. 경쟁법에서 주목하는 경쟁은 이상적인 완전 경쟁(perfection competition) 상태와 그 과정을 보는 동적경쟁이다. 경쟁 과정은 복잡하고 예측이 어렵다. 지식의 불완전성과 제한, 시장에서 이루어지는 조건의 다양성 등으로 인하여 완전 경쟁과 계획 경제는 모두 현실성이 없다.[47] 경쟁은 탐색절차(discovery procedure)를 수반한다. 결과가 예측 불가능하므로 경쟁이 이루어진다.[48] 경쟁은 예측불가능, 그리고 이를 해결하기 위한 탐색과 불가분의 관계이다.

넷째, 불완전경쟁(imperfect competition)이다. 불완전경쟁 모델(models of imperfect competition)은 기업결합으로 발생하는 단독효과, 특히 가격인상을 설명하는 데 사용되고 있다. 경제분석기법의 발달로 기업결합하는 당사기업들의 상품이 얼마나 가까운 경쟁자인지를 파악할 수 있다. 소비자들이 가까운 대체품으로 평가하는 경우, 이를 제조하는 기업들의 결합에 따라 가격인상의 폭이 클 수 있다. 가격인상의 예측을 위한 UPP(Upward Pricing Pressure) 측정은 독점적 경쟁 모델(monopolistic competition)에 기초를 두고 있다.[49]

다섯째, 경합시장의 경쟁이다. 경합시장 이론(the theory of contestable markets)은 완전경쟁 시장 모델과 자연독점 모델에 대한 비판에서 출발하였다. 가격이 규제되었던 시장에서 탈규제가 이루어진 경우 독점금지법 집

---

45) Gifford, The Atlantic divide in antitrust, The University of Chicago Press, 2015, p. 10.
46) https://en.wikipedia.org/wiki/Effective_competition(search date: Feb. 23. 2021)
47) Stucke, What is competition?, in The goals of competition law(Zimmer ed., Edward Elgar, 2012), p. 33.
48) Hayek, Competition as a Discovery Procedure, a 1968 lecture at the Univ. of Kiel, translated in The Quarterly Journal of Austrian Economics Vol. 5, No. 3, 2002, p. 10.
49) Hovenkamp and Morton, Framing the Chicago School of Antitrust Analysis, University of Pennsylvania Law Review Vol. 168, No. 7, 2020, p. 1861.

행을 어떻게 할지에 대한 이론적 근거를 제시하였다. 시장에 단일 사업자만 존재하는 경우에도 시장진입, 시장에서 활동하는 기간, 가격에 대한 결정이 이루어져야 하고, 그 과정에서 경쟁법이 기능할 수 있다. 단일 사업자가 존재하는 시장에서도 완전경쟁시장과 같은 경쟁 상황이 조성될 수도 있다.[50] 경합시장이 작동하지 않는 이유 중 하나는 매몰 비용(sunk cost)이므로, 사업자의 시장에서 퇴출 비용이 낮을수록 시장은 더 경합적이 된다.[51]

경합 시장 이론은 시장 진입과 퇴출의 자유를 강조한다. 시장구조보다 경합성에 주목한다. 경쟁자의 시장진입이 가능하다면, 효율성과 가격경쟁이 보장된다. 경합시장이 유지되려면 신속한 시장진입과 비용 없는 퇴출이 가능해야 한다. 기존 시장참여자가 가격을 인하하여 시장진입에 대응할 수 없는 상황이어야 한다.[52]

여섯째, 현실적인 시장은 불완전하다. 이를 설명하기 위한 다양한 유형의 시장 모형이 존재한다. 그럼에도 시장의 합리성에 한계가 있다. 특히 단기적으로 시장의 합리성이 부족하고, 시장의 기능에 결함이 있을 수 있다. 동시에, 이러한 명백한 한계에도 불구하고 시장을 대체할 만한 시스템이나 제도가 역사적으로 실현된 바는 없음을 현실로 수용해야 한다.

결국, 시장을 공공의 이익을 위한 개입을 수반한 상태에서 적정하게 작용하도록 하는 것이 현실적인 대안임을 받아들일 필요가 있다. 그 점에서 시장은 시장에 대한 개입 내지 규제와 더불어 유지되어야 하는 필연성을 가지고 있다.

---

50) Hovenkamp, Federal Antitrust Policy, West, 2020, p. 41.
51) Hovenkamp, Federal Antitrust Policy, West, 2020, p. 43.
52) Jones & Sufrin, EU Competition Law, Oxford, 2016, p. 22.

제2절 ｜ 경쟁과 자유

1. 자유

가. 경제적 자유

여기에서 논하는 자유는 경제적 자유이다. 물론 후술하는 바와 같이 경제적 자유는 정치적 자유와 밀접한 관련성을 가지고 있으나, 여기에서 논하는 자유는 경제적 자유가 우선이 된다. 따라서 브라이어(Breyer) 대법관이 강조한 정치적 참여의 자유, 즉 소극적으로 침해당하지 않을 자유와 대별되는 개념으로서의 적극적으로 의지를 구현할 자유와도 구별된다.[53]

첫째, 자유는 중요한 사회적 제도이다. 자유는 그 자체로 중요한 제도적 기반(infrastructure)이다. 또한, 인간을 이해함에 있어 자유는 중요하다.[54] 선택을 할 수 있고 이성을 가진 인간에게 자유는 본질적인 요소이다. 성경에 따르면[55] 이러한 특성 없이 인간은 관리자(steward)로 역할을 할 수 없다.[56] 아담 스미스의 '보이지 않는 손' 원리도 자연적 자유(natural liberty)를 강조하고 있다.[57]

둘째, 자유는 일원적(一元的)으로 이해되기 어렵다. 어떤 내용과 실질을

---

53) Stephen Breyer, Active Liberty, Alfred A. Knopf, 2005, p. 190.
54) 대표적으로 흄(Hume)은 인간의 선택과 결정은 그 행위 이전에 만들어진 상황에 따라, 필요에 의하여 이루어진다는 점에서 자유(liberty, 자유의지를 위한 자유)와 필요 (nesessity, 결정론의 전제가 되는 필요)는 서로 조화될 수 있다고 본다. 즉, 이와 같은 양립주의(Compatibilism)는 자유의지와 결정론이 양립가능하다고 본다. 흄 (Hume)은 뉴튼과 당시 과학 혁명(scientific revolution)에 영향을 받았다. 자유의지와 결정론의 다툼은 2000년간 지속되었고, 이는 불분명한 용어의 사용에서 비롯되었다고 본다[https://en.wikipedia.org/wiki/David_Hume(검색일 2022. 6. 8.)]
55) 구약성서 창세기 1:10, 12, 18, 21, 25.
56) Gregg, Christianity and the Morality of the Market, in Christian and Market Regulation(Crane ed., Cambridge, 2021), p. 15.
57) Elzinga and Crane, Christianity and Antitrust A Nexus, in Christian and Market Regulation(Crane ed., Cambridge, 2021), p. 100.

가진 자유를 중시할지, 그리고 무엇으로부터 자유를 중시할지에 따라 사회
현상에 대한 접근 방법은 달라진다. 예를 들면, 거대 사업자나 시장지배력
으로부터 보호를 통한 경제적 자유 보장을 중시한다면 진보적인 독점금지
법 집행을 옹호하게 된다. 국가로부터 보호를 통한 경제적 자유 보장을 중
시한다면 보수적인 독점금지법 집행을 옹호하게 된다.[58]

셋째, 경제적 자유는 역사적으로 기업의 발전, 민주주의와 자본주의의 발
전을 배경으로 한다. 민주주의와 자본주의 하에서 사기업(private corporation)
은 자발적으로 생성될 수 있었다. 기업의 발전을 통하여 경제적 성과를 높
일 수 있었음은 물론이지만, 기업의 발전은 그 이상의 역할을 했다. 예를
들면, 기업의 성장을 위하여 법률 시스템이 발전했다. 법률 시스템의 발전
으로 개인이 부를 추구할 수 있는 자유가 허용되었다.[59] 특히, 사기업이
존속하기 위하여 사유재산과 계약의 자유는 필수적이며, 경제적 자유는 허
용된다. 이러한 경제적 자유는 사회주의와 국가주의에서 허용되기 어렵다.
그 점에서 기업을 통하여 경제적 자유의 실체가 구체화된 것으로 평가할
수 있다.[60] 이러한 개인의 자유가 가능하기 위하여 경제적 자유가 당연히
수반되어야 한다.

나. 자율성과 사회적 정의

자율성의 원칙과 사회적 정의의 원칙은 자유의 내용과 한계를 이해하는
데 영향을 미쳤다.

첫째, 자율성의 원칙은 자유의 확장(擴張)성의 토대가 된다. 서구에서 윤
리와 법의 철학적 토대는 자율성의 원칙(principle of autonomy)이다. 자율

---

58) Salop, What Consensus? Ideology, Politics, and Elections Still Matter, Georgetown
    Law Journal Online, 2015, p. 5.
59) 기업에 소속되어 생계를 유지하는 개인으로서는 정치 시스템에 대하여 중립적일 수 없다.
60) Bainbridge, Christianity and Corporate Purpose, in Christian and Market
    Regulation(Crane ed., Cambridge, 2021), p. 102.

적인 개인이 선호하는 바와 원하는 바를 의식적으로 선택하거나 거부할
수 있음을 전제로 한다. 자율성을 토대로 자기결정(self-determination)이
가능하게 된다. 자율성의 원칙에 따라 개인의 행동에 제약이 가해진다. 개
인의 자기결정이 타인의 자기결정을 침해하는 것은 허용되지 않는다. 예를
들면 의료행위에 있어 자율성의 원칙에 따라 환자가 그 의미를 이해한 상
태에서 동의를 한 후(informed consent) 치료가 이루어진다.[61]

둘째, 사회적 정의의 원칙은 자유의 제한성의 토대가 된다. 자율성과 함
께 사회적 정의의 원칙(principle of social justice)이 중시된다. 사회적 정의
의 원칙에 따라 상충되는 가치 사이에 구체적인 판단이 이루어진다. 사회
적 정의는 공정성, 평등, 자격(fairness, equality, entitlement) 등과 연결되어
있다. 사회적 정의의 원칙에 따라 자율성은 제약을 받는다.[62]

다. 경제적 자유와 자유 시장

첫째, 자유의 필수적인 전제를 자유 시장으로 보는 접근법이다. 그에 따
르면 자유 시장은 단지 효율적인 경제체제가 아니다. 개인의 자유를 지키
기 위해 자유시장이 필요하다. 사유재산권은 경제의 효율을 높이는 의미에
그치는 것이 아니라, 자유를 보장하는 의미를 가지고 있다.[63]

경쟁법과 경제학에 많은 영향을 미친 아담 스미스의 견해도 이와 공통
점이 있다. 아담 스미스는 기독교의 자연법 전통(Christianity's natural law
tradition)으로부터 영향을 받았다. 이는 아담 스미스 사고에서 두 개의 주
요 축을 형성했다. 그중 하나는 사유 재산에 대한 보호이다. 개인이 사유

---

61) Godley, Enterpreneurship and Market Structure, in Christian and Market
    Regulation(Crane ed., Cambridge, 2021), p. 130, 131.
62) Godley, Enterpreneurship and Market Structure, in Christian and Market
    Regulation(Crane ed., Cambridge, 2021), p. 131.
63) Nicholas Wapshott, 이가영 역, 새무얼슨 VS 프리드먼(Samuelson Friedman), 부키,
    2022, 147면.

재산을 배타적으로 사용하는 것은 신의 뜻(divine mandate)에 부합한다. 다른 하나로, 법은 시장에서 사유재산의 교환이 이루어지도록 보호한다. 개인이 자발적으로 재산을 거래하는 것도 신학적 근거가 있다. 다만, 시장에 기반을 둔 경제에서 독점의 우려도 제기되었고, 특히 당시 시대상황을 반영하여 농산물 독점 문제 등이 제기되었다.[64]

둘째, 시장과 자유의 문제를 분리해서 보는 접근 방법이다. 이에 따르면 시장은 자율적이지 않다. 시장은 특정한 목적을 위하여 만들어진 질서가 아니다. 시장에서 참여자가 다른 참여자와 분리된 것이 아니고, 시장이 다른 제도와 분리된 것이 아니다. 시장은 자발적인 사회적 협력을 위하여 필요한 질서가 확대된 것(an enlarged order of voluntary social cooperation)으로 이해해야 한다.[65]

이러한 접근법에 따를 경우 시장은 보이지 않는 손에 의하여 움직이는 것이 아니라, 인간의 행위에 의하여 지배를 받는 일종의 제도로서 작용하고 있다. 시장에서 이루어지는 인간의 행동을 통하여 공공선(common good)을 증진하기 위하여 정치(精緻)한 규제가 필요할 수 있다. 이러한 규제는 보이지 않는 존재(invisible)가 아니라 보이는(visible) 존재가 된다.[66]

2. 경쟁과 경제적 자유

첫째, 자유와 경쟁을 조화로운 개념으로 인식하는 입장이다. 이에 따르면, 자유와 경쟁의 관계를 모순 없이 서로 조화되는(harmonizing) 관계로 본다. 경쟁 시장이 가능하려면 행위의 자유가 보장되어야 한다. 개인이든

---

64) Elzinga and Crane, Christianity and Antitrust A Nexus, in Christian and Market Regulation(Crane ed., Cambridge, 2021), p. 83.
65) Booth, Subsidiarity and the Role of Regulation, in Christian and Market Regulation(Crane ed., Cambridge, 2021), p. 140.
66) Booth, Subsidiarity and the Role of Regulation, in Christian and Market Regulation(Crane ed., Cambridge, 2021), p. 141.

기업이든 경쟁의 척도인 가격이나 공급량 결정에 자유로워야 경쟁이 가능하다.[67]

'자유로운 경쟁'은 많은 문헌과 판결에서 인용된다.[68] 이는 국내외를 불문하고 흔히 볼 수 있다. 한국 공정거래법도 제1조 목적 조항에서 '자유로운 경쟁 촉진'을 법의 목적으로 명시하고 있다. 그 결과 구체적인 사건에서 자유로운 경쟁을 해석하고 적용할 필요가 있다.[69]

둘째, 자유와 경쟁은 항상 조화되는 관계가 아니라고 보는 견해이다. 자유의 개념과 경쟁의 개념이 항상 모순 없이 조화되고 부합하는 것은 아니다. 물론 절대적으로 자유가 제한되는 시기를 경험한 시대[70]에는 자유와 경쟁의 개념이 자연스럽게 부합할 수 있다. 그러나 '자유 민주주의'에서 자유의 개념과 민주주의 개념의 관계와 위상이 논의되는 것처럼, 자유와 경쟁은 서로 조화될 수도 있으나, 길항(拮抗) 관계일 수도 있다.

자유로운 경쟁도 제한될 수 있다. 자유로운 경쟁이 저해되는 원인으로 크게 두 가지를 내세울 수 있다. 경쟁이 국가권력에 의해서 제한되기도 하고, 경쟁자를 압제하는 다른 큰 경쟁자에 의하여 경쟁이 제한되기도 한다. 국가권력에 의한 경쟁제한은 필요한 제한일 수도, 불필요한 규제일 수도 있다. 국가권력의 문제는 견제와 균형의 원리로 접근하는 반면, 거대 경쟁자의 문제는 경쟁법 집행의 문제가 된다.

셋째, 자유와 경쟁의 긴장 관계는 '의사결정의 자유와 경쟁제한성'의 판단 문제에서 두드러진다. 경제적 자유와 경쟁의 관계에서 경쟁의 전제인

---

67) Zimmer, The basic goal of competition law: to protect the opposite side of the market, in The goals of competition law(Zimmer ed., Edward Elgar, 2012), p. 495.
68) Jones & Sufrin, EU Competition Law, Oxford, 2016, p. 26.
69) 자유와 법은 어떤 관계에 있는지에 대하여 하이에크 교수는 다음을 지적하고 있다. 먼저 자유를 보호하기 위하여 법이 필요하지만, 법은 예측가능해야 한다. 특히 경쟁법과 그 집행은 예측가능해야 한다고 보고 있다. Hayek, The Constitution of Liberty, Routledge, 1993, p. 208.
70) 예를 들면 나찌즘의 폭정을 경험한 하이에크 교수 등이 이에 해당할 것이다.

경제적 자유를 경쟁제한성 판단에 고려할 것인지, 고려한다면 어느 정도로, 어떤 우선순위로 고려할 것인지 논란이 있다.

후술하는 바와 같이 이 문제는 자유 중 협소한 의미인 '의사결정의 자유 또는 선택의 자유'가 경쟁의 본질적인 개념에 포함되는지의 문제로 귀결될 수 있다. 이 문제의 배경으로, 효율성에 기반을 둔 경쟁법과 경쟁의 자유 유지에 중점을 둔 경쟁법 사이에는 상당한 간극이 존재한다는 점을 들 수 있다. 특정 행위가 효율적이지만 의사결정의 자유는 제한하는 사례도 발생할 수 있다. 의사결정의 자유를 침해하는 문제에서 자유 침해와 경쟁 침해는 상충될 수 있다. 문제된 행위가 의사결정의 자유는 제약하지만, 효율성은 증가하는 경우이다. 경쟁법의 목적으로 경제적 자유(economic freedom)를 중시하는 입장은 소비자에 대한 영향이 아니라 개인의 경제적 자유를 보호하는 시스템 유지에 주력하게 된다. 시장 참여자를 부당한 경제력으로부터 보호하는데 관심을 가지게 된다.[71]

의사결정의 자유는 거래상대방 또는 소비자에 대한 관계에서 구현된다. 자유가 거래상대방 선택의 자유를 의미하는 것은 다툼이 없지만, 소비자의 공급자 선택의 자유, 즉 소비자선택권이 포함되는지에 대하여는 의견이 일치하지 않는다.[72] 다른 한편, 경쟁의 자유는 경쟁자에 대한 관계에서 구현된다. 독점사업자의 남용행위로 경쟁자의 '경쟁의 자유'가 제한되는 경우이다. 그러나 독점사업자라고 하더라도 경쟁자의 자유를 직접 제약하는 사례는 드물다.[73] 경쟁자의 시장 퇴출 등을 바로 경쟁자의 자유 침해로 보기는 어렵다. 그 원인이 성과경쟁에 있는지, 남용행위에 있는지를 보아야 한다.

참고로, 대법원 2021. 6. 30. 선고 2018두37700 판결(엘지유플러스 사건)은 "공정거래법은 자유로운 경쟁과 아울러 공정한 경쟁을 보호하려는 목적

---

71) Jones & Sufrin, EU Competition Law, Oxford, 2016, p. 27.
72) Zimmer, The basic goal of competition law: to protect the opposite side of the market, in The goals of competition law(Zimmer ed., Edward Elgar, 2012), p. 496.
73) 담합행위로 경쟁자의 자유가 제한되는 경우로 집단적으로 경쟁자를 배제하기 위한 사업활동방해 등의 행위를 한 경우이다.

으로 제정되었고(공정거래법 제1조 참조), 특히 시장지배적 사업자가 존재하는 시장에서는 다른 시장참여자들의 자유로운 경쟁이 실질적으로 보장되어야 비로소 경쟁의 본래적 기능이 제대로 작동할 수 있다."라고 판시하여 자유로운 경쟁을 강조하였다.[74] 자유로운 경쟁이 보장되어야 경쟁의 본래적 기능이 작동할 수 있다고 보아, 자유를 경쟁의 전제로 이해하고 있다.

넷째, 역설적으로 자유 시장이 경쟁을 붕괴시키는 데 사용된다는 비판론도 있다. 예를 들면, Rowan Williams 캔터베리 대주교는 시장의 자유로 도덕성이 무너진다고 지적했다. 프란시스 교황도 2014년 자유 시장이 새로운 독재(new tyranny)와 다를 바 없다고 지적했다. 이러한 지적이 단지 금융위기에서 비롯된 것은 아니다. 그보다 앞서서, 경제적 자유와 기업 활동의 자유가 신자유주의적인 이념과 다를 바 없게 되었다는 문제의식이 있었다.[75]

3. 경쟁과 정치적 자유

시장의 자유와 정치적 자유는 어떤 관계에 있는가? 경쟁법에 정치적 자유(political freedom)는 어떻게 반영되고 고려되어야 하는가? 시장의 자유가 정치적 자유와 동일하지 않더라도 밀접한 관련성이 있음을 부정할 수 없다.

첫째, 사상의 자유(laissez faire)와 시장의 자유는 공통점을 가지고 있다. 자유 시장의 개념은 오래전부터 존재하였다. 언론과 신앙의 자유는 민주주의 발전 이전부터 존재하였다.[76]

둘째, 시장의 독점은 정치적 자유를 저해할 우려가 있다. 시장에서 생성

---

74) 판결문 8면.
75) Godley, Enterpreneurship and Market Structure, in Christian and Market Regulation(Crane ed., Cambridge, 2021), p. 118.
76) Director, The Parity of the Economic Market Place, The Journal of Law & Economics, Vol. 7, 1964, p. 3.

된 경제적 권력은 경제의 영역으로부터 정치의 영역으로 넘어가서, 경쟁질
서를 손상시키는 데 그치지 않고 민주주의를 위협할 수 있다는 우려가 있
다. 이러한 문제는 소비자후생이나 효율성과 구별되는 문제이다.[77]

셋째, 경제적 자유는 정치적 자유의 수단이 된다(economic freedom as a
means to political freedom).[78] 정치적 자유가 존재하는 국가에는 당연히
자유시장이 존재하였고, 그 예외를 찾아볼 수 없다. 물론 정치적 자유가
제한된 국가에 자본주의가 공존하는 사례는 있다.[79]

4. 경쟁, 자유와 질서자유주의

질서자유주의와 경제적 자유의 관계이다. 질서자유주의는 독일 경쟁법
의 기원이 된 사상이다. 프라이부르크 학파[80]와 질서자유주의는 유럽 경
쟁법의 형성과 해석에 영향을 미쳤다.[81] 대표적인 것이 경제적 자유
(economic freedom)의 강조이다.[82] 자유를 경쟁의 중요한 기초로 보고 있
다. 경제적 자유를 중시하는 이론은 질서자유주의와 밀접한 관련성이 있
다. 후술하는 경쟁과정의 보호도 질서자유주의의 영향과 무관하지 않다.[83]

질서자유주의와 유사한 사조로, 사회적 시장경제(social market economy)
와 신(新)자유주의(neoliberalism)[84]를 들 수 있다.[85] 하이에크 등 오스트리

77) Maier－Rigaud, On the normative foundations of competition law, in the goals
    of competition law(Zimmer ed., Edward Elgar, 2012).
78) Friedman, Capitalism and Freedom, The University of Chicago Press, 2002, p. 8.
79) Friedman, Capitalism and Freedom, The University of Chicago Press, 2002, p. 9.
80) 미국의 하버드 스쿨이 융성했던 기간은 유럽에서 프라이부르크 학파의 형성 기간과
    중첩된다.
81) 질서자유주의는 사회적 시장경제 이론의 형성에 영향을 미쳤다. 독일의 사회적 시장
    경제는 시장에서 경제적 자유와 사회적 영역에서 형평의 원칙을 강조하고 있다. 홍명
    수, 재벌의 경제력 집중 규제, 경인문화사, 2006.
82) Sandra Marco Colino, Vertical Agreements and Competition Law, Oxford, 2010,
    p. 39.
83) Jones & Sufrin, EU Competition Law, Oxford, 2016, p. 27.
84) 이에 해당하는 하이에크 교수 등 대표적 학자는 경제적 자유를 강조하였다.

아 학파는 자유를 강조하며, 국가의 규제 기능에 부정적이다. 작은 정부를 지향하며, 19세기의 고전적 자유주의 전통을 승계한다.[86]

가. 질서자유주의의 지향(指向)

질서자유주의는 경쟁, 경제적 자유, 법제도를 핵심으로 하고 있다. 법제도는 경쟁과정을 보호하고, 개인의 경제적 자유를 보호하기 위한 제도이다. 핵심적인 내용은 다음과 같이 이해할 수 있다.[87] 질서자유주의는 경제적 지식(economic knowledge)을 규범적 언어(normative language)로 바꾸어야 한다고 주장한다. 경제학이 경쟁의 조건을 설명하고, 이를 토대로 법률적 기준이 마련된다.[88] 그 점에서 법과 경제 제도의 관계가 중요하다. 시장 경쟁이 번영을 가져오고, 경쟁이 작동할 수 있도록 법률이 만들어져야 한다.[89]

첫째, 경쟁법은 경쟁과 경제적 자유(economic freedom)가 법률로 구현된 것이다. 경쟁과 경제적 자유는 분리할 수 없을 정도로 밀접불가분의 관계이다.

둘째, 민간권력인 기업의 절제되지 않은 행위와 정부의 자의적인 개입은 모두 위험하다.

셋째, 경쟁적인 시장은 분산되어야 하고, 개인의 경제적 자유가 보장되어야 한다. 개인이 각자 선택권을 행사할 수 있는 시스템이 보장되어야 한

85) Gerber, Law and Competition in Twentieth Century Europe, Oxford, 1998, p. 236, 237.
86) Andriychuk, Thinking inside the box: Why competition as a process is a sui generis right, in The goals of competition law(Zimmer ed., Edward Elgar, 2012), p. 111.
87) Jones & Sufrin, EU Competition Law, Oxford, 2016, p. 26.
88) Gerber, Law and Competition in Twentieth Century Europe, Oxford, 1998, p. 247.
89) Gerber, Law and Competition in Twentieth Century Europe, Oxford, 1998, p. 241.

다. 이 점에서 개인의 선택권은 경제적 자유의 중요한 전제가 되며, 질서
자유주의의 핵심이 될 수 있다.

넷째, 경쟁과정(competition process)의 강조이다. 경쟁과정은 개인의 경
제적 자유가 구체적으로 행사되는 과정이다.

다섯째, 경제적 자유는 법으로 보장될 수 있다. 먼저 경제적 자유는 재
산권과 계약에 관한 사법(private law)으로 보장될 수 있다. 국가의 공법적
인 집행으로 보장될 필요도 있다. 경쟁 제한 행위를 시장의 규칙으로 정하
고 이를 방지하는 것 등이 포함된다.

질서자유주의는 경제적 자유 보호에 치중한다. 진입장벽에 의하여 제한
을 받지 않은 시장을 강조한다. 그 결과 형식적인 법규정의 도입(the
adoption of formalistic rules)으로 귀결될 가능성도 가지고 있다.[90] 그 점
에서 유럽의 특징적인 법리 중 하나인 형식주의(formalism)는 질서자유주
의의 영향을 받은 것으로 평가할 수 있다.

나. 질서자유주의와 경쟁

질서자유주의가 보는 경쟁은 다음과 같다.

첫째, 경쟁을 경주(競走)로 본다. 질서자유주의에 따르면 경쟁과 자유가
유익하기 위해서는 전제 조건이 필요하다. 이는 경주(race)와 비교할 수 있
고, 경쟁이 없다면 경주는 의미가 없다. 또한, 속임수나 반칙이 경쟁에 사
용된다면 역시 경쟁은 의미가 없게 된다.[91]

둘째, 질서자유주의가 지향하는 경쟁은 자유로운 경쟁이지만 자유방임
적 경쟁은 아니다. 질서자유주의는 자유주의 전통은 승계했지만, 자유방임
주의[92]는 승계하지 않았다. 공정하고 평등한 경쟁을 강조한다. 봉건주의

---

90) Whish & Baily, Competition Law, Oxford, 2015, p. 205.
91) Sandra Marco Colino, Vertical Agreements and Competition Law, Oxford, 2010,
    p. 40.
92) 아담 스미스 등과 이 점에서 차이가 있다.

하에서 특권층과 같은 존재가 경쟁에 참여하지 않아야 한다. 또한, 자유
시장(free market)에 정부개입이 배제되어야 하는 것은 아니다. 오히려 헌
법 질서에 따라 헌법적인 차원에서 정부개입이 결정되어야 한다. 이와 별
도로 사적 경제주체에 적용될 경쟁의 규칙이 정해져야 한다.[93]

  시장참가자가 시장에서 지켜야 할 규칙을 강조한다는 점에서, 질서자유
주의는 경쟁당국이 많은 사건을 처리할 필요가 없음을 강조한다. 경쟁당국
은 원칙을 엄격하게 집행한다는 메시지를 명확하게 시장에 던져야 한다.
그 점에서 경쟁당국의 자율성이 중요하며, 관료주의와 정치적 영향으로부
터 독립되어야 한다.[94]

다. 질서자유주의와 권력(국가권력 및 경제권력)

  첫째, 질서자유주의는 정치적 자유를 강조한다. 국가개입으로부터 개인
의 자유를 최대한 보장한다. 민주주의적 제도를 통하여 정치적 권력을 분
산하는 것을 이상적으로 본다.[95]

  둘째, 경제적 자유는 정치적 자유에 필수적이다. 정치권력으로부터 자유
만이 중요한 것이 아니다. 개인의 자유를 침해할 수 있는 경제적 권력으로
부터 자유를 추구해야 한다. 질서자유주의는 정치권력의 분산과 함께 경제
적 권력의 분산을 중시한다.[96]

  셋째, 집중된 경제력이 집중된 정치력으로 이어질 위험성을 진단하고 우
려한다. 질서자유주의는 과점이 카르텔과 독점에 이르는 위험성만을 강조
한 것이 아니다. 집중된 경제력은 집중된 정치권력으로 연결되고, 궁극적으
로 자유 사회가 붕괴에 이를 수 있음을 강조하였다. 중소기업의 보호는 경

---

93) Sandra Marco Colino, Vertical Agreements and Competition Law, Oxford, 2010,
   p. 40.
94) Gerber, Law and Competition in Twentieth Century Europe, Oxford, 1998, p. 254.
95) Gerber, Law and Competition in Twentieth Century Europe, Oxford, 1998, p. 240.
96) Gerber, Law and Competition in Twentieth Century Europe, Oxford, 1998, p. 240.

제력 집중의 방지 차원이 아니라 사회적 정의의 구현으로 이해되었다.[97]

이러한 논지에 따라 질서자유주의는 민주주의의 관점에서 사적 권력을 제한하려고 하였다. 미국의 U.S. v. E.I. Dupont de Nemours & Co., 353 U.S. 586(1957) 판결, Brown Shoe 판결[98]은 유럽의 질서자유주의와 상당한 유사성을 가지고 있다고 평가하는 견해도 있다.[99]

제3절 | 경쟁과 규제

이익을 추구하는 개인의 행동은 공공의 피해(public vice)가 될 수 있다.[100] 정부는 제도적 규제를 가함으로써 개인의 이익 추구 행동에 대하여 이를 완화하는 역할을 수행해야 한다.[101] 그 점에서 시장에 대한 정부의 개입을 부정적으로만 볼 수는 없다. 규제의 순기능에 대하여 주목할 필요가 있다. 시장실패를 교정하기 위한 대표적인 메커니즘이 경쟁법과 규제법이다. 경쟁법과 규제법은 중첩적(coextensive)이지도 않고 배타적(exclusive)이지도 않다.[102] 다음의 두 사례가 이를 보여준다.

첫째, 2007~2008년 전 세계적 금융위기이다. 금융위기는 사적인 규제가 실패했음을 의미하는가에 대한 논란이 있다.[103] 특히 금융위기는 규제

---

97) Gifford, The Atlantic divide in antitrust, The University of Chicago Press, 2015, p. 9.
98) Brown Shoe Co. v. U.S., 370 U.S. 294 (1962).
99) Gifford, The Atlantic divide in antitrust, The University of Chicago Press, 2015, p. 12.
100) 1979년 발간된 'Chicago School of Antitrust Analysis'에 드러난 포즈너 판사의 견해가 대표적이다.
101) Maurice E. Stucke, Are people self-interested? The implications of behavioral economics on competition policy, in More Common Ground For International Competition Law?(Drexl ed., Edward Elgar, 2011), p. 16.
102) Dunne, Competition Law and Economic Regulation, Cambridge, 2015, p. 41.

완화(deregulation) 과정에서 발생하였다는 의견이 있다.[104] 은행 규제가 폐지되면서 대출기관과 부실채권 판매 기관을 제대로 관리할 수 없게 되었다는 지적이 있다.[105]

둘째, 한국의 외환위기(1997년 IMF 구제금융 사태)에 대하여 기업의 단기적 성장을 유도하기 위한 금융과 투자 부분의 급격한 규제 해소는 중복투자, 과잉투자, 과잉시설로 연결되었고, 외환유동성에 문제가 생기자 국가부도사태로 귀결되었다는 견해가 있다.[106] 일반적으로 경쟁에서 우위에 서고, 이윤을 늘리기 위해 기업이 경쟁적으로 더 많은 대출을 받을 수 있다. 이때 정부의 규제가 일종의 대항력으로서 위험을 줄이는 역할을 할 수 있다.[107]

1. 경쟁법과 시장기능 보호

경쟁법을 통한 시장기능 보호 문제에 대하여 다음과 같은 방향을 제시할 수 있다.

첫째, 경쟁제한효과 방지와 시장 개입 방지(시장기능 보호)는 구분되지 않는 경우가 많다. 예를 들면 경쟁법이 가격협정을 규제하는 목적은 경쟁제한 효과를 방지하려는 것이기도 하지만, 가격에 대한 개입 자체를 금지하여 시장기능을 보호하려는 것이기도 하다.

둘째, 경쟁법은 시장기능이 정상적으로 작용되도록 유도하는 역할을 한다.

---

103) Booth, Subsidiarity and the Role of Regulation, in Christian and Market Regulation(Crane ed., Cambridge, 2021), p. 157.
104) Booth, Subsidiarity and the Role of Regulation, in Christian and Market Regulation(Crane ed., Cambridge, 2021), p. 145.
105) Nicholas Wapshott, 이가영 역, 새무얼슨 VS 프리드먼(Samuelson Friedman), 부키, 2022, 434면.
106) 김종인, "왜 대통령은 실패하는가", 21세기북스, 2022, 208면.
107) Stucke, Is competition always good?, Journal of Antitrust Enforcement, Vol. 1, No. 1, 2013, p. 184.

그 점에서 시장기능보호, 시장에 대한 인위적 개입의 금지 등은 경쟁법의 역할에 포함된다. 예를 들면, U.S. v. Container Corp. of America, 393 US 333(1969) 판결에서 가격협정을 규제해야 하는 이유로 가격인상 효과보다는 가격의 안정화(stabilization)를 강조하고 있다. U.S. v. Socony-Vacuum Oil Co., 310 US 150(1940) 판결도 시장의 가격에 대한 인위적인 개입은 그 자체로 위험하다고 판단하였다. 경쟁을 통한 폐해가 발생하더라도 가격에 대한 개입은 허용되지 않는다는 입장이다.

셋째, 경쟁법 집행의 기본은 시장기능이 작용한다는 점에 있으므로 시장실패의 존재는 경쟁법 집행의 명분을 제공한다. 그 경우에도 시장 실패(market failure)의 속성을 이해할 필요가 있다. 독점금지법 집행을 위한 제도적인 개입이 어느 선까지 가능한지를 식별하여, 시장 실패를 교정하기 위한 적정한 제도적 장치를 마련할 필요가 있다.[108]

시장실패를 규제법으로 해결하기에 앞서, 시장실패의 문제점과 규제의 문제점을 서로 균형적으로 비교할 필요가 있다. 시장의 폐해(private opportunism)와 정부의 과도한 규제(government overreaching) 사이의 위험을 비교할 필요가 있다.[109]

외부효과(neighborhood effect) 문제는 시장실패의 대표적 사례이다. 과거 교황 프란시스가 언급한 바와 같이, 이윤 극대화를 추구하면서 동시에 미래 세대에 발생할 환경 피해를 고려하는 것은 현실적으로 어렵다. 이를 경제학적으로 설명하면 외부효과(externality)의 문제이다. 기업은 비용을 타인에게 외부화한다(externalize). 기업 활동을 통하여 외부화된 비용이 막대할 수 있다. 19세기 이래 거대 기업이 등장하면서 여러 사회적인 문제가 발생하였다. 사회적으로 심각한 수준에 이르지 않더라도, 기업은 비용을 지속적으로 외부화한다.[110]

108) Sokol, Antitrust, Institutions, and merger control, 17 George Mason Law Review 1055, 2010, p. 1062.
109) Dunne, Competition Law and Economic Regulation, Cambridge, 2015, p. 42.
110) Bainbridge, Christianity and Corporate Purpose, in Christian and Market

외부효과는 정부개입을 정당화하는 논리로 사용된다. 반면, 외부효과가 정부개입의 논리가 될 수도 있지만, 정부개입을 제약하는 논리가 될 수도 있다. 외부효과로 시장에서 자발적 거래가 이루어지기 어려운 경우에 정부도 이러한 문제를 해결하기 어려울 수 있기 때문이다.[111]

2. 경쟁법과 규제법

일정한 국민경제상의 목적을 달성하기 위하여 사적자치에 의한 기업의 행위에 영향을 미치기 위하여 국가가 직간접적으로 고권적인 수단을 통하여 기업에 작용할 때, 이를 규정하는 법규범과 법제도를 규제법으로 보는 견해가 있다.[112] 더 좁은 의미로는 개별 산업에 특유한 문제를 다루기 위하여 전담법률과 규칙을 제정, 운영하는 경우 이를 규제법이라고 부를 수 있다.[113] 예를 들면 통신시장에 국한된 다양한 문제를 규율하기 위한 규범으로 통신법(telecommunication law)이 존재한다. 그와 동시에 개별 산업에는 일반적인 경쟁법이 적용된다. 이 경우 통신법 등 개별 산업에 대한 규제법과 경쟁법의 관계에 대하여 다양한 논의가 있다.[114]

경쟁법과 규제법은 그 수단, 집행결과가 다를 수 있다.[115] 첫째, 적용 가능한 분야가 다를 수 있다(the sectoral scope of application). 경쟁법은 법률을 통해 면제되지 않는 한 모든 시장에 대하여 적용가능하다. 그 점에서 경쟁법의 적용범위는 규제법에 비하여 넓다.

둘째, 집행의 성격이 다를 수 있다(the temporal nature of enforcement).

Regulation(Crane ed., Cambridge, 2021), p. 109, 110.

111) Friedman, Capitalism and Freedom, The University of Chicago Press, 2002, p. 31.
112) 이봉의, 공정거래법, 박영사, 2022, 24면.
113) 규제의 명확한 정의는 어렵지만, 규제를 국가의 사회에 대한 영향력 행사로 이해하며, 규제는 법제도와 동일한 의미로 인식되는 경향이 있다는 서술로는 이성엽 외, 플랫폼의 법과 정책(계인국 집필 부분), 박영사, 2022, 97면.
114) 권오승 외, 통신산업과 경쟁법, 법문사, 2004, 11, 15, 23면.
115) 경쟁법을 경제규제법의 일부로 이해하는 견해로는 이봉의, 공정거래법, 박영사, 2022, 24면.

규제법은 사전 규제로서 성격을 가지고 있다. 경쟁법은 기업결합 심사를 제외하고 사후 규제의 성격을 가지고 있다. 효율성과 배분적 정의에 대한 기준이 다를 수 있다(the principles of efficiency and distributive justice). 분배의 문제는 경쟁법의 목적이 아니라는 견해가 더 일반적이다.

셋째, 부과되는 법적 의무가 다를 수 있다(the nature of legal obligations imposed). 경쟁법은 시장지배력의 행사가 남용이 되는 범위를 판단한다. 규제법은 시장 메커니즘을 넘어서 법이 의도한 목적 달성을 할 수 있다.

넷째, 규칙의 동적, 정적 성격이 다를 수 있다(the dynamic versus static quality of these rules).116) 경쟁법에 의하여 부과되는 의무는 동적인 성격을, 규제법에 의하여 부과되는 의무는 정적인 성격을 가지는 경향이 있다.

다섯째, 위반행위 성격이 다를 수 있다(the qualitative nature of any infringements). 경쟁법 위반 행위는 그 행위 자체에 위법성이 있는 반면(mal in se), 규제법 위반 행위는 정책적으로 금지된 행위가 금지되는 경향이 있다(mala prohibita).117)

3. 경쟁법을 통한 시장 개입의 특성

규제법은 개별 행위를 규제하기보다 시장 메커니즘을 강화하는 데 사용되어야 하므로,118) 경쟁법이 규제법보다 선행할 필요가 있다는 견해도 있다. 경쟁법은 규제법에 비하여 다음과 같은 장점을 가지고 있다.

첫째, 국가 간 보편성이 있다. 기업의 의사결정에 대한 개입의 정도가 낮다. 규제법의 경우 높은 진입장벽을 만들 수 있는데, 경쟁법은 이러한

---

116) 정적(靜的, static) 분석은 특정 시간을 기준으로 분석한다. 동적(動的, dynamic) 분석은 시간 경로(time path) 전체에 관심을 가지고 분석한다. 이준구, 미시경제학, 법문사, 1990, 63면.

117) Dunne, Competition Law and Economic Regulation, Cambridge, 2015, p. 43－47.

118) Dunne, Competition Law and Economic Regulation, Cambridge, 2015, p. 42.

위험성이 상대적으로 낮다. 경쟁법은 사적 집행을 통하여도 가능할 수 있어 국가의 부담을 줄인다.[119]

둘째, 독점금지법은 경험적, 역사적으로 상징적인 의미가 있었다. 포괄적인 규제 제도에 대한 사회적 요청이 있을 때 극단적인 해결을 피하고 온건한 대안을 제시하는 대안이 될 수 있다.[120] 과거 진보가 문제될 때 미국은 실용적으로 법적 해답을 찾았고, 문제해결을 위한 민주적 대화가 이루어졌으며, 사법부는 이러한 과정을 존중하는 방식으로 극단적인 상황을 피한 것으로 보는 견해가 있다.[121] 미국에서 독점금지법 집행은 과격해질 수 있는 사회적 요청에 대응하여 온건한 대안을 찾는 과정에서 기여한 것으로 평가할 수 있다.

다만 최근 미국의 상황을 보면, Trinko 판결[122]과 Credit Suisse 판결[123] 이후 독점금지법 사건은 법원으로부터 행정기관으로 넘어가는 추세를 보이고 있다. 보크 판사가 규제법보다는 독점금지법을 선호한 것을 고려하면, 이러한 경향은 보수적인 독점금지법 추이와 서로 맞지 않는다. 과거 규제당국이 관할을 가지는 분야에 독점금지법 적용을 인정했던 흐름과도 맞지 않는다. 법원은 절차적인 제약을 통해서 법원에 대한 접근을 축소했다. 사소를 위해서 독점금지법상 손해를 요구하고(antitrust injury requirement), 거래거절 사건에서 원고가 증명해야 하는 증명의 수준을 높이고, 간접구매자의 손해배상청구를 제한하고, 사실심리생략판결을 면하기 위한 원고의 증명부담을 높인 것 등이다.[124] 이러한 변화를 통하여 사소를 통한 독점금

---

119) Dunne, Competition Law and Economic Regulation, Cambridge, 2015, p. 42. 물론 경쟁법은 시장구조에서 비롯된 문제를 해결하는 데 규제법만큼 강력하지 않을 수 있다.

120) William E. Kovacic, Failed Expectations: The Troubled Past and Uncertain Future of the Sherman Act as a Tool for Deconcentration, 74 Iowa L. Rev. 1105 (1989), p. 1150.

121) Stephen Breyer, Active Liberty, Alfred A. Knopf, 2005, p. 66.

122) Verizon Communications, Inc. v. Trinko, 124 S.Ct. 872 (2004).

123) Credit Suisse Securities v. Billing, 551 U.S. 264 (2007).

124) Jonathan B. Baker, Taking the Error Out of "Error Cost" Analysis: What's

지법 청구를 제약함에 따라 필요한 소송이 제기되지 못하고, 경쟁제한적 행위에 대한 저지 효과가 줄어들게 된다. 경쟁법 사건이 법원에서 규제 행정기관으로 넘어가게 됨에 따라 독점금지법의 순기능을 훼손하며 규제 목적이 달성될 우려도 있다.[125]

제4절 | 경쟁과 윤리

1. 경쟁 가치와 윤리

경쟁의 가치와 윤리적 전통은 밀접한 관련성을 가지고 있다. 특히 합리성, 효율성, 경쟁의 도덕성, 혁신의 중요성은 기독교적 전통과 밀접한 관련을 가지고 있다. 서구에서 발달한 경쟁법을 이해하기 위한 방안으로 이를 간략하게 언급하여 본다.

첫째, 경제적 효율성은 종교적 윤리와 부합한다는 견해이다. 경제적 효율성을 높이기 위한 독점금지법의 목적은 'good stewardship'과 밀접한 연관성을 가지고 있다.[126] 성경은 위험한 투자에 대하여 이익을 얻는 것을 문제 삼지 않는다. 효율적인 기업이 높은 시장점유율을 갖는 것에 대하여 비효율적인 기업이 문제 삼을 수 없다.[127] 종교개혁가들도 자유 시장과 자발적인 거래(voluntary exchange)를 강조하였다.[128]

Wrong With Antitrust's Right, Antitrust L.J., Vol. 80, No. 1, 2015, p. 33−35.
125) Jonathan B. Baker, Taking the Error Out of "Error Cost" Analysis: What's Wrong With Antitrust's Right, Antitrust L.J., Vol. 80, No. 1, 2015, p. 35.
126) Elzinga and Crane, Christianity and Antitrust A Nexus, in Christian and Market Regulation(Crane ed., Cambridge, 2021), p. 75
127) Elzinga and Crane, Christianity and Antitrust A Nexus, in Christian and Market Regulation(Crane ed., Cambridge, 2021), p. 99.
128) Elzinga and Crane, Christianity and Antitrust A Nexus, in Christian and Market Regulation(Crane ed., Cambridge, 2021), p. 80.

둘째, 경제적 자유는 종교적 윤리와 부합한다는 견해이다. 기독교 이론에는 하나님이 인간을 창조하면서, 인간이 자유롭게 진리를 선택하도록 하였다는 부분이 있다. 이에 따르면 인간은 자유로워야 하며, 자유로운 경제적 질서(a free economic order)는 인간의 자유(the order of human freedom)에 포함된다.129)

이에 따르면 시장은 단지 희소한 자원을 효율적으로 배분하는 시스템이 아니다. 개인이 스스로 책임을 지게 되고, 이로써 자유가 구현된다. 시장은 이러한 사회 질서가 구현되기 위한 도덕적인 요건(moral requirement)이 된다. 계약을 통하여 인간은 스스로 자유롭게 의무의 주체가 된다. 이는 질서자유주의와 상당한 유사점을 가지고 있다. 시장경제질서는 개인에게 자유로운 선택의 영역을 부여한다. 기독교는 인간의 개별성에 주목하고 있고, 이는 시장경제에 연결된다. 이는 경제적인 필요성 때문만이 아니라 인간의 자유에 대한 기독교의 관심에서 비롯된다.130)

셋째, 윤리적 관점과 같은 맥락에서 실제 사회에 존재하는 인간은 합리적으로 자신의 이익을 추구하는 존재와 거리가 있음을 강조한다. 시카고 스쿨은 인간이 합리적이고, 자신의 이익을 추구하며(self interested), 스스로 의지에 따라 결정을 한다는(with perfect willpower) 전제에 있다. 이와 달리 행태 경제학(behavioral economics)은 개인이 항상 자기 이익을 추구하지 않음을 보여준다. 인간은 타인과 관계에서 공정성을 중시한다. 인간은 경제적 이익을 넘어서 신앙, 윤리, 공정성에 중점을 두고 행동한다.131)

넷째, 경쟁의 가치와 윤리는 연관성이 없다는 반론도 있다. 대표적으로 Hovenkamp 교수는 독점금지법에 도덕적인 내용은 없다고 보고 있다.132)

---

129) Gregg, Christianity and the Morality of the Market, in Christian and Market Regulation(Crane ed., Cambridge, 2021), p. 20.

130) Gregg, Christianity and the Morality of the Market, in Christian and Market Regulation(Crane ed., Cambridge, 2021), p. 20.

131) Maurice E. Stucke, Are people self-interested? The implications of behavioral economics on competition policy, in More Common Ground For International Competition Law?(Drexl ed., Edward Elgar, 2011), p. 6, 7.

독점금지법은 합리적인 판매자와 구매자를 전제로 하고 있다. 기독교는 인간을 죄인으로 보고, 복음에 의한 구원이 필요하다고 본다는 점에서 합리적인 행위자를 전제로 하는 독점금지법과 조화되지 않을 수 있다.[133]

다섯째, 경제학이 윤리학으로부터 분리되면서 경쟁의 가치도 윤리의 문제와 거리가 멀어지게 되었다. 경제학은 도덕이나 윤리로부터 분리되어, 기술적인 학문이 되었다. 효율적 시장 가설(efficient markets hypothesis)은 시장의 윤리에 대한 논의를 배제한 채 사용되고 있다.[134]

특히, 케인즈는 정부의 시장개입이 독재로 향하지 못하게 하는 것은 경제학의 역할이 아니라 윤리학의 역할로 보았다.[135]

2. 독점, 카르텔과 윤리

첫째, 독점은 윤리적 전통에 반한다. 역사적으로 독점과 경쟁의 문제에 대하여 (19세기 말이 아니라) 오래전부터 이를 다룬 학문적 전통이 있었다.[136] 영국 등 유럽에서는 왕이 왕실의 재정을 부여하기 위하여 독점권 등 특권을 부여하였고, 이에 대한 부정적인 여론이 조성되었다. 그 결과 왕이 자의적으로 독점권을 부여할 권한을 박탈하는 독점법(the Statute of Monopolies)이 1624년 제정된 사례도 있다.[137]

---

132) Elzinga and Crane, Christianity and Antitrust A Nexus, in Christian and Market Regulation(Crane ed., Cambridge, 2021), p. 88.
133) Elzinga and Crane, Christianity and Antitrust A Nexus, in Christian and Market Regulation(Crane ed., Cambridge, 2021), p. 90
134) Godley, Enterpreneurship and Market Structure, in Christian and Market Regulation(Crane ed., Cambridge, 2021), p. 120.
135) Nicholas Wapshott, 이가영 역, 새무얼슨 VS 프리드먼(Samuelson Friedman), 부키, 2022, 128면.
136) Elzinga and Crane, Christianity and Antitrust A Nexus, in Christian and Market Regulation(Crane ed., Cambridge, 2021), p. 76.
137) 나종갑, 불공정경쟁법의 철학적·규범적 토대와 현대적 적용, 연세대학교 대학출판문화원, 2021, 25, 27면.

둘째, 카르텔의 금지는 윤리적 설명을 배제하고 이루어지기 어렵다. 가격담합에 대한 당연위법의 적용은 경제학으로 설명이 되기 어렵다. 경제학적으로는 담합에 의한 병행행위와 단순 병행행위는 차이가 없고, 유독 합의에 의한 병행행위를 엄격하게 규제하고, 형벌까지 가할 필요성을 설명하기가 어렵다. 이는 윤리적 전통, 특히 기독교적 윤리적 전통으로 설명이 가능하다는 견해가 있다.[138] 예를 들면, 카르텔 금지는 십계명 중 제9계명인 거짓 증언을 하지 말라는 부분과 연관되어 있다. 카르텔의 기만적 속성(conceptive nature)은 기독교 도덕에 반한다. 카르텔에 따라 시장이 분할되고, 가격이 사전에 결정되고, 낙찰자가 미리 결정된 사실은 소비자 또는 거래상대방이 알지 못한다. 이는 거짓 증인(false witness)과 다를 바가 없다.[139]

제5절 | 경쟁법의 목적

1. 일원주의와 다원주의

일원주의는 경쟁성과, 효율성, 그로 인한 소비자후생을 강조한다. 이에 대하여 효율성 증진만을 목표로 하는 접근방법은 지나치게 제한적이고, 경제적 현실에도 맞지 않는다는 비판을 받고 있다.[140]

다원주의는 경쟁법의 목적으로 다원적인 목적을 추구할 필요가 있다는

---

138) Elzinga and Crane, Christianity and Antitrust A Nexus, in Christian and Market Regulation(Crane ed., Cambridge, 2021), p. 74.
139) Elzinga and Crane, Christianity and Antitrust A Nexus, in Christian and Market Regulation(Crane ed., Cambridge, 2021), p. 96. 부당한 공동행위의 인가 제도(공정거래법 제40조 제2항)는 이러한 기만(欺瞞)성을 치유하는 역할을 하는 것으로 이해할 수도 있다.
140) 공정거래법이 '경제적 효율성'만을 목적으로 한다고 보기 어렵고, 넓은 목적을 상정하고 있다는 견해로는 이호영, 독점규제법(제7판), 홍문사, 2022, 3면.

견해이다.[141] 그 목표로는 효과적인 경쟁과정(effective competition process), 소비자후생(consumer welfare), 동적 효율성과 혁신(dynamic efficiency, innovation), 정적 효율성(static efficiency), 경제적 자유(economic freedom), 소비자선택권(consumer choice), 공정성(fairness), 평등(equality), 복지(well being) 등을 논의하고 있다. 근래에 기업결합 심사를 중심으로 시장의 경쟁 유지 외에 다른 공익적 가치를 고려해야 한다는 주장이 제기되고 있고, 이러한 가치에는 부의 집중, 실업 문제, 특정 지역사회의 우선적 고려가치 등이 논의되고 있다.[142]

경쟁법에서 다원주의를 강조하는 입장에서는 경쟁법이 고정된 내용(fixed content)을 가지고 있지 않다고 본다.[143] 다원주의를 취할 경우 문제점은 일관성, 예측가능성이 저하된다는 점이다. 다원주의에 따른 자의성, 예측불가능성 문제를 해결하기 위한 방법 중 하나는 다원주의의 가치에 대하여 우선순위를 정하는 것(ordering)이다. 이를 통하여 선택과 균형(choosing, balancing)이 가능하다.[144]

Alcoa 판결[145]에서 핸드 판사는 셔먼법에서 이상적인 시장은 소규모 사업자로 구성된 시장이며, 이를 유지하기 위하여 경제적 비용이 소요될 수 있다는 입장을 취하였다. 비경제적 목적으로 사회적, 도덕적 목적도 셔먼법에 포함된다는 입장이었다. 동시에 정당화사유로 효율성을 인정하였다. 이는 유효경쟁에서 효율성과 집중의 상충(trade-off) 문제로 이해될 수 있

---

141) Gifford, The Atlantic divide in antitrust, The University of Chicago Press, 2015, p. 6. 1974년 이전에는 미국의 독점금지법이 다원적 목적을 추구했다고 보는 견해가 있다. 다원적 목적에 「efficiency in resource use, economic growth and innovation, stability in output and employment, equitable income distribution, fair conduct, limiting the size of large business units」 등이 포함된다.
142) Whish & Baily, Competition Law, Oxford, 2018, p. 844~846.
143) Abayomi Al-Ameen, Antitrust pluralism and justice, in The goals of competition law(Zimmer ed., Edward Elgar, 2012), p. 267.
144) Abayomi Al-Ameen, Antitrust pluralism and justice, in The goals of competition law(Zimmer ed., Edward Elgar, 2012), p. 268, 269.
145) U.S. v. Aluminum Co. of America, 148 F.2d 416 (2d Cir. 1945, 'Alcoa 판결').

다.[146] 미국 의회도 셔먼법 제정 당시 소규모 기업의 기회를 보호하는 문제에 관심을 가지고 있었다.[147]

2. 종국적 목적과 중간적 목적

경쟁법 집행으로 달성하려는 '시장의 경쟁'이 최종 목표(final goal)인지, 중간 목표(intermediate goal)인지, 그리고 '시장의 경쟁'이 중간 목표라면 경쟁법 집행으로 최종 목표를 직접 달성할 수 있는지 등이 문제된다.

이는 공정거래법 제1조가 제시하는 가치 사이의 관계 문제로 귀결된다. 공정거래법 제1조(목적)는 "이 법은 사업자의 시장지배적지위의 남용과 과도한 경제력의 집중을 방지하고, 부당한 공동행위 및 불공정거래행위를 규제하여 공정하고 자유로운 경쟁을 촉진함으로써 창의적인 기업활동을 조성하고 소비자를 보호함과 아울러 국민경제의 균형 있는 발전을 도모함을 목적으로 한다."라고 규정하고 있다.

"사업자의 시장지배적지위의 남용과 과도한 경제력의 집중을 방지하고, 부당한 공동행위 및 불공정거래행위를 규제"한다는 부분이 수단으로서 의미를 가지고 있음에는 이론이 드물다. 그런데 공정거래법 제1조에는 창의적인 기업활동 조성, 소비자 보호, 국민경제의 균형 있는 발전 등 목적 앞에 공정하고 자유로운 경쟁이 기재되어 있다. "창의적인 기업활동 조성, 소비자 보호, 국민경제의 균형 있는 발전"과 "공정하고 자유로운 경쟁" 사이의 관계는 어떻게 되는가? 공정거래법이 기본적으로 경쟁법이므로 경쟁의 가치가 중요한 것은 보편적인 시각이며 이론이 없다. 그 외의 가치인 공정, 자유, 소비자보호, 기업활동, 국민경제(전체 경제)를 어떻게 조화하고

---

146) Gifford, The Atlantic divide in antitrust, The University of Chicago Press, 2015, p. 11.
147) Robert Lande, Wealth Transfers as the Original and Primary Concern of Antitrust: The Efficiency Interpretation Challenged, Hastings L.J., Vol. 50, No. 871, 1999, p. 907.

어떤 것을 우선할지에 대하여는 관점의 차이가 크고, 상당한 시각 차이가 있다.[148]

경쟁 촉진이 수단인지, 목적인지 문제된다. 경쟁을 경쟁법의 목적으로 이해할 수 있는 반면, 공정거래법 제1조의 문리상으로는 경쟁이 기업활동, 소비자보호, 국민경제의 중간적인 수단으로 이해될 수도 있다. 이에 대하여 "공정하고 자유로운 경쟁"을 중간적 목적으로, "창의적인 기업활동 조성, 소비자 보호, 국민경제의 균형 있는 발전"을 종국적 목적으로 이해하는 견해,[149] 전자와 후자를 병렬적 목적으로 이해하는 견해, 전자를 기본적인 목적으로 보고, 후자는 전자의 범위 내에서 추구되는 보완적 목적으로 이해하는 견해[150] 등이 있다.[151]

통상 우리 공정거래법의 5대 지주가 시장지배적 지위 남용 규제, 카르텔 규제, 기업결합 규제 등 글로벌한 보편적 규제에 대하여 불공정거래규제, 경제력 집중 규제 등 내국적 규제가 더해진 것으로 보고 있다. 이 다섯 규제가 수단임에는 의문이 없다. 다만 이 다섯 규제가 지향하는 목적은 상당한 편차가 있다. 경제력집중규제는 국민경제의 균형 발전을 위한 것이지만, 시장지배적 지위 남용 규제, 카르텔 규제, 기업결합 규제는 경쟁촉진을 위한 것이고, 불공정거래규제는 피해자 구제 내지 거래공정화에 가깝다.

---

148) 이러한 복수의 가치가 서로 조화된다고 보기 어렵다.
149) 공정하고 자유로운 경쟁을 직접 목적으로, 일반 소비자 이익확보와 국민경제의 민주적이고 건전한 발전의 촉진을 궁극 목적으로 이해하는 견해로는 岩本章吾, 獨占禁止法精義, 悠悠社, 2013, 106－109면.
150) 임영철·조성국, 공정거래법(개정판), 박영사, 2020, 20, 21면.
151) 창의적인 기업활동 조성, 소비자 보호, 국민경제의 균형 있는 발전은 선언적, 이념적 의미를 가질 뿐이고, 위법성 판단의 기준이 될 수는 없으며, '공정하고 자유로운 경쟁'은 공정거래법의 핵심적 목적이지만, 궁극적인 가치나 이념으로 볼 수는 없다는 견해로는 이호영, 독점규제법(제7판), 홍문사, 2022, 2면.

제2장

—

경쟁제한성의 이해

제2장

———

경쟁제한성의 이해

제1절 | 경쟁제한성

1. 경쟁제한성 개념

경쟁제한성을 일률적으로 정의하기 어렵다. 한국 불공정거래행위 심사지침[1]은 "경쟁제한성이란 당해 행위로 인해 시장 경쟁의 정도 또는 경쟁사업자(잠재적 경쟁사업자 포함)의 수가 유의미한 수준으로 줄어들거나 줄어들 우려가 있음을 의미한다."라고 규정하고 있다. 그러나 이러한 경쟁제한성 정의는 경쟁이 제한되는 것이 경쟁제한이라는 단어의 반복에 불과하며, 경쟁사업자 감소는 그 자체를 경쟁제한으로 단정하기 어렵다는 점에서 부적절하다. 그 점에서 경쟁제한성은 경쟁제한성에 관련된 개념을 세부적으로 고찰하여 도출될 필요가 있다. 먼저, 경쟁제한성과 혼용되지만, 구별해야 할 개념에 대하여 살펴본다.

---

[1] 공정거래위원회 예규 제387호 III. 1. 가. (2) (다).

가. 경쟁제한성과 경쟁질서

경쟁제한성과 함께 자주 언급되는 용어가 '경쟁질서'이다. 경쟁질서의 개념, 경쟁제한성과 관계에 대하여 다양한 견해가 있다.

첫째, 경쟁질서를 경쟁제한성으로 이해하는 견해이다. 경쟁질서와 거래질서를 구별하여, 경쟁질서를 경쟁제한성으로, 거래질서를 불공정성으로 보는 견해이다. 이 견해에 따르면 경쟁질서 침해와 거래질서 침해는 구별된다. 경쟁질서 침해설은 계약자유의 원칙에 따라 사업자간 거래는 존중되어야 하고, 다만 그 거래로 인하여 시장에서 경쟁이 감소하는 경우에만 규제되어야 한다고 본다.[2] 거래질서 침해설은 공정거래와 공정경쟁을 구분하면서 공정거래는 공정경쟁보다 넓은 개념으로 경쟁의 수단이나 방법의 공정성, 거래조건의 공정성까지 포함하는 것으로 본다.[3]

둘째, 경쟁질서를 불공정성의 판단기준으로 이해하는 견해이다. 이 견해는 경쟁질서과 거래질서를 구분하지 않고 있다. 한국 불공정거래행위 심사지침[4]은 경쟁질서를 불공정거래행위의 판단기준으로 규정하고 있다. 이는 부당한 고객유인에 대한 심사지침에서 잘 드러난다. 부당한 고객유인은 경쟁제한성이 아니라 불공정성, 특히 경쟁수단의 문제가 기준인 불공정거래행위 유형이다. 예를 들면, 심사지침 중 부당한 이익에 의한 고객유인 부분[5]은 "정상적인 거래관행이란 원칙적으로 해당업계의 통상적인 거래관행을 기준으로 판단하되 구체적 사안에 따라 바람직한 경쟁질서에 부합되는 관행을 의미하며 현실의 거래관행과 항상 일치하는 것은 아니다. 부당한 이익에 해당되는지는 관련 법령에 의해 금지되거나 정상적인 거래관행에 비추어 바람직하지 않은 이익인지 여부로 판단한다."라고 규정하여 바람직한 경쟁질서를 판단기준으로 보고 있다. 심사지침 중 위계에 의한 고객유

---

2) 변동열, "거래상 지위의 남용행위와 경쟁", 저스티스 제34권 제4호, 2001, 171 – 174면.
3) 권오승, 경제법(제6판), 법문사, 2008, 278, 279면.
4) 공정거래위원회 예규 제387호.
5) 심사지침 V. 4. 가. (2) (나).

인 부분6)도 "기만 또는 위계가 가격과 품질 등에 의한 바람직한 경쟁질서를 저해하는 불공정한 경쟁수단에 해당되는지 여부를 위주로 판단한다."라고 규정하고 있다.

경쟁질서를 불공정성의 기준으로 보는 법리는 대법원 판례에도 반영되어 있다. 예를 들면, 대법원 2019. 9. 26. 선고 2014두15047 판결도 "위계에 의한 고객유인행위를 금지하는 취지는 위계 또는 기만행위로 소비자의 합리적인 상품선택을 침해하는 것을 방지하는 한편, 해당 업계 사업자 간의 가격 등에 관한 경쟁을 통하여 공정한 경쟁질서 내지 거래질서를 유지하기 위한 데에 있다. 따라서 사업자의 행위가 불공정거래행위로서 위계에 의한 고객유인행위에 해당하는지를 판단할 때에는, 그 행위로 보통의 거래경험과 주의력을 가진 일반 소비자의 거래 여부에 관한 합리적인 선택이 저해되거나 다수 소비자들이 궁극적으로 피해를 볼 우려가 있게 되는 등 널리 업계 전체의 공정한 경쟁질서나 거래질서에 미치게 될 영향, 파급효과의 유무 및 정도, 문제 된 행위를 영업전략으로 채택한 사업자의 수나 규모, 경쟁사업자들이 모방할 우려가 있는지 여부, 관련되는 거래의 규모, 통상적 거래의 형태, 사업자가 사용한 경쟁수단의 구체적 태양, 사업자가 해당 경쟁수단을 사용한 의도, 그와 같은 경쟁수단이 일반 상거래의 관행과 신의칙에 비추어 허용되는 정도를 넘는지, 계속적·반복적인지 여부 등을 종합적으로 살펴보아야 한다."라고 판시하고 있다. "공정한 경쟁질서 내지 거래질서를 유지하기 위한 데에 있다." 부분이나 "널리 업계 전체의 공정한 경쟁질서나 거래질서에 미치게 될 영향" 부분에서 알 수 있듯이 위 판결은 경쟁질서와 거래질서를 구분하지 않고, 거래관행에 기반한 불공정성 판단기준으로 이해하고 있다.

---

6) 심사지침 V. 4. 나. (2) (가).

나. 경쟁제한성과 경쟁자 배제 우려

한국 불공정거래행위 심사지침[7]은 경쟁사업자 배제 우려와 경쟁제한성을 같은 개념으로 기재하고 있다.[8] 그 영향으로 대법원 2021. 6. 30. 선고 2018두37700 판결 등도 "시장지배적 사업자가 '통상거래가격에 비하여 낮은 대가로 공급한 행위'를 하였다고 하더라도 그러한 사실만으로 해당 거래행위가 시장지배적 지위 남용행위에 해당한다고 볼 수는 없고, '부당하게 낮은 대가로 공급하는 행위'로서 '경쟁사업자를 배제시킬 우려', 즉 부당성이 인정되어야 한다."라고 판시하고 있다.

그러나 '경쟁사업자 배제' 개념과 '부당성' 개념은 일치하지 않고 구별된다. 그 이유는 다음과 같다. 첫째, 시장지배적 지위 남용행위의 부당성은 경쟁제한성이다. 시장지배적 지위 남용에 관한 대표적 판결인 대법원 2007. 11. 22. 선고 2002두8626 판결(포스코 판결)은 부당성이 경쟁제한성임을 밝혔고,[9] 그 후속판결인 대법원 2008. 12. 11. 선고 2007두25183 판결(티브로드 사건), 대법원 2010. 3. 25. 선고 2008두7465 판결(현대자동차 사건) 등 다수의 판결에서 확인되고 있다. 판례에서 말하는 경쟁제한성은

---

7) 공정거래위원회 예규 제387호.
8) 심사지침 V. 3. 가 (2) (가)에 나오는 "염매행위가 당해 상품 또는 용역이 거래되는 시장에서 자기 또는 계열회사의 경쟁사업자를 배제시킬 우려(경쟁제한성)가 있는지 여부를 위주로 판단한다." 부분 등이 대표적이다.
9) '부당성'은 같은 법 제23조 제1항 제1호의 불공정거래행위로서의 거절행위의 부당성과는 별도로 '독과점적 시장에서의 경쟁촉진'이라는 입법목적에 맞추어 독자적으로 평가·해석하여야 하므로, 시장지배적 사업자가 개별 거래의 상대방인 특정 사업자에 대한 부당한 의도나 목적을 가지고 거래거절을 한 모든 경우 또는 그 거래거절로 인하여 특정 사업자가 사업활동에 곤란을 겪게 되었다거나 곤란을 겪게 될 우려가 발생하였다는 것과 같이 특정 사업자가 불이익을 입게 되었다는 사정만으로는 그 부당성을 인정하기에 부족하고, 그중에서도 특히 시장에서의 독점을 유지·강화할 의도나 목적, 즉 시장에서의 자유로운 경쟁을 제한함으로써 인위적으로 시장질서에 영향을 가하려는 의도나 목적을 갖고, 객관적으로도 그러한 경쟁제한의 효과가 생길 만한 우려가 있는 행위로 평가될 수 있는 행위로서의 성질을 갖는 거래거절행위를 하였을 때에 그 부당성이 인정될 수 있다고 판시하였다.

경쟁자 배제와 구별된다. 경쟁자가 배제되었더라도 효율성과 그에 따른 성과경쟁의 산물이라면 이는 경쟁을 제한하지 않으며, 이와 같은 '경쟁자배제와 경쟁제한의 구별'은 경쟁법의 기본이다. 포스코 판결 등 선행 판결에서 "특정 사업자가 불이익을 입게 되었다는 사정만으로는 그 부당성을 인정하기에 부족하고"에서 명시한 바와 같이, 특정사업자에 대한 경쟁자배제와 경쟁제한성은 다르다. 경쟁제한성 판단에서 경쟁사업자 배제를 고려할 수는 있으나, 경쟁사업자 배제가 바로 경쟁제한성은 아니다.

둘째, 법형식상 경쟁사업자 배제 우려와 경쟁제한성은 분리되어 있다. 경쟁사업자 배제는 객관적 요건에 보다 가깝고, 부당성은 위법성 요건으로 이해함이 타당하다. 시장지배적 지위 남용으로서 부당염매의 근거 규정인 공정거래법 제5조 제1항 제5호를 보면 "부당하게 경쟁사업자를 배제하기 위하여"라고 규정하여 "부당성(부당하게)" 요건과 "경쟁사업자 배제(경쟁사업자를 배제하기 위하여)" 요건이 별도로 있다. 이를 구체화한 시행령 제9조 제5항 제1호도 "부당성(부당하게)" 요건과 "경쟁사업자 배제(경쟁사업자를 배제시킬 우려)" 요건을 별개로 규정하고 있다.10) 불공정거래행위 부당염매 조항을 보더라도 공정거래법 제45조 제1항 제3호는 '부당성'과 '경쟁자 배제'를 분리된 요건으로 규정하고 있고,11) 공정거래법 시행령 제52조에 따른 별표 2도 동일하다.12)

---

10) 공정거래법 시행령 제9조 ⑤ 법 제5조 제1항 제5호에 따른 부당하게 경쟁사업자를 배제하기 위하여 거래하는 행위는 다음 각 호의 행위로 한다. 1. 부당하게 통상거래가격에 비하여 낮은 가격으로 공급하거나 높은 가격으로 구입하여 경쟁사업자를 배제시킬 우려가 있는 행위.
11) 공정거래법 제45조 ① 사업자는 다음 각 호의 어느 하나에 해당하는 행위로서 공정한 거래를 해칠 우려가 있는 행위(이하 "불공정거래행위"라 한다)를 하거나, 계열회사 또는 다른 사업자로 하여금 이를 하도록 하여서는 아니 된다. 3. 부당하게 경쟁자를 배제하는 행위.
12) 법 제45조 제1항 제3호에 따른 부당하게 경쟁자를 배제하는 행위는 다음 각 목의 행위로 한다.
가. 부당염매: 자기의 상품 또는 용역을 공급하는 경우에 정당한 이유 없이 그 공급에 소요되는 비용보다 현저히 낮은 가격으로 계속 공급하거나 그 밖에 부당하게 상품 또

다. 경쟁제한성의 체계적 지위

경쟁제한성을 위법성 요건으로 보는 견해와 객관적 요건으로 보는 견해가 있다. 먼저, 경쟁제한성을 위법성 요건으로 보는 견해로, 공정거래범죄에서 위법성의 요건이 경쟁제한성이며, 경쟁제한성은 구성요건적 행위의 존재만으로 추정되거나 징표된다고 보기 어렵다는 견해이다.[13]

다음으로, 경쟁제한성을 객관적 요건으로 보는 견해로, 공정거래사건에서는 경쟁제한효과가 객관적 구성요건이라는 견해이다.[14] 공정거래저해성이 판단기준이 되는 부당한 고객유인 사건에서, 대법원 2018. 7. 12. 선고 2017두51365 판결은 "불공정거래행위에서의 '공정거래저해성' 역시 형벌의 객관적 구성요건에 해당하므로 행위자가 인식해야 할 대상으로서 '고의'의 내용을 구성한다"라고 하여 공정거래저해성을 객관적 요건으로 보는 견해를 취하였다.

위 두 견해 중 위법성 요건설이 타당하다. 경쟁제한성이 객관적 요건으로서 성격과 위법성 요건으로서 성격을 모두 가지고 있음은 부정하기 어렵다. 그러나 체계상으로는 위법성 요건으로 이해하는 것이 논리적이다. 특히 경쟁제한성은 법문상 '부당성'으로 표현되어 있는데, 이는 위법성 요건의 전형적인 표현이기도 하다. 나아가 미국의 경쟁법의 당연위법(per se illegal) 개념이나 유럽연합의 목적 위법(object restriction) 개념은 우리 경쟁법에서도 자주 논의되고 비교된다. 이는 경쟁제한성이 위법성 개념임을 전제로 한 것이다.

는 용역을 낮은 가격으로 공급하여 자기 또는 계열회사의 경쟁사업자를 배제시킬 우려가 있는 행위.

13) 강수진, "공정거래법상 형벌규정에 대한 소고", 경쟁저널 제212호, 2022, 44면. 권오승·서정, 독점규제법, 법문사, 2022, 111면도 위법성의 판단에 경쟁제한성을 서술하고 있다. 임영철·조성국, 공정거래법(개정판), 박영사, 2020, 227면도 경쟁제한성을 위법성으로 이해하는 것으로 보인다.

14) 강우찬, "공정거래법 벌칙규정과 형사법 이론의 체계적 정합성과 관련한 몇 가지 문제들", 경쟁저널 제212호, 2022, 15면.

2. 경쟁제한성 기준의 생성

경쟁법 집행에서 경쟁제한성 판단이 핵심적인 개념이다. 이는 형사규범에서 구성요건에 해당하면, 대부분 위법성이 문제되지 않는 것(formalism)과 대조적이다. 많은 사건에서 경쟁법위반이 부정되는 이유는 객관적 행위가 존재함에도 경쟁제한성의 증명이 이루어지 못한 데에 있다.

한편 경쟁제한성, 그리고 경쟁제한효과의 (현재와 같은) 중요성은 미국의 경쟁법이 다른 국가에 미친 영향으로 볼 수 있다. 그렇다면 미국의 경쟁법, 그리고 경쟁제한성 기준의 생성은 어떤 배경을 가지고 있는가?

미국과 유럽은 경쟁법 태동의 역사적 배경이 다르다. 봉건주의, 혁명, 그리고 시장과 경제에서 국가의 역할 등 다양한 문제에서 유럽은 치열한 역사적 경험을 가지고 있는 반면, 미국은 이를 경험하지 않았다. 이 점에서 유럽과 미국은 역사적으로 다른 배경을 가지고 있다. 이러한 유산으로부터 미국은 상대적으로 자유롭다. 이는 경쟁법에도 영향을 미쳤다.15)

셔먼법은 소규모 시장 참여자(small market participant)를 보호하기 위하여 제정되었다. 그럼에도 동시에 정부의 '제한적' 개입을 통하여 집행되는 방식을 취하였다. 이러한 개입의 제한은 'restraint of trade'와 'monopolization' 요건의 심사를 통하여 이루어졌다. 선택적이고 제한적 개입이 미국 특유의 역사적 경험과 입법 당시 사회적 특성에서 비롯되었음에 주목할 필요가 있다.16)

특히 셔먼법 제정의 역사에서 경쟁제한성 심사를 통한 제한적 경쟁법 적용의 역사적 맥락을 찾아볼 수 있다. 남북전쟁 이후에 발생한 경제력 집중의 현상에 대처하기 위하여 셔먼법 등이 제정되었다. 의회는 정치적인 부담을 줄이고 정치적 압력에 대처하기 위하여 셔먼법 등을 제정하였으나, 셔먼법이 광범위하게 집행되는 것을 희망하지는 않았던 것으로 보인다. 이

---

15) Gifford, The Atlantic divide in antitrust, The University of Chicago Press, 2015, p. 3.
16) Gifford, The Atlantic divide in antitrust, The University of Chicago Press, 2015, p. 4.

는 셔먼법의 제한적이고 선택적인 집행으로 이어진다. 즉 셔먼법의 구체적인 기준은 법원에 의하여 생성되도록 설계되었고, 의회도 '사법심사에 따른 제한적인 개입'의 법리 형성에 대하여 동조하는 입장이었던 것으로 이해할 수 있다.17)

3. 경쟁제한성과 독점의 위험성 논제

독점 자체의 위험성을 근거로 규제한다면 경쟁제한성 심사가 별도로 필요하지 않게 된다. 경쟁제한성 심사가 필수적이 된 현재의 관점으로 보면 독점 자체의 위험성론은 유효하지 않다. 다만, 독점 자체의 위험성을 강조하는 입론을 단지 과거의 이론으로만 단정하기는 어렵다. 여전히 현대의 독점금지법 집행에도 독점 자체의 위험성 이론의 영향력이 남아 있기 때문이다.

가. 독점과 남용행위 테스트

독점은 그 자체로 위법한가, 또는 남용행위가 있어야 하는가. 이 문제에 있어 경쟁법 초기에는 상당한 혼선이 있었으나, 남용행위가 있어야 법 위반을 인정하는 방향으로 수렴되었다. 또한, 독점 그 자체의 위험성은 규모의 경제에 대한 효율성 평가가 이루어지면서 상당 부분 극복될 수 있었다.

효율성에 기한 독점화(독점화 과정에서 효율성이 작용한 경우)를 독점금지법이 금지하는 것은 아니다. 결국 독점화의 과정에서 발생한 남용행위를 금지하는 것이다. 경쟁제한성 평가를 통하여 경쟁제한효과가 인정되는 남용행위를 가려내어 규제한다. 따라서 남용행위를 규제의 대상으로 한다는 점은 미국이나 유럽연합의 차이가 없다. 그 점에서 특정국가의 경쟁법을 원인규제주의나 폐해규제주의 등으로 분류하는 것은 실익이 적다.18)

---

17) Gifford, The Atlantic divide in antitrust, The University of Chicago Press, 2015, p. 4.

독점만으로 셔먼법 제2조 위반이 인정되는지에 대하여 이를 긍정한 일부 판결도 있었으나, 초창기 판결인 U.S. v. Aluminum Co. of America, 148 F.2d 416 (2d Cir. 1945, Alcoa 판결)[19] 판결은 이를 부정하였다. 이 판결은 독점이 불가피하게 성립한 경우까지 셔먼법 제2조 위반은 아니라고 보았다.

물론 위 판결에서 피고의 공급 증가 행위를 독점화로 보아 셔먼법 제2조 위반을 인정한 부분은 남용행위가 필요하다는 법리(abuse theory)와 맞지 않는다. 결과적으로는 시장지배력만으로 위법성이 인정되어 무과실 책임(no-fault monopolization theory)을 인정한 것과 다르지 않으며, 경제적 독점을 셔먼법 제2조 위반으로 인정한 것과 다르지 않다는 비판론이 있는 것도 이 점 때문이다.

이 판결의 영향으로 이후 상당한 기간 셔먼법 제2조 집행이 활성화되었다. 그러나 위 Alcoa 판결 이후의 셔먼법 집행은 독점기업이 생산량을 줄임으로써 가격을 인상하여 독점이윤을 취득한다는 기본적인 모델에 부합하지 않는다는 비판을 받고 있다. 실제 생산량 증가를 통하여 가격이 인하되고 투자가 증가하였음에도 이를 경쟁법상 남용행위로 규제했다는 측면에서 수긍하기 어려운 측면이 있다.[20]

---

18) 미국의 분산주의 사조(Jeffersonian ideal)는 적극적인 독점규제 정책의 철학적 논거를 제시할 수 있다. 그러나 이에 기초하더라도 남용행위 없는 독점을 규제할 정당성을 인정하기는 어렵다. 물론 독점 자체의 위험성을 부정할 수 없으나, 합법적인 독점이 있다면 이는 규제의 대상에서 제외된다. 결국 남용행위를 금지하여, 셔먼법 적용과 같이 독점화에 포섭되는 행위를 규제 대상에 포함하게 된다.

19) 피고(Aluminum Co. of America)는 알루미늄 제조업체이다. 1909년 보유 특허가 만료되자 그 이후에도 시장지배력을 유지하기 위한 일련의 행위를 하였고, 외국 제조업체와도 합의를 하였다. 이에 대하여 원고(미 법무부 반독점국)가 셔먼법 제1, 2조에 기하여 회사분할 등을 소구하였다. 연방지방법원은 셔먼법 제2조 위반을 부정하고, 셔먼법 제1조는 관할이 없다고 보았다. 이와 달리 항소심인 연방 제2 항소법원은 셔먼법 제2조 위반을 인정하고, 셔먼법 제1조도 국내에 영향을 미치는 이상 관할이 있다고 보았다. 다만 항소심도 회사의 분할 청구 부분만은 배척하였다.

20) 정재훈, 공정거래법 소송실무(제2판), 육법사, 2017, 558면.

나. 특별책임

유럽연합은 시장지배적 사업자가 자신이 보유한 경제력을 남용하지 않을 특별책임 또는 특별의무를 부담한다고 보고 있다. 여기에는 경쟁을 저해하지 않고, 거래상대방이나 경쟁사업자를 배려해야 할 특별한 의무가 포함된다.[21]

유럽연합에서 특별책임의 법리를 적용한 대표적인 판결은 Tetra Pak International SA v. Commission, C−333/94 P (1996),[22] Irish Sugar v. Commission, T−228/97 (1999),[23] Manufacture Francaise des Pneumatiques Michelin v. Commission, T−203/01 (2003, 'Michelin II case'),[24] British Airways

---

21) 이봉의, 공정거래법, 박영사, 2022, 245면. 권오승·서정, 독점규제법, 법문사, 2022, 70면.

22) 테트라팩은 액체류 식품포장 기계설비 및 종이팩을 제조하는 사업자이다. 유럽연합 집행위원회는 테트라팩의 다음과 같은 행위가 시장지배력의 남용에 해당한다고 보았다. ㉮ 기계설비와 종이팩을 끼워팔기하였다. ㉯ 비살균시장에서 약탈적 가격설정을 하였다. ㉰ 지역적인 가격차별을 하였다. 유럽연합 일반법원 및 사법법원은 위 행위의 위법성을 인정하였다.

23) Irish Sugar는 아일랜드의 유일하게 사탕무(beet)를 가공하여, 설탕을 만드는 주된 설탕공급회사이다. SDL(Sugar Distributed Ltd)은 설탕의 배급회사로, Irish Sugar는 SDL의 모회사인 SDH(Sugar Distribution Holdings)의 지분 중 51%를 보유하고 있다. 유럽연합 집행위원회는 Irish Sugar의 다음과 같은 행위가 시장지배력의 남용에 해당한다고 보았다. ㉮ 산업용 설탕시장에서 경쟁자의 고객에 대하여 선별적인 저가 판매 정책을 시행하였고, 다른 회원국에 대한 설탕 수출업자에 대하여 수출 리베이트를 제공하였으며, 경쟁사의 설탕을 포장하는 업자에 대하여 가격차별 정책을 시행하였다. ㉯ 소매용 설탕시장에서 북아일랜드 국경에 위치한 구매자들에게 국경 리베이트(border rebate)를 제공하고, 경쟁사의 고객에 대하여 충성 리베이트를 제공하였으며, 목표 리베이트(target rebate)를 제공하고, 선별적 가격차별 정책을 시행하였다. ㉰ 소매용 설탕시장에서 도매업자 등과 경쟁사의 설탕과 원고의 설탕을 교환하였다. 유럽연합 일반법원은 산업용 설탕시장에서 경쟁자의 고객에 대하여 선별적인 저가 판매 정책을 시행한 부분은 증거가 부족하다고 보았으나, 나머지 혐의에 대하여는 모두 위법성을 인정하였고, 사법법원도 이를 유지하였다.

24) 원고(Manufacture Francaise des Pneumatiques Michelin)는 타이어를 생산하여 판매하는 회사이다. 유럽연합 집행위원회는 관련시장인 프랑스의 타이어 시장에서 원고가 다양하고 복잡한 리베이트를 제공하고, 가격을 할인하는 등으로 시장지배적 지위

v. Commission, T-219/99 (2003)[25] 등이다.

유럽에서 발달한 특별책임은 효과주의(effect test, effect theory)보다 형식주의(formalism)에 친숙하다. 특별책임의 법리가 유럽연합 외에서 적용되는 예가 드물다는 점에서 이 법리가 보편성을 가지고 있다고 보기 어렵다. 다만 유럽연합 외의 국가에서 시장지배적 기업에 대하여 특별책임까지는 아니더라도 어느 정도 특별한 고려를 하고 있음도 부정하기 어렵다.

특별책임 문제에 국한하지 않더라도, 유럽은 시장지배적 사업자의 남용행위의 가능성이 높다고 보며 규제 필요성을 인정하고 있다. 이는 유럽에서 강조하는 '공정성의 문제 및 경제적 자유'의 문제와 맞물려 시장지배적 사업자에 대한 규제가 강화되는 배경이 되고 있다.[26]

제2절 | 경제학과 경쟁법

권리에 기반을 둔 접근법(권리 기반 접근법, rights based logic)은 부에 중심을 둔 접근법(부 기반 접근법, wealth centric interest)과 대조적이다. 규범적 접근은 권리 기반 접근법의 일종이며, 경제학적 접근은 부 기반 접근법에 가깝다.

를 남용하였다고 판단하였다. 이에 대하여 원고는 소를 제기하였고, 일반법원은 이 사건에서 집행위원회의 처분이 적법하다고 판단하였다.

25) 원고(British Airways)는 영국에서 가장 큰 항공회사이다. 원고는 원고가 발행한 티켓의 판매 등 서비스를 제공하는 항공사에 대하여 수수료를 지급하면서, 티켓의 매출이 작년에 비하여 증가한 여행사에 대하여 성과보상을 지급하는 시스템을 운영하였다. 유럽연합 집행위원회는 원고의 이러한 성과보상 시스템이 시장지배적 지위 남용에 해당한다고 보았다. 이에 대하여 원고가 소를 제기하였으나, 유럽연합 일반법원은 집행위원회의 처분이 적법하다는 판단을 하였다(항소심인 유럽연합 사법법원도 동일한 결론에 이르렀다).

26) Gifford, The Atlantic divide in antitrust, The University of Chicago Press, 2015, p. 11.

권리 기반 접근법은 권위적 성격을 가진 가치 판단 과정이 수반된다 (authoritative value judgments). 부 기반 접근법은 인간의 행동을 설명하고 정당화하려 한다. 그 점에서 부 기반 접근법은 외부의 권위를 인용할 필요가 없다. 권리 기반 접근법은 형식적인 접근법을 선호하지만, 부 기반 접근법은 형식적인 접근법을 선호하지 않는다.[27]

권리 기반 접근법은 도그마를 중시하고, 그로 인하여 유연하지 않다. 이에 비하여 부 기반 접근법은 유연하며 객관적 측량 가능성, 예측 가능성 등에서 장점이 있다. 경제적 접근법에 따르면 경쟁이 부를 증가하는 수단으로 이해된다.[28]

경쟁법 적용에서 경제적 접근을 강조할 경우 규범적 분석이 약화될 수 있다. 규범에 기초한 형식적 접근과 경제학에 기초한 실용적(pragmatic) 접근은 대립되는 양극단이 아니며, 상호의존적이고 보완적이다. 그 점에서 규범적 접근을 경시할 경우 경쟁의 현상을 정확히 이해하지 못할 우려가 있다.[29]

1. 경제학과 경쟁법의 관계

경쟁은 애초에 규범적 문제가 아니라 현상의 문제였고, 법의 영역보다는 경제학의 영역에 가까웠다. 그런데 경쟁에 대한 법적 보호, 경쟁에 대한 법적 규율의 필요성이 인정됨에 따라 경쟁은 자연스럽게 법 영역에 편

---

27) Andriychuk, Thinking inside the box: Why competition as a process is a sui generis right, in The goals of competition law(Zimmer ed., Edward Elgar, 2012), p. 96, 97.
28) Andriychuk, Thinking inside the box: Why competition as a process is a sui generis right, in The goals of competition law(Zimmer ed., Edward Elgar, 2012), p. 98.
29) Andriychuk, Thinking inside the box: Why competition as a process is a sui generis right, in The goals of competition law(Zimmer ed., Edward Elgar, 2012), p. 99.

입되었다.[30]

첫째, 경제학 이론과 경쟁법 개념은 높은 연관성이 있다. 주요한 경쟁법 개념은 경제학을 기초로 하지 않고 정의되기 어렵다. 미시경제학에서 말하는 독점(monopoly)의 개념과 과점(oligopoly)의 개념이 경쟁법상 단독행위(unilateral action) 규제와 공동행위(concerted action) 규제에 반영되고 있다. 경제학에서 이해하는 독점사업자의 개념이 경쟁법에 '시장지배적 사업자'로 규범화되었다. 공정거래법 제2조 제3호는 "시장지배적 사업자"란 일정한 거래분야의 공급자나 수요자로서 단독으로 또는 다른 사업자와 함께 상품이나 용역의 가격, 수량, 품질, 그 밖의 거래조건을 결정·유지 또는 변경할 수 있는 시장지위를 가진 사업자로 정의하며, 이 경우 시장지배적 사업자를 판단할 때에는 시장점유율, 진입장벽의 존재 및 정도, 경쟁사업자의 상대적 규모 등을 종합적으로 고려하고 있다. 여기서 알 수 있듯이 경제학에서 정의한 독점사업자의 개념과 공정거래법에 규정된 시장지배적 사업자의 개념은 공통점을 가지고 있다.

둘째, 경제학적 개념은 규범화 과정에서 변환(transformation) 과정을 거친다. 규범화 과정에서 규범적 가치 평가가 투입될 수 있다. 예를 들면, 병행행위와 합의의 관계 등이다. 사업자들의 공통된 행위로 시장에 영향을 미치는 병행행위는 '합의'라는 규범적 요소를 매개로 비난가능성을 설명할 수 있었고, 부당한 공동행위 규제 제도로 정착되었다.

셋째, 경쟁법의 목적을 정하고 구체화하는 데 있어 경제학의 역할은 무엇이며, 경제학의 기여는 무엇인지 생각해 볼 필요가 있다. 특히 유럽에서 이러한 논의는 경제학을 어떻게 이해하고 있는가, 유럽의 경쟁법 제도와 경제학이 어떤 관계에 있는가로 귀결되고 있다.[31] 경제학적 방법론과 법

---

30) Andriychuk, Thinking inside the box: Why competition as a process is a sui generis right, in The goals of competition law(Zimmer ed., Edward Elgar, 2012), p. 100.

31) Gerber, The goals of European competition law, in The goals of competition law(Zimmer ed., Edward Elgar, 2012), p. 91.

학적 방법론의 연관성을 어떻게 이해할 것인가의 문제이다.[32] 경제적 접근법이 유용하려면, 경제적 후생에 대한 확립된 개념이 존재해야 하고, 특정 행위가 미래에 경제적 후생을 증진시키는지, 저해하는지에 대하여 예측이 가능해야 한다.[33] 그러나 실제 사건에서 경제학의 이러한 유용성은 쉽게 달성할 수 없는 한계를 가지고 있다.

넷째, 경제학적 접근과 규범적 접근의 차이도 크다. 예를 들면 차별의 문제가 대표적이다. 가격차별에 대하여 법률가들은 불공정하다는 측면에서 접근하는 반면, 경제학자들은 자원의 분배 왜곡이나 사중손실의 관점에서 접근하는 경향이 있다.[34]

2. 경제학과 경쟁법의 상호 영향

가. 경제학의 경쟁법에 대한 영향

1) 경제학

경제학의 경쟁법에 대한 영향은 광범위하며, 경제학은 경쟁법 집행에 핵심적인 역할을 하고 있다.

첫째, 경제학을 통하여 경쟁의 효과에 대한 정치한 설명이 가능하다. 어떤 행위가 경쟁제한적인지 아닌지를 설명하는 데 경제학은 유용하다. 다른 법 분야와 비교할 때 경쟁법에서 경제학의 사용빈도가 높은 것은 이를 뒷받침한다.[35]

---

32) Gerber, The goals of European competition law, in The goals of competition law(Zimmer ed., Edward Elgar, 2012), p. 93.
33) Adrian Künzler, Economic content of competition law: the point of regulation preferences, in The goals of competition law(Zimmer ed., Edward Elgar, 2012), p. 197.
34) Gifford, The Atlantic divide in antitrust, The University of Chicago Press, 2015, p. 67.
35) Jan Broulik, Two Contexts for Economics in Competition Law, in New Developments in Competition Law and Economics(Mathis ed., Springer, 2019), p. 44.

둘째, 경제학 개념이 규범적으로 수용되어 독점규제 제도로 완성되는 경우가 많다. 예를 들면, 관련시장, 시장지배적 사업자, 진입장벽 등 주요 개념 등이 이에 해당한다.

셋째, 경제학은 개별 사안의 경쟁제한성 평가에 영향을 미쳤다. 수직적 제한(가격 및 비가격), 끼워팔기, 거래거절에 대한 경쟁제한성 평가는 과거와 달라졌다. 이는 경제학의 영향으로 설명될 수 있다. 또 다른 사례로, 산업조직론의 발전에 따라 기업결합에서 결합기업의 제품이 얼마나 가까운 대체재인지를 식별할 수 있게 되었다. 이러한 산업조직론의 발전은 기업결합에 있어 독점금지법 집행에 상당한 영향을 미쳤다.[36] 넷째, 경제학은 사실인정에 영향을 미치고 있다. 예를 들면, 부당한 공동행위 증명에 필요한 합의의 존부 판단 등 사실인정 문제에서 경제학적 증거가 중요한 간접증거로 활용되고 있다.

2) 법경제학

법경제학은 시장질서와 법질서의 상호관계와 상호작용을 연구한다. 이 두 질서를 별개의 독자적 개별질서로서 파악하지 않고, 법경제질서라는 통일된 단일 질서체계로서 파악한다. 법과 경제에 대한 통일적 이해를 통하여 시민사회의 구성원리, 질서원리, 발전원리를 밝히는데 법경제학의 목적이 있다.[37]

첫째, 법경제학은 경쟁법에 큰 영향을 미쳤다. 미국은 물론 유럽연합도 경제학적 접근을 강조하고 있다.[38] 여기서 알 수 있듯이 경쟁법은 법경제학의 광범위한 영향 하에 있다.

---

36) Jonathan B. Baker, "Product Differentiation", 5 Geo. Mason L. Rev. 347, 1997, p. 349, 350.

37) 박세일, 법경제학(개정판), 박영사, 2007, 8면.

38) Martin Meier, Pleading for a Multiple Goal Approach in European Competition Law, in New Developments in Competition Law and Economics(Mathis ed., Springer, 2019), p. 51. 수직적 제한에 관한 일괄 면제를 규정한 Commission Regulation(EC) No. 2790/1999 이래로 경제학의 영향은 커지고 있다.

둘째, 법경제학과 경쟁법의 관련성은 이미 상당히 높은 단계에 이르렀다. 문제는 법경제학이 경쟁법의 집행에 있어 어떤 방식으로 활용되고 적용되어야 하는지에 있다.[39] 법경제학을 통하여 법집행의 정확성이 높아지고, 명확한 철학적 설명이 가능하게 되었다. 그러나 구체적인 집행에 있어 법경제학으로 해결되기 어려운 난점도 있다.[40] 예를 들면, 법경제학은 이윤극대화를 추구하는 기업을 전제로 한다. 그러나 실제 기업은 이윤극대화를 추구하는 대신 손실을 감수하는 경우도 다수 있다. 이 점에서 이윤극대화 가정은 현실적이지 않을 수도 있음에 유의할 필요가 있다.[41]

셋째, 경쟁법과 경제학은 상보적(相補的)인 역할을 하며 법적용과 해석에 영향을 미친다. 경쟁법과 경제학은 사실인정(questions of fact), 법 해석(interpretation of existing legal rules), 비용편익 분석에서 새로운 규정의 형성(creation of new rules under cost benefit analysis), 정책적인 측면에서 새로운 규정의 형성(creation of new rules under policy aspects) 등 다양한 문제에 영향을 미친다. 앞의 두 가지가 현행법의 적용 문제라면, 뒤의 두 가지는 입법의 문제가 된다.[42]

3) 시카고 스쿨

경제학이 경쟁법에 영향을 미친 대표적 사례로 시카고 스쿨의 경제학, 특히 보크(Robert H. Bork) 판사의 저술을 들 수 있다. 먼저, 미국 법무부 반독점국이나 법원은 경제분석(economic analysis)에 기초한 시카고 스쿨의 접근법(Chicago School Approach)을 선호한다. 시카고 스쿨 접근법에

---

39) Leslie, Rationality Analysis in Antitrust, 158 University of Pennsylvania Law Review 261, 2010, p. 265.
40) Leslie, Rationality Analysis in Antitrust, 158 University of Pennsylvania Law Review 261, 2010, p. 265.
41) Leslie, Rationality Analysis in Antitrust, 158 University of Pennsylvania Law Review 261, 2010, p. 274.
42) Zimmer, Competition Law de lege ferenda, in the Development of Competition Law(Zäch ed., Edward Elgar, 2010), p. 324.

기반을 둔 법리는 일반 기업이 스스로 판단하여 적용하기에(self-apply) 편리하고 간명하다. 전문법원 형태가 아니라 일반법원 형태로 운영되는 미국 법원의 판사들(ordinary generalist judge)이 그 법리를 적용하기 쉽다.[43]

특히, 보크 판사의 저서로 미국 독점금지법 전반에 지대한 영향을 미친 것으로 평가받는 'Antitrust Paradox'가 미국 법원에 어떤 영향을 미쳤는지에 주목할 필요가 있다. 이 책에 대한 다양한 평가를 떠나서, 보크 판사의 저서, 그리고 이 책에 기술된 경제학이 왜 연방법원 판사들에 넓게 수용되었는지 문제이다.

보크 판사가 위 저서에서 사용한 가정이 증명되지 않았을 뿐 아니라 오류가 많다는 비판에도 불구하고, 연방법원 판사들이 보크 판사의 저술을 신뢰한 이유로, 보크 판사의 저술이 이해하기 쉽고 적용하기 쉬웠던 점을 들 수 있다. 보크 판사의 이론은 간명하다는 점에서 매력적이기도 했다.[44] 보크 판사의 이론은 판사가 사건을 기각하기 쉽게 만들었다는 점에서 판사가 업무처리 부담을 줄이기에 유리한 이론이라는 점도 지적되고 있다.[45]

나. 경쟁법의 경제학에 대한 영향

경쟁법의 발전도 경제학에 영향을 미치고 있다.

첫째, 새로운 남용행위를 경쟁법이 먼저 식별한다. 새로운 남용행위에 대한 경쟁법 적용이 문제되면, 이를 분석하기 위하여 경제학적 접근이 수반되고, 이에 따라 관련 경제이론도 발전하게 된다.

---

43) Gifford, The Atlantic divide in antitrust, The University of Chicago Press, 2015, p. 210.
44) Leslie, Antitrust Made (Too) Simple, Antitrust Law Journal Vol. 79 No. 3 (2014), p. 933, 934.
45) Leslie, Antitrust Made (Too) Simple, Antitrust Law Journal Vol. 79 No. 3 (2014), p. 934. 이러한 분석의 타당성에 대하여는 논란의 여지가 있다. 다만, 일반적으로 원고의 청구를 기각 또는 각하하는 판결을 작성하는 것이 원고의 청구를 인용하는 판결을 작성하는 것보다 쉬운 점은 부정하기 어렵다.

산업조직론은 어떤 행위가 효율적이고 바람직한지, 어떤 행위가 비효율
적이고 바람직하지 않은지를 판단하는 데 도움을 주며, 이를 통하여 경쟁
법에 영향을 미친다. 산업조직론은 19세기 말 거대 기업이 발달하면서 이
에 대한 대처를 어떻게 할지 과정에서 등장하였다. 법률가들이 법정(法庭)
에서 특정 이론을 주장하고, 그 이후에 경제학자들이 이를 이론화하였다.
초기에는 법률가들의 주장이 선행한 후, 경제학 이론이 이를 검증하는 방
식으로 이론이 발전하였다.46)

둘째, 경쟁법의 발전은 경제학적 분석의 토대를 제공하기도 한다. 예를
들면 단독행위와 공동행위의 구별은 경쟁법의 오랜 원칙이었다. 이러한 원
칙, 즉 공동행위에 대하여 더 엄격하게, 단독행위에 대하여 더 신중하게
취급하는 접근 방법은 추후 경제학적 설명으로 뒷받침되었다.

다. 유형별 검토

1) 단독, 공동행위 구별과 경제학

셔먼법 등 주요 경쟁법의 단독행위와 공동행위 구별은 경제학적 관점에
서도 합리적인 설명이 가능하다.47) 왜 경쟁법은 공동행위에서 발생하는
경쟁제한 위험성을 더 높게 평가하는가? 단독행위의 경쟁제한성 증명에
비하여 공동행위의 경쟁제한성 증명이 더 쉬운, 즉 증명의 수준이 낮은 이
유는 어디에서 찾을 수 있는가?

공동행위에 근본적으로 내재된 경쟁제한적 위험(anti-competitive risk)
이 있다는 전제에서 이러한 설명이 가능하다. 공동행위를 통해서 경쟁의
전제인 독립적인 의사결정이 어렵게 된다. 각자 이익을 추구하던 주체가
공모를 통해서 공통의 이익을 위해서 행동하게 된다. 다양성이 사라지고,

---

46) Hovenkamp, Federal Antitrust Policy, West, 2020, p. 32.
47) Leslie, Unilaterally imposed tying arrangements and antitrust's concerted action
   requirement, 60 Ohio St. L.J. 1773, p. 1778.

한 방향으로 경제력(economic power)이 행사되게 된다.[48]

이 점에서 카르텔은 억제효과가 중요하다. 경제학에서 논하는 억제 효과 (deterrence effect)는 법을 통하여 집행이 가능하다. 법률의 규정 없이 억제 는 불가능하다.[49] 담합을 통한 경쟁저해효과는 강력한 법집행을 통하여 제 어될 수 있다. 이 점에서 경제학은 공동행위의 억제에도 영향을 미쳤다.

2) 카르텔과 경제학

가) 합의 증명

부당한 공동행위 사건에서 경제학은 합의 존부 등을 증명하는 유용한 수단을 제공한다. 합의로 인하여 병행행위가 나타났는지 문제에서 경제학 적 증거는 중요한 정황증거가 될 수 있다.

공동행위 사실인정을 위하여 '배제 원칙(Exclude rule)'이 사용된다. 그 결과 독립적으로 행동하였을 가능성이 배제된다면 담합을 추정할 수 있다.

Matsushita Electric Industrial Co. v. Zenith Radio Corp., 475 U.S. 574 (1986) 사건에서 미국 텔레비전 제조사들[50]이 일본 텔레비전 제조사 들[51]에 대하여 일본제조사들이 20년이 넘는 기간 동안 텔레비전 세트에 대해 일본에서 인위적으로 높은 가격으로 가격협정·유지를 하면서 같은 시기에 미국에서 낮은 가격으로 가격협정·유지를 하는 공모를 하였음을 이유로 손해배상을 구하는 사소를 제기하였다. 미국 제조사들은 '낮은 가 격'은 미국 제조사에 상당한 손해를 주는 것으로 일본 제조사들이 그들의

---

48) Copperweld Corp. v. Independent Tube Corp., 467 U.S. 752, p. 768, 769.
49) Broulik, Two Contexts for Economics in Competition Law, in New Developments in Competition Law and Economics(Mathis ed., Springer, 2019), p. 42.
50) Zenith Radio Co.(Zenith)와 National Union Electric Co.(NUE)이다. Zenith는 텔 레비전을 생산, 판매하는 회사이고, NUE는, 1970년까지 텔레비전을 생산, 판매하다 가 철수한 Emerson Radio Company의 승계인이다.
51) 21개의 소비전자제품(consumer electronic products, CEPs, 대부분 텔레비전)의 생 산 또는 판매업체들로 일본 제조사 및 일본회사의 통제를 받고 일본 상품을 판매하는 미국회사를 포함한다.

일본 시장에서의 독점적 이익을 이용하여 미국 시장에서 약탈적 가격을 설정하고 그로 인해 미국 제조사를 퇴출시키려고 공모하였다고 주장하였다. 즉, 이러한 공모가 성공한 연후에 일본 제조사들은 미국 소비가전 시장에서 담합을 형성하여 생산량을 제한하고 공정한 경쟁 가격보다 높게 가격을 인상할 것이라는 취지였다. 미국 제조사들은 이러한 일본 제조사들의 행위가 셔먼법 제1, 2조, 로빈슨패트만 법 제2조(a), 윌슨 관세법 제73조를 위반하였다고 주장하였다. 1심은 약식판결(Summary Judgment, 사실심리 생략판결)로 원고 패소 판결을 선고하였고, 2심은 약식판결이 적용되지 않는다고 보았으나, 대법원은 1심과 같이 약식판결이 적용된다고 보아 원고 패소 취지 판결을 선고하였다.

이 판결은 증거판단에 관한 부분에서 '배제 테스트(exclude test)'의 선례가 되었다. 즉 사업자들이 독립적으로 행동하였을 가능성을 배제해야 합의가 인정될 수 있다. 이를 위하여 공모의 동기가 있는지, 합의가 없었더라도 스스로의 이해관계에 따라 동일한 행동을 한 것에 불과한지 등 문제를 검토해야 한다.

나) 외형상 일치

외형상 일치를 판단함에 있어 경제학적 분석이 사용된다. 공동행위에서 가격이 100% 일치하지는 않지만 유사한 경우, 가격에 차이가 있더라도 가격 변동 비율이 유사한 경우에 외형상 일치가 인정된다. 이때 그 유사성을 평가하는 과정에 경제분석이 사용될 수 있다.

대표적인 사례로 부당한 공동행위 사건인 사료담합 사건을 들 수 있다. 서울고등법원 2017. 7. 7. 선고 2015누62134 판결(한국축산 사건)[52]에서

---

52) 대법원 2022. 6. 16. 선고 2017두56346 판결로 상고기각. 원고는 배합사료 제조·판매를 업으로 영위하고 있거나 영위하였던 회사이다. 공정거래위원회는, 원고 등 11개사가 정보 교환 행위를 통하여 총 16회에 걸쳐 공동으로 배합사료의 축종별 평균가격의 인상 또는 인하의 폭과 시기를 결정하는 내용의 합의를 하고 이를 실행함으로써 구 공정거래법 제19조 제1항 제1호의 부당한 공동행위를 실행하였다는 이유로 시정

제2장 경쟁제한성의 이해 61

법원은 공정거래위원회가 제출한 증거들만으로는 원고가 나머지 10개사와 공동으로 축종별 배합사료 가격을 결정 또는 변경하는 내용의 이 사건 합의를 하였다고 인정하기에 부족하고 달리 이를 인정할 증거가 없다고 판단하였다. 이 사건의 특성은, 공정거래위원회가 외형상 일치를 증명하기 위하여 경제분석을 제출하여 감정의 신빙성이 다투어진 사례라는 점이다. 공정거래위원회는 경제분석을 기초로 담합 기간 중 원고 등 11개사의 축종별 거래가격 평균 인상·인하 폭은 사업자들 사이 가격편차의 중간값에 대부분 수렴하는데 그 외의 기간[53]에는 중간값 수렴 정도가 이 사건 기간에 비하여 떨어진다고 주장한 반면, 원고가 제출한 경제분석은 대부분의 사료업체가 가격을 변동시킨 주기를 하나의 시점(클러스터)으로 정의하여 이를 기준으로 사료업체 간 가격변동의 상관계수를 추정하였는데, 이에 의하면 이 사건 기간과 그 외의 기간의 가격변동 폭을 비교할 경우 두 기간 사이에 통계적으로 유의미한 차이가 없는 것으로 나타났다. 결국 법원은 원고측 경제분석을 신뢰하여 외형상 일치를 인정하지 않았다.

외형상 일치만으로 공동행위가 인정되지 않는다. 부당한 공동행위의 합의에 포섭되기 위하여 추가 요소(plus factor)가 필요하다. 이 점에서 추가 요소는 의식적 병행행위와 공동행위를 구별하는 기준이다. 무엇이 추가 요소에 해당하는지에 대한 판단을 위하여 경제학적 증거가 사용되고 있다. 'Conscious parallelism'과 'Plus Factor'에서 경제학적 방법이 사용된 사례로는 Todd v. Exxon Corporation, 275 F.3d 191(2d Cir. 2001)[54] 판결 등이 대표적이다.

명령 및 과징금납부명령을 하였다.
53) 피고가 담합이 종료되었다고 주장하는 2011. 2.부터 2013. 12.까지의 기간을 말한다.
54) 정유석유화학(oil petrochemical) 회사 중 비노조원인 관리직, 전문직, 기술직 근로자 (managerial, professional, technical, MPT)의 80~90%를 고용하고 있는 14개 회사들이 급여정보를 정기적으로 교환하여 근로자의 급여를 낮게 지급하였는지가 쟁점이 된 사건이다. 근로자가 class action을 제기한 사건으로, 1심에서 원고 청구가 기각되었으나, 항소심에서 원고가 승소하였다.

3) 단독행위와 경제학

단독행위 평가에 있어 경제학이 적용된 몇 가지 사례를 들면 다음과 같다. 첫째, '경제적 합리성 기준(Economic sense test)'이다. 사업자가 특정 행위를 할 합리적 경제적 유인이 제시되어야 한다는 기준이다. 예를 들면 약탈적 가격설정 등의 경우에 사업자가 이러한 행위를 할 합리적인 경제적 유인이 있어야 한다.

둘째, Matsushita Electric Industrial Co. v. Zenith Radio Corp., 475 U.S. 574 (1986) 판결 등에서 사용된 '배제 기준(exclude test)'이 증거판단 기준으로 작용하고 있다. 즉 사업자들이 독립적으로 행동하였을 가능성을 배제해야 합의가 인정될 수 있다.[55] 이를 위하여 공모의 동기가 있는지, 합의가 없었더라도 스스로의 이해관계에 따라 동일한 행동을 한 것에 불과한지 등 문제를 검토해야 한다.[56]

셋째, 이윤 희생 기준 및 경제적 비합리성 기준(Profit-Sacrifice and No-Economic Sense Tests)이다.[57] 해당 사업자가 문제 행위를 한 경우보다 하지 않았던 경우에 더 큰 이득을 얻을 수 있었다면 이러한 행위는 경제적 합리성이 없는 경우이므로 잠재적으로 불법일 가능성이 있다. 미 연방대법원은 「Aspen Skiing」 사건,[58] 「Matsushita」 사건,[59] 「Brooke Group」 사건[60] 등에서 유사한 법리를 제시한 바 있다. 미 법무부 보고서는 동 기

---

55) exclude the possibility that the alleged conspirators acted independently
56) 그 밖에 'Exclude rule'과 '경제적 합리성 기준(Economic sense test)'이 사용된 사례로 Monsanto Co. v. Spray-Rite Service Corp., 465 US 752(1984), Bell Atl. Corp. v. Twombly, 550 U.S. 544(2007) 등이 있다.
57) 미국에서 2007년 발간된 독점금지현대화위원회 보고서(Antitrust Modernization Commission Report and Recommendations)에서는 이익희생 기준과 경제적 비합리성 기준을 구별하여 기술하고 있다. 미 연방법무부 보고서는 두 기준이 사실상 유사한 내용을 담고 있으므로 하나의 기준으로 다루고 있다고 서술하고 있다.
58) Aspen Skiing Co. v. Aspen Highlands Skiing Corp., 472 U.S. 585, 608 (1985).
59) Matsushita Industrial Co., Ltd. v. Zenith Radio Corp., 475 U.S. 574, 589 (1986).
60) Brooke Group Ltd. v. Brown Williamson Tobacco Corp., 509 U.S. 209, 224 (1993).

준에 대해 비교적 명확하고 법집행이 쉽다는 장점이 있는 반면, 소비자후
생에 대한 영향을 고려하지 않는다는 점, 위장 소송(sham litigation)과 같
이 상대방의 경쟁력을 약화시키는 행위를 적발하기 어렵다는 단점을 제시
하고 있다.[61)

4) 수직적 제한과 경제학

수직적 제한 행위에 대한 위법성 판단에서 경제학과 경쟁법의 상호 영
향을 발견할 수 있다. 대표적으로 경쟁법에서 경제학 영향이 법학의 영향
을 넘어선 시점을 1977년 Continental TV. Inc v. GTE Sylvania, Inc.,
433 US 36(1977) 판결로 보고 있다. 경제학에 따른 분석이 규범적 판단을
압도하여, 법원에 의하여 수용되었음을 알 수 있는 사건이다. 수직적 비가
격 제한에서 경제학적 접근이 전면적으로 수용되어 합리의 원칙이 적용되
었다.

피고(Sylvania)는 텔레비전을 생산하는 회사로, 텔레비전을 판매하는 소
매상과 프랜차이즈 계약을 체결하며 특정 지역 이외에서 판매를 금지하는
약정을 계약에 포함하였고, 원고(Continental TV)는 피고 텔레비전을 판매
하는 소매상이다. 원고는 특정 지역 이외에서 피고 제품의 판매를 금지하
는 약정이 셔먼법 제1조에 위반된다는 이유로 피고에 대하여 손해배상청구
의 소를 제기하였다. 1심에서 「U.S. v. Arnold, Schwinn & Co., 388 U.S.
365 (1967) 판결」에 따라 당연위법의 법리가 적용되어 원고가 승소하였으
나, 2심에서 원고 패소 판결이 선고되었고, 대법원에서 수직적 비가격 제한
에 대하여 합리의 원칙이 적용되어야 한다는 취지로 종래 판결을 변경하며
원고 패소 판결이 확정되었다. 위 판결은 당연위법의 법리가 신중하게 적
용되어야 한다(post Sylvania jurisprudence)는 점을 지적하였다. 이 판결을
통하여 수직적 비가격제한에 대하여 합리의 원칙이 적용되었다. 그 판시사

---

61) Department of Justice, Competition and Monopoly: Single−Firm Conduct
    Under Section 2 of the Sherman Act (2008), p. 40, 41.

항에 당연위법과 합리의 원칙이 어떻게 다른지, 합리의 원칙의 실체가 무엇인지가 상세히 포함되어 있다.

5) 기업결합과 경제학

경제학이 기업결합 심사에 미친 영향도 크다. 그중 협조효과, 상호작용 부분만 여기에서 예시한다. 미국의 2010년 수평형 기업결합에 대한 가이드라인은 협조효과에서 문제삼는 상호작용(coordinated interaction)의 개념을 확대하였다. 그 결과 사업자들이 합의를 할 것을 요구하지 않게 되었다. 위 가이드라인(section 7)은 명시적 합의, 묵시적 합의 외에 병행행위(parallel accommodating conduct)를 포함하였다. 즉 2010년 가이드라인은 판례에 의하여 축적된 공모의 범위를 넘어서 협조효과를 규정하고 있다. 이는 기업결합 집행을 강화하려는 시도로 볼 수 있다. 또한 과점시장에서 과점사업자들 사이의 상호작용에 대한 경제학 이론에 충실한 것으로 평가할 수 있다.[62]

3. 경제학적 접근과 규범적 접근의 관계

경쟁제한성 판단 방법에 있어 경제학적 판단을 강조하는 흐름과 규범적 판단을 강조하는 흐름으로 크게 분류할 수 있다. 물론 경제학적 접근과 규범적 접근을 준별하기는 어렵다. 경쟁당국이나 법원도 두 방법을 혼용하는 경우가 많다. 다만, 그 경우에도 어느 쪽에 비중을 두는지의 차이는 있을 수 있다(소위 '규범적 통제'의 수준과 정도의 문제). 경제학적 접근은 정량적인 방법에, 규범적 접근은 정성적인 방법을 중시하는 경향도 있다.

첫째, 경쟁제한성 판단을 위하여 계량화된 분석으로 계량화된 수치를 고려하여 최종적인 판단을 할 수 있다. 특히 경쟁제한효과 등 주요 판단요

---

62) Shapiro & Shelanski, Judicial response to the 2010 horizontal merger guidelines, 58 Rev. Indus. Org. 51 (2021), p. 20.

소를 직관적으로 판단하기 어려운 경우 경제분석을 통하여 실질적인 경쟁제한효과를 추론하는 방법이다. 이는 규범의 판단과정에서 경제분석을 중시하는 입장이다.

둘째, 실제 발생한 현상을 종합하여(현상적 증거) 경쟁제한성을 정성적으로 판단할 수 있다. 이는 유럽을 중심으로 한 대륙법의 전통에 가깝다. 명백한 경쟁제한효과가 현상적으로 뚜렷하게 나타난 경우는 경제분석을 하지 않고 판단을 할 수 있어야 한다는 점을 강조한다.[63]

셋째, 경제학적 접근과 규범적 접근의 문제는 남용행위 판단에 국한되지 않는다. 경쟁법위반의 손해배상 사건에서 손해배상 액수의 산정이 문제된다. 손해배상산정에 있어도 경제분석을 중시하는 입장과 그렇지 않은 입장이 모두 존재한다.

넷째, 기업결합, 특히 수직형 기업결합의 경쟁제한성 판단에 있어 경제적 요소와 비경제적 요소를 모두 고려한다. 두 요소는 서로 상충되는 경우가 있는데, 1970년대 말을 기준으로 미국 법원은 경제적 요소를 중시하여, 경쟁촉진적인 수직형 기업결합을 금지하지 않는 쪽으로 기울었다.[64]

4. 경제학과 규범적 통제

가. 규범적 통제의 필요성

경제학적 개념에 일종의 규범적 통제를 가하는 것도 가능하며, 필요하다. 다만, 경제학적 성과에 대한 규범적 통제도 합리성에 기반을 두어야 하고, 과도하지 않아야 한다.[65]

---

63) 경쟁제한여부는 규범적인 관점에서 평가되어야 하고, 경제분석의 결과는 금지 여부를 판단함에 있어 참고자료가 될 수 있을 뿐이라는 견해로는 이봉의, 공정거래법, 박영사, 2022, 62면.
64) Sokol, Analyzing Vertical Mergers: Accounting for the unilateral effects tradeoff and thinking holistically about efficiencies, 27 George Manson Law Review 761, 2020, p. 809.

경제분석에 크게 의존하는 기업결합에서 규범적 통제의 필요성은 특히 높다.[66] 첫째, 경험적 증거의 사용이다. 기업결합에서 경험적 증거를 조사하는 방법을 사용하면서 시장획정의 중요성이 낮아졌다. 심사과정에서 경쟁에 미치는 직접적인 효과가 제시된다면, 시장획정에 많은 노력을 들일 필요가 없다. 심사과정에서 경쟁에 미치는 해악이 직접증명된다면, 그 해악이 발생한 시장은 이미 존재하며, 시장의 정확한 경계를 획정해야 할 필요성이 낮아진다.

둘째, 정성적 증거의 보완이다. 기업결합의 결과 예상되는 가격인상율이 어느 정도인지에 대하여 경제분석마다 상당한 차이가 나는 경우가 많다. 서로 다른 경제분석이 나온 이유는 핵심적인 가정이 분석마다 다르기 때문이다. 이때는 정성적 증거와 비교하여 어떤 가정에 일관성이 있는지를 평가해야 한다.[67]

나. Areeda 교수의 방법론

이 점에서 Areeda 교수의 방법론은 '경제학과 규범적 통제'의 맥락을 강조하고 있어 참고할 가치가 높다. 시카고 스쿨과 Areeda 교수는 모두 신고전경제학에 기반을 둔 가격이론(neoclassical price theory)을 중시하고 있다. 또한 Areeda 교수의 이론은 대중주의(populism)와 거리를 두었다. 특히 거대기업이 거래상대방을 억압한다는 주장, 소기업의 자유를 보장할 필요가 있다는 주장과 거리를 두었다.[68]

---

65) 경쟁제한여부는 규범적인 관점에서 평가되어야 하고, 경제분석의 결과는 금지 여부를 판단함에 있어 참고자료가 될 수 있을 뿐이라는 견해로는 이봉의, 공정거래법, 박영사, 2022, 62면. 법과 제도를 계량적으로만 분석하는 것이 가능한지에 대한 의문을 제기하면서, 학문 분야에서 객관주의에서 주관주의로, 주관주의에서 객관주의로 대체되는 흐름을 발견할 수 있음을 지적하는 견해로는 송상현, 「고독한 도전」, 정의의 길을 열다", 나남, 2020, 132면.
66) Jonathan B. Baker, "Product Differentiation", 5 Geo. Mason L. Rev. 347, 1997, p. 351.
67) Jonathan B. Baker, "Product Differentiation", 5 Geo. Mason L. Rev. 347, 1997, p. 361.
68) William H. Page, Areeda, Chicago, and Antitrust Injury: Economic Efficiency

첫째, Areeda 교수는 개별 사건의 사실관계를 중시하고, 특정 사건을 중심으로 분석을 하며, 일반화에 신중하였다. 그 결과 시카고 스쿨과 Areeda 교수는 모두 경제학적 방법론을 중시했으나 차이가 나타나고 있다.

시카고 스쿨은 개념적인(conceptual) 접근에 의존했다. 경제학적 모델에 의존했고, 개별 사건을 떠나서 일반화한(strong generalization) 법리를 주장하였다. 일반화의 결과로 카르텔과 일부 기업결합을 제외한 대부분의 행위를 합법적으로 보았다. 이에 비하여 Areeda 교수는 개별 사건의 맥락에 치중하였다(contextual). 특정 사건을 중심으로 분석 방법을 제안했다. 개별 사건의 사실관계의 차이에 대하여 시카고 스쿨은 관심을 보이지 않았으나, Areeda 교수는 이를 중시하였다. 시카고 스쿨의 이론은 하나의 저서(著書)에 요약될 수 있으나, 개별적 사실관계를 중시한 Areeda 교수의 견해는 다수의 저서에 수록될 수밖에 없었다.[69][70]

둘째, Areeda 교수는 규범적 분석을 강조하였다. 즉 Areeda 교수가 시카고 스쿨과 구별되는 점은 규범적 분석(normative analysis)을 시도했다는 점에 있다.[71] Areeda 교수는 개념이나 일반화에 집착하지 않았다. 구체적인 법적, 사실적 맥락에 집중하며, 개별 사건에 정당한 결과를 도출하는지에 관심을 갖는다.[72] Areeda 교수가 경제학의 특성과 실용적인 법적용을 통합하려고 노력한 점은[73] 경쟁법의 이론과 실무에 중요한 함의를 가지며, 높게 평가할 수 있다.

and Legal Process, 41 Antitrust Bull. 909, 1996, p. 922.
69) 안타깝게도 Areeda 교수(1930-1995)는 65세에 타계(他界)하여, 그 이론을 완성하지 못했다.
70) William H. Page, Areeda, Chicago, and Antitrust Injury: Economic Efficiency and Legal Process, 41 Antitrust Bull. 909, 1996, p. 912.
71) William H. Page, Areeda, Chicago, and Antitrust Injury: Economic Efficiency and Legal Process, 41 Antitrust Bull. 909, 1996, p. 923.
72) William H. Page, Areeda, Chicago, and Antitrust Injury: Economic Efficiency and Legal Process, 41 Antitrust Bull. 909, 1996, p. 924.
73) William H. Page, Areeda, Chicago, and Antitrust Injury: Economic Efficiency and Legal Process, 41 Antitrust Bull. 909, 1996, p. 927.

제3절 | 경쟁의 기본적 가치

1. 경쟁성과

가. 경쟁성과 또는 시장성과

경쟁성과는 경쟁 개념의 핵심이다. 경쟁법의 목적으로 다원주의
(pluralism)를 선호하는 경우에도 경쟁성과가 경쟁과 경쟁법의 주요 고려
대상임에는 이견이 없는 것으로 보인다. 이 점에서 경쟁성과의 문제는 '좁
은' 의미의 경쟁 기준으로 볼 수 있다. 예를 들면, BMI v. Columbia
Broadcasting Systems, 441 US 1(1979) 판결은 경쟁제한효과와 경쟁촉진
효과를 경쟁에 대한 영향(성과경쟁)에서 찾고 있다. 경쟁성과를 통상 '시장
성과'로도 부른다. 경쟁성과의 저해로서 가격의 인상, 공급량 감축, 품질
감축을 대표적인 시장성과의 폐해로 본다.[74]

첫째, 경쟁성과는 가격을 통하여 평가되는 경우가 많다. 그러나 경쟁성
과는 가격만으로 구성되지 않는다. 경쟁성과를 표현하는 요소는 다양할 수
있다. 그중 공급량 감축 문제가 경쟁성과 판단에 필수적인지가 논란의 대
상이다. 집중된 시장의 대표적인 비용으로 공급량 감축을 들고 있다.[75] 같
은 맥락에서 Amex 판결[76]에서 공급량 감축을 경쟁제한성 판단의 기준으
로 보며, 공급량 감축이 없는 상태에서 경쟁제한성을 인정하기 어렵다고
판단하였다.

둘째, 경쟁성과 사이의 상호관계는 어떻게 되는가? 대표적인 경쟁성과인
가격, 공급량, 품질은 서로 조화되는가? 가격과 공급량은 연동된다. 그러나

---

74) 시장성과를 시장에서 나타나는 결과(performance)로 보며, 시장의 성과기준은 시장
의 경쟁상태를 바로 판단할 수 있는 지표로 보고 있다. 임영철·조성국, 공정거래법(개
정판), 박영사, 2020, 15, 16면.
75) Ioannis Lianos, The Poverty of Competition Law, in Reconciling Efficiency and
Equity(Gerard ed., Cambridge, 2019), p. 73.
76) Ohio v. American Express Co., 138 S.Ct. 2274(2018).

가격과 품질은 연동된다고 단정하기 어렵다. 가격은 인상되지만 품질은 개선될 수 있다. 반면 가격이 인하되면서 품질이 저하될 수 있다.[77] 가격과 품질의 관계와 마찬가지로, 공급량과 품질도 연동된다고 보기 어렵다.

나. 경쟁성과와 성과경쟁

경쟁성과에 따른 경쟁을 성과경쟁(competition on the merits)이라고 부른다.[78] 성과경쟁을 능률경쟁으로 부르기도 한다.[79] 성과경쟁은 시장지배적 사업자(독점사업자)가 남용행위로 의심받는 자신의 행위를 정당화하기 위하여 사용하는 항변에서 흔히 등장하지만, 성과경쟁은 이러한 용도에 국한되지 않는다.

경쟁당국(competition authority)이나 법원은 성과경쟁(competition on the merits)의 개념을 '경쟁을 저해하는 행위'와 그렇지 않은 행위(또는 경쟁을 촉진하는 행위)를 구별하기 위하여 사용한다. 주로 시장지배적 사업자의 행위로 경쟁자가 시장에서 퇴출되거나 경쟁자의 시장진입이 어려워지는 상황에도 그 행위가 남용행위가 아님을 표현하기 위하여 성과경쟁의 용어를 사용한다.[80]

용어의 문제를 넘어서, 경쟁제한행위와 그렇지 않은 행위를 구별하는 의미에서 성과경쟁의 법리는 보편성을 가지고 있다. 성과경쟁의 법리는 미국에 한정되지 않는다. 유럽연합 법원도 구체적 사례에서 성과 경쟁을 원

---

77) 가격, 품질에 대한 평가와 다양성에 대한 평가는 다를 수 있다. 이는 기업결합에서 문제 삼는 '유력 경쟁자 인수(killer acquisition)'에서 문제된다. 가격, 품질에서 문제가 없더라도 다양성 감소 측면에서 기업결합을 금지할 수 있다.

78) Competition on the merits means competition based on the merits of the product or service provided and includes conduct that leads to increased functionality, better service, and reduced prices. Cal. Computer Prods., Inc. v. IBM, 613 F.2d 727, 743−744 (9th Cir. 1979).

79) 이봉의, 공정거래법, 박영사, 2022, 313면.

80) OECD, What is Competition on the Merits?, Policy Brief(June 2006).

용하고 있다.[81] 한국 판결인 대법원 2021. 6. 30. 선고 2018두37700 판결도 성과경쟁을 언급한 바 있다.[82]

다. 경쟁성과의 증명

경쟁성과와 그 증명에서 다음과 같은 시사점을 도출할 수 있다.

첫째, 경쟁성과는 경쟁제한성의 직접증명과 연관되어 있다. 즉 경쟁성과의 저해는 가격 인상, 공급량 감축, 품질 저하, 다양성 저해, 혁신 저해 등 다양한 모습으로 나타난다. 특히 시장의 다양한 변화와 발전에 따라 경쟁성과 저해의 모습도 다양하다.

가격, 공급량, 품질에 대한 증명으로 경쟁제한성을 직접증명할 수 있다. 또는 시장에서 경쟁의 완전한 배제를 증명함으로써 경쟁제한성을 직접증명할 수 있다. 즉, 경쟁성과에 대한 후퇴를 증명함으로써 어떤 행위가 경쟁제한적인지를 증명할 수 있다. 직접증명은 시장구조 또는 시장점유율을 통하여 경쟁제한성을 증명하는 간접증명과 대비된다.

둘째, 시장성과(경쟁성과)는 가격 메커니즘으로 설명 가능한 경우가 많다. 높은 가격과 낮은 공급량의 결과 사중손실이 발생하는 경우이다. 따라서 가격 변화는 다른 경쟁 효과를 대표하고 포괄하는 의미가 있을 수 있다. 가격은 상대적으로 계량화하기 쉬운 장점이 있다. 시카고 스쿨의 역사적 기여가 정밀한 가격 이론을 통하여 경쟁에 미치는 영향을 계량화하여 객관적으로 문제에 접근한 것에 있음을 부정하기 어렵다. 그러나 이와 달리 비가격문제는 계량화하기 어렵다. 혁신도 계량화하기 어렵다. 그 대안으로 경쟁성과 대신 경쟁과정을 판단기준으로 적용하려는 움직임이 나타

---

81) Whish & Baily, Competition Law, Oxford, 2015, p. 209.
82) 수직 통합된 상류시장의 시장지배적 사업자가 그 지위를 남용하여 이윤압착행위를 함으로써 하류시장의 경쟁사업자가 부당하게 경쟁에서 배제될 우려가 있어 공정한 경쟁의 기반이 유지될 수 없다면, 이윤압착행위는 공정한 경쟁을 통한 시장성과에 기초를 둔 이른바 '성과경쟁'이라는 정당한 경쟁방법에 해당한다고 보기 어렵다.

나고 있다. 이는 후술한다.

셋째, 경쟁성과의 증명에서 공급량 감축 여부는 중요한 의미를 가진다. 특히, 시카고 스쿨은 공급량 제한이 아닌 다른 요소에 기하여 법위반을 인정한 1980년 이전의 판례에 대하여 이를 가치 있는 선례로 평가하지 않고 있다. 시카고 스쿨의 시각이 드러난 대표적인 사례가 Amex 판결83)이다. 이 판결에서 공급량이 제한되었다는 증거나 가격이 경쟁 가격 이상이라는 증거 없이 경쟁저해 효과를 추론할 수 없다고 보고 있다.84) 이러한 전제에서 공급량이 증가하고 품질이 개선된 상태라면 경쟁에 대한 저해가 증명되지 않았다고 판단하였다.

넷째, 성과경쟁은 세부적인 기준으로 구체화된다. 성과경쟁(competition on the merits)을 판단하기 위한 기준으로 등등효율경쟁자 기준(as efficient competitor test), 이윤 희생 기준(profit sacrifice test), 경제적 합리성 기준(no economic sense test), 소비자후생 형량 기준(consumer welfare balancing test) 등이 사용되고 있다.85)

라. 경쟁성과와 경쟁법 목적

경쟁성과가 경쟁법의 주요 목적임에는 이견이 없다. 다만 이미 제1장 제5절(경쟁법의 목적)에서 서술한 바와 같이, 경쟁성과를 경쟁법의 단일 목적으로 볼 것인지에 대하여 견해는 나누어진다. 경쟁성과를 경쟁법의 단일 목적으로 보는 것에 반대하며, 성과(outcome)만으로 경쟁을 평가하는 것은 독점금지법의 집행 범위를 좁히는 것으로 바람직하지 않다는 비판론이 있다. 이에 따르면 경쟁성과는 경쟁제한성을 판단하는 하나의 기준에 불과하며, 경쟁성과만으로 경쟁제한성을 단정할 수는 없다.86)

83) Ohio v. American Express Co., 138 S.Ct. 2274(2018).
84) This court will not infer competitive injury from price and output data absent some evidence that tends to prove that output was restricted or prices were above a competitive level.
85) Jones & Sufrin, EU Competition Law, Oxford, 2016, p. 363.

2. 효율성

가. 효율성의 이해

효율성은 경쟁보호에 필수적 개념으로 사용되고 있다. 대표적으로 Continental TV. Inc v. GTE Sylvania, Inc., 433 US 36(1977) 판결은 경쟁보호를 판단함에 있어 효율성에 기초한 방법론에 의존하고 있고, 그 영향으로 이후의 판결이 규범적 평가 못지 않게, 때로는 규범적 평가를 넘어서 경쟁제한성을 심사하는 시발(始發)점이 되었다.

효율성의 개념은 근대 경제학에서 등장한 새로운 개념이 아니다. 효율성의 개념은 오랜 역사적, 윤리적 전통을 가지고 있다. 예를 들면, 성경에도 자원의 효율적인 배분이 강조되어 있다.[87] 효율성에는 자원의 최적 배분, 규모의 경제나 기술을 통한 효율성의 달성, 불필요한 비용의 절감 등이 포함된다.[88]

효율성에 생산적 효율성[89]과 배분적 효율성이 포함된다. 생산적 효율성, 배분적 효율성 등 다양한 효율성 개념 중 무엇을 중시할 것인가에 따라 효율성에 대한 이해는 달라질 수밖에 없다.

1) 생산적 효율성과 비용

생산적 효율성은 생산의 측면에서 효율성을 이해한다. 생산적 효율성은

---

86) Fox, The Efficiency Paradox, NYU center for Law, Economics and Organization (2009), p. 79, 88.

87) 잠언 31:27, 시편 90:12, 잠언 21:5, 시편 39:4−5, Elzinga and Crane, Christianity and Antitrust A Nexus, in Christian and Market Regulation(Crane ed., Cambridge, 2021), p. 91.

88) Laura Parret, The Multiple personalities of EU competition law: time for a comprehensive debate on its objectives, in The goals of competition law(Zimmer ed., Edward Elgar, 2012), p. 68.

89) Productive efficiency means that, given the available inputs and technology, it's impossible to produce more of one good without decreasing the quantity of another good that's produced.

최소비용을 들여 생산할 때 발생한다.[90] 최소 비용으로 생산하지 않는 기업은 가격 경쟁에서 뒤떨어져 고객을 잃고, 손실을 보며, 결국 시장에서 퇴출된다. 만약 비용 절감 방법에 대한 정보가 시장에서 완벽하게 유통된다면, 생산적 효율성의 달성은 쉬워지고, 시장 가격도 인하된다.[91] 규모의 경제나 범위의 경제가 구현되는 경우에도 생산적 효율성은 달성된다.

생산적 효율성 측정 방법 중 대표적인 기준은 생산에 투입되는 요소의 비용이다. 그 점에서 생산적 효율성은 비용 감소로 나타난다. 효율성을 생산적 효율성으로 보게 되면 비용 감소에 관심을 가지게 된다(비용감소=생산적 효율성). 이와 달리 생산적 효율성을 기술 개선, 혁신의 효과로 이해한다면, 비용이 증가하더라도 효율성은 높아질 수 있다(비용감소≠생산적 효율성).

2) 배분적 효율성과 수요

재화와 용역을 효율적으로 배분하는 것이 사회적으로 바람직하다는 점에는 대체로 견해가 일치한다. 완전경쟁시장에서 시장가격(market price)이 한계비용(marginal cost)과 일치하면 배분적 효율성은 달성된다. 배분적 효율성이 달성된다는 것은 사회에서 평가하는 만큼(valued by society) 재화가 생산된다는 것을 의미한다. 공급자는 시장가격과 한계비용이 일치하는 지점까지 생산을 확대한다. 이윤극대화를 추구하는 공급자는 그보다 과다 생산을 하거나 과소생산을 하지 않는다. 수요자가 생산비용으로 재화를 구입할 의사와 능력이 있다면 구입이 가능하다. 이러한 과정을 통하여 시장은 균형(equilibrium)에 도달한다. 배분적 효율성은 파레토 최적(Pareto optimal)이 달성된 상태로 볼 수 있다.[92] 생산적 효율성이 비교적 간명한 것과 달리 배분적 효율성의 정의와 이해는 다양하지만,[93] 일반적으로 배

---

90) 생산적 효율성은 재화가 가능한 가장 낮은 가격(the lowest possible cost)에 생산될 때 달성된다. Whish & Baily, Competition Law, Oxford, 2018, p. 6.
91) Jones & Sufrin, EU Competition Law, Oxford, 2016, p. 7.
92) Jones & Sufrin, EU Competition Law, Oxford, 2016, p. 7.

분적 효율성에 수반되는 특징을 살펴본다.

첫째, 배분적 효율성은 수요의 측면에서 효율성을 바라본다. 희소한 자원을 가장 많이 지불하려는 의사가 있는, 즉 상품이나 서비스의 가치를 가장 높게 인정하는 수요에 상품이나 서비스를 배분한다면 배분적 효율성이 달성되기 때문이다.[94]

재화나 용역이 가장 효율적인 사용자(most efficient user)에 도달하는 상태가 될 때 배분적 효율성은 달성되고, 그렇지 않을 때 배분적 효율성은 달성되지 않는다. 경쟁이 제한되지 않을 때 최적의 거래(all beneficial transactions)가 이루어진다. 배분적 효율성은 정적 효율성(static efficiency) 유형이기도 하다.[95]

둘째, 독점상태에서 배분적 효율성은 저해될 수 있다. 경쟁에 비하여 독점 상태에서 재화나 용역의 공급이 과소하게 된다. 그 결과 독점이 사회적 자원 배분을 왜곡하게 된다.[96]

셋째, 배분적 효율성을 기할 때 총후생도 증가할 수 있다.[97] 그 점에서 배분적 효율성은 사회총후생과 다르지 않다는 견해도 있다.[98] 반면, 배분적 효율성이 달성된다면 소비자잉여(consumer surplus)와 총잉여(total surplus)가 극대화된다는 견해도 있다.[99] 이는 배분적 효율성이 달성된다면 소비자후생과 사회총후생이 모두 극대화될 수 있음을 시사한다.

참고로, 셔먼법 제정 당시 배분적 효율성을 고려했는지에 대하여 논란이 있다. 이에 대하여 Lande 교수는 셔먼법 입법 당시의 경제학 수준을 고려할 때, 입법자가 배분적 효율성을 고려했다고 보기 어렵다는 (부정적

93) Hovenkamp, Federal Antitrust Policy, West, 2016, p. 101.
94) 이민호, 기업결합의 경쟁제한성 판단기준, 경인문화사, 2013, 350, 351면.
95) Adi Ayal, Fairness in Antitrust, Hart Publishing, 2014, p. 41
96) Sullivan, the law of antitrust, West, 2016, p. 12.
97) 예를 들면 수직적 합의의 효율성을 평가함에 있어 배분적 효율성이 기준이 되고, 그로 인하여 총후생이 보장될 수 있는지가 논의된 바 있다. Madi, Regulating Vertical Agreements, Wolters Kluwer, 2020, p. 14.
98) Hovenkamp, Federal Antitrust Policy, West, 2016, p. 101.
99) Whish & Baily, Competition Law, Oxford, 2018, p. 5.

인) 의견을 제시하고 있다.[100]

넷째, 생산적 효율성과 배분적 효율성 사이에 상충(trade off) 관계가 존재할 수 있다.[101] 예를 들면, 독점사업자가 비용절감을 통하여 생산적 효율성을 높이더라도, 독점사업자가 이윤극대화를 위하여 공급량을 줄일 때 배분적 효율성을 저감시킬 수 있다.[102]

3) 단기적 효율성과 장기적 효율성

경쟁법에서 고려하는 효율성은 장기적 효율성과 단기적 효율성을 모두 포함하는지 문제된다. 특정 행위로 인한 효율성이 단기간 내에 발생하는 경우도 있으나, 그렇지 않은 경우도 있다. 이 문제에 대하여 공정거래위원회 심사기준도 일관되지 않고 있다. 특히 단독행위의 대표 유형인 시장지배적 지위 남용행위와 기업결합에서 차이가 나타나고 있다. 시장지배적 지위 남용행위 심사기준[103]에 따르면 중·장기적 효과를 모두 고려해야 하는 반면, 기업결합 심사기준[104]은 효율성 증대효과는 근시일 내 발생할 것을 요구하고 있다.

---

100) Leslie, Antitrust Made (Too) Simple, Antitrust Law Journal Vol. 79, No. 3, 2014, p. 923.
101) 보크(Bork) 판사는 그 저술에서 생산적 효율성과 배분적 효율성 사이의 상충(trade off) 관계를 명확하게 다루지 않았다.
102) Leslie, Antitrust Made (Too) Simple, Antitrust Law Journal Vol. 79, No. 3, 2014, p. 921.
103) <시장지배적지위 남용행위 심사기준(공정거래위원회 2021.12.30. 고시 제2021-18호)> 6.나. (2): 가격상승 또는 산출량 감소의 효과가 시장에 실제 나타나기까지는 상당한 기간(산업 또는 위반행위의 특성 등에 따라 상이함)이 소요되는 것이 일반적이라는 점을 고려한다. <예시> 이동통신사업자가 기업메시징 서비스를 제공하는 동시에 경쟁관계에 있는 기업메시징 사업자에게 통신망 사용료를 받는 상황에서 경쟁사업자에게 부과하는 통신망 사용료보다도 낮은 가격으로 기업메시징 서비스를 판매할 경우, 경쟁사업자가 시장에서 배제될 우려가 존재한다. 이 경우 단기적으로 기업메시징 서비스 가격이 하락한다고 하더라도 중·장기적으로 경쟁사업자가 배제됨으로써 나타날 수 있는 가격인상 등을 고려하여 경쟁제한효과를 인정할 수 있다.
104) <기업결합 심사기준(공정거래위원회 2021.12.30. 고시 제2021-25호)> VIII 1. 나. (2): 효율성 증대효과는 가까운 시일 내에 발생할 것이 명백하여야 하며, 단순한 예상 또는 희망사항이 아니라 그 발생이 거의 확실한 정도임이 입증될 수 있는 것이어야 한다.

나. 효율성과 경쟁자 배제

경쟁보호, 특히 경쟁성과 보호를 통하여 효율성이 증진된다. 따라서 효율성에 기한 경쟁자 배제는 허용되며, 권장되기도 한다. 효율성을 통하여 소비자로부터 선택을 받아서 경쟁에서 이기고 그렇지 못하여 도태되는 과정은 정상적인 경쟁과정에 포함된다. 문제는 효율성에 기한 경쟁자 배제(규칙에 부합하는 행위)와 남용행위로서 경쟁자 배제(규칙에 어긋나는 행위)를 구별하기 어렵다는 점에 있다. 이는 경험적 증거로 쉽게 판단하기 어렵다. 특히 단독행위의 경우 판단하기가 어렵다. 따라서 일반화가 어렵고, 행위에 따라 개별적으로 경쟁제한적인 행위인지를 판단해야 한다.[105]

다. 효율성과 경쟁과정 보호

경쟁성과와 생산적 효율성은 정비례 관계에 있을 가능성이 높다.[106] 경쟁성과와 함께 경쟁보호의 중요한 축으로 평가받는 경쟁과정 보호도 생산적 효율성과 정비례 관계에 있는가? 효율성과 경쟁과정 보호는 서로 불일치할 수 있다. 대표적으로, 탐색비용(search cost, 또는 검색비용) 문제에서 이러한 불일치가 발생한다. 효율성을 기하기 위한 탐색비용 감소와 경쟁과정 보호를 위하여 수반되는 탐색비용 증가의 문제이다.

예를 들면, 경쟁입찰을 통해서 계약당사자를 선정하는 과정은 공정성이 보장되고, 경쟁과정에 부합할 수 있다. 반면 경쟁입찰 방식은 높은 비용을 초래할 수 있다. 경매(auction)를 통한 거래상대방의 결정은 공정하지만, 효율적인 방법론이 아닐 수 있다. 탐색비용(search cost)을 고려하면 공정성 시비가 생기더라도 오히려 수의계약이 효율적일 수 있다. 이 점에서 경쟁과정 보호에 비용 문제가 반영되지 못할 수가 있다.

---

105) ABA, Antitrust Law Development, 2017, p. 315.
106) 생산적 효율성이 증가하면 가격 인하, 공급량 증가, 품질 개선이 발생할 가능성이 높다.

이러한 비용의 문제는 탐색비용에 국한되지 않는다. 다른 거래비용도 마찬가지이다. 통상 근대 산업조직론의 출발점을 거래비용(transaction cost)의 문제로 보는데, 거래비용을 줄이기 위하여 반드시 시장을 통하여 거래가 이루어져야 하는 것은 아니라고 보고 있다. 시장을 통한 거래에서 비용이 더 클 수 있기 때문이다.[107] 이 지점에서 경쟁과정 보호 추구와 거래비용 감소 추구 사이에 상충(tradeoff)이 발생한다.

라. 효율성과 독점

첫째, 독점시장의 과소생산에 따른 배분적 비효율성 발생 문제이다. 독점시장에서 생성되는 독점가격으로 인하여 경쟁시장에 비하여 과소생산 문제가 발생한다. 해당 재화에 대한 자원이 소비자가 선호하지 않는 다른 목적을 위하여 사용된다. 이는 사회 전체의 부가 감소되는 결과에 이른다. 이를 배분적 비효율성(allocative inefficiency)라고 한다. 독점가격을 배제할 경우 사회의 총후생이 증가하고, 소비자의 만족도 높아질 수 있다.[108]

둘째, 부의 이전(移轉) 문제이다. 즉 독점가격으로 인하여 발생하는 폐해로 배분적 효율성의 저하와 함께 소비자로부터 생산자에게 부가 이전된다는 점도 지적되고 있다.[109]

셋째, 독점과 생산적 효율성의 관계이다. 배분적 효율성이 자원배분(overall placement of resources)에 관심을 두는 데 비하여, 생산적 효율성은 자원의 효율적 사용에 관심을 두고 있다.[110] 독점은 생산적 효율성을

---

107) Coase 교수는 이를 'theory of harm'으로 설명한다.
108) Robert Lande, Wealth Transfers as the Original and Primary Concern of Antitrust: The Efficiency Interpretation Challenged, 50 Hastings L.J. 871 (1999), p. 878.
109) Robert Lande, Wealth Transfers as the Original and Primary Concern of Antitrust: The Efficiency Interpretation Challenged, 50 Hastings L.J. 871 (1999), p. 880.
110) Robert Lande, Wealth Transfers as the Original and Primary Concern of

증가할 수 있고, 감소시킬 수도 있으며, 독점사업자가 되려는 동기에 따라 달라질 수 있다.

마. 효율성과 경쟁법 목적

효율성이 경쟁법 집행의 목적인가? 경쟁보호와 효율성 보호를 동일하게 이해하여, 이를 경쟁법의 목적으로 이해하는 견해가 있다.

이에 대하여 경쟁의 문제와 효율성의 문제는 서로 다를 수 있다는 견해가 있다. 이러한 전제에서 시카고 스쿨이 경쟁보호 대신 효율성을 강조하는 것은 오류라는 비판론이 있다. 효율성의 강조는 거대기업에 대한 신뢰를 강조하고, 독점과 과점에 대하여 관대한 태도로 귀결되었다고 비판한다. 이에 따르면 독점금지법 집행이 반드시 효율성과 부합하지는 않는다.[111] 소위 '효율성 역설(efficiency paradox)'은 효율성을 보호한다는 명목으로 거대 기업에 관용적인 태도를 취하고, 그 결과 국외자의 시장진입이 어렵게 되어 효율성이 저해되는 문제이다.[112]

바. 효율성 평가의 한계

효율성 평가는 실제 사건에서 뚜렷한 한계를 가지고 있다. 이는 기업결합 심사에서 제기되는 효율성 항변 판단에서 드러난다. 효율성 항변만으로 경쟁제한적인 기업결합이 허용되는 사례는 드물다. 효율성 항변은 일반적으로 받아들여지기 어려운 것으로 평가되고 있다.[113]

Antitrust: The Efficiency Interpretation Challenged, 50 Hastings L.J. 871 (1999), p. 883.

111) Fox, The Efficiency Paradox, NYU center for Law, Economics and Organization (2009), p. 77, 79.

112) Fox, The Efficiency Paradox, NYU center for Law, Economics and Organization (2009), p. 88.

113) Hovenkamp, Appraising Merger Efficiencies, 24 George Mason L. Rev 703

첫째, 미래에 발생할 효율성은 측정하기 어렵다. 특히 잠재적 효율성을 포함한 효율성 평가는 어렵다. 둘째, 기업결합 특유의 효율성을 판별하기 어렵다. 이러한 계량화와 증명의 어려움으로 효율성 항변은 수용되기 어렵다. 셋째, 효율성 항변을 인정하기 위한 요건인 효율성은 인식할 수 있으면서도 특별히 높은 수준이어야 한다. 생산시설이 통합되면서 발생하는 효율성은 비교적 측정하기 용이하다. 반면 연구개발의 효율성은 측정하기 어렵고, 경영관리에서 발생하는 효율성 등은 기업결합에 특유한 것이라고 보기 어렵다.114)

3. 후생

후생(welfare) 그리고 후생 평가의 기준 문제는 이론이나 이념의 문제에 그치지 않고 경쟁당국의 집행에 실질적인 영향을 미친다.115) 후생의 증진은 경쟁법의 중요한 집행 목적(goal)이 되기 때문이다.

가. 소비자후생 기준

1) 소비자후생 기준의 생성

경쟁법은 행위의 효과를 강조하고 있다(effect test). 그 행위는 누구에 대한 효과를 의미하는지, 그 효과가 미치는 대상이 누구인지에 따라 효과에 대한 평가도 달라질 수 밖에 없다. 그 대상으로 소비자, 공급자, 경쟁자와 잠재적 거래상대방(potential counterpart) 등이 포함된다.116)

효과의 대상 중 가장 중요한 대상은 소비자이다. 현대 경쟁법 시스템에

(2017), p. 711.

114) ABA, Antitrust Law Development, 2017, p. 380.

115) Salop, "Antitrust, competition policy, and inequality", Georgetown Law Journal Online(2015), p. 14.

116) Broulik, Two Contexts for Economics in Competition Law, in New Developments in Competition Law and Economics(Mathis ed., Springer, 2019) p. 37.

서 소비자가 중요한 위치에 있기 때문이다. 미국 연방대법원은 소비자후생이 경쟁법의 목적임을 선언했고, 유럽연합 집행위원회도 소비자후생 기준을 집행기준으로 채택했다.117) 유럽 수평형 기업결합 가이드라인은 효율성 측면에서 소비자의 불이익이 없어야 하며,118) 결합기업이 소비자에게 효율성을 전가할지 여부(pass on efficiency gains to consumers)는 잔존 기업의 경쟁압력과 잠재적인 진입에 영향을 받는다고 기재하고 있다.119)

소비자후생 기준은 미국 판례법상 확고한 지위를 가지고 있다. Actavis 사건120)에서 연방대법관 전원은 소비자후생 기준에 동의하였다. 기업결합 심사에서 기업결합 이전보다 소비자후생을 저하한다면 기업결합은 허용되지 않는다. 미국 판례 중 가격 인상 등으로 소비자후생이 저해됨에도, 소비자의 손실보다 효율성이 높다는 이유로 행위가 허용된 사례를 찾아보기 어렵다.121)

다만, 소비자후생 기준이 입법적으로 채택된 것인지, 입법 의도와 별개로 판례로 채택된 것인지는 국가별로 차이가 있다. 유럽연합 기능조약 제101, 102조 제정시에 소비자에게 정당한 몫(fair share of gains)이 전가되도록 해야 한다는 점은 명확하다.122) 이에 비하여 미국 셔먼법이 소비자후생 기준을 채택했는지는 명확하지 않다는 의견이 유력한 것으로 보인다.

2) 소비자후생 기준의 작용

소비자후생 기준의 적용에서 문제되는 몇 가지 논의를 소개한다. 첫째, 소비자후생을 논하기에 앞서 후생의 주체인 소비자에 대한 이해가 필요하

117) Crane, Rationals For Antitrust, in International Antitrust Economics(Blair ed., Oxford, 2015) p. 5.
118) para. 79.
119) para. 84.
120) F.T.C. v. Actavis, Inc., 133 S. Ct. 2223 (2013).
121) Hovenkamp, Appraising Merger Efficiencies, 24 George Mason L. Rev 703 (2017), p. 714.
122) Gifford, The Atlantic divide in antitrust, The University of Chicago Press, 2015, p. 28.

다. 독점금지법의 수혜자가 누구인지에 대하여(the intended beneficiaries)
다양한 견해가 있을 수 있다. 소비자, 근로자, 경쟁자, 독립 사업자, 주주,
납세자, 유권자, 전체로서 사회 등이다.[123]

　소비자후생에서 말하는 소비자는 물건을 구매하는 자연인을 의미하지
않는다. 경쟁법이나 관련 경제학에서 소비자는 모든 구매자를 포함하고 자
연인과 법인이 모두 포함된다.[124] 소비자는 개인을 지칭하지 않고, 범주
(category)를 의미한다.[125]

　소비자후생에서 문제되는 소비자는 다양하다. 사회의 모든 구성원이 소
비자에 포함될 수도 있다. 소비를 전체적으로 보면 부유층이 더 많이 소비
하므로 경쟁가격으로부터 더 큰 편익을 얻는다. 편익은 소비의 양에 비례
하기 때문이다.[126]

　둘째, 소비자후생은 특정 시장에서 생산자에 대한 영향과 분리하여, 소비
자에게 발생하는 측면을 주시하게 된다. 예를 들면 기업결합의 결과 비용절
감의 효과가 발생하더라도, 가격인상으로 소비자후생이 저해된다면 기업결
합이 허용되지 않고, 예외적으로 발생하는 효율성이 가격인상을 상쇄하고
남을 경우에 허용된다. 다만, 이러한 효율성으로 인한 예외적 기업결합 허용
은 이론상으로는 가능하지만, 실제 사건에서 인정되기는 어렵다.[127]

　셋째, 소비자후생의 전가(轉嫁) 문제이다. 이론상 소비자후생이 소비자
로부터 생산자로 이동하더라도 총후생에 변화가 없거나 총후생이 증가한

---

123) Crane, Rationals For Antitrust, in International Antitrust Economics(Blair ed.,
　　Oxford, 2015) p. 4.
124) Paul Nihoul, Do words matter? A discussion on words used to designate
　　values associated with competition law, in The goals of competition
　　law(Zimmer ed., Edward Elgar, 2012), p. 224.
125) Paul Nihoul, Do words matter? A discussion on words used to designate
　　values associated with competition law, in The goals of competition
　　law(Zimmer ed., Edward Elgar, 2012), p. 226.
126) Louis Kaplow, On the choice of welfare standards in competition law, in The
　　goals of competition law(Zimmer ed., Edward Elgar, 2012), p. 8.
127) Hovenkamp, Federal Antitrust Policy, West, 2016, p. 104.

다면 이는 비효율적이지 않을 수도 있다. 그러나 일반 국민은 이러한 결과를 수용하기 어렵다. 일반 국민은 소비자후생을 생산자가 가져가는 것은 비윤리적이고 불공정하다고 생각한다. 이러한 시각은 경쟁당국의 집행에 반영된다. 대표적 사례로 경쟁당국은 카르텔을 집행하며 소비자의 이익을 사업자가 편취했다는 점을 강조한다.128)

소비자후생 기준에 따르면 효율성이 소비자에게 전가되는 선에서만 그 효율성을 인정할 수 있다. 예를 들면, 기업결합의 결과 비용이 감소하지만, 동시에 기업결합 이전에 비하여 기업결합 이후에 가격을 인상할 수 있는 동기와 능력이 부여된다면, 이러한 기업결합은 소비자후생 기준에 반하게 된다. 반면 총후생 기준에 따르면 가격인상으로 소비자가 입는 피해에 비하여 사업자가 누리는 이윤이 높다면 총후생 기준에 부합하게 된다.129)

넷째, 경쟁자에 대한 피해 문제, 즉 경쟁자에게 발생한 손해를 후생 기준에서 어떻게 이해할 것인지의 문제에서 차이가 생긴다. 소비자후생 기준은 경쟁자가 피해를 입더라도 소비자에게 피해가 발생하지 않는다면 개입할 이유가 없다. 이에 비하여 총후생 기준은 경쟁자에 대한 피해와 소비자에 대한 피해를 같은 선상에서 이해하고 차이를 두지 않는다.130)

다섯째, 소비자후생 기준을 사용할 때 국제적으로 경쟁법 수렴에 용이할 수 있다. 규제를 강화하는 국가는 수입을 주로 하는 국가이고, 이러한 국가의 경우 소비자후생 기준을 선호하게 된다.131)

여섯째, 소비자후생을 경쟁법의 핵심으로 이해하게 될 경우, 시장력의

---

128) Crane, Rationals For Antitrust, in International Antitrust Economics(Blair ed., Oxford, 2015), p. 7.
129) Salop, "Question: What is the Real and Proper Antitrust Welfare Standard? Answer: The True Consumer Welfare Standard", Loyola Consumer Law Review(2010), p. 337, 338.
130) Salop, "Question: What is the Real and Proper Antitrust Welfare Standard? Answer: The True Consumer Welfare Standard", Loyola Consumer Law Review(2010), p. 337, 338.
131) Einer Elhauge, Tying, Bundled Discounts, and the Death of the Single Monopoly Profit Theory, 123(2) Harv. L. Rev. 397 (2009), p. 438.

문제가 중점적으로 논의된다. 시장력이나 독점력은 경쟁가격보다 높은 가격을 부과할 수 있는 능력을 의미한다. 시장에서 가격이 경쟁가격보다 높을 경우, 소비자후생은 감소한다.132)

나. 순수 소비자후생 기준

시카고 스쿨의 소비자후생 기준과 구별하는 의미에서 조지타운 대학의 Salop 교수는 '순수 소비자후생 기준'을 제시하고 있다. 소비자에게 전가되는 부분만 소비자후생에 포함한다는 견해를 Salop 교수는 '순수 소비자후생 기준'으로 부르며, 순수 소비자후생 기준의 특징을 다음과 같이 소개하고 있다.

첫째, 순수 소비자후생 기준은 불평등 문제를 다루는 데 유용하다. 이 기준에 따르면 주주의 이익을 위하여 소비자에게 피해를 주는 것을 허용하지 않게 된다. 둘째, 구매자나 소비자 보호 문제와 '소득 분배에 있어 부의 전가를 방지'하는 문제는 서로 일치하지 않을 수 있다. 소비자후생 기준에 따를 경우에도 소비자는 부유한 반면, 생산자가 소규모 사업자인 경우에는 불평등이 증가할 수 있다. 셋째, 이 기준에 따를 경우 사회적 불평등을 해소하기 위해 소비자후생 기준을 변경할 필요는 없게 된다.133) Salop 교수는 미국 법원이 순수한 소비자후생 기준을 채택한 것으로 보고 있다.134) 순수 소비자후생 기준에 따르면 소비자에 대한 실질적인 보상이 이루어질 것을 요한다.135)

---

132) Krattenmaker et al, "Monopoly Power and Market Power," 76 Georgetown Law Journal 241(1987), p. 245.
133) Salop, What Consensus? Ideology, Politics, and Elections Still Matter, Georgetown Law Journal Online, 2015, p. 13, 14.
134) Salop, "Question: What is the Real and Proper Antitrust Welfare Standard? Answer: The True Consumer Welfare Standard", Loyola Consumer Law Review(2010), p. 339.
135) Hovenkamp, Appraising Merger Efficiencies, 24 George Mason L. Rev 703

다. 총후생 기준

총후생(general welfare) 개념은 칼도 힉스 효율성(Kaldor-Hicks efficiency)[136] 에서 출발한다. 총후생은 잠재적 파레토 효율성을 반영하며, 기업결합 심사 에서 기업결합 이후에 발생하는 효율성 증가를 소비자에게 전가할 필요가 없게 된다.[137] 미국 독점금지법과 소비자후생 논쟁은 보크(Robert H. Bork) 판사의 저서인 'Antitrust Paradox'를 통하여 치열하게 촉발된 측면 이 있다. 그러나 보크 판사가 언급한 소비자후생(consumer welfare)은 순 수 소비자후생(pure consumer welfare)과 구별되므로, 보크 판사의 설명은 오류라는 견해가 있다.[138] 그에 따르면 보크 판사가 말한 '소비자후생 기 준'은 실질적으로 '총후생'을 의미하게 된다.[139]

후생 평가 모델은 소비자후생을 추구하는가, 총후생을 추구하는가에 따 라 다른 의미를 가진다. 'welfare tradeoff 모델'은 특정 행위의 해악과 편 익을 평가하고 형량하며, 그 결과 바람직한 법집행 방향을 제시하기 때문 이다. 대표적으로 'Williamson welfare tradeoff 모델'은 기업결합을 분석 하며 총후생 기준(general welfare test)을 사용한다. 총후생 기준은 생산자

(2017), p. 713.

136) '칼도 힉스 기준(Kaldor-Hicks criterion)'은 어떤 변화를 통해 이득을 보게 되는 사람에 의해 평가된 이득의 가치가 손해를 보게 되는 사람에 의하여 평가된 손해의 가치보다 크다면 그 변화를 개선에 해당한다는 것이다(이준구, 미시경제학, 법문사, 1990, 650면). '파레토 효율'이란 보상을 전제하고도 이익이 비용보다 클 때 그 방향 으로 움직이는 것인 반면, 칼도 힉스 효율성은 이익이 비용보다 크다면 보상하지 않 고도 그 방향으로 움직이는 것이 바람직하다는 기준이다. 칼도 힉스 기준은 정부 사 업의 부담이 특정 개인이나 소수에게 과도하게 집중될 위험이 커서 형평의 문제가 발생할 여지가 있게 된다(박세일, 법경제학, 박영사, 2007, 163, 164면).

137) Hovenkamp, Appraising Merger Efficiencies, 24 George Mason L. Rev 703 (2017), p. 713.

138) Salop, "Question: What is the Real and Proper Antitrust Welfare Standard? Answer: The True Consumer Welfare Standard", Loyola Consumer Law Review(2010), p. 336, 348.

139) Hovenkamp, Appraising Merger Efficiencies, 24 George Mason L. Rev 703 (2017), p. 714.

의 편익 증가가 소비자의 손실을 상충할 정도로 크고, 동시에 소비자 손실이 수용가능한 범위 내에 있다면 이는 적법한 행위의 범위 내에 포함된다. 다만, 이러한 행위는 소비자후생 기준에서는 적법하다고 보기 어렵다. 소비자후생 기준에서는 기업결합의 결과로 발생한 효율성이 커서 소비자에 대하여 부과되는 가격이 기업결합 전에 비하여 기업결합 후에 더 높지 않아야 한다. 'Williamson welfare tradeoff 모델' 하에서는 어느 정도 수준의 효율성(modest efficiency gain)으로도 후생이 증가하게 된다.[140]

첫째, 총후생 기준은 불평등 문제를 악화시킬 수 있다. 시장지배력의 형성과 행사도 용인할 수 있다. 시장지배력은 생산자 잉여를 증가시키기 때문이다. 그 잉여는 주주와 최고 경영진에 돌아간다. 비용절감이나 다른 효율성이 발생한다면 그 혜택이 소비자에게 돌아가지 않아도 문제 삼지 않는다.[141]

둘째, 총후생과 소비자후생이 불일치하는 사례는 기업결합과 단독행위에서 모두 발생할 수 있다. 대표적인 예를 들면 아래와 같다.

기업결합의 결과 가격이 인하된다면 소비자후생은 증가한다. 같은 사안에서 가격이 인하되더라도 기업결합으로 생산 비용이 증가한다면 총후생은 감소할 수 있다.[142] 그 결과 소비자후생은 증가하고, 총후생은 감소할 수 있다.

높은 비용을 지출하는 경쟁자가 시장에 진입한다면 기존 사업자와 신규 진입자의 가격 경쟁으로 가격은 인하되는 반면, 전체적으로 생산 비용은 증가할 수 있다. 그 결과 소비자후생은 증가하지만 총후생은 감소할 수 있다.[143]

---

140) Hovenkamp, Appraising Merger Efficiencies, 24 George Mason L. Rev 703 (2017), p. 715./ Einer Elhauge, Tying, Bundled Discounts, and the Death of the Single Monopoly Profit Theory, 123(2) Harv. L. Rev. 397 (2009), p. 437.
141) Salop, What Consensus? Ideology, Politics, and Elections Still Matter, Georgetown Law Journal Online (2015), p. 13, 14.
142) Salop, "Question: What is the Real and Proper Antitrust Welfare Standard? Answer: The True Consumer Welfare Standard", Loyola Consumer Law Review(2010), p. 344.

비용 절감을 보는 시각에서도 소비자후생 기준과 총후생 기준은 다르다. 순수한 소비자후생 기준에 따르면 비용절감은 가격인하 또는 품질개선으로 소비자에게 전가되는 한도에서만 인정된다. 총후생 기준으로 이해할 경우 소비자에게 전가되지 않는 비용 절감(간접비 절감 등)도 편익으로 인정된다.[144]

4. 경쟁성과, 효율성, 후생의 상호 관계

경제적 목적(economic goal)으로 언급되는 효율성, 소비자후생, 경쟁과정 보호는 독립적으로 분리하여 이해될 수 있는 개념이 아니다. 언어(용어)의 측면에서 개념상 연결되어 있고, 경제학적 방법론에서도 서로 연결되어 있다.[145] 경쟁과정 보호 문제는 별도로 논하기로 하고, 여기서 경쟁성과, 효율성, 후생 사이의 관계를 살펴본다.

가. 경쟁성과와 효율성

경쟁성과와 생산적 효율성의 관계는 비교적 이해하기 쉽다. 생산적 효율성이 증진되면 경쟁성과가 개선될 가능성이 높다. 경쟁보호는 미시경제학적인 시각에서 가격, 수량, 품질 등 경쟁성과에서 찾을 수 있고, 이는 효율성을 증진시킴과 동시에 소비자후생을 증가시키는 결과를 가져온다는 것이 최근(최소한 2005년)까지의 유력한 견해였다.

첫째, 가격과 생산적 효율성의 관계이다. 효율성을 비용의 측면에서 접

143) Salop, "Question: What is the Real and Proper Antitrust Welfare Standard? Answer: The True Consumer Welfare Standard", Loyola Consumer Law Review(2010), p. 346.
144) Katz and Shelanski, Merger and innovation, 74 Antitrust L.J. 1(2007), p. 57, 58.
145) Gerber, The goals of European competition law, in The goals of competition law(Zimmer ed., Edward Elgar, 2012), p. 92.

근할 경우 생산적 효율성 증가는 가격인하를 유발할 가능성이 높다. 생산적 효율성 증가로 비용이 낮아지면 가격은 인하될 가능성이 높다.146) 다만 가격 인하와 품질 저하가 동시에 발생할 경우 생산적 효율성의 평가는 어려울 수 있다.

둘째, 공급량과 생산적 효율성의 관계이다. 효율성과 공급량의 관계도, 효율성과 가격의 관계와 유사하다. 생산적 효율성 증가로 비용이 낮아지면 가격은 인하되고, 공급량도 증가할 가능성이 높다.147)

셋째, 품질과 생산적 효율성의 관계이다. 품질 개선이 혁신에 의하여 이루어진다고 볼 경우 기존의 (가격을 중심으로 한) 효율성과 혁신은 상충될 수 있다. 생산적 효율성의 증가로 비용이 내려가면 가격도 내려가는 것과 달리, 비용이 증가하며 품질이 개선될 수도 있다. 이 점에서 생산적 효율성과 품질의 관계는 생산적 효율성과 가격의 관계만큼 뚜렷하지 않다.

다른 한편, 중요한 계약조건인 가격과 공급량은 가격에 의하여 드러나고, 품질(quality and capability)은 혁신에 의하여 드러난다는 점에서 상충될 수 있다. 효율성 기준은 고정비용보다 가변비용에 중점을 두고 있다. 반면 혁신에 관련된 고정비용은 미래의 혁신에 큰 영향을 미칠 수 있다. 이 점에서 효율성 기준과 혁신 기준은 차이가 있다.148)

넷째, 품질과 효율성의 문제는, 혁신과 효율성의 문제에 대응한다. 효율성과 혁신을 중첩되는(overlap) 개념으로 보기는 어렵다. 효율성 개념에 비하여 혁신 개념은 동태적이므로, 동태적 효율성(dynamic efficiency)은 혁신 개념에 근접할 수 있다.

슘페터적인 시각에 따르면 혁신을 중시하지만, 혁신 효과가 경쟁제한효과보다 클 것이라는 것을 실증하기 어렵다. 반면에 (혁신효과가 아니라) 가

---

146) 물론 비용은 감소되지만 가격은 인하되지 않을 수 있다.
147) 비용이 낮아져도 가격은 인하되지 않을 수 있고, 공급량이 증가하지 않을 수 있다.
148) Katz and Shelanski, Merger and innovation, 74 Antitrust L.J. 1(2007), p. 57, 58. 고정비용도 장기적으로 보면 변동한다. 그 점에서 소비자후생 기준과 총후생 기준은 장기적으로 보면 그 차이가 줄어든다

격효과에 치중한 종래의 심사방식이 더 정확하다고 단정하기도 어렵다. 이는 시장지배력에 따른 문제점(market power effect)과 비용절감효과의 효율성(cost saving efficiencies)을 형량할 때와 비슷하다. 그 점에서 가격과 혁신의 상충(price/innovation trade-off)의 문제는 시장지배력과 효율성의 상충(market power/efficiency trade-off) 문제와 비슷한 측면이 있다.[149]

나. 경쟁성과와 후생

경쟁성과와 후생의 관계는 어떻게 되는가? 경쟁성과의 지표인 가격, 공급량 등은 후생을 달성하는 과정에서 사용되는 수단 내지 기준(tool or standard)으로 이해할 수 있다. 경쟁성과의 지표인 가격, 공급량 등의 변화와 소비자후생의 관계에 대하여 다음과 같은 논의를 참조할 수 있다.

1) 공급량과 소비자후생

공급량으로 소비자후생을 평가하는 것은 미국의 주류적인 판례 경향이다. 그 대표적인 사례는 Amex 판결[150]이다. 이 판결에서 공급량이 제한되었거나 가격이 경쟁 가격 이상이라는 증거 없이 경쟁저해 효과를 추론할 수 없다고 보고 있다.[151] 이러한 전제에서 공급량이 증가하고 품질이 개선된 상태에서 경쟁에 대한 저해가 증명되지 않았다고 판단하였다.

다만, 공급량과 소비자후생을 서로 대체가능한 개념으로 보는 것은 오류일 수 있다. Amex 판결 등은 경쟁제한성을 공급량 감축을 통해서 증명하고, 친 경쟁적 정당화 사유를 공급량 증거를 통하여 증명하는 경향을 보이고 있다. Amex 판결은 공급량의 변화를 소비자후생의 척도로 본다는 사고(思考)에 있다. 이 판결은 혁신 저해가 문제되는 사안임에도 정부가 공

---

149) Katz and Shelanski, Merger and innovation, 74 Antitrust L.J. 1(2007), p. 50, 51.
150) Ohio v. American Express Co., 138 S.Ct. 2274(2018).
151) This court will not infer competitive injury from price and output data absent some evidence that tends to prove that output was restricted or prices were above a competitive level.

급량 감축을 증명해야 하고, 이를 증명하지 못한 경우 셔먼법 위반이 인정
되기 어렵다는 전제에 있다.152)

위 판결에 대하여 공급량으로 소비자후생을 평가하는 방식에 대하여 부정
적인 견해는 다음과 같다. 첫째, Amex 판결 등 기존의 미국의 판례는 공급
량 감축이 시장지배력 행사의 유일한 방법이라는 전제에 있으나, 독점사업자
나 카르텔의 경우에도 이윤을 증가하기 위해 공급량을 증가시킬 수 있다. 둘
째, 공급량 감축이 시장지배력 행사의 유일한 방법이 아니다. 시장지배력 행
사에 공급량 감축이 수반되지 않을 수도 있다. 그 결과 시장지배력을 분석하
기 위해 공급량 감축의 증거를 요구할 필연적 이유가 없다. 이는 가격인상을
시장지배력 행사의 유일한 방법으로 볼 수 없는 것과 동일하다.153)

특히, 다수의견에 대한 소수의견의 다음과 같은 비판을 경청할 필요가
있다. 즉, 다수 의견이 지적한 바와 같이 지난 10여 년간 공급량(신용카드
사용)은 증가하였으나, 이를 경쟁제한성 부정의 논거로 보는 것은 정당하
지 않을 수 있다. 원고의 경쟁제한행위가 없었더라면 공급량은 더 증가하
였을 수도 있기 때문이다.154) 나아가 이 사안에서 문제되는 쟁점은 현재
존재하는 시장과 원고의 남용행위가 없었을 경우의 가정적인 시장의 비교
임에도, 현실적인 공급량 감축을 증명하도록 요구하는 것은 증명을 불가능
하게 하는 것이고, 이런 상태에서는 셔먼법 제2조를 적용하기가 어렵게 된
다.155) 이 사건에서 원고의 경쟁제한적인 행위로 높아진 신용카드 가맹점

---

152) Newman, A modern antitrust paradox: The output welfare fallacy, 107 Iowa L. Rev.(2022), p. 2.
153) Newman, A modern antitrust paradox: The output welfare fallacy, 107 Iowa L. Rev.(2022), p. 48, 49.
154) The fact that credit−card use in general has grown over the last decade, as the majority says, says nothing about whether such use would have grown more or less without the nondiscrimination provisions.
155) And because the relevant question is a comparison between reality and a hypothetical state of affairs, to require actual proof of reduced output is often to require the impossible-tantamount to saying that the Sherman Act does not apply at all."

수수료(credit card merchant fees)가 공급량에 미치는 영향은 제한적이어서 공급량으로 경쟁제한성을 판단하는 것은 한계가 있다.156)

2) 가격차별과 소비자후생

미국의 주류적 판례는 공급량 감축을 통하여 소비자후생이 저해된다는 견해에 있다. 그러나 가격차별이 발생하고 있는 상황에서는 공급량 감축 없이 소비자후생이 저해될 수 있다.

가격차별에 대하여 우호적인 견해는, 가격차별을 통해 공급량이 증가한 다는 점을 근거로 한다. 예를 들면, 포즈너 판사는 독점사업자가 가격차별 을 할 경우 경쟁시장의 공급량에 근접하게 되므로 가격차별을 규제할 이 유가 없다고 보고 있다. 미국 법무부 반독점국과 연방거래위원회도 오랫동 안 비슷한 입장을 취하였다.

단일 가격 시장에서 독점사업자는 높은 가격을 부과하여 높은 이익을 누리는 반면, 동시에 한계 소비자에게 판매하지 못하는 방안과 낮은 가격 을 부과하여 판매량을 늘리는 방안 중에서 선택해야 한다. 한계 소비자의 수가 많은 경우에는 가격을 낮추어서 판매량 감소 대신 판매량 증가를 선 택하게 된다. 그 결과 전체적인 가격이 낮아져서 수요가 낮은 소비자(low demand consumer)가 수요가 높은 소비자(high demand consumer)를 보호 하는 결과에 이르게 된다. 그러나 가격 차별 시장에서는 단일 가격하에서 한계 소비자가 다른 소비자를 보호하는 역할을 하지 못하게 된다. 가격 차 별하에서 소비자의 잉여만 생산자에게 이전될 뿐 전체 공급량은 영향을 받지 않을 수 있다. 즉 공급량 감소가 없지만 소비자후생이 감소하는 상황 이 된다.157)

---

156) In particular, merchants generally spread the costs of credit—card acceptance across all their customers (whatever payment method they may use), while the benefits of card use go only to the cardholders. Thus, higher credit—card merchant fees may have only a limited effect on credit—card transaction volume, even as they disrupt the marketplace by extracting anticompetitive profits.

다. 효율성과 후생

생산적 효율성이 소비자후생이나 사회총후생에 어떤 영향을 미치는지, 배분적 효율성이 소비자후생이나 사회총후생에 어떤 영향을 미치는지는 쉽게 판단하기 어렵다. 배분적 효율성을 강조할 경우 이론상 소비자후생보다 사회총후생을 추구할 가능성이 높으나, 실제로는 배분적 효율성을 강조하면서도 소비자후생을 우선시하는 경우도 자주 볼 수 있다. 그 점에서 효율성과 후생, 특히 소비자후생의 관계는 일률적으로 말하기 어렵다.

같은 이유에서 효율성과 소비자후생을 동시에 언급하는 것은 주의할 필요가 있다. 참고로, 유럽연합 집행위원회는 소비자후생은 자주 언급하는 반면 효율성은 자주 언급하지 않고, 판례상으로도 소비자후생에 비하여 효율성은 낮은 빈도로 사용되고 있다. 기업결합의 효율성, 시장지배력의 남용 사건에서 사업자의 항변 사유 등에서만 효율성 용어를 제한적으로 사용하고 있다.158)

1) 생산적 효율성과 후생

첫째, 생산적 효율성 증가로 가격 하락, 공급량 증가, 품질 향상이 발생하면 이는 소비자후생 증가로 귀결될 수 있다.

비용 인하 방법(생산비용을 어떻게 줄일 것인가)을 포함한 정보가 시장에서 완전하게 유통된다면, 시장 가격은 인하된다. 경쟁압력에 따라 비용은 인하되며, 이러한 비용 인하는 소비자에게 전가될 수 있다.159) 이러한 경우는 생산적 효율성 달성이 소비자후생으로 귀결된다.

---

157) Newman, A modern antitrust paradox: The output welfare fallacy, 107 Iowa L. Rev.(2022), p. 38, 39, 40.

158) Laura Parret, The Multiple personalities of EU competition law: time for a comprehensive debate on its objectives, in The goals of competition law(Zimmer ed., Edward Elgar, 2012), p. 68, 69.

159) Jones & Sufrin, EU Competition Law, Oxford, 2016, p. 7.

반면, 생산적 효율성은 소비자후생과 일치하지 않을 수 있다. 생산적 효율성에 따라 발생한 후생이 소비자에게 전가될 것인지가 명백하지 않기 때문이다.

둘째, 효율성 기준에 따르면 기업결합의 결과 중복되는 연구개발 비용을 줄일 수 있어 효율성이 달성될 수 있다. 이와 달리 소비자후생 기준에 따르면 기업결합의 결과 (경쟁기업의 감소로) 신제품 출하가 늦어질 수 있어 기업결합에 부정적일 수 있다. 기업결합의 결과 혁신이 줄어들 수 있다. 그 결과 기업결합 이후 가격은 인하되지만, 상품의 다양성은 줄어들 수 있다. 가격인하 효과가 상품의 다양성 감소 효과를 상쇄하지 못할 수 있다.160)

셋째, 효율적인 행위로 인하여 소비자가 피해를 볼 수 있고, 특히 중간소득의 소비자나 저소득 소비자에 대하여 피해를 줄 수 있다.161) 소위 'food desert'162)는 생산적 효율성의 추구가 낳은 부작용일 수 있다. 생산적 효율성의 결과로 저소득층 소비자는 더 높은 대금을 지불해야 하는 문제에 직면할 수 있다.

넷째, 총후생 기준은 생산적 효율성과 일치할 가능성이 높다. 즉, 생산적 효율성이 높아지면 총후생은 증가하는 경우가 많을 것이다.

2) 배분적 효율성과 후생

배분적 효율성의 추구를 통하여 사회총후생의 극대화가 가능한 것으로 보는 견해가 있다.163) 시카고 스쿨에서 (소비자)후생을 배분적 효율성(allocative efficiency)과 연결하여 보는 견해는 보크 판사의 셔먼법에 대한 입법적 해석으로부터 비롯되었다. 그 결과 분배의 문제(distributive

160) Katz and Shelanski, Merger and innovation, 74 Antitrust L.J. 1(2007), p. 57, 58.
161) Salop, What Consensus? Ideology, Politics, and Elections Still Matter, Georgetown Law Journal Online, 2015, p. 5.
162) 식료품의 공급이 부족한 특정 지역의 문제이다. 의약품의 공급이 부족하여 사회적 문제가 되는 지역을 'pharmacy desert'로 부르는 것과 같은 맥락이다.
163) 이봉의, 독일경쟁법, 법문사, 2016, 13면.

concern)는 독점금지법의 문제가 아니라고 보았다.[164] 이에 대하여 Lande 교수는 셔먼법 입법 당시의 경제학 수준을 고려할 때, 입법자가 배분적 효율성을 고려했다는 것은 신빙성이 낮다고 평가하였다.[165]

3) 효율성의 소비자 전가

효율성과 소비자후생의 문제는, 발생한 효율성이 소비자에게 전가되는가, 그렇지 않은가에 따라 결정적 차이를 갖게 된다. 소위 소비자에 대한 전가(pass-on to consumer) 문제이다.

효율성을 생산적 효율성으로 이해하든, 배분적 효율성으로 이해하든 효율성은 소비자에게 전가될 수 있고, 그렇지 않을 수도 있다. 효율성이 소비자에게 전가되지 않는 경우 총후생 기준과 소비자후생 기준의 적용 결과는 달라진다. 효율성이 소비자에게 전가되지 않는 경우에도 총후생은 증가할 수 있다.[166] 이와 달리 효율성이 소비자에게 전가될 경우에만 소비자후생은 증가한다.

라. 기타 문제

1) 경쟁성과, 효율성, 후생과 효과주의

경쟁성과, 효율성, 소비자후생과 효과주의 개념은 학술적인 문헌은 물론 판례에서 혼용되어 사용된다. 경쟁 성과, 효율성, 소비자후생이 경쟁법이 목표로 하는 실체적인 개념이라면, 효과주의는 이를 어떻게 평가할 것인지의 문제, 즉 경쟁법이 지향하는 목표를 이해하기 위한 접근법 또는 평가기준으로 이해할 수 있다.[167]

---

164) Orbach, Antitrust Populism, 14 NYU Journal of Law & Business 1 (2017), p. 19, 20. 이 논문은 시카고 스쿨도 일종의 보수적인 인기주의(populism)로 볼 수 있음을 지적하고 있다.

165) Leslie, Antitrust Made (Too) Simple, Antitrust Law Journal, Vol. 79, No. 3, 2014, p. 923.

166) 총후생 기준에 따르면 이러한 행위도 긍정적으로 볼 수 있다.

2) 소비자후생과 개별 소비자 보호, 소비자선택권

첫째, 소비자후생 보호와 개별 소비자 보호는 구별된다. 소비자후생의 문제는 개별 소비자의 후생과 다르다. 소비자후생은 전체로서 소비자에게 유익한가, 유해한가의 문제에 가깝다.[168]

둘째, 소비자후생 문제는 소비자선택권의 문제와 구별될 수 있다. 물론 이러한 구분론에 의하더라도, 소비자선택권이 경쟁의 영역에서 적극적으로 고려되는 요소임을 부정할 수는 없다. 소비자선택권의 문제는 자유의 문제, 특히 의사결정의 자유 문제와 유사하다. 다만, 소비자선택권의 문제는 경쟁의 영역에서 이미 적극적으로 고려된다. 이와 달리 의사결정의 자유를 경쟁의 영역에서 이를 어떻게 고려할지에 대한 논란이 있다.[169] 이 부분은 후술한다.

5. 경쟁성과, 효율성, 후생과 공정거래법

경쟁제한성 판단은 가격, 수량, 품질에 기초를 두고 이루어져야 한다. 이는 단지 경쟁법 이론에 그치는 것이 아니라 공정거래법이 법률로 정한 원칙으로 볼 수 있다. 즉, 공정거래법 제2조 제5호는 "경쟁을 실질적으로 제한하는 행위"란 일정한 거래분야의 경쟁이 감소하여 특정 사업자 또는 사업자단체의 의사에 따라 어느 정도 자유로이 가격, 수량, 품질, 그 밖의 거래조건 등의 결정에 영향을 미치거나 미칠 우려가 있는 상태를 초래하는 행위를 말한다고 규정하고 있다. 이는 경쟁성과에 기반한 효율성, 효율성으로 발생하는 소비자후생이 경쟁제한성에 대한 핵심적인 판단기준임을

---

167) 그 점에서 경쟁성과 개념과 효과주의는 하나의 현상이 보유하고 있는 다른 측면으로 이해할 수 있다. 하나의 현상을 어떤 위치에서 보는가에 따라 달라지는 형상이라고 할 수 있다.

168) Whish & Baily, Competition Law, Oxford, 2018, p. 701.

169) 그 점에서 소비자선택의 문제가 의사결정의 자유에 비하여 경쟁의 영역에 더 가까운 것으로 이해할 수 있다.

명시하고 있는 것으로 이해해야 한다.

경쟁성과는 통상 시장성과로 부르는 가격, 공급량, 품질로 나타난다. 경쟁보호는 가격, 수량, 품질에 영향을 미치고, 효율성을 증진시키며, 그로 인하여 소비자후생을 증가시키는 결과를 가져오게 된다. 이 점에서 경쟁성과와 효율성, 소비자후생은 일련의 연장선상에 있는 기준이고, 이를 공정거래법 제2조 제5호가 규정하고 있다. 이는 대법원 2007. 11. 22. 선고 2002두8626 전원합의체 판결(포스코 판결)을 비롯한 대법원 판례에도 그대로 수용되어 있다.

물론 최근 진행되고 있는 경쟁법 개혁의 논의로, 경쟁법이 추구하는 목적과 경쟁제한성 판단기준이 무엇인가에 대하여 다양한 논의가 미국을 비롯한 여러 국가에서 진행 중이다. 기존의 경쟁성과, 효율성, 소비자후생을 기준으로 한 경쟁법 집행에 대하여 비판적인 견해도 유력하게 대두되고 있다.

위와 같이 경쟁제한성 판단의 다양한 기준에 대하여 이론적인 논의가 진행되고 있지만, 현재 우리의 공정거래법 제2조 제5호는 경쟁제한성에 대한 정의 규정을 두고 있고, 이는 경쟁성과, 효율성, 소비자후생 기준을 전제로 자연스럽게 이해할 수 있다. 기존의 경쟁제한성에 관한 판례도 이러한 경쟁성과, 효율성, 소비자후생을 기초로 생성되어 있다. 이에 대한 찬반론이나 당부는 별론으로 하더라도, 경쟁성과를 다른 기준으로 대체하는 것은 현재 법령과 판례에 부합하지 않게 되는 측면이 있음은 부정할 수 없다. 설령 다른 목적에 대한 경쟁법의 관심과 관여가 필요하다고 하더라도 법적 안정성(예측가능성)과 다른 법률과의 조화라는 측면에서 경쟁법이 적용되어야 하며, 경쟁법의 과도한 확장만이 바람직한 대안이 될 수 없다는 지적에 경청(傾聽)할 필요가 있다.

제4절 | 경쟁의 외연적 가치

　경쟁에 대한 이해는 실정법적 규제를 구체적인 사건에 적용하는 과정에서 구체성을 띠게 된다. 어떤 법으로 어느 범위 내에서 어떤 방식으로 시장에 개입할 것인지의 문제가 된다. 결국 경쟁의 이해 문제는 규범의 해석과 적용 문제로 귀결된다.

　이때 경쟁의 외연(外延)이 문제 된다. 경쟁의 외연을 넘어서는 부분은 원칙적으로 경쟁법의 집행 대상이 되기 어렵다. 경쟁의 외연을 어디까지 확대할 것인지의 문제는 경쟁의 본질을 역(逆)으로 규정하는 문제가 된다. 경쟁의 외연 문제는 최근 플랫폼 기반 기업에서 문제되는 비가격 경쟁(non price competition), 정보보호, 빅 데이터의 문제에서 활발하게 논의되고 있다.

　경쟁의 개념을 경직된 방식으로 해석할 필요는 없다. 경쟁의 개념은 탄력적이고 유연한 개념이다. 그러나 경쟁의 개념을 경쟁성과보다 확대하는 수준을 넘어서, 경쟁의 개념과 그 외연을 지나치게 확장할 경우 경쟁의 개념 자체를 규정하고 이해하기 어렵게 될 수 있다. 그 결과 경쟁법과 비(非)경쟁법의 차별성이 없게 되고, 정체성의 위기를 가져올 우려도 있다.

　경쟁과 경쟁제한성을 '가격에 기초한 계량화'를 통해 미시적으로 접근할 경우에 경쟁은 상대적으로 좁게 이해된다. 이러한 가격 기반 접근법으로 새로운 산업의 변화에 대처하기 어려울 수 있다. 그 한계를 극복하기 위하여 경쟁과 경쟁제한성 개념의 확대가 논의될 수 있다.

1. 혁신

　경쟁시장에서 혁신을 통하여 경쟁에서 우위에 서기 위한 경쟁이 이루어질 수 있다. 경쟁시장에서 혁신이 발생할 가능성이 높지만, 독점시장에서 독점기업의 장점인 규모의 경제 등을 이용하여 혁신이 가능할 수 있다. 독점의 혁신에 대한 기여, 그리고 그 과정에서 독점이윤이 혁신의 동기로 작용할 수 있음을 지적한 Verizon Communications, Inc. v. Trinko, 124 S.Ct. 872 (2004) 판결이 대표적이다. 다만, 이에 대하여, 독점을 통하여 혁신이 저해된 측면을 간과했다는 비판이 있는 것도 사실이다.

가. 혁신과 독점

경쟁법의 본격적인 태동(胎動) 전에, 이미 성경은 위험한 투자로 이익을 얻는 것을 부정적으로 보지 않았다. 이는 효율적인 기업이 높은 시장점유율을 갖는 것에 대하여 덜 효율적인 기업이 독점적 남용행위로 문제 삼을 수 없다는 이론으로 귀결될 수 있다.[170] 효율성을 유발한다는 전제에서, 독점에 대한 우호적인 접근으로 연결될 수도 있다. 그럼 독점과 혁신은 어떤 관계에 있는가?

첫째, 혁신은 경쟁 시장과 독점 시장에서 모두 발생할 수 있다. 그렇다면, 독점사업자의 행위로 경쟁제한효과가 발생하더라도 혁신 가능성이 높으면 그 행위가 정당화될 수 있는가? 이 문제는 독점의 허용이 기술의 혁신에 이를 수 있더라도, 전체(as a whole)로서 후생을 증진시킨다는 점이 실증되었는지에 달려 있다.

주로 시장지배력 남용 사건에서 혁신의 항변 형태로 이 문제가 제기되는 경우가 많다. 특히 Trinko 판결[171] 이래로, 집중된 시장에서 사업자가 동태적 경쟁(dynamic competition) 항변을 제기하는 사례가 많다. 이러한 항변이 수용된다면 시장지배력을 형성하거나 유지하는 행위가 정당화된다.

---

170) Elzinga and Crane, Christianity and Antitrust A Nexus, in Christian and Market Regulation(Crane ed., Cambridge, 2021), p. 99. 신약성서 마태복음 25:14-29 등이 이와 관련성이 있다. 소위 '달란트' 비유이다. "무릇 있는 자는 받아 풍족하게 되고 없는 자는 그 있는 것까지 빼앗기리라(마태복음 25:29)" 부분 등이다.
171) Verizon Communications, Inc. v. Trinko, 124 S.Ct. 872 (2004)

이러한 독점사업자의 항변에 대하여 부정적인 견해의 요지는 다음과 같다. 이러한 항변은 독점사업자가 혁신에서 이익을 얻기 위해 연구개발에 투자하는 측면만 강조하고, 경쟁사업자의 연구개발에 대응하기 위하여 연구개발 투자를 늘리는 측면은 간과하고 있다. 경험적 증거에 의하더라도 독점 시장보다 경쟁 시장에서 혁신의 동기가 높다는 지적도 있다.172)

둘째, 독점과 혁신의 문제는 이론의 문제인 동시에, 집행의 문제이다. 독점을 어떤 시각에서 평가할 것인가에 대한 가치관(價値觀)의 문제이다.

국가별로 '독점과 혁신의 관계'에 대한 가치평가의 차이가 발견된다. 미국은 소위 '뉴브랜다이즘(New Brandeism)'의 대두 이전까지는 독점의 혁신적인 효과173)에 주목하여 규제에 신중한 입장을 취하였다. 유럽은 독점의 폐해에 주목하며 특별책임, 객관적 남용개념 등을 토대로 독점기업에 대한 규제에 적극적인 입장을 취한 것으로 이해되고 있다.

셋째, 독점과 혁신의 문제는 기업결합 심사에서 쟁점이 되는 경우가 많다. 독점은 내부 성장(internal growth)을 통하여 등장하기도 하지만, 기업결합을 통하여 독점이 생성될 수 있다. 기업결합의 결과 즉시 발생하는 독점(또는 독점의 강화) 문제와, 미래에 발생할 가능성이 있는 혁신 문제 사이에서 균형을 찾을 필요가 있다.

혁신이 일어나기 위해서 보조적 상품과 서비스(complementary products and services)의 시너지 효과가 중요하다.174) 이는 특히 수직형 기업결합과 혼합형 기업결합 등 비수평형 기업결합에서 혁신을 기대하여 기업결합의 금지 등 구조적 조치에 신중하게 되는 이유가 될 수 있다.

---

172) Jonathan B. Baker, Taking the Error Out of "Error Cost" Analysis: What's Wrong With Antitrust's Right, Antitrust L.J., Vol. 80, No. 1, 2015, p. 14.

173) Verizon Communications, Inc. v. Trinko, 124 S.Ct. 872 (2004) 판결과 같이 독점과 혁신의 동기(incentive to innovate)의 연관성을 강조하며 독점에서 발생하는 혁신을 보호하려는 경향을 발견할 수 있다.

174) Cleynenbreugel, Innovation in competition law analysis: making sense of on-going academic and policy debates, in The Roles of Innovation in Competition law analysis(Nihoul ed., Edward Elgar, 2018), p. 5.

나. 혁신과 독점이익(monopoly profit)

1) 독점기간 보장

혁신을 한 사업자에게 독점기간이 부여되는 경우가 자주 있다. 특히, 혁신에 따른 독점기간 보장의 문제는 제약산업 등에서 첨예하게 드러난다. 제약산업의 특허권과 의약품자료 독점권 보장의 문제, 유사의약품 출시(product hopping) 문제 등이다.

혁신을 한 사업자에게 제도적으로 독점권을 보장하는 대표적인 제도가 특허권 등 지식재산권 제도와 의약품자료 독점권 제도[175] 등이다. 혁신을 한 독점사업자에게 독점기간을 보장하여 혁신의 동기를 조장할 필요도 있다. 독점을 향유할 시간과 기회를 허용하지 않고, 이를 박탈한다면 치열한 과정을 거쳐 혁신을 할 이유가 없게 된다. 이는 제약회사의 특허에 관련된 논쟁에서 흔히 드러난다. 치열한 혁신의 결과 나온 의약품에 대하여 강제실시를 쉽게 허락할 경우 혁신의 동기가 보장되기 어렵다. 이런 이유에서 일반시장에서 발생하는 독점권 보장은 제도적으로 독점권을 보장하는 특허 제도와 비교할 때 자연스럽게 수용된다.[176]

2) 독점가격 보장

독점기업의 마진율은 비(非)독점기업의 마진율보다 높을 수 있다. 마진율은 독점기업의 시장지배력을 측정하는 지표로 사용될 수 있다.[177] 독점가격, 그리고 이에 따른 독점기업의 마진율이 어느 정도에서 허용되어야 하는가는 오래된 논쟁의 대상이다.

이 문제를 다룬 대표적인, 그리고 상징적인 판결은 Verizon Communications,

---

175) 정재훈, 의료·의약품 산업과 경쟁법, 경인문화사, 2020, 269면.
176) ABA, Antitrust Law Development, 2017, p. 285.
177) 러너 지수(Lerner Index)는 시장지배력이 상승할수록 가격에서 마진이 차지하는 비율이 증가한다는 해석을 전제로 하고 있다. 김상택, 산업조직론, 율곡출판사, 2018, 127면.

Inc. v. Trinko, 124 S.Ct. 872 (2004) 판결(Trinko 판결)이다. 이 판결을 통하여, 독점과 혁신의 문제에 있어 미국 연방대법원의 시각을 알 수 있다. 이 판결은 셔먼법 제2조 위반의 전통적인 요건을 그대로 유지하면서, 독점과 혁신의 동기(incentive to innovate)의 연관성을 강조하며 혁신을 보호하려는 경향을 보이고 있다.

위 판결은 독점사업자에게 거래를 강제할 경우(compelled sharing) 발생할 수 있는 사회적 비용을 강조하고, 독점사업자에 대하여 거래의무를 부과할 경우 경쟁보다는 협조가 이루어지며, 이는 경쟁법의 철학에 반한다는 취지이다. 독점력의 보유, 그에 따른 가격책정은 그 자체만으로 경쟁제한적이라고 보기 어렵고, 오히려 자유시장경제에서 발생하는 전형적인 특징으로 볼 수 있다. 효율적인 독점을 규제할 위험, 즉 긍정 오류(false condemnation)의 위험성을 강조하고 있다. 공동행위와 달리 단독행위를 규제하는 것은 제한적인 예외사유에 해당하여야 한다는 취지의 판결이다.

이러한 논지는 판결문 중 독점사업자가 우수한 상품과 기술 등으로 독점을 유지하는 것(growth or development as a consequence of a superior product, business acumen, or historic accident)을 비난할 수 없다는 부분과 독점사업자가 독점가격을 부과하는 것은 적법할 뿐 아니라 자유 시장 제도의 중요한 요소라고 지적한 부분178)에서 분명하게 드러난다.

다. 혁신과 경쟁자 배제

경쟁자 배제의 동기가 있더라도 실질적인 혁신이 이루어졌다면, 이 경우도 남용행위에 해당하는가? 이 문제에 있어 찬반론이 있다.

남용행위를 부정하는 견해의 논지는 다음과 같다. 혁신을 통해 독점사

---

178) The mere possession of monopoly power, and the concomitant charging of monopoly prices, is not unlawful; it is an important element of the free-market system.

업자가 된 경우 경쟁사업자를 배려할 의무는 없다. 혁신을 통해 경쟁자가 배제된 경우라면 경쟁자를 배려하거나, 경쟁자가 입은 피해를 줄이려고 노력할 의무가 없다. 혁신이 실제로 이루어졌음에도 혁신의 동기가 경쟁자 배제에 있다는 점을 들어 제재를 가한다면, 이는 의도만으로 처벌하는 것이 된다. 혁신의 동기가 순수할 수만은 없다. 치열한 경쟁에서 경쟁자를 배제하기 위하여 혁신을 할 수도 있다.[179] 따라서 실제 혁신이 발생하였는지로 남용행위의 성부(成否)를 평가해야 한다.[180]

라. 혁신과 경쟁

경쟁과 혁신의 관계는 경제학자들 사이에서 오랫동안 논란의 대상이었다. 경쟁을 통하여 혁신이 유발되는지에 대하여 찬반론이 있다. 반대론으로 혁신의 대가는 독점적인 지대인데, 경쟁법 집행을 통하여 이를 누리지 못할 경우 혁신이 저해될 우려도 있다. 반면, 찬성론으로 혁신의 동기는 경쟁자와 경쟁에서 이기려는 데서 나오므로, 경쟁 주창과 혁신의 증진은 서로 조화된다는 견해도 있다.[181]

슘페터(Joseph Schumpeter) 교수와 애로우(Kenneth Arrow) 교수의 견해 차이가 대표적이다. 슘페터 교수에 따르면 제품 혁신은 경쟁이 심할 때보다 경쟁이 적을 때 이루어진다. 경쟁이 적을 때 혁신을 할 동기가 생긴다. 독점사업자는 현재 시장이 사라지고 새로운 시장이 등장할 것을 우려해서 혁신을 하게 된다. 슘페터 교수는 경쟁이 독점보다 더 강한 혁신의 동기가 된다는 것에 동의하지 않았다. 상당한 규모의 시장력은 혁신의 동기이며, 독점사업자가 혁신에 따른 위험과 비용을 부담할 가능성이 보다 높다고 보았다.

---

179) ABA, Antitrust Law Development, 2017, p. 280, 281.
180) 회사 내부 문서에 경쟁자 배제의 동기가 기재되고, 이러한 문서가 증거로 발견되는 경우에도 그 행위 자체의 객관적인 경쟁제한성 평가가 이루어져야 한다.
181) Licensing of IP rights and competition law, OECD Background Note by the Secretariat(2019), p. 7.

혁신 경쟁(Schumpterian rivalry)이 가격 경쟁보다 중요하다고 보았다.182)

반면, 애로우 교수에 따르면 치열한 가격 경쟁의 결과로 혁신이 일어날 수 있다. 경쟁자들이 더 많은 수요자를 확보하려는 가격 경쟁이 치열할수록 혁신의 동기가 높아진다.183)

마. 혁신과 경쟁법 집행

경쟁법은 혁신을 위해서 필요하다. 경쟁법 집행은 시장 봉쇄를 막고, 보조적 상품을 통한 시너지 효과가 구현되는 것을 돕는다.184) 그럼에도 경쟁법 집행이 그동안 혁신에 기여하였는지에 대하여 상당한 반론이 존재한다.

경쟁법 집행이 오히려 시장의 혁신을 막을 수 있다는 의심 내지 우려가 존재하는 것도 사실이다. '혁신을 고려하지 못하고 있다'는 비판을 의식하여 경쟁당국이 혁신을 중요한 요소로 고려하는 듯한 태도를 보이고 있으나, 경쟁당국이 기업결합 심사에서 혁신을 어떤 방식으로 고려해야 하는지는 어려운 문제이다. 기업결합에서 고려되는 '혁신'의 문제는 종래 강조되던 '가격'의 문제만큼 비중을 두기 어렵다는 신중론도 있다.185)

이 점에서 혁신 고려의 한계를 고찰해야 한다. 혁신 저해로 인한 경쟁제한성 판단은 신중해야 한다. 혁신 저해를 경쟁제한 효과로 인정하려면, 혁신이 저해된 구체적인 실정이 제시되어야 한다. 공익적 가치를 경쟁법적 가치로 치환할 수 있는지, 환경침해의 문제가 경쟁법의 고려사항인지도 논란이 있다. 이는 공정거래법의 경쟁제한성 개념에 원칙적으로 포섭되지 않

---

182) Jones & Sufrin, EU Competition Law, Oxford, 2016, p. 12.

183) Cleynenbreugel, Innovation in competition law analysis: making sense of on-going academic and policy debates, in The Roles of Innovation in Competition law analysis(Nihoul ed., Edward Elgar, 2018), p. 4.

184) Cleynenbreugel, Innovation in competition law analysis: making sense of on-going academic and policy debates, in The Roles of Innovation in Competition law analysis(Nihoul ed., Edward Elgar, 2018), p. 5.

185) Katz and Shelanski, Merger and innovation, 74 Antitrust L.J. 1(2007), p. 2, 3, 5.

았던 개념이기도 한다. 기존에 공정거래법 제40조 제1항 제6호 합의에서 법원은 가격, 수량, 품질 등에 기반한 소비자후생 감소를 근거로 경쟁제한성을 판단하였다(대법원 2008. 10. 23. 선고 2007두2586 판결, 대법원 2007. 9. 20. 선고 2005두15137 판결, 대법원 1992. 11. 13. 선고 92누8040 판결).

한편, 경쟁제한성 판단에 있어 문제되는 경쟁제한 우려는 제한 없이 확대될 수 없음에도 유의할 필요가 있다. 공정거래법 제2조 제5호는 '경쟁을 실질적으로 제한하는 행위'에 대하여 '경쟁에 영향을 미치거나 미칠 우려가 있는 상태를 초래하는 행위'를 모두 포함하고 있다. 같은 취지에서 경쟁제한성에 관한 대표적인 판례인 대법원 2007. 11. 22. 선고 2002두8626 판결(포스코 판결)은 경쟁제한 효과가 나타난 경우뿐 아니라 경쟁제한의 효과가 생길 만한 우려가 있는 행위에 대하여도 경쟁제한성을 인정하고 있다. 대법원 2010. 3. 25 선고 2008두7465 판결(현대자동차 사건)도 같은 취지로 판시하고 있다.

이와 같이 현실적으로 경쟁제한 효과가 나타난 경우는 물론 경쟁제한 우려가 있는 경우를 경쟁제한성의 범주에 포함하고 있다. 다만, 경쟁제한 효과 발생의 우려(憂慮)가 단순한 염려나 가능성을 의미하는 것은 아니라, 어느 정도 실현될 가능성이나 개연성(likely, probable)을 의미하는 것으로 해석해야 한다.[186] 경쟁제한 우려는 확실성(certainties)까지는 아니더라도 가능성(capable)보다는 훨씬 높은 수준이다. 경쟁제한 우려를 단순한 가능성, 잠재성으로 이해하는 것은 타당하지 않다.[187]

이 점에서 양적 기준(quantitative standard)과 질적 기준(qualitative standard)을 충분히 고려해야 한다. 경쟁제한 효과의 발생 가능성이 존재하더라도 그 가능성이 미미하다면 경쟁제한성을 인정하기 어렵다. 이 점에서 공정거래법 제2조 제5호에서 사용하는 '우려'는 상당한 수준의 경쟁제

---

186) ABA, Antitrust Law Development, 2017, p. 99.
187) ABA Antitrust Law Section, 『Differences and Alignment: Final Report of the Task Force on International Divergence of Dominant Standards』, ABA, 2019, p. 48.

한 효과에 대한 증명을 의미하는 것으로 보아야 한다. 이러한 제한적 해석은 기존 대법원 판례의 입장과도 부합하는 것으로 보인다. 그 점에서 혁신 저해의 우려 등으로 경쟁제한성을 인정하려면 그러한 혁신 저해가 실현된 상당한 수준의 가능성을 제시할 필요가 있다.

2. 시장구조

가. 시장구조와 구조주의(structuralism)

1) 시장구조[188]

경쟁법 적용은 시장구조 분석에서 출발한다. 그 결과 시장의 구조, 행태, 성과의 비교·분석은 기본적인 접근방법이다.[189] 시장구조를 이해하기 위하여, 시장획정과 점유율, 진입장벽, 경쟁사업자 규모 등을 파악할 필요가 있다.

특히, 유럽연합의 경우 시장구조가 경쟁제한성 판단에서 강조되는 경향을 보이고 있다. 유럽법원은 객관주의, 즉 객관적 남용의 개념을 전제로 하고 있다. 그에 따라 시장구조의 분석에서 출발하여, 그 시장구조에서 경쟁의 정도가 약화되었는지를 본다.[190] 미국 법원도 대부분 경쟁법 사건에서 시장의 구조를 처음부터 고려하고 있다.[191] 공정거래법 제2조 제3호 '시장지배적 사업자'의 정의도 시장획정, 점유율, 경쟁사업자, 진입장벽을 본다는 점에서 다르지 않다.

2) 산업조직론과 시장구조

시장구조에 기초한 분석 방법은 산업조직론 등 경제학의 영역에서 오랜

---

188) 시장구조의 분석에 있어 전제가 되는 시장은 발견의 대상이지 인위적(artificial) 창조의 대상이 아니다.
189) 이민호, 수평형 기업결합, 경인문화사, 2013, 183면.
190) Whish & Baily, Competition Law, Oxford, 2015, p. 208.
191) ABA, Antitrust Law Development, 2017, p. 236.

전통을 가지고 있다. 베인식 접근법은 시장구조에 대한 접근방법, 구조주의를 제시하였고, 이는 하버드 스쿨(Harvard School)을 중심으로 한 산업조직론의 기원이 되었다. 그러나 집중이 높다고 하여 경쟁의 정도가 낮다고 단정하기는 어렵다. 그 점에서 현대의 경제학은 위와 같은 베인식 접근법과 달리 구조에서 경쟁성과를 바로 추론하는, 즉 구조와 성과를 직접 연결하는 사고에서 상당한 거리를 두고 있다. 따라서 시장구조(structure)에서 행동, 성과(conduct, performance) 등을 판단하는 이론이 오늘날 그대로 통용되기 어렵다. 그 결과 경쟁제한의 정도는 개별 사안별로 심사해야 하며, 구조보다는 개별 행위의 경쟁제한성을 심사해야 한다.[192]

한편, 시카고 스쿨은 종래 이론이 경제학적 구조(economic structures)를 분석한 것과 달리 행태(behavior)를 분석하였다는 점에서 차이를 보이고 있다. 독점금지법이 추구하는 후생 극대화는 경쟁적 행위(competitive behavior)를 통하여 가능하게 됨을 지적한 것이다.[193] 이후 독점금지법은 시장구조에 대한 의존을 점차 벗어나게 된다. 그럼에도 시장구조 분석의 중요성 자체가 사라진 것은 아니다. 독점금지법 집행에 있어서 시장구조 및 그에 기한 추정은 단순한 구시대 유물이 아니라 여전히 중요성을 가지고 있다는 지적에 유의할 필요가 있다.[194]

3) 시장구조 개선

터너(Donald F. Turner) 교수는 집중된 시장에서 높은 가격과 높은 마진이 발생하므로, 거대기업의 기업 분할(break up)이 필요하다고 주장하였

---

192) 독점금지법 집행에 있어서 시장구조 및 그에 기한 추정은 단순한 구시대의 유물이 아니라 여전히 중요성을 가지고 있다는 견해[Jonathan B. Baker, Mavericks, Mergers and Exclusion: Proving Coordinated Competitive Effects Under the Antitrust Laws, 77 N.Y.U. L. Rev. 135 (2002), p. 198.]도 시장구조에서 바로 경쟁과 관련된 요소를 도출할 수 있다는 의미와는 거리가 있다.

193) Black, Conceptual Foundations of Antitrust, Cambridge, 2005, p. 6.

194) Jonathan B. Baker, Mavericks, Mergers and Exclusion: Proving Coordinated Competitive Effects Under the Antitrust Laws, 77 N.Y.U. L. Rev. 135 (2002), p. 198.

다. 그러나 이러한 기업분할론은 경제학적으로 수용되기 어렵다는 비판을 받고 있다. 기업이 경쟁과 효율을 통하여 성장하였다면, 이를 분할할 경우 기업분할은 높은 고정비용의 발생으로 인하여 득보다 실이 클 수 있다. 다만 경쟁제한적인 기업결합으로 발생한 과점시장에서 기업을 분할할 경우 이는 가격 인하 등으로 이어져 소비자에게 혜택이 발생할 여지가 있다.[195]

특히 산업구조를 강제로 바꾸었을 때 발생하는 효과는 명백하지 않다. 사법적(judicial) 판단에 따라 기업을 해체할 경우 시장은 더 경쟁적이 될 수 있다. 경쟁적인 시장이 조성됨에 따라 기업은 한계비용(marginal cost)에 가까운 가격을 책정하게 된다. 그러나 규모의 경제를 실현하지 못하게 됨에 따라 해체의 결과 시장에 등장한 작은 기업의 한계비용 자체가 올라갈 수 있다. 그 결과 가격인하의 효과는 달성되지 못한다.[196]

이에 대하여 포즈너(Posner) 판사는 시장구조는 과점시장의 가격, 공급량 등을 파악함에 필요한 요소 중 하나에 불과하다고 보았다. 시장구조뿐 아니라 (발각되지 않고) 카르텔에서 이탈할 수 있는 능력, 이탈하는 기간, 이탈자에 대한 제재 가능성, 진입장벽, 가격차별의 가능성과 효과, 신규 시장진입을 막는 것이 가능한지 등을 고려해야 한다고 보았다.[197]

4) 시장구조와 경쟁제한성 판단

시장구조에 따른 경쟁제한성 추론은 당연위법(per se illegal)과 차이가 있다. 당연위법 사안은 실질적 위법성 심사가 필요하지 않다. 이와 달리 시장구조에 따른 위법성 판단 사안에서는 시장구조에 대한 증명을 거쳐 위법성이 인정된다. 경직된 당연위법의 적용은 경쟁과정을 보호하는 대신 훼손할 수 있음에 유의할 필요가 있다.[198]

---

195) Hovenkamp and Morton, Framing the Chicago School of Antitrust Analysis, University of Pennsylvania Law Review Vol. 168, No. 7, 2020, p. 1857.
196) Sullivan et al, Antitrust Law, Policy, and Procedure: Cases, Materials, Problems, Carilina Academic Press(2019), p. 60.
197) Hovenkamp and Morton, Framing the Chicago School of Antitrust Analysis, University of Pennsylvania Law Review Vol. 168, No. 7, 2020, p. 1857.

나. 시장구조와 시장지배력, 경쟁제한성 증명

1) 간접증명

시장구조의 측면에서 분석 대상은 경쟁자의 배제, 퇴출, 신규경쟁자의 진입제한 등이 시장구조에서 비롯되었는지 문제이다.

시장구조는 시장지배력이나 경쟁제한성 증명방법과 어떤 관련성을 가지고 있는가? 시장구조의 문제는 경쟁제한성 증명방법에 있어 직접적인 증명보다 간접적인 증명과 관련성이 높다. 시장점유율 그리고 진입장벽을 통한 경쟁제한성의 간접증명과 연관되어 있다. 시장의 구조와 상태가 경쟁제한적이고, 시장에서 발생한 행위가 경쟁제한적인 시장의 구조를 가져오는 행위라면 경쟁제한성이 인정될 가능성이 높다는 것이 간접증명의 개요이다.

그 밖에 개별 남용행위 유형에서 시장구조는 중요한 의미를 가진다. 예를 들면, 부당염매(약탈적 가격설정, predatory pricing) 여부를 평가함에 있어 그 행위가 발생한 시장의 구조에 따라 남용가능성이 달라진다. 특히 약탈적 가격설정에서 회수가능성을 판단하기 위하여 시장구조상 추후 가격인상을 통하여 다시 손실을 보상받는 것이 가능한지 여부의 판단이 필요하다.199)

수직적 제한 행위의 평가에도 시장구조는 중요한 의미를 가진다. 대표적으로 Continental TV. Inc v. GTE Sylvania, Inc., 433 US 36(1977) 판결의 '어떤 행위의 경쟁에 대한 영향은 시장에 달려 있고, 시장을 알기 위해서 시장구조를 분석해야 한다.'200)는 판시는 경쟁제한성 판단에 있어 시장구조의 중요성을 시사한다.

끼워팔기 사안에서 거래상대방에 대한 강제 없이 선택권이 주어졌는지

---

198) ABA, Antitrust Law Development, 2017, p. 164.
199) ABA, Antitrust Law Development, 2017, p. 296, 297.
200) How behavior affects competition depends on markets. In order to know markets, market structure should be analysed.

문제를 판단함에 있어 시장구조가 중요한 증거방법이 될 수 있다. 사업자는 직접 선택권이 주어졌음을 증명하거나, 그렇지 않더라도 끼워팔기를 하지 않고 영업하는 사업자의 존재 등을 통하여 간접적으로 증명할 수 있다.[201]

2) 시장점유율의 증거 가치

시장점유율의 산정은 특히 기업결합으로 발생하는 경쟁에 대한 저해를 평가하는데 중요한 의미를 가진다. 어떤 경우에 시장구조와 점유율 산정이 좋은 기준(good signal)이 되는지가 문제이다.

더 우월한 증거가 있다면 시장점유율의 중요도는 낮아진다. 예를 들면 협조효과의 평가에 있어서 독행기업(maverick firm)이 드러나고, 기업결합이 독행기업의 행태에 어떤 영향을 미치는가가 드러난다면 이러한 증거가 높게 평가되어야 한다. 단독효과의 평가에 있어 전환율, 총 마진(gross margin), 기업결합의 수요탄력성에 대한 영향 등이 드러난다면 이러한 증거가 높게 평가되어야 한다. 그런데 많은 사안에서 이러한 증거가 없거나 취약한 경우가 많고, 그 결과 시장점유율을 참조할 수 밖에 없다.[202]

3. 경쟁과정 보호

가. 경쟁과정 보호와 경쟁법

첫째, 경쟁과정 보호는 경쟁제한성 범위의 확대 또는 그 대안으로 논의되는 경향이 있다. 경쟁과정 판단은 경쟁성과 판단에 비하여 비용과 시간이 절약될 수 있는 장점이 있는 반면, 오류(특히 1종 오류, 긍정오류)의 가능성이 있다. 의사결정의 자유, 경제적 자유의 문제가 중요하게 다루어진다는 점에서 질서자유주의의 접근법과 유사점도 있다.

---

201) Whish & Baily, Competition Law, Oxford, 2018, p. 708.
202) Baker, Market Concentration in the Antitrust Analysis of Horizontal Mergers, in Antitrust Law and Economics(Hylton ed., Edward Elgar, 2010), p. 250

예를 들면, 경쟁의 개념을 경쟁 과정, 경쟁 성과, 그에 영향을 미치는 요소로 구분하며, 경쟁과정의 보호를 경쟁제한성의 일환으로 이해하는 견해도 경쟁과정 보호를 경쟁제한성에 포섭하는 입장이다.203) 이러한 경쟁과정 보호론에 따르면, 포스코 판결의 '유력한 경쟁사업자의 수'를 경쟁과정의 보호로 이해한다.

둘째, 동일한 '경쟁과정 보호' 용어를 사용하더라도 경쟁과정 보호 문제에 대한 시각 차이는 상당하다. 미국의 경우 시카고 스쿨은 경쟁과정을 경쟁성과를 증진시키기 위한 수단으로 이해한다. 이에 비하여 하버드 스쿨은 경쟁과정 자체를 중시한다.204) 따라서 하버드 스쿨의 경우 경쟁과정 심사를 통한 경쟁제한성 증명이 보다 쉽게 이루어질 수 있다. Mcwane v. FTC, 783 F.3d 814 (11th. Cir. 2015)205) 판결에서 경쟁제한성이 인정되기 위하여 경쟁과정(competitive process)을 저해하여 소비자후생을 저해해야 한다고 판시하여 경쟁과정을 소비자후생에 이르는 과정으로 이해하였다. 이는 굳이 분류하자면 시카고 스쿨에 가까운 견해이다.

시카고 스쿨에 비판적인 견해는 기존 집행에 비하여 증명책임을 완화하고, 착취적인 행위를 규제할 것을 주장한다. 시장에서 성공한 기업이 낮은 비용에 소비자가 선호하는 상품을 공급하는 것은 아니라고 보고 있다.206)

---

203) 홍대식, "간격 좁히기: 국제 경쟁법으로의 수렴 또는 그로부터의 분산", 경쟁법연구 제31권, 2015, 91면.
204) 홍대식, "간격 좁히기: 국제 경쟁법으로의 수렴 또는 그로부터의 분산", 경쟁법연구 제31권, 2015, 115면.
205) 미국에서 덕타일 주철관 이음쇠(ductile iron pipe fittings)를 생산하는 원고 (McWane)는 경쟁자인 Star가 국산 이음쇠 시장에 진입하자 유통업자들과 배타조건 부거래 약정(Full Support program)을 체결하였다. 유통업자들이 McWane이 제작한 이음쇠를 공급받지 않을 경우 리베이트를 받지 못하거나, 3개월간 McWane 제품을 공급받지 못한다는 내용이 포함되었다. 연방거래위원회는 위법한 배타조건부거래로 보아 연방거래위원회법 제5조를 적용하고, McWane에 대하여 배타조건부 거래를 중지할 것을 명령하였고, 이에 대하여 McWane이 연방항소법원에 항소한 사건이다. 연방 제11항소법원은 연방거래위원회의 판단이 적법하다고 보아 이를 유지하였다 (affirmed).
206) Joseph E. Stiglitz, Towards a Broader View of Competition Policy, in

특히, 경쟁은 과정으로 이해되어야 함을 강조한다. 개방적인 경쟁 시장 (open competitive market)은 더 많은 기회를 제공하며, 기존의 시카고 스쿨에 영향을 받은 주류적 판례는 시장에 참여할 자유의 가치(the value of freedom to participate in markets)를 낮게 평가하는 오류를 낳았음을 비판하고 있다.207) 이에 따르면 경쟁정책은 경쟁이 존재하는지에도 주목해야 하지만 경쟁의 성격(the nature of competition)에도 유의해야 한다. 시장에 대한 진입장벽이 합리적인 수준으로 낮아지도록(reasonable ease of entry) 유도해야 한다.208)

유럽연합 판례는 경쟁제한성 판단에 있어 경쟁과정 판단을 중시하는 경향이다. 사법법원도 소비자 편익 보호를 위해서 경쟁과정 보호의 중요성을 강조하는 경향이 있다.209)

셋째, 경쟁과정 보호는 소비자이익 보호에 부합할 수 있다. 가격, 수량, 품질에 대한 영향이 증명되지 않아도 경쟁과정이 제한되면 경쟁제한성이 인정된다. 경쟁과정의 보호는 이 점에서 시장구조의 보호와 비슷한 측면이 있다. 가격, 수량, 품질에 대한 증명이 직접증명이라면, 경쟁제한적 시장구조의 증명이 경쟁제한성의 간접증명 수단으로 유용하듯이, 경쟁과정의 저해는 경쟁제한성의 간접증명 수단으로 작용할 수 있다.210)

넷째, 경쟁과정의 문제는 시장구조와 밀접한 관련성을 가지고 있다. 경쟁이 가능하기 위해서, 시장에 복수의 사업자가 존재하는 시장구조가 필요하기 때문이다.211)

Competition Policy For the New Era(Bonakele ed., Oxford, 2017), p. 7, 8.
207) Joseph E. Stiglitz, Towards a Broader View of Competition Policy, in Competition Policy For the New Era(Bonakele ed., Oxford, 2017), p. 8.
208) Joseph E. Stiglitz, Towards a Broader View of Competition Policy, in Competition Policy For the New Era(Bonakele ed., Oxford, 2017), p. 9.
209) The Court of Justice stress the importance of protecting the process of competition for the benefit of consumers(Whish & Baily, Competition Law, Oxford, 2015, p. 207).
210) Werden, "Antitrust's Rule of Reason: Only competition matters", SSRN Electronic Journal, 2013., p. 45, 51.

다섯째, 경쟁과정의 보호가 최종적 목표인지는 의문이다. 경쟁법의 목적이 최종 목표(final goal)를 직접 달성하는데 있는가, 중간 목표(intermeiate goal)를 달성하는 데 있는지는 명확하지 않으나, 경쟁과정 보호는 중간 목표에 가깝다. 소비자후생과 함께 분배의 문제, 공정성 등 경쟁법의 목적을 다원적으로 이해할 때 경쟁과정 보호는 이를 달성하기 위한 중간목표가 될 수 있다.

여섯째, 경쟁과정 보호에서 절차적 보호의 문제도 고려될 수 있다. 절차 준수와 경쟁제한성 사이에 직접 관련성은 없다. 경쟁법은 절차적 통제를 위한 법은 아니기 때문이다. Northwest Wholesale Stationers 사건[212]에서 대법원은 절차적 보호(procedural protections)는 당연위법 원칙의 적용 등 경쟁제한성 판단의 문제와 관련성이 없다고 판단하였다. 그러나 일부 하급심 법원은 합리의 원칙을 적용함에 있어 절차적 보호(the availability of procedural safeguards) 문제를 중요하게 고려하는 경향을 보였다.[213]

나. 경쟁과정 보호와 소비자후생 기준

소비자후생 기준은 경쟁과정 보호 측면에서 비판을 받고 있다. 첫째, 소비자후생 기준은 포괄적인 기준이 되기 어렵다는 비판이다. 그에 따르면 소비자후생 기준은 시장 내에서 발생한 다양한 문제를 해결하는 데 실패했다. 소비자후생 기준은 가격 담합 문제를 판단하는 데에서 출발하여, 독점금지법 전 영역으로 확대되었으나, 이는 그 적정 범위를 넘어선 것으로 비판받을 여지가 있다. 공모에 기한 배제적 행위, 단독의 배제적 행위, 기

---

211) Zimmer, The basic goal of competition law: to protect the opposite side of the market, in The goals of competition law(Zimmer ed., Edward Elgar, 2012), p. 488, 489.
212) Northwest Wholesale Stationers, Inc. v. Pacific Stationers and Printing Co., 472 U.S. 284 (1985).
213) ABA, Antitrust Law Development, 2017, p. 119.

업결합 등에서 소비자후생 기준은 적절한 기준으로 작용하기 어렵다.[214]

둘째, 소비자후생 기준은 새로운 남용행위를 해결하기 어렵다는 비판이다. 이러한 비판에서 기존의 소비자후생 기준을 대체하여 비가격 경쟁의 문제, 품질의 문제, 혁신 저해 문제 등을 적극적으로 심사할 수 있는 기준이 필요하다는 견해가 있다.[215]

셋째, 증명책임이 비균형적이라는 비판이다. 기존의 소비자후생 기준은 독점금지법 위반을 주장하는 원고가 가격 효과를 증명하도록 하는 증명의 부담을 지움으로써 사실상 피고의 위법행위를 증명하기 어렵게 만드는 결과에 이르렀다.[216]

넷째, 소비자후생 기준 자체가 문제라는 견해와 달리, 소비자후생 기준 자체는 본질적으로 타당하지만 그 적용에 있어 문제가 있었으므로 그 적용 과정에서 교정을 함으로써 문제를 해결할 수 있다는 견해도 있다.[217] 이미 전술한 '순수 소비자후생 기준'이 그 예이다.

다. 경쟁과정 보호와 뉴브랜다이즘

1) 경쟁과정 보호와 '소비자후생 기준'의 대안

최근 대두되는 견해는 경쟁과정 보호를 전면에 내세우고 경쟁법 집행의 확대를 요구하고 있다. 대표적으로 Stucke, Steinbaum 등 경제학자는 소비자후생 기준(consumer welfare standard)은 대체되어야 한다고 주장하며, 그 대안으로 유효경쟁 기준(effective competition standard)을 주장하고 있

214) Wu, The "Protection of the Competitive Process" Standard, FTC Hearings (2018), p. 1.
215) Wu, The "Protection of the Competitive Process" Standard, FTC Hearings (2018), p. 1.
216) Wu, The "Protection of the Competitive Process" Standard, FTC Hearings (2018), p. 1.
217) Wu, The "Protection of the Competitive Process" Standard, FTC Hearings (2018), p. 1.

다. 컬럼비아 대학의 팀 우 교수는 경쟁과정(competitive process) 또는 경쟁 보호(pretection of competition standard) 기준을 옹호하고 있다. 이러한 견해는 신고적적인 독점금지정책(neoclassical antitrust)을 통하여 일반 대중이 수용할 수 없는 시장상황이 초래되었다고 보고 있다.218)

경쟁과정 보호 기준이 기존의 '소비자후생 기준'을 중심으로 한 경쟁보호의 대안이 될 수 있는지는 신중한 검토가 필요하다. 기존 소비자후생 기준은 가격이론을 중심으로 한 계량화와 맞물려 넓게 확산되었다. 문제는 계량화에 관련된 한계, 그리고 그 대안의 필요성이다. 최근 중요성이 부각되는 비가격문제는 계량화하기 어렵다. 혁신도 계량화하기 어렵다. 사안에 따라 후생의 측정이 실질적으로 불가능할 수 있다. 후생을 대체적이고 대안적인 기준(proxy)으로 대체할 필요가 있으며, 그 대안으로 경쟁과정을 심사하게 된다.219)

경쟁성과로서 효율성을 판단하기 어려운 사안에서, 대안으로 과정보호를 고려하는 경향이 있다. 예를 들면, 부당한 지원행위는 경쟁성과보다 경쟁과정 보호를 통하여 설명이 더 쉽다. 부당한 지원행위에서 논하여지는 효율성은 계량화하기 어렵다. 그 대신 경쟁과정 보호로 구성하는 것이 이론상 간명할 수 있다.

2) 경쟁과정 보호의 특성

경쟁과정 보호를 대안으로 내세우는 학자들은 다음과 같은 장점을 들고 있다.

첫째, 경쟁과정 기준은 규범적 판단 과정과 조화될 수 있다. 규범적 기준은 보통법의 발전(common law development)을 통하여 형성되었는데, 기존 소비자후생 기준은 이를 고려하지 않는다. 기존의 소비자후생 기준에 따르면 경쟁과정 저해로는 부족하고 소비자에게 피해를 주었음까지 증명

---

218) Newman, Reactionary Antitrust, in Herbert Hovenkamp: The Dean of American Antitrust Law, 2021.
219) 전통적인 경쟁법 문제가 아닌 부당한 지원행위 사안에서, 발생하는 문제를 경쟁과정 보호로 설명할 수 있다.

해야 한다. 이는 운동경기에서 위반행위를 한 것 외에 경기를 관람하는 팬에게 피해를 주었음을 증명해야 규칙 위반을 인정하는 것과 마찬가지로 과도하다. 그에 비하여 경쟁과정 기준은 법제도의 적용과 그 범위에 있어서 현실적이다. 경쟁과정 기준은 평등, 자유 등 다른 가치의 평가와 비교할 때 균형적인 기준을 제시한다.[220]

둘째, 경쟁과정 기준은 기존의 증명책임 기준과 공통점을 가지고 있다. 경쟁과정 기준에 의하더라도 위반을 주장하는 원고(또는 정부)가 이를 증명할 책임을 부담한다. 시장지배력과 경쟁과정을 저해하였음에 대한 증명을 해야 한다. 피고에 의하여 제기되는 정당화 사유도 심사해야 한다. 경쟁과정 기준은 공정한 행위와 그렇지 않은 행위 사이에 보다 분명한 기준을 제시한다.[221]

셋째, 경쟁과정 보호 기준이 종래 미국 법원의 판단과도 유리되지 않는다는 견해이다. 법원은 소비자후생 기준에 집중하면서도 그 판시사항에서 경쟁과정의 문제에 지속적으로 의존하고 있다. 소비자후생 기준과 경쟁과정 기준이 하나로 융합되는 경우도 발견된다. 일부 판결에서 소비자가 경쟁과정 저해를 통하여 피해를 입었다는 방식으로 융합된다. 소비자후생에 대한 저해가 수학적으로 증명되지 못한 사안에서도 사후적으로 고찰해보면 경쟁과정 저해가 명백하게 인정되는 사례가 있었다.

Microsoft 판결[222]도 소비자후생 기준을 그대로 적용할 경우 위반행위가 인정되기 어려운 사안인데, 연방항소법원도 경쟁과정 기준을 적용하여 경쟁제한성을 인정한 것으로 평가하는 견해가 있다.[223] 이 사건에서 법원은 경쟁제한적인 행위를 경쟁과정을 저해하고, 그 결과 소비자후생을 저해

---

220) Wu, The "Protection of the Competitive Process" Standard, FTC Hearings (2018), p. 3.
221) Wu, The "Protection of the Competitive Process" Standard, FTC Hearings (2018), p. 2.
222) U.S. v. Microsoft Corp., 253 F.3d 34 (D.C.Cir. 2001).
223) Wu, The "Protection of the Competitive Process" Standard, FTC Hearings (2018), p. 2, 3.

한 행위로 보았다.[224] 같은 취지에서 Mcwane v. FTC, 783 F.3d 814 (11th.
Cir. 2015) 판결도 경쟁제한성이 인정되기 위하여 경쟁과정(competitive process)
을 저해하여 소비자후생을 저해해야 한다는 점을 지적하여, 경쟁과정을 소비
자후생에 이르는 과정으로 이해하고 있다. Continental TV. Inc v. GTE
Sylvania, Inc., 433 US 36(1977) 판결에서 미국 연방대법원은 소(小)기업이
거대 기업과 효과적으로 경쟁할 수 있도록 하는 점을 강조하였다. 이는 단
지 소기업을 모두 보호한다는 의미는 아니다. 효율적인 소규모 기업이 거
대 기업과 효율성에 기하여 경쟁할 수 있도록 하는 것이 요지이다. 이는
경쟁과정의 보호와 연결될 수 있다.

물론 위에서 언급된 판결과 더불어 「Broadcom Corp. v. Qualcomm Inc.
판결」[225]과 같이 경쟁과정에서의 위법을 경쟁제한성에 포섭함으로써 표준
설정 과정에서 기망행위를 셔먼법 제2조에 포섭하려고 한 사례도 있다.[226]
그럼에도 불구하고 전반적으로 다양한 요소를 경쟁제한성의 판단요소로
포섭하려는 경향은 미국 판결에서 많지 않은 것으로 보인다.

---

224) ABA, Antitrust Law Development, 2017, p. 241.
225) Broadcom Corp. v. Qualcomm Inc., 501 F.3d 297(3rd Cir. 2007). 표준화기구는
    FRAND(fair, reasonable, and non-discriminatory) 약정을 조건으로 피고
    (Qualcomm Inc.)의 3세대 무선통신기술인 WCDMA(wide-band code division
    multiple access) 기술을 표준으로 채택하였다. 피고는 칩셋 시장의 경쟁자인 원고
    (Broadcom Corp.)에 대하여 위 기술에 대한 FRAND 조건의 실시를 거절하였다.
    이에 대하여 원고는 피고가 셔먼법 제2조를 위반했다는 사유로 소를 제기하였다. 1
    심은 원고의 청구를 기각하였으나, 항소심은 독점화 및 독점화기도에 관한 셔먼법
    제2조 위반 소지가 있다는 이유로 파기하였다(원고가 참여하지 않은 시장에서의 독
    점 유지 주장 및 피고의 클레이튼법 제7조 위반 혐의에 대하여는 1심과 결론을 같이
    하였다). 그 후 원고와 피고 사이에 합의가 이루어졌다.
226) Deception in a consensus-driven private standard-setting environment
    harms the competitive process. 이러한 태도에 대하여 비판적인 입장에서 형평법
    상 금반언의 법리로 해결하거나, 연방거래위원회법 제5조의 문제로 접근해야 한다
    는 시각도 있다. 이 문제를 거래거절의 문제로 인식한다면 종래 미국의 판례가 거
    래거절을 좁게 인정한 경향에 비추어 보면 1심처럼 원고의 주장 자체로 셔먼법 제2
    조의 요건을 주장하지 못하였다는 판단이 가능할 수 있다. 따라서, 종래 전개된 셔
    먼법 제2조의 법리에 비추어 보면 경쟁제한성을 인정하기 어려울 수 있다.

라. 경쟁과정 보호의 적용 및 한계

경쟁과정 보호는 경쟁성과 보호에 비하여 경쟁제한성의 범위(외연)를 넓
힐 여지가 있다. 또는 그보다 더 나아가 경쟁과정의 보호가 효과주의로부
터 형식주의로 이전하는 것을 의미하는 것으로 이해하는 견해도 있다.[227]
다만, 경쟁과정의 보호 문제를 경쟁수단의 보호 문제로까지 확대할 수 있
을지는 명확하지 않다. 전자(경쟁과정 보호)는 후자(경쟁수단 보호)보다 좁고
한정된 개념으로 인식되고 있다.

미국의 초기 경쟁법 판결이 소비자후생보다 경쟁과정을 보호하는 방식
에 근접하였던 것은 사실이다. 그러나 경쟁과정이 무엇인지를 분명하게
밝히지는 못하였다. 경쟁과정 보호에 대하여 명확한 정의를 내리지 못하
고, 자유 보호, 특정 권리 보호에 가까운 내용으로 구성되어 있는 한계가
있었다.[228]

1) 거래상대방 보호

경쟁과정의 보호에 거래상대방 보호가 포함되는가? 거래상대방 선택의
자유가 경쟁과정의 핵심이 될 수 있음을 시사한 것으로 해석될 여지가
있는 미국 판결도 있다. Nynex 사건[229]에서 법원은 수요자가 공급자를
전환할 수 있는 자유가 경쟁과정의 핵심에 있다고 판시한 바 있다. 그러
나 이는 의사결정의 자유를 지적한 것이라기 보다, 대체가능성의 문제를
경쟁보호에서 고려해야 한다는 의미로 해석하는 것이 보다 적합할 수도
있다.[230]

---

227) 이성엽 외, 플랫폼의 법과 정책(강준모 집필 부분), 박영사, 2022, 46면.
228) Newman, Procompetitive Jusitfications in Antitrust Law, 94 IND.L.J. 501(2019),
p. 520.
229) NYNEX Corp. v. Discon, Inc, 525 U.S. 128 (1998).
230) ABA, Antitrust Law Development, 2017, p. 114.

2) 약탈적 가격설정

경쟁과정에 대한 이해, 그리고 그 접근법의 차이는 약탈적 가격설정에서 보다 분명하게 드러난다. 약탈적 가격설정에서 경쟁과정에 대한 이해의 폭이 다르다. 유럽 법원은 시장지배적 기업이 비용보다 낮은 가격을 책정하는 것을 방지함으로써 경쟁과정을 보호한다고 이해한다. 이에 비하여 미국 법원은 시장지배적 기업의 낮은 가격을 문제 삼기 어렵게 함으로써 경쟁과정을 보호한다고 본다. 즉, 유럽법원은 낮은 가격으로 피해를 보는 경쟁자의 시각에서 문제가 될 낮은 가격을 규제한다는 측면에서, 미국 법원은 낮은 가격으로 편익을 누리는 소비자의 시각에서 낮은 가격 책정의 자유를 보장하는 측면에서 경쟁과정을 이해한다. 이 점에서 알 수 있듯이 경쟁과정에 대한 이해는 국가별로 차이가 있다.231)

4. 소비자선택권

가. 소비자선택권과 경쟁법, 소비자보호법

경쟁법과 소비자보호법은 모두 선택의 문제를 다루고 있다는 점에서 공통점이 있다. 시장실패를 해결하기 위한 법제라는 점에서 경쟁법과 소비자보호법은 긴밀한 관계에 있다. 시장경제는 시장에 선택권이 존재하고, 소비자가 이를 자유롭고 효과적으로 행사할 수 있다는 조건을 필요로 한다. 경쟁법과 소비자보호법은 이를 가능하게 하는 법제이다.232)

경쟁법과 소비자보호법의 관계 문제에서, 경쟁법이 경쟁과정을 보호하여 소비자후생을 증진하는 것과 별도로 직접 소비자이익을 저해하는 행위

---

231) ABA Antitrust Law Section, 『Differences and Alignment: Final Report of the Task Force on International Divergence of Dominant Standards』, ABA, 2019, p. 60, 61.
232) Neil W. Averitt, Competition and consumer protection law together, in More Common Ground For International Competition Law?(Drexl ed., Edward Elgar, 2011), p. 39.

에 개입하여 소비자를 보호해야 하는지 문제가 있다. 이는 소비자가격에 대한 직접 개입 문제에서 그 입장 차이가 드러난다. 정치적인 동기에서 경쟁당국이 소비자가격에 직접 개입할 것을 요구받는 경우가 있다.[233] 이는 단기적으로 소비자보호를 기할 수 있지만, 장기적으로는 해당 기업이 시장을 떠남으로써 소비자후생을 저해한다는 비판을 받고 있다.[234]

1) 소비자선택권과 경쟁법

소비자에게 선택권을 부여하기 위하여 경쟁은 필수적이다. 소비자에 대한 선택권은 시장에서 유효경쟁과 같은 의미를 가진다.[235] 소비자선택은 경쟁과정의 핵심적 개념이 된다.[236] 대표적으로 U.S. v. Brown University 사건에서 제3 항소법원은 소비자의 선택권은 경쟁상 편익에 포함되며, 합리의 원칙 하에서 당연히 고려된다고 보았다.[237]

독점금지법 위반행위의 공통점은 소비자선택을 저해한다는 점에 있다. 소비자선택 접근법(consumer choice approach)은 가격이나 효율성에 기한 접근법과 다를 수 있다. 소비자선택 접근법은 가격이나 효율성 접근법을 모두 포함하면서도 그보다 넓은 개념이 된다.[238]

다른 조건이 동일하다면 소비자는 판매자에 대한 선택권(브랜드에 대한

233) https://www.joongang.co.kr/article/4895386.
"경제검찰 김동수까지, 물가파이터들 나섰다. 공정거래위원회가 물가기관이라는 점을 이해하지 못하는 직원은 색출해 인사조치하겠다." 한국에서 공정거래위원회가 물가관리를 위한 역할을 하도록 요청받은 사례이다.
234) Whish & Baily, Competition Law, Oxford, 2018, p. 19.
235) Paul L. Nihoul, Is competition law part of consumer law?, in More Common Ground For International Competition Law?(Drexl ed., Edward Elgar, 2011), p. 46.
236) Paul L. Nihoul, Is competition law part of consumer law?, in More Common Ground For International Competition Law?(Drexl ed., Edward Elgar, 2011), p. 47, 49.
237) ABA, Antitrust Law Development, 2017, p. 76.
238) Robert H. Lande, Consumer choice as the best way to recenter the mission of competiton law, in More Common Ground For International Competition Law?(Drexl ed., Edward Elgar, 2011), p. 23.

선택권 포함)을 선호한다. 대규모 구매자의 경우에도 가격이나 품질의 문제
와 별개로 위험을 줄이기 위하여 하나의 공급자로부터 모두 구입하는 것
보다, 여러 명의 공급자로부터 구매하는 것을 선호한다. 이런 측면에서 소
비자선택권도 독점금지법의 목적에 해당한다고 보는 견해가 있다. 이는 지
나치게 가격에만 비중을 두는 경향을 완화하는 역할을 할 수도 있다. 시장
에서 소비자선택권이 유지될 경우 혁신과 기술발전에 더 유리할 수 있다.
사중손실(deadweight loss)이나 부의 이전 문제(wealth transfer injuries)를
떠나 선택권이 줄어든다는 것 자체를 위험 요인으로 본다.[239]

2) 소비자선택권과 소비자보호법

독점금지법과 소비자보호법은 소비자가 최선의 선택을 하도록 함에 있
어, 서로 보완적인 역할을 할 수 있다.[240] 다만, 소비자선택권을 경쟁제한
성 판단에서 고려하더라도 그 의미가 소비자보호법에서 의미하는 소비자
보호와 차별화될 필요가 있다.

첫째, 경쟁규범은 그 집행 결과 소비자 편익이 발생하더라도, 소비자보
호가 아니라 경쟁보호를 기준으로 적용해야 한다.[241] 소비자보호규범도
그 집행 결과 경쟁이 보호되더라도, 경쟁보호가 아니라 소비자보호를 주된
판단기준으로 적용하여야 한다. 이런 전제에 선다면, 경쟁제한성 판단에
'경쟁법의 집행결과 발생하는 소비자후생'이라는 차원에서 소비자선택권을
고려하는 것이 아니라 소비자후생과 단절된 소비자선택권을 고려하는 것
이 바람직한지는 이론적으로나 실무적으로 충분한 검토가 필요하다.

대법원 2003. 2. 20. 선고 2001두5347 전원합의체 판결의 다수의견이

239) Sullivan, the law of antitrust, West, 2016, p. 15, 16.
240) Stucke, Is competition always good?, Journal of Antitrust Enforcement, Vol. 1,
     No. 1, 2013, p. 178.
241) 공정거래법 제1조는 '소비자보호'를 명시하고 있다. 이는 경쟁이 제대로 기능한 경우
     에 얻게 되는 소비자 이익의 의미로 이해될 수 있어 소비자보호법제와는 차이가 있
     을 수 있다(홍명수, "경쟁정책과 소비자정책의 관련성 고찰: 독점규제법과 소비자법
     의 관계를 중심으로", 소비자문제연구 제44권, 제1호, 2013, 51면).

경쟁제한성의 근거로 "그 결과 사업자 각자의 판단에 의하지 아니한 사유로 집단휴업 사태를 발생시키고 소비자 입장에 있는 일반 국민들의 의료기관 이용에 큰 지장을 초래하였음"을 든 것을 선해하자면 소비자선택권이나 소비자주권의 관점에서 경쟁제한성에 접근한 것으로 볼 여지가 있다.

둘째, 경쟁규범과 소비자보호규범은 소비자 이익 실현의 공통의 과제를 수행하고, 기능적으로 상호보환적일 수 있다.242) 그러나 경쟁자나 소비자 등 특정인의 보호가 아니라 경쟁보호에 1차적인 관심을 두고 있는 경쟁규범과 소비자의 보호에 1차적인 관심을 두고 있는 소비자보호규범은 기본적으로 차이가 있어 양자의 판단기준을 혼용하는 것은 신중할 필요가 있다.

예를 들면, 「F.T.C. v. Indiana Federation of Dentists 판결」243)은 소비자의 정보에 대한 접근권, 소비자 주권을 천명한 판결로 평가받고 있다. 그러나, 이는 원고의 행위가 경쟁제한적인지를 판단하는 과정에서 경쟁제한성의 메커니즘에 따른 것이지, 소비자의 선택권을 경쟁제한효과에 포함시킨 것은 아니었음에 유의할 필요가 있다.244)

나. 소비자선택권 기준의 한계

소비자선택권 저해만으로 경쟁제한성을 인정하는 것은 난점이 있다. 소비자선택권은 부수적이고 보완적인 기준으로 적용되어야 한다.

공정거래법 제2조도 가격, 수량, 품질 등 효율성을 중심으로 경쟁제한성을 평가하도록 하고 있다. 공정거래위원회의 기업결합 심사기준도 "경쟁제한적 기업결합"이라 함은 당해 기업결합에 의해 일정한 거래분야에서 경쟁이 감소하여 특정한 기업 또는 기업집단이 어느 정도 자유로이 상품의 가격·수량·품질 기타 거래조건이나 혁신, 소비자선택가능성 등의 결정에

---

242) 위의 논문, 49면.
243) F.T.C. v. Indiana Federation of Dentists, 476 U.S. 447(1986).
244) 정재훈, "의료공급자에 대한 사업자단체 규제와 경쟁제한성 판단", 「저스티스」 제156호, 2016, 344, 345면.

영향을 미치거나 미칠 우려가 있는 상태를 초래하거나 그러한 상태를 상당
히 강화하는 기업결합을 말한다고 규정하고 있다.245) 이는 소비자선택 가
능성을 독자적으로 고려하겠다는 취지가 아니라 경쟁성과인 가격·수량·
품질 등 경쟁성과를 종합적으로 평가하며 이에 수반하여 적용하겠다는 취
지로 볼 수 있다. 다수의 대법원 판결도 소비자선택권을 독자적이고 분리
된 기준이 아니라 경쟁성과, 효율성, 소비자후생을 종합적으로 평가함에 있
어 부수적이고 보완적인 기준으로 적용하고 있다.

경쟁제한성에 대한 대표적인 판결인 대법원 2007. 11. 22. 선고 2002두
8626 판결(포스코 판결)도 소비자선택권과 그를 위한 상품의 다양성 문제
를 부수적인 기준으로 고려하는 것으로 보인다. 위 판결은 시장지배적 사
업자의 거래거절행위가 지위남용행위에 해당한다고 주장하려면, 그 거래
거절이 상품의 가격상승, 산출량 감소, 혁신 저해, 유력한 경쟁사업자의
수의 감소, 다양성 감소 등과 같은 경쟁제한의 효과가 생길 만한 우려가
있는 행위로서 그에 대한 의도와 목적이 있었다는 점을 입증하여야 한다
고 판시하였다. 이 판결도 경쟁성과인 가격, 산출량 등을 검토함과 동시에
그와 함께 '다양성 감소'도 고려하도록 함으로써 소비자선택권을 반영하는
것으로 이해해야 한다. 소비자선택권을 독자적이고 분리된 기준으로 보는
것이 아니라, 소비자후생의 관점에서 종합적으로 접근하는 것으로 이해해
야 한다.

대법원 2015. 4. 23. 선고 2012두24177 판결은 "원심이 인정한 사실관
계와 그 판시 사정들을 종합하여 보면, 원고 등이 이 사건 합의에 따라
IPTV(internet protocol television) 사업자에 대한 사업활동 방해행위를 함
으로써 IPTV사업자의 유료방송서비스 시장 진입을 어렵게 만들었을 뿐만
아니라 유료방송서비스 시장에서 IPTV사업자의 채널 경쟁력이 약화되고
소비자의 유료방송서비스에 대한 선택의 폭이 축소될 우려가 발생하였으
므로, 이 사건 합의로 인하여 유료방송서비스 시장에서의 경쟁이 제한되거

---

245) 공정거래위원회 고시 제2021 - 25호.

나 제한될 우려가 있는 상태가 초래되었다고 볼 수 있고, 이와 같은 사업
활동 방해행위로 인하여 유료방송서비스 시장에 친경쟁적 효과를 가져왔
다고 보기 어렵다."라고 판단하였다. 이 사건이 진입장벽, 경쟁사업자의
배제와 함께 소비자선택권 등을 경쟁제한성 판단의 요소로 제시하고 있으
나, 소비자선택권을 분리된 판단요소로 언급하는 것이 아니라 경쟁성과 기
준과 함께 검토하였다는 점에 주목할 필요가 있다. 이 부분은 종래 대법원
2007. 11. 22. 선고 2002두8626 판결 등 시장지배적 지위 남용행위 사건
에서 '다양성 감소'를 언급하였던 것과 같은 연장선상에서 소비자선택권을
보완적 기준으로 적용한 사례로 이해할 필요가 있다.

　대법원 2019. 1. 31. 선고 2013두14726 판결(퀄컴 사건)도 배타조건부거
래행위가 부당한지를 앞서 든 부당성 판단기준에 비추어 구체적으로 판단
할 때에는, 배타조건부 거래행위로 인하여 대체적 물품구입처 또는 유통경
로가 봉쇄·제한되거나 경쟁사업자 상품으로의 구매전환이 봉쇄·제한되
는 정도를 중심으로, 그 행위에 사용된 수단의 내용과 조건, 배타조건을
준수하지 않고 구매를 전환할 경우에 구매자가 입게 될 불이익이나 그가
잃게 될 기회비용의 내용과 정도, 행위자의 시장에서의 지위, 배타조건부
거래행위의 대상이 되는 상대방의 수와 시장점유율, 배타조건부 거래행위
의 실시 기간 및 대상이 되는 상품 또는 용역의 특성, 배타조건부 거래행
위의 의도 및 목적과 아울러 소비자선택권이 제한되는 정도, 관련 거래의
내용, 거래 당시의 상황 등 제반 사정을 종합적으로 고려하여야 한다고 판
시하면서 소비자선택권의 제한을 언급하고 있다. 특히 구체적인 판단에서
도 종래의 경쟁제한 효과 판단에 더하여 '표준기술을 보유한 시장지배적
사업자가 배타조건의 준수 대가로 특정 상품이나 용역의 구매에 대한 경
제적 이익을 제공함과 동시에 표준기술에 대한 사용료도 함께 감액해주는
등으로 복수의 경제적 이익을 제공하는 경우에는 구매자들의 합리적인 선
택이 왜곡될 수 있고 그 구매전환을 제한·차단하는 효과가 한층 더 커진
다.'고 판시하여 구매자의 선택권을 고려하고 있다. 결국 이 판결도 종래의

시장점유율, 봉쇄효과 등 원칙적인 기준에 더불어 소비자선택권을 언급하고 있음에 주목할 필요가 있다.

그 점에서 소비자선택권만을 분리된 별개의 기준으로 하여 경쟁제한성을 심사하는 것은 바람직하지 않다. 소비자선택권을 독자적이고 주된 기준으로 적용할 경우 경쟁법과 소비자보호법의 경계가 불분명하게 되고, 또한 효율성과 상충되는 어려운 문제가 발생할 수 있다. 소비자선택권이 일견 줄어드는 것으로 보이더라도, 가격, 공급량, 품질 측면에서 효율적인 행위에 대하여 위법성이 인정되는 바람직하지 않은 결과에 이를 수 있다. 시장점유율이 낮은 사업자들의 공동행위로 인하여 소비자선택권이 제한되기 어렵고, 소비자는 시장점유율이 더 높은 사업자를 대안으로 선택하여 충분히 선택권을 행사할 수 있음에도 소비자의 선택지가 줄어들었다는 사정으로 경쟁제한성을 인정하는 것은 타당하지 않다.

또한, 소비자선택의 저해는 단순한 가능성 수준을 의미하는 것이 아니라 어느 정도 실현될 가능성(likely, probable)을 의미한다는 점에도 유의할 필요가 있다. 일견 선택지가 감소하였다는 사정만으로 바로 소비자선택의 저해로 경쟁제한성 우려가 있음을 인정하는 것은 위험할 수 있으며, 경쟁제한성 판단에서 소비자선택권의 역할을 중시해야 한다는 입장을 피력하는 견해도 선택지의 수가 최대화되어야 한다거나 이론적인 선택지의 수가 줄었다는 것만으로 경쟁제한성이 바로 인정되어야 한다는 취지는 아님에 유의할 필요가 있다. 이 점은 혁신 저해를 통한 경쟁제한성 우려의 판단에서 저해의 개연성이 요구되는 것과 다르지 않다.

특히, 소비자선택 저해가 반드시 경쟁에 대한 저해를 의미하는 것은 아니라는 지적에 유의할 필요가 있다. 심각한 수준의 소비자선택 저해는 경쟁저해가 될 수 있지만, 그런 수준이 아니라면 경쟁 저해의 문제는 아닐 수 있다. 예를 들면, 선택 대상이 10개에서 9개로 줄어든 사안에서 소비자선택은 줄어들었을 수는 있지만 경쟁의 저해는 아닐 수 있다. 또한 선택권이 증가하는 것이 반드시 바람직하지 않을 수도 있다. 경쟁법의 목적이 소비자선택을 단순히 늘리는 데에 있지도 않다. 일반적으로 우려되는 소비자선택의 저해는 경쟁법이 아니라 소비자보호법에서 적정하게 다룰 수도 있다는 지적에 경청할 필요가 있다.[246]

5. 의사결정의 자유

가. 의사결정의 자유와 경쟁법

의사결정의 자유(의사결정의 자유 침해)와 관련된 문제로는 거래상대방의 자유(통상 사업자와 관계), 소비자선택권(소비자와 관계) 등을 들 수 있다.

첫째, 의사결정의 자유를 경쟁법에 어떤 수준으로 반영할지의 문제이다. 의사결정의 자유, 거래상대방 선택의 자유가 경쟁(또는 경쟁과정)에서 중요함은 부정하기 어렵다. 그러나 그 침해만으로 바로 경쟁제한성을 인정할 수 있을지에 견해 차이가 있을 수 있다. 경쟁법에서 어떻게 의사결정의 자유 문제를 경쟁의 본질에 수용하는지의 문제이다.

둘째, 경쟁법이 고려하는 의사결정의 자유와 다른 법이 고려하는 소비자선택권 등의 관계이다. 경쟁법에서 고려하는 소비자선택권은 궁극적으로 소비자후생과 밀접한 관련성을 가지고 있다. 소비자보호법 등에서 다루고 있는 소비자선택권의 문제와는 다를 수 있다.[247]

나. 비교법적 검토

유럽 경쟁법의 흐름으로 '경쟁의 자유(Freedom to compete approach)'를 강조하는 사조(思潮)와 경제적 효율성(more economic approach)을 강조하는 사조가 있다.[248] 효율성에 기반을 둔 경쟁법과 경쟁의 자유 유지에 중

---

246) Robert H. Lande, Consumer choice as the best way to recenter the mission of competiton law, in More Common Ground For International Competition Law? (Drexl ed, Edward Elgar, 2011), p. 23, 24.
247) 의사결정의 자유는 통상 사업자에 대하여 논의된다는 점에서, 소비자의 선택권과 그 대상에서 차이가 있다.

점을 둔 경쟁법 사이에는 상당한 간극이 존재한다. 독일의 경쟁법 및 유럽
의 경쟁법이 경쟁의 자유 보호를 규범적 목적에 포함하고 있는지에 대하
여 상반된 견해가 존재하는[249] 점에서도 이러한 간극을 알 수 있다.

　의사결정의 자유 존부를 경쟁제한성 판단에 강조하는 것은 유럽의 전통
적인 접근법에 가깝다.[250] 경쟁법이 존재하기 전에도 의사결정의 자유를
정의나 공리로 강조하는 사조는 존재하였다. 예를 들어, 종교개혁가들은
자유 시장과 자발적인 거래(voluntary exchange)를 강조하였다.[251]

　유럽연합 법원은 유럽연합 기능조약 제102조를 적용하며 의사결정의 자
유, 불공정성 등을 언급하는 경향을 보이고 있다. 대표적인 사례인
Manufacture Francaise des Pneumatiques Michelin v. Commission,
T-203/01 (2003, 'Michelin II case') 판결에서 시장지배적 사업자의 특별
책임[252], 경쟁제한성의 증명방법[253], 경쟁제한성의 다양한 요소[254], 목적
또는 효과에 의한 위법,[255] 시장지배적 사업자의 방어권과 그 한계[256] 등

---

248) Martin Meier, Pleading for a Multiple Goal Approach in European Competition
　　Law, in New Developments in Competition Law and Economics(Mathis ed.,
　　Springer, 2019), p. 51.
249) Maier-Rigaud, On the normative foundations of competition law, in The
　　goals of competition law(Zimmer ed., Edward Elgar, 2012), p. 150.
250) Manufacture Francaise des Pneumatiques Michelin v. Commission, T-203/01
　　(2003, 'Michelin II case').
251) Elzinga and Crane, Christianity and Antitrust A Nexus, in Christian and Market
　　Regulation(Crane ed., Cambridge, 2021), p. 80.
252) An undertaking in a dominant position has a special responsibility not to
　　allow its conduct to impair genuine undistorted competition on the common
　　market.
253) The effect does not necessarily relate to the actual effect of the abusive
　　conduct. It is sufficient to show that the abusive conduct tends to restrict
　　competition or that the conduct is capable of having that effect.
254) 경쟁제한성의 전형적인 요소인 "bar competitors from access to the market,
　　strengthen the dominant position by distorting competition, loyalty inducing
　　effect" 등을 고려하였고, 이에 더하여 "buyer's freedom to choose his sources,
　　apply dissimilar conditions to equivalent transactions, unfairness of the
　　system" 등도 고려하였다.

유럽연합의 법리가 담겨있는데, 특히 의사결정의 자유를 고려하고 있다.
이 판결은 경쟁제한성을 다양한 요소를 통하여 설명을 하며 경쟁제한성의
전형적인 요소인 경쟁자 배제의 측면257) 등과 더불어 의사결정의 자유
(buyer's freedom to choose his sources), 차별(apply dissimilar conditions to
equivalent transactions), 불공정성(unfairness of the system) 등도 고려하였
다. 이는 경쟁제한성의 개념을 넓고 다원적으로 인정한 것으로 평가할 수
있다. 다른 시각에서 보면, 유럽연합 차원에서 불공정거래행위 규제258)가
없어 경쟁제한성의 외연을 확대한 것으로 이해할 여지도 있다.

한편, 미국의 경우, 의사결정의 자유를 경쟁제한성 판단에서 고려하는
태도가 일반적이라고 보기 어렵다. 다만, 「Continental TV. Inc v. GTE
Sylvania, Inc. 판결」259)의 원심 소수의견(Judge Browning)은 셔먼법이 독
립 사업자의 자율성을 보호하고, 이를 억제하는 행위를 금지하기 위한 법
이라는 점을 밝히면서 당사자의 자율권을 강조하였다.260) 「Eastman
Kodak Co. v. Image Technical Services, Inc. 판결」261)에서 대법원 소
수의견이 의사결정의 자유 침해를 지적하였는데, 특히 Scalia 대법관은
'bilateral monopoly' 는 진정한 독점이 아니며, 의사결정의 자유 침해와
다름이 없다고 지적하고 있다. 「NYNEX Corp. v. Discon, Inc. 판결」262)

---

255) Establishing the anti−competitive object and the anti−competitive effect are
　　one and the same thing. If it is shown that the object pursued by the
　　conduct of an undertaking in a dominant position is to limit competition, that
　　conduct will also be liable to have such an effect.
256) 시장지배적 사업자도 이익을 보호하기 위하여 합리적인 조치를 취할 권리가 있다.
　　그러나 지배적 지위를 강화하고 남용하는 것은 허용되지 않는다.
257) bar competitors from access to the market, strengthen the dominant position
　　by distorting competition, loyalty inducing effect.
258) 한국, 일본 등이 두고 있는 불공정거래행위규제를 의미한다.
259) Continental TV. Inc v. GTE Sylvania, Inc., 433 U.S. 36(1977).
260) The Sherman Act was intended to prohibit restrictions on the autonomy of
　　independent businessmen even though they have no impact on price, quality,
　　and quantity of goods and services.
261) Eastman Kodak Co. v. Image Technical Services, Inc., 504 U.S. 451(1992).

도 의사결정의 자유 보호는 궁극적으로 경쟁보호로 연결될 수 있음을 지적하고 있으나,[263] 이는 주류적인 흐름으로 보기 어렵다.

한국에서 의사결정의 자유를 다룬 대표적인 판결은 대법원 2013. 4. 25. 선고 2010두25909 판결(에쓰대시오일 사건)[264]이다. 이 판결에서 "배타조건부 거래행위의 '부당성'은 당해 배타조건부 거래행위가 물품의 구입 또는 유통경로의 차단, 경쟁수단의 제한을 통하여 자기 또는 계열회사의 경쟁사업자나 잠재적 경쟁사업자를 관련시장에서 배제하거나 배제할 우려가 있는지를 비롯한 경쟁제한성을 중심으로 그 유무를 평가하되, 거래상대방인 특정 사업자가 당해 배타조건부 거래행위로 거래처 선택의 자유 등이 제한됨으로써 자유로운 의사결정이 저해되었거나 저해될 우려가 있는지 등도 아울러 고려할 수 있다고 보는 것이 타당하다."라고 판시하였다. 그러나 경쟁제한성과 '의사결정의 자유' 사이의 관계가 무엇인지는 명확하지 않다는 문제점이 있다. 경쟁제한성과 의사결정의 자유를 모두 기준으로 제시할 경우 두 기준이 상충되는 경우가 있을 수 있다.[265] 경쟁제한성은 낮거나 오히려 경쟁촉진효과가 높은데도, 의사결정의 자유는 침해되는 경우가 발생할 수 있다.

대법원 2003. 2. 20 선고 2001두5347 전원합의체 판결에서 다수의견은 "대한의사협회가 비록 구성사업자인 의사들 모두의 이익을 증진하기 위한

---

262) NYNEX Corp. v. Discon, Inc, 525 U.S. 128(1998).
263) 선택권보호(freedom to choose suppliers)도 궁극적으로 경쟁보호와 연결될 수 있다. 의사결정의 자유를 통하여 독점을 방지할 수도 있다.
264) 원고(에쓰대쉬오일 주식회사)가 1998년경부터 자영주유소와 소요제품 전량을 원고로부터 공급받기로 하고, 이러한 의무를 위반할 경우 계약해지, 손해배상 등 제재를 할 수 있도록 규정하는 석유제품공급계약을 체결한 사건으로, 대법원은 원고의 이러한 행위가 배타조건부거래에 해당한다고 보았다.
265) 대법원 2013. 4. 25. 선고 2010두25909 판결(에쓰대시오일 사건)의 사안도 경쟁제한성은 인정되기 어렵지만, 의사결정의 자유를 침해한 사례로 볼 여지가 있다. 경쟁제한성이 높음에도 의사결정의 자유를 침해한다고 규제하는 것이 경쟁법상 타당한지의 문제는 공정거래법이 어떤 가치를 지향해야 하는지의 근본적인 문제와 연결되어 있다.

목적에서라고 하더라도 구성사업자들에게 본인의 의사 여하를 불문하고
일제히 휴업하도록 요구하였고 그 요구에 어느 정도 강제성이 있었다고
한다면, 이는 구성사업자인 의사들의 자유의 영역에 속하는 휴업 여부 판
단에 사업자단체가 간섭하였음"을 경쟁제한성의 판단근거로 제시하는 등
'의사결정의 자유'를 경쟁제한성의 일부로 고려하였다. 그러나 이러한 판
시사항은 위 전원합의체 판결 이후에 선고된 대법원 2007. 11. 22, 2002
두8626 판결(포스코 판결)과 부합하지 않는다. 위와 같은 판결에도 불구하
고 의사결정의 자유가 공정거래법 제2조 제5호의 문언에 당연히 포섭되는
것으로 해석할 근거는 부족하다.

　물론, 유럽연합의 판결이나 미국의 일부 판결과 같이 의사결정의 자유
가 경쟁이 원활하게 작동할 수 있도록 하는 기반으로서 경쟁의 보호와 연
결될 수 있음을 부정하기는 어렵다. 그럼에도 의사결정의 자유를 경쟁제한
성 판단에 어떤 방식으로 반영할지는 한국 공정거래법의 적용에 있어서도
근본적으로 고민을 해야 할 문제이다.

6. 불공정성

가. 불공정성 개념

　불공정성은 통상 경쟁의 방법 또는 수단, 그리고 경쟁의 내용을 문제 삼
는다. 한국 불공정거래행위 심사지침[266]도 같은 취지에서 정의하고 있다.
불공정성(unfairness)이란 경쟁수단 또는 거래내용이 정당하지 않음을 의미
한다. 경쟁수단의 불공정성은 상품 또는 용역의 가격과 질 이외에 바람직
하지 않은 경쟁수단을 사용함으로써 정당한 경쟁을 저해하거나 저해할 우
려가 있음을 의미한다. 거래내용의 불공정성이라 함은 거래상대방의 자유
로운 의사결정을 저해하거나 불이익을 강요함으로써 공정거래의 기반이

---

266) 공정거래위원회 예규 제387호 III. 1. 가. (2) (라).

침해되거나 침해될 우려가 있음을 의미한다. 지침의 내용 중 '공정거래의 기반'은 후술하는 바와 같이 일본에서 발전한 '경쟁기반'의 법리에 영향을 받은 것으로 보인다. 다만, 경쟁법에서 다루는 공정성은 기만적, 사기적인 행위나 비윤리적인 거래 행위를 소비자보호법으로 규제하는 문제와 구별된다.[267]

경쟁법의 목적을 효율성만으로 보는지, 공정성까지 포함하는지에 따라 높은 가격에 대한 규제 문제는 달라진다. 이는 미국과 유럽의 차이로 이해되지만, 유럽 내에서도 다양한 견해가 존재한다.[268] Albert Pick – Barth Co. v. Mitchell Woodbury Corp. 사건에서 제1 항소법원은 불공정한 수단의 문제를 당연위법 판단에 고려하였다. 그러나 그 이후에는 제1 항소법원은 불공정한 경쟁수단이 경쟁자를 해하려는 의도가 있더라도 이를 당연위법 원칙에 고려하지 않음으로써 거리를 두었다.[269] 이러한 사례에서 알 수 있듯이, 미국의 일부 판례가 경쟁법 사건의 위법성 판단에 있어 불공정성을 고려한 사례가 있지만, 이러한 판례의 경향을 주류로 보기는 어렵다.

일본은 불공정거래행위를 경쟁과 연결하기 위하여 '자유경쟁의 기반 침해' 등 경쟁의 본질적 부분에 비하여 한 단계 낮은 경쟁의 개념을 상정하였다.[270] 경쟁기반 이론은 거래상 지위 남용 등 불공정거래행위를 경쟁법과 연결하기 위하여 주로 사용되는 경향이 있다.[271]

---

267) Jones & Sufrin, EU Competition Law, Oxford, 2016, p. 28.
268) Behrang Kianzad, Excessive Pharmaceutical Prices as an Anticompetitive Practices in TTIPS and European Competition Law, in New Developments in Competition Law and Economics(Mathis ed., Springer, 2019), p. 217.
269) ABA, Antitrust Law Development, 2017, p. 130.
270) 일본의 경우 우월적 지위 남용의 위법성을 '자유경쟁의 기반 침해'라고 보는 견해, 불공정거래방법의 위법성을 '경쟁의 실질적 제한'보다 낮은 정도의 경쟁제한인 '경쟁저해성'으로 보며, 그에 따라 경쟁저해성을 자유경쟁 침해, 능률경쟁 침해, 자유경쟁의 기반 침해로 보는 견해 등이 존재한다. 주진열, "독점규제법상 거래상 지위남용 조항의 적용 범위에 대한 비판적 고찰", 고려법학 제78호, 2015, 208, 209면.
271) 일본에서 우월적 지위 남용을 경쟁과 연결하기 위하여 사용한 경쟁기반침해론이 대표적이다. 경쟁의 가치와 거리가 있는 우월적 지위 남용 문제가 경쟁자체의 문제는 아니지만, 경쟁의 기반의 문제로서 경쟁과 연관성을 가진다는 논의이다. 岩本章吾, 獨占

나. 공정성과 경쟁법

경쟁법의 목적으로 소비자후생과 효율성을 통한 일원주의를 취하는 입장에서 공정성은 경쟁법 집행의 기준이 되기 어렵다. 이와 달리 경쟁법의 목적으로 소위 다원주의를 표방하는 입장에서 효과적인 경쟁과정(effective competition process), 소비자후생(consumer welfare), 동적 효율성과 혁신(dynamic efficiency, innovation), 정적 효율성(static efficiency), 경제적 자유(economic freedom), 소비자선택권(consumer choice), 공정성(fairness), 평등(equality), 복지(well-being) 등을 논의하고,[272] 그에 따르면 공정성은 경쟁법 집행의 기준이 된다.[273]

경쟁법과 별도로, 규제법이 공정성 문제를 직접 다룰 수도 있다. 다만, 규제가 효율적인 방법으로 공정성 문제를 처리할지는 명확하지 않다.[274] 그러한 이유에서 경쟁법이 효율성과 공정성 문제를 조화할 수 있는 최적의 제도적 대안(superior institutional alternative)이라는 견해도 있다.[275]

禁止法精義, 悠悠社, 2013, 148면. 일본의 경우 불공정거래방법의 위법성을 '경쟁의 실질적 제한'보다 낮은 정도인 '경쟁저해성'으로 보고, 관련 사업자들 사이의 경쟁관계가 없는 우월적 지위남용의 위법성은 '자유경쟁의 기반 침해'로 보게 되었다는 설명으로는 주진열, "독점규제법상 거래상 지위남용 조항의 적용 범위에 대한 비판적 고찰-소비자·사업자 간 거래를 중심으로", 「고려법학」 78, 2015, 208, 209면 참조.

272) Martin Meier, Pleading for a Multiple Goal Approach in European Competition Law, in New Developments in Competition Law and Economics(Mathis ed., Springer, 2019), p. 61, 62.

273) 공정성을 경쟁법의 목적으로 보는 견해도 있다. 공정한 경쟁(fair competition)은 TFEU 서문에 언급되어 있다. Jones & Sufrin, EU Competition Law, Oxford, 2016, p. 28.

274) Ioannis Lianos, The Poverty of Competition Law, in Reconciling Efficiency and Equity(Gerard ed., Cambridge, 2019), p. 63.

275) Ioannis Lianos, The Poverty of Competition Law, in Reconciling Efficiency and Equity(Gerard ed., Cambridge, 2019), p. 64.

1) 공정성과 효율성

경쟁법 집행은 효율성과 공정성 중 어디에 중점을 둘 것인가에 따라 그 양상이 달라진다. 공정성과 효율성은 실제 사건에서는 물론 이론적인 측면에서 상충될 수 있다.[276] 공정성을 강조하는 견해에 따르면 독점금지법은 각자에게 어느 정도의 보호를 허용할지를 결정하는 법이 된다.[277]

첫째, 공정성의 문제를 경쟁의 문제와 분리하는 견해이다. 이에 따르면 경쟁 수단, 내용의 문제는 불공정거래행위와 연결될 뿐 경쟁의 본질적 요소로 보기는 어렵다.

둘째, 공정성의 문제를 경쟁과 연결하는 견해이다. 독점금지법의 목적을 개인이나 기업(individuals and firms)의 보호로 이해하는 방향과 집합적인 후생의 보호(total social welfare)로 이해하는 방향으로 나누어 볼 수 있다. 첫 번째 방향은 공정성의 문제로 연결될 수 있는 반면, 두 번째 방향은 효율성의 문제로 연결될 수 있다.[278]

셋째, 공정성을 윤리성 차원에서 이해하는 접근법이다. 독점금지법에서 공정성의 이해는, 경쟁법에 대한 윤리적인 토대와 관련성이 있다.[279] 독점금지법은 도덕적인 법이 아니라 경제적인 법이라는 것이 종래 경쟁법 학자들[280]의 견해이다. 반면, 독점금지법은 도덕적인 측면에서도 수용될 수 있어야 한다는 견해도 있다.[281]

넷째, 공정의 대상이 누구인지에 따라 공정성의 의미는 달라질 수 있고,

---

276) Adi Ayal, Fairness in Antitrust, Hart Publishing, 2014, p. 29.
277) Adi Ayal, Fairness in Antitrust, Hart Publishing, 2014, p. 29.
278) Adi Ayal, Fairness in Antitrust, Hart Publishing, 2014, p. 27.
279) 岩本章吾, 獨占禁止法精義, 悠悠社, 2013, 105면에 따르면 공정(公正)은 사회일반으로부터 옳다고 인식되는 것, 비뚤어진 것이 없는 것 등을 의미한다. 이에 따르면 공정은 고도의 윤리적 가치를 포함한 개념이다. 공정한 경쟁의 관념과 자유로운 경쟁의 관념을 비교할 때, 공정한 경쟁에서 거래조건 제시의 자유가 보다 완전하게 보장된다.
280) Hovenkamp 교수가 대표적이다.
281) Adi Ayal, Fairness in Antitrust, Hart Publishing, 2014, p. 30.

효율성과 상충될 수도 있다. 공정성의 강조는 소규모경쟁자의 보호로 연결될 수 있다. 경쟁자에게 공정한 행위이지만 비효율적일 수 있고, 경쟁자에게는 공정하지만 소비자에게는 불공정한 결과, 즉 필요보다 높은 가격을 지불하는 결과에 이를 수 있다.[282]

2) 공정성과 계량화

경쟁제한성이 아닌 공정성을 계량화하여 분석하는 것이 가능한지 등이 문제된다. 일반적으로 공정성을 계량화하여 지표화하기 어렵다. 그러나 공정성의 판단에서 객관화가 가능한 자료를 종합적인 증거로 고려하는 것은 가능하다. 예를 들면, 거래상 지위 남용의 판단에서 정상적인 거래관행에 반하는지를 판단하는 과정에서 거래상대방에게 미친 영향을 계량화하여 판단하는 문제 등이다. 이는 배타조건부거래에서 양적 봉쇄 비율을 찾는 과정과 유사하게 된다.

3) 거래상 지위 남용과 경쟁 기준

불공정성을 심사하는 대표적 유형인 거래상 지위의 남용 규제와 경쟁제한성의 관계이다. 거래상 지위의 남용 규제에 기초하여 하도급법, 가맹사업법, 대규모유통업법 등 수직적 거래관계를 규율하는 특별법이 다수 입법되고 있다. 수평적 관계와 달리 수직적 관계에서 발생하는 행위에 대하여 그 효율성이 객관적으로 인식되며 위법성 판단의 기준이 달라졌다. 거래상 지위의 남용 규제의 기준이 되는 '거래질서'에는 저촉되더라도 경쟁촉진적인 행위가 있을 수 있다. 수직적 관계에서 거래질서와 경쟁질서를 조화롭게 고려하여야 할 것인데, 특히 그 대표적인 유형인 거래상 지위의 남용 규제를 집행함에 있어 이러한 필요성은 크다. 또한 거래상 지위의 남용 규제만 확대할 경우 공정거래법의 중심이 경쟁보호로부터 약자의 선택권 보

---

282) 공정성을 경쟁법의 목적으로 보는 견해도 있다. Jones & Sufrin, EU Competition Law, Oxford, 2016, p. 28.

호로 이전될 수 있다.[283]

불공정거래행위에는 다양한 유형이 있다. 이를 경쟁제한성 위주로 심사하는 행위 유형과 불공정성 위주로 심사하는 행위 유형으로 구분할 때, 거래상 지위 남용 규제는 후자에 속하는 것으로 보고 있다.[284] 이러한 취지에서 거래상 지위 남용 규제의 부당성의 판단기준으로는 "거래상 지위를 부당하게 이용하여 상대방에게 불이익을 준 행위인지 여부는 당해 행위의 의도와 목적, 효과와 영향 등과 같은 구체적 태양과 상품의 특성, 거래의 상황, 해당 사업자의 시장에서의 우월적 지위의 정도 및 상대방이 받게 되는 불이익의 내용과 정도 등에 비추어 볼 때 정상적인 거래관행을 벗어난 것으로서 공정한 거래를 저해할 우려가 있는지 여부를 판단하여 결정하여야 한다"라고 판시하는 등 정상적인 거래관행을 기준으로 제시하는 것이 다수이다(대법원 2013. 1. 10. 선고 2011두7854 판결 등, 이하 '1유형'이라 한다).

이와는 달리, 거래상 지위 남용 규제에 있어서 부당성의 판단기준을 "일방 당사자가 자기의 거래상의 지위를 부당하게 이용하여 그 거래조건을 설정 또는 변경하거나 그 이행 과정에서 불이익을 준 것으로 인정되고, 그로써 정상적인 거래관행에 비추어 상대방에게 부당하게 불이익을 주어 공정거래를 저해할 우려가 있어야 하며, 또한 상대방에게 부당하게 불이익을 주는 행위인지 여부는, 당해 행위가 행하여진 당시를 기준으로 당해 행위의 의도와 목적, 당해 행위에 이른 경위, 당해 행위에 의하여 상대방에게 생길 수 있는 불이익의 내용과 정도, 당해 행위가 당사자 사이의 거래과정에 미치는 경쟁제약의 정도, 관련 업계의 거래관행, 일반경쟁질서에 미치는 영향 및 관계 법령의 규정 등 여러 요소를 종합하여 전체적인 관점에서 판단하여야 한다"라고 제시한 판례도 있다(대법원 2007. 3. 29. 선고 2005두3561 판결 등, 이하 '2유형'이라 한다).

1유형과 2유형은 '정상적인 거래관행'을 중심으로 여러 요소들을 종합적

---

283) 정재훈, 공정거래법 소송실무(제2판), 육법사, 2017, 407면.
284) 사법연수원, 「공정거래법」, 2012, 192면.

으로 판단한다는 점에서는 공통되지만, 2유형은 1유형과는 달리 '경쟁제약의 정도, 일반경쟁질서에 미치는 영향' 등 경쟁제한성에 관한 요소가 추가되어 있다. 이러한 차이가 실제 법 적용에 있어서 어떠한 의미를 가지는지 문제된다. 1유형과는 달리 2유형에 포함되어 있는 '경쟁질서'를 강조할 경우에는 정상적인 거래관행을 매개로 한 거래질서와 함께 경쟁제한성도 검토해야 한다. 거래상 지위의 남용 규제에 있어서 '불공정성'에 버금가게 '경쟁제한성'을 고려할 경우, 거래상 지위 남용 규제를 시장지배적 지위 남용 중 기타의 사업활동 방해로서 '불이익 강제'에 근접하게 해석해야 한다고 볼 여지도 있다.

그러나 1유형과 2유형의 문언상 차이에도 불구하고 2유형의 '경쟁제약의 정도, 일반경쟁질서'라는 부분에 큰 의미를 두기는 어려울 것으로 보인다. 먼저, 1유형과 2유형은 표현상의 차이는 있지만, 당해 행위의 의도와 목적, 불이익의 내용과 정도 등이 공통되고, 그 밖의 요소들도 정상적인 거래관행 등을 고려하여 전체적인 관점에서 판단해야 한다는 관점에서 근본적인 차이가 있다고 보기 어렵다.[285] 또한, 1유형과 2유형이 적용된 사례를 보더라도 부당성 판단에 있어서 근본적인 차이가 발견되지 않는다. 특히, 2유형이 적용된 사례인 대법원 1998. 3. 27. 선고 96누18489 판결(조선일보사 사건), 대법원 2001. 12. 11. 선고 2000두833 판결(대한주택공사 사건), 대법원 2002. 5. 31. 선고 2000두6213 판결(서울특별시 도시철도공사 사건), 대법원 2002. 10. 25. 선고 2001두1444 판결(나래앤컴퍼니 사건), 대법원 2007. 3. 29. 선고 2005두3561 판결(한국도로공사 사건), 대법원 2010. 3. 11. 선고 2008두4695 판결(국민은행 사건)도 판단기준으로 '경쟁제약의 정도, 일반경쟁질서에 미치는 영향'을 언급하였을 뿐 구체적인 사실관계에서 경쟁제한효과를 심사하지 않고 있어 1유형과의 차이가 발견되지 않고 있다.[286] 대법원은 다수의 사건에서 1유형을 기준으로, 소수의

---

285) 이황, "불이익 제공행위에 있어서 부당성의 판단기준과 사례", 「대법원판례해설」 64
    호 2007, 459면.

사건에서 2유형을 기준으로 제시하는 등 1유형과 2유형을 함께 적용하였지만, 대법원 2010. 3. 11. 선고 2008두4695 판결(국민은행 사건) 이후에는 2유형을 판단기준으로 제시하지 않은 것으로 보인다. 이 점에서도 2유형 중에서 '경쟁질서'를 언급한 대법원 판결이 거래상 지위 남용 규제와 경쟁제한성의 관계에 관하여 깊이 있는 고민을 한 소산물이라고 보기는 어렵다.[287]

제5절 | 경쟁의 관련적 가치

1. 경제력 집중 규제

가. 관련시장과 국민경제

대기업집단 규제를 포함한 경제력 집중 규제 문제는 다음과 같은 맥락에서 접근할 수 있다.

첫째, 경쟁은 관련시장 내에서만 논의되어야 하는가, 또는 국민경제 전체 차원에서 논의될 수도 있는가? 이는 관련시장 내 경쟁과 국민경제 차원의 경쟁의 관계 문제이다. 한국 공정거래법은 관련시장을 넘어선 제도적 장치로 경제력 집중 규제 제도를 두고 있다.

둘째, 경쟁제한성의 문제는 경제력 집중의 문제와 인접해 있다. 경제력 집중 문제를 경쟁법의 목적에 포함하는지의 문제는 경쟁법의 목적에 대하여 소비자후생을 중심으로 한 일원적 접근을 취하는가, 다원적 접근을 취하는가 문제이기도 하다. 다원적 접근법에 의할 때 경제적 목적과 함께 사회적, 정치적 목적도 넓게 고려할 수 있고, 국민경제 차원의 경제력 집중

---

286) 민사 사건인 대법원 2009. 6. 25. 선고 2007다12944 판결도 2유형을 기준으로 제시하였다.
287) 정재훈, 공정거래법 소송실무(제2판), 육법사, 2017, 412~415면.

문제도 포섭될 수 있다.

부당한 공동행위의 부당성 문제에 대하여 대법원 2009. 7. 9. 선고 2007두26117 판결(화물연대 사건)은 다원적 목적을 고려하는 듯한 태도를 취하였다. 사업자들이 공동으로 가격을 결정하거나 변경하는 행위는 그 범위 내에서 가격 경쟁을 감소시킴으로써 그들의 의사에 따라 어느 정도 자유로이 가격 결정에 영향을 미치거나 미칠 우려가 있는 상태를 초래하게 되므로 원칙적으로 부당하고, 다만 그 공동행위가 법령에 근거한 정부기관의 행정지도에 따라 적합하게 이루어진 경우라든지 또는 경제 전반의 효율성 증대로 인하여 친경쟁적 효과가 매우 큰 경우와 같이 특별한 사정이 있는 경우에는 부당하다고 할 수 없다고 판시하였다.

나. 경제력 집중 규제와 경쟁법

1) 경제력 집중과 경쟁법

독점 규제와 경제력 집중 규제의 접점은 어디인가? 독점 규제(관련시장)와 경제력 집중 규제(관련시장이 아니라 전체 경제)를 모두 집행하는 공정거래법 내에서 두 규제의 관계 설정은 어려운 문제이다. 먼저, 대상이 되는 시장에서 차이가 있다. 독점 규제는 관련시장을 전제로 하고, 경제력 집중 규제는 관련시장을 넘어서 경제 전체를 폭넓게 보게 된다.

이 문제는 한국 시장에 국한된 문제가 아니다. 미국의 예를 보면, 셔먼법 집행 초기부터 상당 기간 경제력 분산의 문제는 미국에서 중요한 화두였다. 셔먼법 제정 당시 거대기업의 성장(the growth of big business)을 막는다는 대중적인 가치가 입법에 중요한 역할을 했다. 이러한 사조는 1960년대까지 적극적인 독점금지법 집행에 영향을 미쳤다. Alcoa 판결[288])에서 핸드 판사의 의견이나 Brown Shoe 사건에서 워렌 대법원장의 의견은 이러한 경제력 분산의 철학을 보여준다. Alcoa 판결과 같이 독점규제의 논

---

288) U.S. v. Aluminum Co. of America, 148 F.2d 416 (2d Cir. 1945).

거로 경제력 집중 규제가 함께 언급되기도 한다. 위 사건에서 핸드 판사는 도전받지 않는 경제적 권력은 번영을 저해하고, 진취성을 약화시킨다[289]고 보았다.[290] 이러한 맥락에서 독점규제와 경제력 집중 규제는 서로 인접하고 있다. 그러나 그 이후 배분적인 효율성(apllocative efficiency)이 강조되면서 이러한 경제력 분산의 문제는 입지를 잃게 되었다.[291]

2) 경제력 집중과 경쟁정책

경제력 집중의 규제를 경쟁제한성 판단에 반영할 수 있는지가 문제된다. 첫째, 공정거래법상 기업집단 소속 사업자의 시장지배적 지위 남용행위를 특별하게 고려할 수 있는지의 문제 등이다. 그런데 현 공정거래법에 경제력집중 문제(기업집단)를 경쟁제한성 판단(시장지배적 지위 남용)에 직접적으로 반영하는 경로는 마련되어 있지 않다.

둘째, 경제력 집중 규제는 독점규제의 입법적 대안으로 작용할 수 있다. 경제력 집중 억제 정책을 통하여 장기적으로 시장지배적 지위 남용행위를 억제하는 수단이 될 수 있다. 경제력 집중 규제가 맹아적 단계에서 개입하는 수단이 될 수 있다. 같은 취지에서 공정거래법상 지주회사 제도는 기업집단 제도, 순환출자 및 상호출자 규제 등 경제력 집중 정책의 틀 속에서 종합적으로 접근해야 하며, 경쟁정책 및 거래공정화 정책 등 다른 공정거래 정책 전반과 조화를 고려해야 한다.

셋째, 경제력 집중 규제 정책의 집행 당위성은 존재한다. 경제력 집중 규제 정책은 경제민주화 논의와 연관되어 있다. 헌법상 경제민주화 조항은 재벌규제를 염두에 두고 있다. 헌법적 가치가 존재하는 이상 집행의 당위성은 부여된다.

289) Possession of unchallenged economic power deadens initiative, discourage thrift and depress energy.
290) Elzinga and Crane, Christianity and Antitrust A Nexus, in Christian and Market Regulation(Crane ed., Cambridge, 2021), p. 94.
291) Sullivan, the law of antitrust, West, 2016, p. 18－19.

그럼에도 집행의 적정성 확보 문제는 고민할 필요가 있다. 예를 들면, 지배구조의 유지와 이를 위한 지배권 확보는 자연스러운 현상이다. 그 자체는 부정적이지도 긍정적이지도 않고 중립적이다. 우리나라에서 나타나는 지배구조의 특성은 우리 시장과 우리 제도하에서 탄생한 자연스러운 현상이다. 이를 객관적이고 중립적으로 평가할 필요가 있다. 지배구조에 대하여 도덕적이거나 윤리적인 잣대를 적용하는 것은 현실에 맞지 않을 수 있다. 경제력집중 문제를 공정거래법에 포함하는 것은 불가피하더라도, 그 수범 대상을 줄이거나, 공정거래법에서 경제력 집중 부분을 분리하여 기업집단법 등으로 입법하는 방안도 고려할 수 있다.292)

2. 불평등293)

가. 불평등과 자유시장

역사적으로 자유시장의 발전은 차별 개선에 기여하였다. 계약을 통한 거래는 신분제를 대체하였다.294) 자유시장에서 사업자는 경제적 효율성을 고려하고, 그 외의 요소를 고려하지 않게 된다. 시장에서 생산적 효율성을 우선하는 사업자와 효율성 외의 요소를 우선하는 사업자를 비교할 때, 전자의 비용이 후자의 비용보다 낮아지게 된다. 그 결과 전자가 후자보다 시장에서 생존할 가능성이 높아진다.295)

이와 같이 계급적, 신분적 차별의 해소에 자유시장은 기여하였으나, 그

---

292) 공정거래법은 부당성 심사가 중요한 반면에, 지주회사 규제 등 경제력 집중 부분은 객관적 행위 요건만 갖추면 위법하고, 부당성이 문제되지 않는다. 순수한 사전 규제라는 점에서 사후규제적인 경쟁법과 상당한 차이가 있다. 이때 부당성 심사는 하지 않더라도 정당한 사유 심사는 더 넓게 할 필요도 있다.

293) 평등과 효율성이 양립할 수 없다는 이론에 영향을 미친 저술은 'Arthur Okun'의 'Equality and Efficiency: The Big Tradeoff, The Brookings Institution, 1975'이다.

294) the substitution of contract arrangements for status arrangements.

295) Friedman, Capitalism and Freedom, The University of Chicago Press, 2002, p. 108, 109.

대신 부의 편중과 그에서 발생되는 불평등의 문제는 해결되지 않은 채 남아 있다. 사회 내 불평등 현상이 존재하는 것은 불가피하지만, 그 불평등의 정도가 완화되어야 하고, 그에 대한 개입의 정당성도 인정된다.296)

이러한 사고는 오랜 역사적 연원을 가지고 있다. 그중 하나인 구약 성서의 예를 들면 다음과 같다. 가난한 자도 소유자의 땅에 들어가서 추수하고 남은 곡식을 수확할 권리가 있다. 이는 단지 정리하고 남은 곡식만을 대상으로 하는 것은 아니다. 토지소유자는 완벽하게 추수를 하지 않을 의무가 있고, 그로 인하여 남은 곡식에 대하여 가난한 자나 외국인들이 수취를 할 수 있게 된다. 이웃에 대한 사랑은 중요하다. 가난한 자가 무단침입하거나 절취를 해서는 안되지만, 소유자도 자기 소유지에 대하여 남김 없이 추수하는 것은 금지된다. 남은 곡식은 소유자의 소유물이 아니다. 이를 추수하지 않고 남겨둠으로써 가난한 자가 가져가더라도 소유자의 피해는 미미하게 된다. 이러한 오래된 법리는 전체 사회가 가난한 자의 기본적 필요를 충족함으로서 사회 정의를 추구하는 데 일종의 역할을 해야 한다는 이념으로 연결될 수 있다.297)

나. 불평등과 경쟁법

1) 불평등 해소와 경쟁법 집행

경쟁법은 불평등 해소에 기여하는가? 세법이 불평등 해소와 분배 문제에 기여함은 명백하다. 이에 비하여 경쟁법의 목적이 불평등 해소에 있는

---

296) 로크(Locke)가 사유재산을 자연권(a natural right)로 본 것과 달리, 흄(Hume)은 자원이 제한된 상태에서 사유재산이 정당화되는 것으로 보았다. 완전한 평등 하에서 번영을 달성하기 어려우므로, 재산의 불평등한 배분은 불가피하다고 보았다 [https://en.wikipedia.org/wiki/David_Hume(검색일 2022. 6. 8.)].
297) Bagley and Lloyd, Patents, Access to Technologies, and Christianity, in Christian and Market Regulation(Crane ed., Cambridge, 2021), p. 186. 구약성서 레위기 23:22, 레위기 19:9-11, 신명기 24:20, 신명기 24:19 등을 근거로 제시하고 있다.

지는 명확하지 않다(poorly targeted).298)

첫째, 불평등의 문제도 독점금지법이 방지하려는 경제적 해악(economic harm)으로 이해할 수 있다는 견해가 있다.299) 시장지배력이 불평등 문제에 기여하고 있다는 시각이다. 과거의 관대한 독점금지정책은 시장지배력의 등장을 방관하였고, 그 결과 불평등의 문제가 악화되었다는 시각이다. 시장지배력으로 누리는 수익이 부유층에 돌아가고, 그 결과 빈부격차가 심해졌다는 시각이다.300) 사회적 불평등의 문제를 해결함에 있어 조세 정책, 노동 정책, 무역 정책만큼 직접 영향을 미치지는 못하더라도 독점금지 정책이 보완적으로 기여할 수 있다는 견해도 있다.301)

둘째, 독점금지법 집행은 부의 평등을 촉진하기도 하지만, 그 반대의 결과도 가져올 수 있다. 효율성의 가치와 평등의 가치는 서로 상충관계(trade-off)에 있을 수 있다. 그 점에서 독점금지법의 집행으로 분배문제를 해결한다는 사고에 찬성하기 어렵다는 견해도 있다.302)

셋째, 독점금지법의 집행을 통하여 효율성을 줄이지 않으면서 소득재분배의 효과를 부분적으로 달성할 수 있다는 견해가 있다. 독점금지법이 서로 모순되기 쉬운 효율성의 가치와 평등의 가치를 동시에 달성할 수 있는가의 문제에 있어, 저소득층이 소비하는 시장에서 카르텔을 금지하고, 독점화를 방지하면서 효율성과 평등을 동시에 도모할 수 있다는 견해이다. 그럼에도 독점금지법 집행이 소득재분배에 기여하는 역할은 제한적일 수밖에 없음을 이 견해도 인정하고 있다.303)

---

298) Louis Kaplow, On the choice of welfare standards in competition law, in The goals of competition law(Zimmer ed., Edward Elgar, 2012), p. 8.
299) Salop, Antitrust, competition policy, and inequality, Georgetown Law Journal Online, 2015, p. 4.
300) Salop, Antitrust, competition policy, and inequality, Georgetown Law Journal Online, 2015, p. 9.
301) Salop, Antitrust, competition policy, and inequality, Georgetown Law Journal Online, 2015, p. 21.
302) Crane, Further Reflections on Antitrust and Wealth Inequality, Competition Pol'y Int'l Antitrust Chron., 2017, p. 1.

2) 사례

독점금지법 집행 과정에서 불평등이 고려되는 사례로 다음과 같은 경우
가 있다. 첫째, 기업결합 심사에서 불평등의 문제를 고려할지이다. 집중과
부의 불평등 사이에는 연관성이 있다. 기업결합을 통한 집중도의 증가는
높은 가격으로 귀결된다. 거대기업의 시장점유율이 높아지고 수익이 높아
질 경우 노동자의 몫은 감소한다.304)

둘째, 경쟁법에 근거한 차별금지에서 불평등의 문제를 고려할지이다. 예
를 들면, 차별을 금지한 로빈슨 패트만 법의 입법과정에서, 대규모 유통
체인으로부터 소규모 사업자를 보호한다는 점이 반영되었다.305)

3. 공익적 가치

근래에 기업결합 심사를 중심으로 시장의 경쟁 유지 외에 다른 공익적
가치를 고려해야 한다는 주장이 제기되고 있다. 이러한 가치로 부의 집중,
실업 문제, 특정 지역사회의 우선적 고려가치 등이 논의되고 있다.306) 경
쟁법의 목적으로 소위 다원주의를 표방하는 입장에서 효과적인 경쟁과정
(effective competition process), 소비자후생(consumer welfare), 동적 효율
성과 혁신(dynamic efficiency, innovation), 정적 효율성(static efficiency),
경제적 자유(economic freedom), 소비자선택권(consumer choice), 공정성
(fairness), 평등(equality), 복지(well-being) 등을 논의하는 견해도 있으
나,307) 환경침해의 문제를 카르텔 집행에서 경쟁제한성 판단의 기준으로

---

303) Elzinga and Crane, Christianity and Antitrust A Nexus, in Christian and Market
Regulation(Crane ed., Cambridge, 2021), p. 91. 92
304) Ioannis Lianos, The Poverty of Competition Law, in Reconciling Efficiency and
Equity(Gerard ed., Cambridge, 2019), p. 56, 57.
305) Gifford, The Atlantic divide in antitrust, The University of Chicago Press, 2015,
p. 77.
306) Whish & Baily, Competition Law, Oxford, 2018, p. 844~846.

논의하는 것은 드문 편이다.308)

환경과 같은 경쟁성과와 관련성이 낮은 요소로 경쟁제한성을 판단한 선례가 드문 점에 주목할 필요가 있다. 경쟁제한성 판단에 있어 문제되는 경쟁제한 우려는 제한 없이 확대될 수 없는데, 경쟁제한성 판단에 있어 공익적 가치를 고려하는 것은 경쟁제한 우려를 지나치게 확대하게 될 위험도 있다.

4. 산업정책과 경쟁법

가. 산업정책의 특징

산업정책의 의미가 반드시 명확한 것은 아니지만, 일반적으로 경제적 성과 달성을 위한 정부의 정책을 의미한다. 산업정책은 생산성과 경쟁력 향상을 기하고, 전체 경제에 대한 개입은 물론 특정 산업에 대한 개입을 포함한다.309)

산업정책(그리고 그에 선행하는 정치적 의사결정)은 큰 기업이 효율적이므로, 이를 장려해야 한다는 방향으로 귀결될 수 있다. 그에 따르면 시장기능에 맡기는 것보다 공적인 개입을 통하여 높은 효율성을 달성할 수 있다는 기조로 이어질 수 있다.310)

유럽의 경우는 산업정책이 경쟁정책보다 먼저 발전하고 중요한 역할을

307) Martin Meier, Pleading for a Multiple Goal Approach in European Competition Law, in New Developments in Competition Law and Economics(Mathis ed., Springer, 2019), p. 61, 62.
308) Kingston, Competition Law in an Environmental Crisis, Journal of European Law & Practice Vol. 10, No. 9, 2019.; Environmental Considerations in Competition Enforcement, OECE Background Paper by the Secretariat DAF/COMP(2021)4, 2021.
309) White, Antitrust Policy and Industrial Policy: A View from the U.S., in Competition law and Economics(Mateus ed., Edward Elgar, 2010), p. 293.
310) Perrot, Do National Champions Have Anything to do with Economics?, in Competition law and Economics(Mateus ed., Edward Elgar, 2010), p. 323.

하였다. 이에 따라 산업정책에 기반을 둔 시장개입의 역사를 가지고 있다. 미국은 전통적으로 산업정책에 기반한 시장개입에 대하여 부정적 입장을 취하였다. 그러나 1970년대 이후 미국 기업의 경쟁력이 약화되면서 기업의 경쟁을 시장에만 맡길 것이 아니라 공적인 개입이 필요하다는 논쟁이 있었고, 일본의 국가 개입 모델이 성공적인 모델로 평가받기도 하였다.311)

나. 산업정책과 경쟁정책

경쟁정책과 산업정책(industrial policy)의 관계에서, 경쟁정책의 목표는 대체로 명확한 편이지만, 산업정책이 무엇을 지향하는지는 분명하지 않을 수 있다.312)

첫째, 독점금지정책과 산업정책은 서로 조화되기 어려운 측면을 가지고 있다. 특히 산업정책은 소비자후생을 저해한다는 우려가 있다. 산업정책의 집행은 시장에 대한 정치적 개입으로 이루어질 수 있다. 독점금지법의 최적 집행은 정치적 고려와 거리를 둘 때 가능하므로, 산업정책과 (소비자후생을 중시하는) 경쟁정책은 상충된다는 의견이다.313)

둘째, 산업정책과 경쟁정책의 관계는 몇 가지 사례에서 상충된다. 먼저 특정 분야를 독점금지법의 적용 면제 영역으로 설정할 것인가의 문제에서 드러난다. 정부의 정책이 독점금지법과 부합하지 않을 때 문제가 된다. 무역 보호 정책(trade protection activities)이 경쟁제한적일 때 문제 된다. 국방과 우주과학 분야에서 안보를 위하여 국내 기업과 거래하도록 하는 것

311) White, Antitrust Policy and Industrial Policy: A View from the U.S., in Competition law and Economics(Mateus ed., Edward Elgar, 2010), p. 320. 한국의 경제개발계획도 전형적인 산업정책이다. 이러한 국가의 개입과 유도 없이 시장에만 맡겼을 경우 경제발전이 가능하였을지는 의문이다.
312) Perrot, Do National Champions Have Anything to do with Economics?, in Competition law and Economics(Mateus ed., Edward Elgar, 2010), p. 295.
313) Sokol, Antitrust, Industrial Policy, and Economic Populism, in Reconciling Efficiency and Equity(Gerard ed., Cambridge, 2019), p. 283.

도 경쟁제한적인 측면이 있다.[314]

셋째, 소위 '국가적 챔피온(national champion)' 문제는 산업정책과 경쟁
정책이 상충되는 지점이다. 세계화로 시장이 커짐에 따라 국가적 챔피온
(national champion) 양성이 필요하고 효율적이라는 견해가 부각되었고, 산
업정책의 지향점이 되었다. 이러한 국가적 챔피온의 육성은 시장 구조에
대한 개입(a clear intervention in market structrue)이라는 의미를 가지게 된
다. 이러한 산업정책에 따르면 경쟁제한적일 수 있는 기업결합도 허용될
수 있다.[315] 국가적 챔피온을 양성하기 위하여 보호주의 정책(a policy of
protectionism)을 취할 경우 국내 시장 소비자가 피해를 입게 된다. 이는
산업정책으로 소비자후생이 저하되는 대표적 사례가 된다.[316]

5. 경쟁규범의 범용(汎用)성

가. 공동체 가치 유지와 경쟁법

1947, 1948년 Havana Charter에서 처음으로 국가 간 독점금지법 합의
가 제안되었다. 가격 담합, 시장 분할, 시장 접근 제한, 독점적 통제 강화
등 거래를 제한하는 행태에 대하여 국가가 이를 방지하기 위한 조치를 취
하기로 합의하였다. 이는 후일 GATT 형성에 영향을 미쳤다.[317] 이와 같
이 경쟁법은 공동체 유지의 원리로 고려되고 있다.

그렇다면 경쟁법이 공동체 유지에 기여하는가? 경쟁법이 공동체의 가치

---

314) White, Antitrust Policy and Industrial Policy: A View from the U.S., in
Competition law and Economics(Mateus ed., Edward Elgar, 2010), p. 325.
315) Perrot, Do National Champions Have Anything to do with Economics?, in
Competition law and Economics(Mateus ed., Edward Elgar, 2010), p. 295.
316) Fingletion, Competition Policy and Competitiveness in Europe, in Competition
law and Economics(Mateus ed., Edward Elgar, 2010), p. 303.
317) Fox, The Past and future of international antitrust, in Building New Competition
Law Regimes(Lewis ed., Edward Elgar, 2013), p. 164. 미국은 위 Charter에 대한
지지를 철회하였다.

를 유지하는데 기여한 것으로 평가받는 대표적 사례가 유럽연합의 경쟁법 집행이다.[318] 유럽연합에서 경쟁법은 단일 시장을 유지하고 보호하는 데 중요한 역할을 한다. 유럽연합 내에서 무역 장벽이 제거되고 상품, 용역, 인력, 자본이 자유롭게 이동할 수 있어야 한다는 원리이다.[319] 유럽연합의 경쟁법 집행은 유럽연합의 공동체 가치를 유지하는데 기여한 것으로 평가 받는다.[320]

나. 경제발전과 경쟁법

경쟁법은 경제발전이 이루어진 서구(the developed nations of the West) 에서 생성되고 발전하였다. 이와 달리 경제발전이 이루어지고 있는 국가에 서 경제발전의 당면한 과제와 경쟁법 집행이 조화될 수 있는지 문제가 제 기된다. 경제발전이 이루어진 나라의 경쟁법과 경제개발이 이루어지고 있 는 국가의 경쟁법은 다를 수밖에 없다는 견해가 있다.

반면, 경쟁법은 경제발전 정도에 따라 그 내용이 달라지기 어려운 보편성 을 가지고 있다는 반론도 있다.[321] 이 견해는 경쟁법 적용에 있어 선진국과 개발도상국가의 구별에 동의하지 않는다. 이에 따르면 경제성장은 모든 국 가에 적용되는 문제이다.[322] 경쟁법의 일반화에 반대하고, 특유한 경쟁법을 강조하는 견해는 문화적 차이를 내세우고 있으나, 문화적 차이는 일반적인 경쟁법에서 이탈을 허용하는 정당화사유가 되기 어렵다는 논지이다.[323]

---

318) 독점과 카르텔이 상품과 서비스의 자유로운 이동을 방해하여 유럽연합의 단일시장 유지를 방해하므로 경쟁법 집행은 단일시장 유지의 수단이 된다. 김문식, EU 경쟁법 의 이해, 박영사, 2022, 213면.
319) Whish & Baily, Competition Law, Oxford, 2018, p. 23.
320) ABA Antitrust Law Section, 『Differences and Alignment: Final Report of the Task Force on International Divergence of Dominant Standards』, ABA, 2019, 44
321) George Priest 교수의 견해이다. Ioannis Lianos, Is There a Tension Between Development Economics and Competition?, in Competition Law and Development(Sokol ed., Standford Law Books, 2013), p. 35.
322) George L. Priest, Competition Law in Developing Nations, in Competition Law and Development(Sokol ed., Standford Law Books, 2013), p. 87.

제6절 | 경쟁제한성의 작용

1. 시장지배력, 남용행위, 경쟁제한 효과

가. 시장지배력, 남용행위, 경쟁제한효과와 관련시장

경쟁법상 남용행위는 시장을 전제로 하고 있다. 시장지배력, 남용행위, 경쟁제한 효과의 구분은 끼워팔기, 결합판매 등 복수(複數) 시장을 전제로 한 남용행위, 지배력 전이가 문제되는 시장, 거래상대방에게 불이익을 가하는 유형 등에서 문제되었다.

시장지배적 지위 남용행위의 관련시장에 관하여 시장지배력이 존재하는 시장, 남용행위가 발생한 시장, 남용행위로 인한 효과가 나타나는 시장을 고려할 수 있다. 이들이 모두 같은 시장에서 존재하는 경우도 있으나, 그렇지 않은 경우도 있을 수 있다. 특히 시장지배력이 존재하는 시장과 남용행위가 발생한 시장은 최소한 일치해야 한다는 견해도 있으나, 이들이 같은 시장에서 존재할 필요가 없다고 보는 견해도 있다.[324] 시장지배력이 존재하는 시장, 남용행위가 발생한 시장, 남용행위로 인한 효과가 나타나는 시장을 특정하는 것은 시장지배력이 작용하는 메커니즘을 이해하는 데 있어 중요하다. 그러나 시장지배적 지위 남용 규제에 있어서 경쟁제한효과가 발생하였는지가 핵심이며 시장지배력과 남용행위가 어디서 발생하였는지는 이를 설명하기 위한 전제이어서, 시장지배력이 존재하는 시장과 남용행위가 존재하는 시장을 지나치게 좁게 획정하거나 형식적으로 이해할 경우 시장지배력이 발생하고 작용하여 경쟁제한 효과를 일으키는 동태적인 모습을 오인할 소지가 있다.

---

323) George L. Priest, Competition Law in Developing Nations, in Competition Law and Development(Sokol ed., Standford Law Books, 2013), p.89.
324) Whish & Bailey, Competition Law, Oxford University Press, 2015, pp. 216~219.

시장지배력이 존재하는 시장과 남용행위가 발생한 시장이 일치해야 한다고 보는 경우에도, 어떤 경우 이러한 일치가 발생하는지 및 그 일치의 정도에 관하여는 다양한 관점이 있을 수 있다.

첫째, 시장지배력이 있는 시장에서 거래상대방에 대한 남용행위(수요독점은 공급자에 대한 남용행위, 공급독점은 수요자에 대한 남용행위), 경쟁사업자에 대한 남용행위 등이 있다면 시장지배력이 존재하는 시장과 남용행위가 발생한 시장이 일치하는 것으로 볼 수 있다. 예를 들면, 사업활동방해 유형에 관하여 대법원 2007. 11. 22. 선고 2002두8626 판결(포스코 판결)은 철강시장의 수요자에 대한 행위, 대법원 2008. 12. 11. 선고 2007두25183 판결(티브로드 I 사건)은 송출서비스 시장의 공급자에 대한 행위, 대법원 2004. 11. 13. 선고 2009두20366 판결(네이버 사건)은 동영상 콘텐츠 시장의 공급자에 대한 행위가 문제되는 등 모두 거래상대방에 대한 행위가 문제되었다. 배타조건부 거래 유형에 관하여 대법원 2009. 7. 9. 선고 2007두22078 판결(농협 사건)은 비료시장의 거래상대방인 비료공급회사에 대한 행위, 대법원 2011. 6. 10. 선고 2008두16322 판결(이베이지마켓 사건)은 오픈마켓 시장의 거래상대방인 입점업체에 대한 행위가 문제되는 등 이는 모두 거래상대방에 대한 행위이며, 경쟁사업자에 대한 행위로도 볼 수 있으므로 시장지배력이 문제된 시장에서 남용행위도 발생한 것으로 볼 수 있을 것이다.

둘째, 사업활동방해의 유형의 경우 시장지배적 사업자가 엄밀한 의미의 경쟁사업자, 수요자, 공급자에 대하여 남용행위를 한 것이 아니더라도 그 행위의 상대방과 남용행위가 시장지배력이 존재하는 시장과 밀접한 관계에 있으면 남용행위가 시장지배력이 존재하는 시장에서 발생한 것으로 보아야 하고, 지배력 전이 등에 의하여 설명할 필요는 없을 수 있다. 예를 들면, 위에서 본 사업활동방해 사건과 구조가 다른 사건이지만, 대법원 2010. 3. 25. 2008두7465(현대자동차 사건)에서 판매대리점도 거래상대방으로 볼 수 있고, 대법원 2011. 10. 13. 선고 2008두1832 판결(에스케이 멜론 사건)도 원고가 이동통신서비스와 음악다운로드 서비스를 모두 운영하고, 소비자도 이동통신과 음악다운로드를 동시에 이용하므로, 거래상대방으로 볼 수 있으므로 시장지배력이 존재하는 시장에서 남용행위가 발생한 것으로 볼 수 있다. 물론 시장지배력이 존재하는 시장과 남용행위가 발생한 시장이 일치할 필요가 없다고 보는 견해에 따르면 이러한 불일치 자체가 처음부터 문제되지 않는다.

셋째, 끼워팔기의 '주된 상품시장과 종된 상품시장', 이윤압착에서 '상류시장과 하류시장' 등 2개의 시장을 전제로 한 경우는 시장지배력, 남용행위, 경쟁제한효과 등을 연결하기 위하여 '지배력 전이' 등 법리가 적용될 여지도 있다.

시장지배력과 그 작용의 문제는 전통적인 시장보다는 시장의 경계를 넘는 새로운 남용행위에서 주목할 필요가 있다. 복수의 시장이 동시에 문제되며, 어떤 시장에서 남용행위가 주로 발생하는지를 특정하기 어렵다. 구글 안드로이드 사건[325]에서 제1 시장(tying market)과 제2 시장(tied market)이 서로 중첩되고 있는 것이 대표적인 사례이다.

나. 사례

의료기기 사업자인 지멘스의 시장지배적 지위 남용행위로서 차별행위 등을 다룬 서울고등법원 2020. 2. 6. 선고 2018누43110 판결[326]은 이 문

---

325) Case AT.40099 (2018).
326) 원고 지멘스는 CT, MRI 장비를 공급하는 시장의 1위 사업자이다. 지멘스는 자신의 의료장비를 구입한 병원이 독립 유지보수 사업자(independent service organization, ISO)와 거래하는지 여부에 따라 장비안전관리 및 유지보수에 필요한 필수적인 서비스 키 발급조건을 차별적으로 적용하였다. 이 행위에 대하여 공정거래위원회는 시장지배적 사업자의 정상적인 거래관행에 비추어 타당성이 없는 조건을 제시하거나 가격 또는 거래조건을 부당하게 차별하는 행위(구 공정거래법 제3조의2 제1항 제3호, 구 시행령 제5조 제3항 제4호, 심사기준 IV. 3.)와 함께 불공정거래행위로서 차별(구 공정거래법 제23조 제1항 제1호, 구 시행령 제36조 제1항 별표1의2)을 적용하였다.

제에 대한 좋은 시사점을 제시하고 있다. 이 사건에서 남용행위는 유지보수서비스 시장에서 장비안전관리 및 유지보수에 필요한 필수적인 서비스 키 발급조건을 차별적으로 적용한 행위로서 의료장비 시장의 거래과정에서 발생한 것이 아니라 유지보수서비스 시장의 거래과정에서 발생하였다. 즉, 남용행위는 유지보수서비스 시장에서 발생한 것으로 볼 수 있다. 공정거래위원회도 경쟁제한효과의 측면에서 유지보수서비스 시장의 경쟁 저해 가능성을 지목한 것으로 이해할 수 있다.

이렇게 보면 공정거래위원회 의결이나 위 판결은 '유지보수서비스' 시장의 시장지배력을 전제로 '유지보수서비스' 시장에서 시행된 남용행위로 인하여 '유지보수서비스' 시장의 경쟁제한효과를 판단한 것으로 이해할 수 있다. 시장지배력과 남용행위, 경쟁제한효과가 동일한 시장에서 발생한 것으로 구성되어 있고, 외형상 이러한 구성은 자연스럽다. 다만, 시장지배력, 남용행위, 경쟁제한효과를 동태적인 흐름의 시각에서 접근하면, 이러한 공정거래위원회나 위 판결의 접근방법은 이 사건의 본질을 종합적으로 이해하고 분석하는 데 한계도 있다. 이는 구 공정거래법 제3조의2(현 공정거래법 제5조)를 적용하기 위한 요건, 특히 '행위 주체의 요건'을 위하여 '시장지배적 지위'가 인정되는지 등 해석론적 관점이 아니라, 행위 전반을 개관하는 동태적 메커니즘에서 남용행위의 본질을 이해하는 데 필요한 접근방법이 된다.[327]

이 사건에서 남용행위로 문제된(alleged abuse) 원고의 행위가 가능하였던 근본적인 이유는 무엇인지 살펴볼 필요가 있다. 원고가 의료장비 시장에서 유력한 사업자로서 수요자인 병원이 원고의 의료장비를 구입한 이후에는 원고에 고착되고, 거래상대방을 대체할 수 없었기에 원고의 일방적인

---

[327] 특히 우리 공정거래법상 시장지배적 지위 남용에서 '다른 사업자'는 경쟁사업자에 한정되지 않고, 거래상대방을 포함하는 개념으로 보고 있다[임영철·조성국, 『공정거래법(개정판)』, 박영사, 2020, 51면]. 따라서 시장지배력의 행사는 당해 관련시장 외에 전방시장과 후방시장으로 모두 연결될 수 있다[신현윤, 『경제법(제7판)』, 법문사, 2017, 163면].

행위(unilateral action)가 가능하였다. 원고가 필수적인 서비스키 발급조건을 차별적으로 시행하는 상태에서, 병원은 다른 경쟁자보다 원고와 거래할 강한 유인이 생기게 되고, 대체적인 공급자로 전환하려면 그 비용(switching cost)이 지나치게 높게 된다. 이는 장비 시장과 수리서비스 시장에서 발생하는 전형적인 고착효과의 모습이다.

이 점에서 원고가 유지보수서비스 시장의 시장지배력을 가지고 있는 점만으로는 남용행위를 분석하는 단계에서, 그리고 남용행위를 최종적으로 인정한 후 시장의 경쟁 질서를 회복하기 위하여 어떤 조치(시정조치, corrective measure)를 선택해야 하는 단계에서 한계가 있게 된다. 원고가 의료장비 시장에서 시장지배력 또는 그에 미치지 않더라도 상당히 유력한 지위에 있었는지, 이러한 지위가 수리서비스 시장의 시장지배력과 어떻게 연결되어 있는지, 그 결과 원고가 장비시장과 수리서비스 시장에서 모두 참여하여 두 시장의 지배력 또는 영향력이 어떻게 서로 상호작용을 하였는지를 분석하는지가 필요하다.[328]

2. 착취남용과 배제남용

착취남용은 소비자를 포함한 거래상대방으로부터 유효경쟁에서 기대할 수 없는 과도한 이익을 얻는 행위를, 배제남용은 수평적 관계에서 다른 경쟁사업자를 경쟁에서 배제하는 행위를 의미한다.[329] 미국은 배제남용을,

---

[328] 공정거래위원회는 다음과 같은 사유로 원고가 주상품 시장에서도 시장지배력을 가지고 있다고 보았다(의결서 37면). 원고가 주상품인 CT 및 MRI 장비시장에서도 약 40%로 시장점유율 1위를 차지하고 있고, 상위 3개 사업자의 시장점유율의 합계가 80% 이상이므로 법상 시장지배적사업자로 추정된다. 또한 CT 및 MRI는 고도의 복잡·정밀한 기기로서 장비시장의 법적·기술적 진입장벽이 높고, 제조사별로 고객의 특정 수요에 맞추어 사실상 주문 제작되는 차별화된 상품을 판매하는 것이므로 제조사간 장비의 대체가능성도 상당히 제한적이다. 그러나 원고의 주상품 시장에서 시장지배력이 공고한 것으로 보기는 어렵다. 40%의 시장점유율은 경쟁이 치열한 상태라면 시장지배력 인정에 있어 달리 볼 여지가 있다.

[329] 이봉의, 공정거래법, 박영사, 2022, 223면.

독일 등은 방해남용의 용어를 선호하기도 한다.[330]

첫째, 착취남용과 배제남용의 공통점이다. 기본적으로 착취남용과 배제남용은 같은 출발점을 가지고 있으나 그 작용에서 구별된다. 착취남용에 비하여 배제적 행위는 3가지 특징을 가지고 있다. 시장지배적 기업에 이익이 되어야 하고, 경쟁자의 피해로 연결되며, 소비자후생이 감소되어야 한다. 독점화 기도(attempt monopolize)도 이러한 특징과 연결된다.[331]

시장지배적 사업자의 남용 행위 중 배제남용이 경쟁사업자에 대한 문제라면, 착취남용은 경쟁자가 이미 배제되어 존재하지 않는 상태에서 거래상대방에 대하여 과도한 가격 등을 부과하는 행위 등을 의미한다. 통상적으로 배제남용이 이루어진 후 착취남용으로 연결되지만, 배제남용이 착취남용으로 연결되고, 착취남용이 다시 배제남용을 심화할 수 있다.[332] 이러한 의미에서 배제남용과 착취남용은 같은 출발점을 가진 것으로 이해될 수 있다.[333]

둘째, 착취남용과 배제남용의 현상적(現象的) 동일성이다. 실제 사건에서 착취남용과 배제남용은 서로 중첩되는 경우가 있다.[334] 법적용에서 배제남용을 적용하였으나, 착취남용으로서 성격을 가지고 있는 경우, 그 반대로 법적용에서 착취남용을 적용하였으나, 배제남용으로서 성격을 가지고 있는 경우 등이다.

카르텔은 가격 인상을 통해서 수익을 누리려는 착취적인 행위로 분류할 수 있다. 경쟁자에 대한 거래거절은 배제적인 행위이지만, 착취적인 성격

---

330) 유럽의 방해남용은 시장지배적 사업자의 특수한 책임에 입각하여 경쟁사업자를 방해하여 경쟁여력을 약화시키는 정도만으로도 남용행위로 본다. 이봉의, 공정거래법, 박영사, 2022, 227면.

331) Steven C. Salop & David T. Scheffman, Raising Rivals' Costs, 73 Am. Econ. Rev. 267 (1983), p. 270. 경쟁자의 피해는 위험성(dangerous probability) 요건과 연결된다. 소비자후생의 감소도 비합리성(unreasonableness) 요건과 연결된다.

332) 같은 취지로 홍대식, "표준필수특허 보유자의 사업모델에 대한 공정거래법의 적용", 경쟁법 연구 제45권, 2022, 127면.

333) 정재훈, 공정거래법 소송실무(제3판), 육법사, 2020, 543면.

334) Whish & Baily, Competition Law, Oxford, 2015, p. 213.

도 가지고 있는 것으로 분류할 수 있다.[335]

이와 같은 착취남용과 배제남용의 교차는 새로운 남용행위에서 특히 문제된다.[336]

셋째, 증거로서 함의이다. 가격인상, 공급량감축, 품질 저하는 경쟁제한성의 직접 증거이다. 가격인상을 착취남용으로 보는 것이 아니라 배제남용 경쟁제한효과의 직접 증거로 이해하는 견해도 존재한다. 예를 들면, 높은 가격을 받기 위한 끼워팔기에서는 착취남용과 배제남용이 혼합되어 있고, 그 경우 증명 수준이 완화되어야 한다는 견해도 같은 맥락에서 이해할 수 있다.

3. 경쟁보호와 경쟁자보호

가. 준별론

경쟁자보호가 아니라 경쟁보호를 경쟁법의 목적으로 보는 견해가 지배적이다. 대표적인 판결로 NYNEX Corp. v. Discon, Inc, 525 US 128(1998)[337] 판결에서 경쟁에 대한 저해(injury to competition)는 특정사업자의 손

---

335) Fox, What is Harm to Competition? Exclusionary Practices and Anticompetitive Effect, 70 Antitrust L.J. 371 (2002), p. 371

336) 에픽 사건(애플과 에픽의 인앱결제 수수료 분쟁 사건)에서, 높은 수수료가 경쟁제한성을 시사하는지에 대하여, 애플은 무상 거래(free transaction) 부분까지 고려하면 수수료는 애플의 경우 4.7%로 높지 않고, 수수료가 초기 70% 선에 이른 적도 있는 것에 비하면 높은 수수료가 아님을 주장한 바 있다.

337) 원고(Discon)는 전화설비 철거서비스를 제공하는 사업자이다. 피고 NYNEX의 자회사 피고 New York Telecom Company는 코네티컷주 일부에서 전화서비스 사업을 하며 원고의 철거 서비스를 이용하고 있다. 피고 NYNEX의 다른 자회사인 피고 Material Enterprises는 New York Telecom Company를 위하여 원고로부터 구형교환기 철거서비스를 구입하고 있었으나, 이를 끝내고 AT&T technologies로부터 구입하였다. 원고는 피고들이 수직적 가격협정을 체결하였으므로 셔먼법 제1조에 위반되고, 철거서비스 시장에서 독점화를 공모하였으므로 셔먼법 제2조에 위반된다는 주장을 하였다. 1심은 원고가 청구의 근거를 제기하지 못하였다는 이유로(failure to state a claim) 기각하였다. 항소심은 셔먼법 제1조 부분은 1심과 같은 의견이지만,

해를 의미하는 것이 아니라고 판단하였다. 경쟁자보호를 경쟁법의 목적으로 할 경우 비효율적인 경쟁자가 보호되어, 효율성을 저해하고 장기적으로 소비자후생을 저해하는 결과가 발생할 수 있다. 물론 이러한 전제에 서더라도 경쟁자보호와 경쟁보호가 명확히 구별된다고 단정하기 어렵다.

첫째, 다수의 소규모 사업자가 존재하는 상태를 추구했던 미국의 초기 경쟁법 집행에 비하여 소수의 대규모 사업자가 존재하더라도 효율성이 있으면 무방하다는 후기 집행이 더 적절한 것인지 의문이 있을 수 있다. Brown Shoe Co. v. U.S., 370 U.S. 294 (1962) 판결에서 시장점유율에 비추어 가격인상 등 우려가 미약함에도 경쟁제한성을 인정하였다. 경쟁보호를 다수의 경쟁자가 시장 내에 존속하는 것으로 이해하였다. 이는 판결문에 설시된 '경쟁자보호가 아니라 경쟁보호'라는 명제와 부합하지 않지만, 그 타당성에 대하여 찬반론이 존재할 수 있다.

둘째, 경쟁당국은 일반적으로 경쟁법 적용에 있어 소비자후생을 강조한다. 그와 동시에 부의 재분배, 소규모 사업자 보호 등의 문제도 시대에 따라 중요성과 시사성을 가질 수 있다.[338] 이때, (경쟁자보호 문제에 치중할 수 있는) 중소기업 보호 법제와 (경쟁보호에 중심을 두고 있는) 공정거래법 사이의 관계 설정을 어떻게 해야 할지 등이 문제된다.

나. 경쟁보호와 경쟁자 고려

경쟁 보호의 원칙을 유지할 때도, 경쟁자의 수를 고려하는 것, 시장점유율을 고려하는 것은 가능하다. 경쟁자의 수나 점유율을 파악하는 것은 시장구조에 대한 분석으로 경쟁 보호와 직결된다.

같은 취지에서 US v. Visa U.S.A., Inc. et al, 344 F.3d 229(2003) 판결

셔먼법 제2조 부분은 원고가 타당한 소송원인을 제시하였다고 보았다. 대법원은 원고 전부 패소 취지로 항소심 판결을 파기하였다. 정재훈, 공정거래법 소송실무(제2판), 육법사, 2017, 191면.

338) Whish & Baily, Competition Law, Oxford, 2015, p. 204.

에서 경쟁자 배제의 정도가 강하면 경쟁제한 효과를 고려할 수 있음을 시사한 것은 의미가 있다.[339] 또한, Mcwane v. FTC, 783 F.3d 814 (11th. Cir. 2015)[340] 판결은 실질적인 효과(actual adverse effect)를 증명하여 시장력(market power)을 증명해야 하므로, 일부 경쟁자가 피해를 본 것으로는 부족하다는 기존의 전제를 유지하면서도, 경쟁의 문제와 경쟁자의 문제는 연결되어 있고,[341] 경쟁자 없이 경쟁은 존재할 수 없다[342]는 점을 강조하며 경쟁자 배제와 경쟁배제를 절연해서 보지 않았다는 점에 그 의미가 있다. 몇 가지 사례를 든다.

첫째, 거래거절 등 일부 유형에서 사실상 경쟁자에 대한 영향을 고려하는 것은 피할 수 없다. 경쟁보호가 본질임을 부정할 수는 없더라도, 경쟁자에 대한 피해가 크고, 경쟁자 배제의 폭이 넓으면 이는 경쟁에 대한 영향도 있는 것으로 추론할 여지가 있다.

둘째, 경쟁자 보호를 강조하는 이론이 등장하고 있다. 덜 효율적인 경쟁자(less efficient competitor)에게 경쟁의 장을 제공하기 위해 효율적인 경쟁자의 행위에 제한이 있을 수 있다는 접근법은, 효율성을 넘어서 경쟁자 보호가 가능하다는 사고에 이를 수 있다.[343] 다른 예로, 유력 경쟁자 인수

---

339) 240면(The most persuasive evidence of harm to competition is the total exclusion of American Express and Discover from a segment of the market for network services.)

340) 미국에서 덕타일 주철관 이음쇠(ductile iron pipe fittings)를 생산하는 원고(McWane)는 경쟁자인 Star가 국산 이음쇠 시장에 진입하자 유통업자들과 배타조건부거래 약정(Full Support program)을 체결하였다. 유통업자들이 McWane이 제작한 이음쇠를 공급받지 않을 경우 리베이트를 받지 못하거나, 3개월간 McWane 제품을 공급받지 못한다는 내용이 포함되었다. 연방거래위원회는 위법한 배타조건부거래로 보아 연방거래위원회법 5조를 적용하고, McWane에 대하여 배타조건부거래를 중지할 것을 명령하였고, 이에 대하여 McWane이 연방항소법원에 항소한 사건이다. 연방 제11항소법원은 연방거래위원회의 판단이 적법하다고 보아 이를 유지하였다(affirmed).

341) Competitors and competition are linked.

342) Competition will not exist without competitors.

343) The firms that possess superior efficiency are restrained in order to provide a place in the competitive arena for less efficient ones(Whish & Baily,

(killer acquisition)에서 새로운 경쟁저해 이론(new theory of harm)은 경쟁
제한의 정도뿐 아니라 경쟁제한의 폭(scope)을 고려한다. 이는 경쟁자의
피해가 크면 경쟁제한성을 추론하는 적극적인 독점금지 정책으로 연결될
수 있다.

셋째, 경쟁법이 경쟁자보호가 아니라 경쟁보호라는 명제에서도, 경쟁자
에 대한 고려가 필요한 경우가 있다. 특히 유력한 경쟁자를 제거하거나 약
화시키는 행위는 경쟁제한효과와 관련성이 높을 수 있다. 다만 경쟁자의
제거로 인하여 관련시장에서 경쟁의 활력이 떨어지고, 경쟁자의 퇴출이 성
과경쟁의 결과가 아니라는 전제에서 관련성이 인정될 수 있음에 유의해야
한다.[344]

다. 배제 경쟁자와 배제 메커니즘

배제남용에서 배제 메커니즘(mechanism)은 그 행위의 본질을 이해하는
데 필수적이다. 이러한 작업은 특정 행위를 경쟁자 보호의 측면에서 접근
한다는 것이 아니라, 경쟁이 제한 또는 배제된 실태를 파악하기에 필요한
전제 조건이 된다.

첫째, 배제되는 경쟁자의 특정 문제이다. 시장은 경쟁관계이고, 경쟁자
로 구성된다. 경쟁자, 경쟁수단, 경쟁 목적이 드러나야 한다. 또한, 배제남
용은 경쟁자에 대한 배제를 의미한다. 실제 경쟁자이든, 잠재적 경쟁자이
든 경쟁자와 경쟁관계가 특정되어야 한다. 경쟁자를 배제하지 않았음에도
배제남용이라고 부를 수 없다.

둘째, 경쟁자에 작용한 배제 메커니즘의 문제이다. 배제남용 사안에서
배제되는 경쟁자 등 배제대상이 특정되어야 하고, 다음 단계로 배제 메커
니즘(예를 들면, 봉쇄, 경쟁자비용상승, 지배력 전이 등)이 구체적으로 제시되

Competition Law, Oxford, 2015, p. 205).
344) ABA, Antitrust Law Development, 2017, p. 72.

어야 한다. 그러한 의미에서 경쟁자특정은 배제 메커니즘을 제시하기 위한 필수적인 전제이다.

4. 공급자 남용과 수요자 남용

공급독점과 수요독점, 공급자들의 공동행위와 수요자들의 공동행위 등의 관계이다. 공급자 남용과 수요자 남용은 같은 원리에 의한다는 것이 일반론이다. 그러나 역사적으로 보면 양자의 관계를 대등하게 보기 어려운 특수성이 존재하는 것도 사실이다.

첫째, 전통적으로 경쟁법은 수요자의 행위에 더 관대하였다.[345] 예를 들면, Northwest Wholesale Stationers, Inc. v. Pacific Stationers & Printing Co., 472 US 284(1985) 판결에서 수요자들이 시행한 공동의 거래거절에 대하여 법원은 관대한 입장을 취하였다.

둘째, 공급과잉의 현상이 존재하는 현대 시장에서 수요 측면의 지배력은 공급 측면에 비하여 낮은 시장점유율로 가능하다는 견해도 존재한다.[346] 또한, 수요시장에서 지배적 지위를 판단함에 있어 개별 상품별 시장점유율은 적합하지 않고, 수요시장의 획정기준이 명확하지 않은 상태에서 시장점유율을 근거로 한 추정은 타당하지 않다는 비판론도 존재한다.[347]

5. 경쟁제한 의도와 목적

경쟁제한성 판단에 있어 의도와 목적은 어떤 위상을 가져야 하는지 문제된다. 첫째, 경쟁제한효과의 실증 없이 의도와 목적만으로 경쟁법위반 행위로 보기 어렵다. 혁신이 경쟁자 배제의 의도에서 이루어졌다고 하더라도 이러한 사정만으로 바로 남용행위로 판단할 수 없다. 둘째, 의도에 대

---

345) ABA, Antitrust Law Development, 2017, p. 104.
346) 이봉의, 공정거래법, 박영사, 2022, 215, 218면.
347) 이봉의, 공정거래법, 박영사, 2022, 218면. 독일 등을 중심을 한 논의이다.

한 분석을 통해 행위를 설명할 수 있는 경우가 많다.348) 이 점에서 동기와
목적이 경쟁제한성 판단에 있어 필수적인 판단 요소는 아니더라도, 그 중
요성은 인정된다.

가. 의도와 단독행위

시장지배적 지위 남용 행위에서 의도, 목적은 경쟁제한효과에서 추론되
는 것이 일반적이다. 시장지배적 지위 남용에서 의도, 목적을 고려할 수는
있겠으나, 객관적 경쟁제한효과가 존재하는 상태에서 다시 의도와 목적을
강하게 증명하도록 하는 것은 과소규제의 위험을 가져온다. 형사범에서 의
도, 목적을 고려하는 것과는 다르다. 다만, 판례상 이러한 입장이 항상 확
고하였던 것은 아니다.349) 예를 들면, 초기의 셔먼법 제2조가 적용된 거래
거절 사건은 독점화 의도를 중심으로 판단하는 경향이 있었으나, 독점금지
법 위반을 판단함에 있어 주관적인 의도보다는 객관적으로 실증되는 경쟁
제한성에 무게를 두게 되면서 거래거절 사건에서도 경쟁제한 효과를 초래
할 우려가 객관적으로 증명된 경우에 거래거절의 위법성이 인정되고, 이러
한 증명이 이루어진다면 독점화의 의도는 사실상 추단된다.

한편, 시장지배적 지위 남용 등에서 남용행위를 객관적인 개념으로 파
악하며 경쟁제한의 의도나 목적을 요하지 않는다는 입장(객관주의)과 남용
행위 판단에 있어 경쟁제한의 의도나 목적을 요한다는 입장(주관주의)을
도식적으로 이해하는 것은 바람직하지 않다. 특히 일반적으로 주관주의로
이해되는 미국의 셔먼법 제2조에 있어, 남용행위와 '의도(intent)'의 관계를
이해함에 있어 독점화 기도(attempt monopolize) 행위와 독점화
(monopolization) 행위를 나누어 볼 수 있다. 독점화 기도 행위에서는 특정
한 의도(specific intent)를 요한다는 것이 판례의 입장이며,350) 독점화 기도

---

348) ABA, Antitrust Law Development, 2017, p. 61, 78, 79.
349) in re Baby Food Antitrust Litigation, 166 F. 3d 112 (3d Cir. 1999).

를 다룬 Spectrum Sports 판결351)에서 특정한 의도는 행위로부터 추론될 수 있다고 보았다.352) 이와 달리 독점화(monopolization) 행위에서 주관적 의도(subjective intent)가 위법성 요건이 아니라는 판례와 주관적 의도가 위법성 요건이라는 판례로 나누어진다.353) Aspen 판결354)은 (독점화기도 유형은 물론) 독점화 유형에도 의도가 필요하다고 보았으나, 그럼에도 다수의 법원은 사실상 별도의 의도 요건(separate intent requirement)을 요구하지 않고 있다는 견해도 있다.355) 의도의 요건이 필요하다고 보는 경우에도 독점력과 배제적 행위(monopoly power plus exclusionary practices)로부터 의도가 추론될 수 있다고 보고 있다.356)

미국의 위와 같은 논의 중 '독점화 기도와 의도'에 대한 논의보다 '독점화와 의도'에 대한 논의가 비교법적으로 중요한 의미를 가지고 있다. 한국의 공정거래법상 시장지배적 지위 남용행위를 비롯하여 대부분 문제되는 단독행위로서 남용행위는 일종의 'attempt offenses'인 독점화 기도 행위보다는 'substantive offenses'인 독점화 행위에 가깝기 때문이다.

---

350) Hovenkamp, Federal Antitrust Policy, West, 2020, p. 365. 독점화 기도 행위는 일종의 'attempt offenses'로서 아직 결과가 발생하지 않아서 당연히 그 의도가 중요하게 된다.

351) Spectrum Sports v. McQuillan, 506 U.S. 447(1993).

352) Hovenkamp, Federal Antitrust Policy, West, 2020, p. 368.

353) 의도가 요건이 아니라는 대표적 판결은 U.S. v. Aluminum Co. of America, 148 F.2d 416 (2d Cir. 1945, 'Alcoa 판결') 판결이고, 의도가 요건이라는 대표적 판결은 U.S. v. Grinnell Corp., 384 U.S. 563 (1966) 판결이다. Hovenkamp, Federal Antitrust Policy, West, 2020, p. 363.

354) Aspen Skiing Co. v. Aspen Highlands Skiing Co., 472 U.S. 585 (1985).

355) Hovenkamp, Federal Antitrust Policy, West, 2020, p. 364. Hovenkamp 교수는 다수의 법원이 독점화의 요건에 별도의 의도 요건(separate intent requirement)이 필요하지 않다고 보고 있다는 입장이다.

356) Hovenkamp, Federal Antitrust Policy, West, 2020, p. 363. 의도 요건의 위상과 중요성은 시대에 따라 변화하였다. 이효석, "위법성 요건으로서 경쟁제한의 의도 내지 목적", 법학논고 제69집, 2020, 319 - 323면.; 정재훈, "공정거래법상 거래거절 규제: 시장지배적 지위 남용행위와 불공정거래행위의 관계를 중심으로", 「경쟁저널」 제169호, 2013, 20면.

경쟁당국은 일반적으로 독점사업자의 의도만으로 경쟁법 위반을 인정하지 않는다. 특히 디자인 변경 사안에서 의도만으로 책임을 인정하지 않는다. 일반적으로 경쟁제한효과 대신 의도를 증명함으로써 책임을 인정하는 것은 위험하다고 보고 있다.

그럼에도 많은 독점금지법 사안에서 의도가 중요한 쟁점이 되고 있다. 일부 법원은 의도를 중요한 요소로 고려하고 있다. 예를 들면 C.R. Bard v. M3 System, 157 F3d 1340 (Fed. Cir. 1998) 판결에서 Bard는 생검총 (biopsy gun)의 디자인을 변경했다. 그 결과 경쟁업체들이 생검총에 필요한 바늘을 판매할 수 없게 되었다. 생검총 바늘을 팔던 M3는 디자인 변경을 통해서 제품이 개선되지는 않은 채 경쟁자만 배제되었다고 주장하였다. 배심원은 M3의 주장 사실을 인정하였고, 연방특허법원은 Bard의 의도를 중시하여 배심 주장을 유지하였다. 다만, 위 판결은 의도로 셔먼법 제2조 위반을 인정하였다는 점에서 많은 비판을 받았다.[357]

한편, 의도만으로 셔먼법 제2조 위반을 인정하기는 어렵지만, 배제적인 효과가 진정한 혁신의 소산물인지, 경쟁 제한에서 비롯된 것인지를 판단함에 있어 의도가 중요한 의미를 가질 수 있다. 이 점에서 의도 그 자체가 중요한 것이 아니라 디자인 변경 등 행위의 성격을 평가함에 있어 증거로서 의미를 가진다고 볼 수 있다(evidentiary tool).[358]

나. 의도와 공동행위

부당한 공동행위에서 의도, 목적이 필수요건인지, 필수요건이 아니더라도 중요한 판단기준으로 작용하는가? 부당한 공동행위에서 합의의 증명으로 충분하지, 다시 의도와 목적의 증명을 요구하는 것은 타당하지 않다.

---

357) Dogan, The role of design choice in intellectual property and antitrust law, 15 Journal on telecommunications and technology law 27(2016), p. 129, 130.
358) Dogan, The role of design choice in intellectual property and antitrust law, 15 Journal on telecommunications and technology law 27(2016), p. 131.

물론 합의의 존부를 판단함에 있어 의도와 목적에 관한 정황을 고려할 수
는 있다.

비교법적인 검토를 하더라도 공동행위의 위법성 판단에 있어서 의도나
목적 등 주관적 요건을 독립적 요건으로 이해하는 법리는 찾아보기 어렵
다.[359] 유럽연합의 경우 우리의 부당한 공동행위 규제에 대응하는 유럽연
합기능조약 제101조의 해석에 있어 경쟁제한에 관한 주관적 의도는 관련
된 증거이기는 하지만 필수적인 요건은 아니라고 보고 있다.[360]

미국의 경우, 「U.S. v. Socony-Vacuum Oil Co 판결」,[361] 「NYNEX
Corp. v. Discon, Inc 판결」,[362] 「U.S. v. Microsoft Corp. 판결」[363] 등이
모두 공동행위에서 의도와 목적의 증명이 필수적이 아니라고 판단하였다.
물론, 「in re Baby Food Antitrust Litigation 판결」[364]과 같이 합리의 원
칙 적용을 위하여, ① 피고들 간 합의, 공모, ② 합의, 공모가 관련 시장에
서 반경쟁적 효과를 수반하는지, ③ 합의, 공모의 목적이 위법한지, ④ 합
의, 공모에 따른 손해 발생 등 입증의 단계를 거쳐야 한다고 판시하여 목
적의 증명이 필요한 것처럼 판시한 사례도 있으나 이는 주류적인 판례로
보기 어렵다.

공정거래법 해석에 있어서도 주관적 요건에 관한 논의는 드물지만, 경
쟁제한성을 판단함에 있어 주관적 요건에 관하여 특별한 고려를 요구하지

359) 홍명수, "독점규제법 위반행위에 있어서 주관적 요건의 검토", 경쟁법연구 제29권
(2014), 34면.
360) 홍명수, "독점규제법 위반행위에 있어서 주관적 요건의 검토", 경쟁법연구 제29권
(2014), 19면. 유럽연합 기능조약 제101조에서 경쟁제한의 목적을 언급하고 있으나,
이는 공동행위의 성질상 경쟁제한의 효과를 갖는 경우에 존재하는 것으로 위법성의
주관적 요건을 의미하는 것은 아니다. 경쟁제한의 목적은 구체적인 주관적 의도와
무관하게 입증될 수 있다(위의 논문, 27, 34면).
361) U.S. v. Socony-Vacuum Oil Co., 310 U.S. 150(1940). 의도와 목적이 필요하지
않다고 보았다.
362) NYNEX Corp. v. Discon, Inc, 525 U.S. 128(1998).
363) U.S. v. Microsoft Corp., 253 F.3d 34(D.C.Cir. 2001). 의도가 아니라 경쟁제한적
효과가 중요함을 지적하여 효과주의에 충실하고 있다.
364) in re Baby Food Antitrust Litigation, 166 F. 3d 112(3d Cir. 1999).

않는다는 견해가 유력하다.[365] 대법원 판결 중에서도 부당한 공동행위 규제에 있어 의도와 목적이 필수적이라는 취지는 발견되지 않고 있다.

---

365) 홍명수, "독점규제법 위반행위에 있어서 주관적 요건의 검토", 경쟁법연구 제29권 (2014), 28면.

제3장

———

경쟁제한성
판단기준

제3장

경쟁제한성
판단기준

제1절 | 일반적 기준

경쟁제한성 판단기준은 시장에 대한 적정한 개입을 판단하는 기준이 된다. 경쟁법을 통한 시장 개입에 공공 이익 기준(public benefit test)이 적용된다. 그에 따르면 시장에 대한 개입이 특정 목적을 실현하거나, 특정 결과를 피하기 위한 유일한 방법이라면 시장에 대한 개입필요성이 높아진다. 또한, 개입으로 얻는 편익이 그로 인한 비용보다 커야 개입의 적정성이 인정된다.[1]

경쟁법을 다루는 법률가, 경쟁당국에서 경쟁법을 집행하는 공무원, 경쟁법 사건을 심리하는 법관 등에게 어떤 기준으로 경쟁제한성을 판단할지는 난해한 문제이다. 제2장(경쟁제한성)에서 다룬 내용은 추상적인 척도(尺度)이므로, 구체적인 사건에서, 구체적인 행위가 경쟁제한적인지를 판단하기

---

[1] Ian Harper and Brian Rosner, The Common Good and the Role of Government in Regulating Markets, in Christian and Market Regulation(Crane ed., Cambridge, 2021), p. 33.

위하여 개별 사건에 적용될 판단기준이 필요하다. 먼저 일반적 기준
(general standard)을 다룬다.

1. 효과주의

가. 경쟁제한효과

일반 불법행위와 경쟁법 위반 행위의 차이는 경쟁제한효과(경쟁제한성)[2]
에 있다. 일반불법행위는 개별적으로 독립하여 발생하므로 시장 전체를 고
려할 필요가 없다. 그러나 경쟁법 위반행위는 다르다. 경쟁에 대한 영향이
증명되지 않는다면 일반 불법행위가 성립할 수는 있어도 경쟁법상 남용행
위가 성립하지 않는다. 경쟁법상 남용행위는 경쟁제한효과의 실증이 필요
하다는 점에서 일반 불법행위 또는 형사법 위반행위와 구별된다.[3]

경쟁제한효과의 법리(효과주의)는 미국에서 발달하였다. 그런데 미국에
서 경쟁제한효과 판단에 관한 법원의 사법적 경험이 생성되고 누적되기까
지 상당한 시간이 소요되었다. 그 과정에서 무엇이 경쟁제한효과인지 판단
함에 있어 상당한 혼란을 겪었다.[4] 이러한 혼란은 다른 국가도 다르지 않
다. 한편, 미국과 유럽은 경쟁제한효과라는 동일한 용어를 사용하지만, 그
이해가 일치한다고 보기 어렵다.[5] 예를 들면 유럽연합 판결 중 경쟁제한
효과에 의사결정의 자유, 불공정성 요소를 포함하여 판단한 사례는 미국
판결과 비교할 때 대조적이다.

---

2) 대법원도 포스코 판결(대법원 2007. 11. 22. 선고 2002두8626 판결) 이래 경쟁제한성
   을 경쟁제한효과로 이해하고 있다.
3) ABA, Antitrust Law Development, 2017, p. 316.
4) ABA, Antitrust Law Development, 2017, p. 153.
5) ABA Antitrust Law Section, 『Differences and Alignment: Final Report of the Task
   Force on International Divergence of Dominant Standards』, ABA, 2019, p. 47.

나. 형식주의와 효과주의

형식주의는 효과를 고려하지 않는다는 의미로 이해할 수 있다. 독점금지법의 형식주의는 특정 국가에만 존재하는 것이 아니라, 경쟁법을 도입하고 있는 대부분 국가에 광범위하게 존재한다. 효과주의의 전통이 강한 미국도 형식주의로 볼 수 있는 법리를 가지고 있다.

형식주의의 범위는 관점에 따라 좁을 수도, 넓을 수도 있다. 형식주의의 범주는 유럽 경쟁법에서 과거 중시되었던 형식주의(formalism)에 국한된다고 보기 어렵다는 견해도 있다. 그에 따르면 당연위법의 법리도 형식주의로 볼 수 있다. 그 밖에 SCP(Structure Conduct Performance) Paradigm, 직접 구매자와 간접 구매자의 손해배상 청구, Twombly 사건[6]의 pleading standard 문제 등도 형식주의 범주에 속하는 것으로 이해할 수 있다. 단독행위와 공동행위의 법리 차이, 수직적 행위와 수평적 행위의 구별론도 형식주의에 속하는 것으로 볼 수 있다.[7] 특히 Matsushita 사건[8]에서 법원은

---

6) Bell Atlantic Corp. v. Twombly, 550 U.S. 544 (2007). ① 피고(Bell Atlantic)는 지역통신서비스 사업자이고, 원고(Twombly) 등은 서비스 가입자이다. 원고는 집단소송을 제기하며, 피고 등이 경쟁을 제한하기로 합의함으로써 셔먼법 제1조를 위반하였다는 주장을 하였다. 1심에서는 구체적인 주장을 하지 못하였다는 이유(failure to state a claim upon which relief can be granted)로 각하되었으나, 2심은 이를 파기하였고, 대법원은 원고들이 구체적인 주장을 하지 못하였다고 보아 항소심을 다시 파기하였다. ② 이 사건은 소송절차상 중요한 법리를 선언한 판결이다. 대법원은 새로운 심리기준(new plausibility standard)를 적용하며, 나아가 그 적용시기를 앞당겼다. 이에 따라 원고는 구체적인 사실을 진술하여야 한다(factual detail). 특히, 카르텔 사건에서 병행행위와 합의는 구체적인 사실에 따라 구별되므로, 원고는 피고의 행위가 병행행위를 넘어 합의에 이른다고 볼 수 있는 구체적인 사실을 진술하여야 한다. 결론(conclusion)을 진술하는 것으로 부족하고, 병행행위와 추가 요소(plus factor)를 구체적으로 진술해야 한다. ③ 이 판결에 따라 경쟁법 분야의 사소가 크게 위축되기에 이르렀다. 후행판결인 「Ashcroft v. Iqbal, 129 S.Ct. 1937 (2009)」 판결을 통하여 위 법리가 독점금지법 이외의 사건으로까지 확대되면서 민사소송 전반에 큰 영향을 미치게 되었다. 정재훈, 공정거래법 소송실무(제2판), 육법사, 2017, 322면.
7) Orbach, The Durability of Formalism in Antitrust, 100 Iowa Law Review 2197 (2015), p. 2198, 2211, 2213.

사실심리생략 판결(summary judgment)의 기준(a filtering standard)을 정립
했다. Twombly 사건9)에서 법원은 디스커버리(discovery) 절차에 관계 없
이 주장 자체에 문제가 있는 경우 기각할 수 있는 기준을 정립했고, 이 사
건은 Iqbal 사건10)을 통하여 다른 사건으로 확대되었다.11) 이러한 법리도
넓은 의미에서 형식주의로 분류될 수 있다. 나아가 최근 뉴브랜다이즘에서
강조하는 경쟁과정 보호의 법리가 효과주의로부터 형식주의로 이전하는
것을 의미하는 것으로 이해하는 견해도 있다.12)

비교법적으로, 유럽은 형식주의(formalism)를 중시하고, 미국은 효과주
의(effect test) 내지 기능주의(functionalism)를 중시하는 것으로 보는 견해
가 있다.13) 이 견해에 따르면 충성 리베이트 문제에서 형식주의(formal
rule)는 유럽과 미국 모두에서 작용하고 있으나 그 방향성은 같지 않다. 유
럽은 위법성을 인정하는 방향으로 형식주의가, 미국은 적법성을 인정하는
방향으로 형식주의가 사용되고 있다는 평가를 받고 있다.14)

2. 경쟁제한 우려

경쟁제한효과가 이미 나타난 경우 경쟁제한성을 인정하는 것은 상대적
으로 용이하다. 아직 경쟁제한효과가 나타나지 않았으나 나타날 우려가 있
는 경우에 어떻게 할 것인가? 이는 나타나지 않은 위험, 보이지 않는 위험
(the phantom menace)에 대한 문제이다. 경쟁제한효과는 상당한 발생가능

---

8) Matsushita Electric Industrial Co. v. Zenith Radio Corp., 475 U.S. 574 (1986).
9) Bell Atlantic Corp. v. Twombly, 550 U.S. 544 (2007).
10) Ashcroft v. Iqbal, 129 S.Ct. 1937 (2009).
11) Orbach, The Durability of Formalism in Antitrust, 100 Iowa Law Review 2197
(2015), p. 2219.
12) 이성엽 외, 플랫폼의 법과 정책(강준모 집필 부분), 박영사, 2022, 46면.
13) Crane, Formalism and Functionalism in Antitrust Treatment of Loyalty Rebates:
A Comparative Perspective, Antitrust Law Journal 81, no. 1-2, 2016, p. 209.
14) Crane, Formalism and Functionalism in Antitrust Treatment of Loyalty Rebates:
A Comparative Perspective, Antitrust Law Journal 81, no. 1-2, 2016, p. 210.

성이 있어야(likely) 한다.15) 같은 취지에서 미국과 유럽연합은 기업결합 심사에서 개연성(probable, likely) 기준을 채택하고 있다.16)

공정거래법 제2조 제5호(구 법 제2조 제8호의2)는 '경쟁을 실질적으로 제한하는 행위'에 대하여 '경쟁에 영향을 미치거나 미칠 우려가 있는 상태를 초래하는 행위'를 모두 포함하고 있다. 같은 취지에서 경쟁제한성에 관하여 리딩 케이스로 이해되는 대법원 2007. 11. 22. 선고 2002두8626 판결(포스코 판결)은 경쟁제한효과가 나타난 경우뿐 아니라 경쟁제한의 효과가 생길 만한 우려가 있는 행위에 대하여 경쟁제한성을 인정하고 있다. 대법원 2010. 3. 25 선고 2008두7465 판결(현대자동차 사건)도 같은 취지로 판시하고 있다. 즉, 공정거래법 제51조 제1항 제3호(구 법 제26조 제1항 제3호)의 부당성은 경쟁제한성을 의미하고, 경쟁제한성이 인정되는 국면은 경쟁제한효과가 현실적으로 나타났음이 증명된 경우와 경쟁제한효과가 나타날 우려가 있음이 증명된 경우가 모두 포함된다.

이와 같이 현실적으로 경쟁제한효과가 나타난 경우는 물론 경쟁제한 우려가 있는 경우를 경쟁제한성의 범주에 포함하고 있다. 문제된 행위로 인하여 관련시장에서 가격 상승, 공급량 감소 등의 직접적인 경쟁제한효과가 나타난 경우 경쟁제한성이 인정되겠지만, 경쟁제한효과가 발생할 개연성이 있어도 경쟁제한성이 인정될 수 있다.17)

다만 이때 경쟁제한 효과 발생의 우려(憂慮)는 단순한 염려나 가능성을 의미하는 것은 아니라, 어느 정도 실현될 가능성(likely, probable)을 의미한다.18) 경쟁제한우려는 확실성(certainties)까지는 아니더라도 가능성(capable)보다는 훨씬 높은 수준이다. 경쟁제한 우려를 단순한 가능성, 잠재성으로 이해하는 것은 타당하지 않다.19) 불공정거래행위 심사지침20)도

---

15) ABA, Antitrust Law Development, 2017, p. 99.
16) 이민호, 기업결합과 경쟁제한성 판단기준, 경인문화사, 2013, 137면.
17) "create an appreciable danger of such consequences in the future." Hospital Corporation of America v. F.T.C., 807 F.2d 1381 (7th Cir. 1986), 1389.
18) ABA, Antitrust Law Development, 2017, p. 99.
19) ABA Antitrust Law Section, 『Differences and Alignment: Final Report of the Task

'우려'의 의미에 대하여 "공정한 거래를 저해하는 효과가 실제로 구체적인 형태로 나타나는 경우뿐만 아니라 나타날 가능성이 큰 경우를 의미한다. 또한, 현재는 그 효과가 없거나 미미하더라도 미래에 발생할 가능성이 큰 경우를 포함한다."라고 기재하고 있다. 여기서 '가능성이 큰 경우'는 단순한 가능성을 훨씬 넘는 개연성으로 이해할 필요가 있다.

이 점에서 양적 기준(quantitative standard)과 질적 기준(qualitative standard)을 충분히 고려해야 한다. 경쟁제한효과의 발생 가능성이 존재하더라도 그 가능성이 미미하다면 경쟁제한성을 인정하기 어렵다. 이 점에서 공정거래법 제2조 제5호(구 법 제2조 8의2)에서 사용하는 '우려'[21]는 상당한 수준의 경쟁제한효과에 대한 증명을 의미하는 것으로 보아야 한다. 이는 기존 대법원 판례의 입장과 동일하다.

이 문제는 미국 법원에서 이미 다루어진 바 있다. Mcwane v. FTC, 783 F.3d 814 (11th. Cir. 2015) 사건의 경우, 경쟁제한효과에 대하여 연방거래위원회(FTC) 내에서 의견이 나누어졌다. Wright 위원이 경쟁제한효과가 명백해야 한다는 주장(clear evidence of anticompetitve effect)을 하였으나, 이와 달리 다수 위원들은 개연성 주장(probable effect)을 하였고, 법원도 연방거래위원회의 다수 의견을 지지하였다. 이는 경쟁제한효과가 명백하지 않아도 우려가 있는 경우에도 경쟁제한성을 인정하는 전반적인 경향에 부합한다.

경쟁제한 우려의 이해에 있어 맹아 이론(萌芽 理論, incipiency doctrine)과 연관성도 중요하다. 맹아 이론은 미국 연방거래위원회법 제5조가 추상적인 법 문언으로 'unfair methods of competition'을 사용하면서 그 해석을 위하여 제기된 이론이다.[22] 맹아 이론이 연방거래위원회법 제5조 제

Force on International Divergence of Dominant Standards』, ABA, 2019, p. 48.
20) 2021. 12. 30. 공정거래위원회 예규 제387호 III. 1. 가. (4).
21) 공정거래법 제2조 제5호에 기재된 '우려'는 지나치게 넓은 의미로 해석될 여지가 있어 적절한 용어로 보기 어렵다.
22) 이호영, "공정거래법상 특수관계인에 대한 부당지원행위의 규제", 『행정법연구』(행정

정의 배경이 되었고, 연방대법원도 같은 해석을 한 바 있다.[23] 미국 연방
대법원이 1966년 다른 독점금지법 위반에 이르지 않더라도 맹아 단계(in
their incipiency)에서 규제할 수 있는 권한을 부여한 것이라고 판시한 바
있다.[24] 맹아 이론은 연방거래위원회법 제5조 제정과 기업결합 심사에 관
한 클레이튼법 제정에 영향을 미쳤으나, 그 이후 쇠퇴하여 지금은 수평형
기업결합 심사 기준에 부분적으로 남아 있다.[25] 미국과 달리 맹아 이론은
일본 독점금지법에 지대한 영향을 미쳤고, 한국의 불공정거래행위 해석에
이어지고 있다. 다만, 이러한 맹아 이론이 지나치게 확장적으로 해석되는
것은 바람직하지 않고, 특히 경쟁제한 우려의 해석에 있어 이를 유의할 필
요가 있다.

3. 시장력, 시장지배력, 독점력

소비자후생을 독점금지법의 핵심으로 이해할 될 경우, 시장력의 문제가
논의될 필요가 있다. 시장력이나 독점력은 경쟁가격보다 높은 가격을 부과
할 수 있는 능력을 의미한다. 시장에서 가격이 경쟁가격보다 높을 경우,
소비자후생은 감소할 수 있다.[26]

법이론실무학회, 2004), 396면.
23) ABA, Antitrust Law Development, 2017, p. 659.
24) FTC v. Brown Shoe Co., 384 U.S. 316(1966). Section 5 empowers the agency
    to arrest trade restraints in their incipiency without proof that they amount to
    an outright violations of § 3 of the Clayon Act or other provisions of the
    antitrust laws. ABA, Antitrust Law Development, 2017, p. 660, 661.
25) ABA, Antitrust Law Development, 2017, p. 662~664. "맹아 이론과 같이 이론적
    수준에 머물 정도의 미미한 수준의 상대방 방해행위를 경쟁제한적인 것으로 보기는
    어렵다"는 견해로는 이황, "포스코 판결 이후 시장지배적 지위 남용행위 판례에서 부
    당성 판단의 경향과 전망", 『행정판례연구』(박영사, 2012), 355면. 맹아 이론에 대한
    시카고 스쿨의 긍정오류(false positive) 우려가 수용된 것으로 볼 수 있다. Khan,
    Lina. Amazon's Antitrust Paradox. Yale Law Journal, 126:710, 2017, p. 738.
26) Krattenmaker et al, Monopoly Power and Market Power, 76 Georgetown Law
    Journal 241(1987), p. 245.

시장에서 사업자가 가지는 능력을 표현하는 방식은 다양하다. 미국의 경우 독점력(monopoly power) 용어를 선호하고, 유럽연합은 시장지배력(dominance, dominant power) 용어를 자주 사용한다. 한국 불공정거래행위 심사지침은 시장력(market power)을 사용한다. 이외에 거래상 지위 또는 거래상 우월한 지위가 불공정거래행위로서 거래상 지위 남용에 사용되고 있다. 독점력, 시장지배력, 시장력, 우월한 지위 사이에 어떤 차이가 있는지, 시장점유율로 계량화할 경우 그 범위가 어떻게 될지 등이 문제 된다.[27]

가. 시장력

1) 사전(事前) 시장력과 사후(事後) 시장력

Kaplow 교수에 따르면 시장력은 행위 이전의 시장력(ex ante market power), 행위 이후의 시장력(ex post market power), 증가된 시장력(increased market power) 등으로 구분할 수 있다.[28]

사전 시장력과 사후 시장력의 문제는 국가별로 평가의 차이가 있다. 유럽 경쟁법에 따르면 사전 시장(지배)력이 인정되는 경우 행위의 위법성이 인정될 가능성이 높다. 그 배경으로 미국과 달리 유럽 경쟁법은 규제제도의 일환이고(regulartory culture), 집중된 행정 제도의 일부를 구성하며(centralized administrative system), 법정책 고려(legal policy consideration)가 작용하지 않는다는 점을 지적하는 시각도 있다. 그에 따르면 유럽은 시장력의 요소 중 행위 이전의 시장력에 집중하고, 증가된 시장력은 중시하지 않는다. 그 결과 행위 이전의 시장력이 높은 사업자는 남용행위가 인정될 가능성이 높은 반면, 행위 이전 시장력이 낮은 사업자는 그 행위로 시장력이 증가했더라도 남용행위가 인정되기 어렵다.[29]

---

27) 홍대식, "간격 좁히기: 국제 경쟁법으로의 수렴 또는 그로부터의 분산", 경쟁법연구 제31권, 2015, 87면.

28) Melamed, Antitrust is not that complicated, 130 Hard.L.Rev. 163(2017), p. 165, 166.

29) Melamed, Antitrust is not that complicated, 130 Hard.L.Rev. 163(2017), p. 169.

2) Stiglerian 시장력, Bainian 시장력

시장지배적 사업자는 자신의 공급량을 줄임으로서 가격을 경쟁가격 수준 이상으로 인상할 수 있다. 자신의 공급량을 감소시켜 가격을 통제하는 경제력의 문제는 시카고 스쿨에 따른 독점금지법 분석의 핵심이 된다. 이와 같이 '자신의 공급량을 줄여' 가격을 통제하는 시장력을 Stiglerian 시장력이라고 부르는 견해가 있다.[30] Amex 판결[31]은 공급량 감소를 경쟁제한성 판단에서 우선적으로 고려했다는 의미에서 Stiglerian 시장력과 연관성이 있다.

시장지배적 사업자는 '경쟁자의 비용을 상승시켜' 경쟁가격 이상으로 자신의 가격을 올리거나, 자신의 가격이 경쟁가격 수준으로 떨어지는 것을 방지할 수 있다. 경쟁자의 비용이 상승하면 경쟁자는 공급량을 줄이게 된다. 경쟁자를 봉쇄하거나 배제하여 경쟁을 저해하는 경우에 이러한 논리가 적용된다. 이를 Bainian 시장력이라고 부르는 견해가 있다. 소비자후생은 Stiglerian 시장력의 행사에 의하든, Bainian 시장력의 행사에 의하든 감소하게 된다.[32]

시장력을 측정하기 위해 사용되는 자료로 시장점유율과 투입요소 구매비율 등을 들 수 있다. 첫째, 시장력을 측정하기 위해 시장점유율을 사용한다.[33] 시장점유율은 수요 탄력성을 반영하는 지표 이상의 독자적인 의미를 가지고 있다. 먼저, 경쟁자의 비용을 인상하는 사업자와 경쟁자 사이의 점유율 차이가 클 경우, 추후 높은 가격을 통하여 보상을 받는(recoup) 수준에 차이가 발생한다. 이는 경쟁자 비용을 높이기 위해 더 많은 비용을

---

30) Krattenmaker et al, Monopoly Power and Market Power, 76 Georgetown Law Journal 241(1987), p. 249.
31) Ohio v. American Express Co., 138 S.Ct. 2274(2018).
32) Krattenmaker et al, "Monopoly Power and Market Power," 76 Georgetown Law Journal 241(1987), p. 249.
33) 다만, 시장점유율은 Bainian 시장력을 측정하는 경우와, Stiglerian 시장력을 측정하는 경우에 있어 차이가 있다.

지출할 수 있음을 의미한다. 이 점에서 시장점유율은 경쟁자 비용 상승 능력을 평가함에 있어 중요한 지표가 된다. 둘째, 투입요소 구매 비율(the firms' relatve purchases of inputs)도 의미가 있다. 투입요소 구매 비율은 사업자(완제품 시장의 사업자 등)가 투입요소 공급자에 대하여 협상력을 사용하여 독점권을 취득하고, 그로 인하여 경쟁자의 비용을 높일 가능성을 보여주는 자료가 된다.[34]

3) 경제학의 시장력, 독점금지법의 시장력

경제학에서 사용되는 시장력(market power)의 의미와 독점금지법에서 사용되는 시장력의 의미는 다를 수 있다. 경제학은 단순한 가격 수용자 (price taker)가 아니고 수요곡선이 하향인 경우(a downward sloping demand curve)라면 시장력이 있는 것으로 본다. 이런 기준대로라면 실제 시장에서 많은 기업이 시장력을 가지게 된다.[35]

독점금지법에서 말하는 시장력(시장력이 존재하는 상태)은 시장에 완전경쟁 시장이 아니라는 상태를 넘어 높은 강도의 시장력을 의미한다. 실제 어느 정도의 시장력을 독점금지법에서 문제 삼는지 정확하게 평가하기 어렵다. 시장점유율과 진입장벽이라는 요소로 간접적으로 시장력을 평가할 뿐이다. 독점금지법에서 문제 삼는 시장력은 해당 행위별로 차이가 있다. 대표적으로 시장지배력 남용 사안에서 논하는 시장력과 기업결합 사안에서 논하는 시장력은 차이가 있다.[36]

가격차별은 경제학에서 보는 시장력과 독점금지법에서 보는 시장력의 차이를 볼 수 있는 좋은 사례가 된다. 완전경쟁시장이 아니므로 가격차별

---

34) Krattenmaker et al, Monopoly Power and Market Power, 76 Georgetown Law Journal 241(1987), p. 259, 260.

35) Joskow, Transaction Cost of Economics, Antitrust Rules, and Remedies, 18 J.L. & Econ. & Org. 95, 2002, p. 100.

36) Joskow, Transaction Cost of Economics, Antitrust Rules, and Remedies, 18 J.L. & Econ. & Org. 95, 2002, p. 100, 101.

이 가능하지만, 가격차별이 가능하다고 하여 시장력이 반드시 존재한다고 단정하기 어렵다.[37]

나. 독점력과 시장력

독점력(monopoly power)에 대한 초기 정의는 '불완전한 경쟁에서 발생하는 공급자(판매자)의 공통적인 특성'으로 '가격에 대한 지배력(power over price)' 등으로 기술하고 있다. 독점력(monopoly power)은 시장력 (market power)보다 강력한 힘을 의미하고, 미국 판례도 독점력을 시장력보다 우위의 힘으로 보고 있다.[38]

개념상 시장력(market power)과 독점력(monopoly power)은 다르지만, 미국 법원은 실제 사건에서 시장력과 독점력을 명확히 구별하지 않는 경향이 있다. 그 결과 개별 독점금지법 위반 유형에서 시장력과 독점력 중 어떤 기준이 더 적절한지 결정하는 것은 어려운 문제가 된다. 시장력과 독점력은 궁극적으로 소비자후생을 감소시키는 경제력(economic power)을 의미한다는 점에서 질적으로 동일하다. 그 점에서 용어의 구별보다 이러한 경제력이 어떤 방식으로 사용되는지에 보다 주목할 필요가 있다.[39]

시장력이든 독점력이든 이를 행사하는 상황은 두 가지이다. 첫째는 가격을 통제하기 위하여 시장력을 행사하는 상황이다. 둘째는 경쟁을 배제하기 위하여 시장력을 행사하는 상황이다. 이 두 방법은 동시에 병행(竝行)될 수 있고, 독립적으로 행사될 수도 있다.[40]

---

37) Joskow, Transaction Cost of Economics, Antitrust Rules, and Remedies, 18 J.L. & Econ. & Org. 95, 2002, p. 101.
38) Gifford, The Atlantic divide in antitrust, The University of Chicago Press, 2015, p. 31. The commonsense meaning of monopoly power suggests something stronger than market power, and this is the usage in US antitrust case law.
39) Krattenmaker et al, Monopoly Power and Market Power, 76 Georgetown Law Journal 241(1987), p. 245, 246.
40) Krattenmaker et al, Monopoly Power and Market Power, 76 Georgetown Law

이와 별도로, 독점과 지배(또는 지배력)가 동일한 개념인지도 문제된다. 독점(monopoly)과 지배(dominance)를 구별하는 견해에 따르면 지배는 독점에 비하여 복합적인 개념으로, 사회적 재화(social good)의 통제를 의미한다.[41]

다. 시장지배력과 남용행위

실제 사건에서 시장지배력이 존재하는지를 판단하기 어렵다. 이는 시장지배력 기준이 경쟁법의 기준으로 모든 경우에 적용되기 어려움을 의미할 수 있다.[42]

시장지배적 지위 남용행위는 시장지배력과 남용행위 등 두 요소로 구성된다(two pillars of competition law). 그런데 제1 요소인 시장지배력이 제2 요소인 남용행위 판단에 있어 어떤 관련성을 가지는지 문제이다.

시장지배력과 남용행위가 무관한 경우도 있다. 예를 들면 경쟁자의 공장을 불태우는 행위와 같은 극단적인 경쟁배제행위에서 시장지배력은 문제되지 않는다. 그러나 많은 경우 행위 이전에 존재하는 시장력과 행위 이후에 변경되는 시장력의 차이는 행위의 평가에 중요한 의미를 가진다. 시장지배력은 행위의 동기, 행위를 할 수 있는 능력 등을 설명하는 데 유용하며, 친경쟁적 행위와 경쟁제한적 행위를 판별하는 데 도움이 된다. 그 점에서 시장지배력 자체를 이해하는 것도 중요하지만, 시장지배력에서 추론되는 함의(induction)와 관련성을 이해하는 것이 보다 중요하다.[43]

문제되는 독점금지법 위반행위가 무엇인가에 따라 증명해야 하는 시장

Journal 241(1987), p. 247, 248.

41) Ioannis Lianos, The Poverty of Competition Law, in Reconciling Efficiency and Equity(Gerard ed., Cambridge, 2019), p. 78.

42) Melamed, Antitrust is not that complicated, 130 Hard.L.Rev.163(2017), p. 171.

43) Melamed, Antitrust is not that complicated, 130 Hard.L.Rev. 163(2017), p. 171, 172.

력 또는 경제력의 수준과 가능성은 달라진다(different degrees or probabilities of anticompetitive economic power). 상당한 수준의 효율성을 발생하는 행위라면 이를 경쟁제한적 행위로 판단하기 위해 그에 맞게 상당히 높은 수준의 시장력(독점력에 이를 정도)을 증명해야 한다. 경쟁을 저해하는 효과만 발생하는 전형적인 행위에 대하여는 경쟁제한적 행위로 판단하기 위해 필요한 시장력의 증명 수준이 낮아지게 된다. 특정 행위가 일반적으로 경쟁제한적인 것이 아니라, 시장의 자기 교정 기능이 작용하지 않는 특수한 경우에만 경쟁제한성이 인정되는 사안이라면, 상당한 수준의 시장력이 증명되어야 한다. 이렇듯 위반행위를 고려하지 않고 단일한 시장력을 일률적으로 적용한다면, 시장집중도와 시장력 판단의 문제에 있어 오류가 발생할 위험이 있다.[44]

라. 시장지배력과 경쟁제한성

시장지배력에 따라 행위에 대한 평가가 달라진다. 이는 반드시 특별책임의 법리를 의미하는 것은 아니다.[45] 같은 행위라도 누가 행위하였는지를 보는 것은 자연스럽고 보편적이기 때문이다.

거래거절이 대표적이다. 전형적인 집단적 거래거절(classic boycott)은 (경쟁)사업자들이 공동행위를 통하여 시장력을 행사할 수 있는 상황에서 거래거절이 이루어졌음을 의미한다.[46] 이는 F.T.C. v. Indiana Federation of Dentists, 476 U.S. 447 (1986) 사건[47]에서 드러났다. 공동행위로 시장

---

44) Krattenmaker et al, "Monopoly Power and Market Power," 76 Georgetown Law Journal 241(1987), p. 253
45) 유럽과 독일의 경쟁법제에서 시장지배적 사업자에게 특수한 책임(special responsibility)이 부여되고 있다. 시장지배적 사업자는 일반 사업자에 비하여 경쟁을 제한하거나 왜곡하지 않을 고도의 주의의무를 부담한다는 취지이다. 이봉의, 공정거래법, 박영사, 2022, 221면.
46) ABA, Antitrust Law Development, 2017, p. 116.
47) ① 피보험자들을 위하여 치과 의료서비스를 구매하는 보험회사가 치료비 청구시 "x-ray"사진도 첨부하여 제출하도록 하자, 치과의사 협회(Indiana Federation of

지배력을 행사할 수 있는 상황이 아니라면 이를 문제 삼기 어려움을 의미
한다. 후속 사건도 집단적으로 거래거절을 하는 사업자들(boycotting firms)
이 시장력을 가지고 있는지, 유효경쟁에 필수적인 요소에 대하여 독점적
접근권이 있는지를 고려하고 있다.[48]

시장력 또는 시장지배력의 차이가 분명하게 드러나는 또 다른 행위유형
은 끼워팔기나 배타적 거래이다. 미국 셔먼법의 경우 끼워팔기가 셔먼법 제
1조의 공동행위와 셔먼법 제2조의 단독행위에서 모두 문제될 수 있다. 그런
데 U.S. v. Microsoft Corp., 253 F.3d 34 (D.C.Cir. 2001) 판결(Microsoft 판
결)은 셔먼법 제1조에서 문제되는 봉쇄의 정도와 셔먼법 제2조에서 문제
되는 봉쇄의 정도가 다를 수 있음을 지적하였다. 위 판결은 양적 봉쇄의
비율이 40~50%보다 적은 경우에도 이러한 행위를 독점사업자가 하였다
면 셔먼법 제2조 위반이 될 가능성이 있음을 시사하였다.[49] 이미 시장지
배력이 존재하는 경우 양적 봉쇄비율이 낮다고 하더라도 경쟁제한성이 인
정될 수 있음을 시사한 것으로 평가할 수 있다. 이는 같은 행위에 대하여
시장지배적 사업자가 행위의 주체인 경우 그 평가가 달라질 수 있음을 시
사한다.

Dentists)가 보험회사에 대하여 사진제출을 거부하는 방침을 공표하였다. 이에 대하여
연방거래위원회가 집단적 거래거절로 셔먼법 제1조, 연방거래위원회법 제5조에 위반
된다고 보아 금지결정(cease and desist order)을 하였다. 연방항소법원은 위원회 결
정을 파기하였으나, 대법원은 연방거래위원회 결정이 적법하다는 취지로 항소심을 파
기하였다. ② 대법원은 협회의 행위를 집단적 거래거절 사건으로 분류한 후 '간이화
된(truncated) 합리의 원칙'을 적용하여 경쟁제한성을 인정하였다. 이 판결은 의사들
에 의하여 의료정보가 독점될 수 없다고 판시함으로써 소비자의 정보에 대한 접근권,
소비자 주권을 천명한 판결로 평가받고 있다. 협회는 정보가 공개될 경우 위험성이
있을 수 있다고 주장하였으나, 대법원은 이러한 주장은 소비자의 정보에 대한 접근권
을 부정하는 것이어서 받아들일 수 없다고 판단하였다. 정재훈, 공정거래법 소송실무
(제2판), 육법사, 2017, 190-191면.
48) ABA, Antitrust Law Development, 2017, p. 117.
49) ABA, Antitrust Law Development, 2017, p. 250.

마. 시장지배력과 가격 인상

시장지배력은 자유롭게 가격 인상을 할 수 있는 능력이다. 거래상대방과 관계에서 자유롭게 가격 인상을 할 수 없다면, 시장지배력이 부정되는 상황일 수도 있으나, 시장지배력이 인정됨에도 어떤 이유에서 가격인상을 할 수 없는 상황일 수 있다.

시장지배력 자체가 부정된다면 자유로운 가격 인상 능력이 없는 것은 당연하다. 시장지배적 지위가 부정되지 않지만, 시장 여건에 따라 가격인상을 할 수 없는 경우도 존재한다. 다음과 같은 경우가 대표적이다.

첫째, 수요탄력성이 높은 경우이다. 시장점유율이 높더라도 자유로운 가격인상을 할 수 없는 경우가 있다. 한계(fringe)기업이 생산을 즉각적으로 상당한 규모로 증가시킬 수 없는 경우에도, 높은 점유율을 가진 기업은 가격에 대한 통제력을 갖지 못할 수 있다. 이는 가격이 인상되면 수요가 상당한 규모로 감소하는 경우에 발생한다. 수요가 탄력적이면 가격을 인상할 경우 매출이 감소하여 수익을 낼 수 없게 된다. 다른 한편, 빠른 기술 변화가 있는 시장에서는 높은 시장점유율을 가진 기업이 존재하더라도 강력한 경쟁이 동시에 존재할 수 있다. 역동적으로 변화하며 경쟁하는 시장에서, 시장지배력은 일시적이고, 독점처럼 보이는 시장구조도 일시적인 독점을 의미할 수 있다.[50]

둘째, 시장지배적 지위가 부정되지 않지만, 시장 여건에 따라 가격인상을 할 수 없는 경우도 존재한다. 시장지배력은 인정되나 남용행위가 어려운 상황으로 이해할 수 있다. 예를 들면 시장지배적 지위가 있더라도 거래상대방의 대항력(counterveiling power)이 강한 경우에는 남용행위를 하지 못한다. 이는 시장지배적 지위가 부정되는 것이 아니라 남용행위가 부정되는 사안이다.

---

50) U.S. Department of Justice, Competition and Monopoly: Single–Firm Conduct under Section 2 of the Sherman Act, 2008, p. 23.

한편, '가격과 시장지배력 판단'의 국면과 '비가격요소와 시장지배력 판단'의 국면은 달라진다. 비가격적 요소에 대한 통제의 형태로 시장지배력이 나타나는 경우 비가격적 비용의 상승 등 정량적인 증거가 나타난 경우에는 시장지배력의 증거가 될 수 있으나, 그러한 비용의 상승이 발견되지 않는 경우라면 다른 정성적인 증거로 시장지배력을 증명해야 한다.[51]

4. 진입장벽

가. 진입장벽의 개념

진입장벽에는 시장진입의 비용을 높이고, 시장진입을 어렵게 하거나, 시장진입에 시간이 소요되게 하는(expensive, difficult, time consuming) 요소 일체가 포함된다. 같은 취지에서 기업결합 심사기준은 법적, 제도적인 진입장벽의 유무, 필요최소한의 자금규모, 특허권 기타 지적재산권을 포함한 생산기술조건, 입지조건, 원재료조달조건, 경쟁사업자의 유통계열화의 정도 및 판매망 구축비용, 제품차별화의 정도 등을 고려하고 있다.[52]

1) 베인(Bain) 접근법

진입장벽은 하버드 스쿨 경제학자인 베인(Joe S. Bain) 교수가 1950년대 수행한 연구에 기반을 두고 있다. 베인 교수는 비용보다 높은 가격이 부과되는 시장에서 '시장진입을 막는 시장 요소(market factor)'를 진입장벽으로 이해했다. 이러한 정의는 진입장벽의 원천(the source of entry barrier)이나 피고의 행동이 사회적으로 바람직한지 여부와 관련성이 없다. 진입의 조건에 따라 시장지배력이 보호되는지 여부만이 문제되었다.[53] 베인 교수에 따르

51) John M. Newman, Antitrust in Zero-Price Markets: Applications(2015), pp. 20-21, 이수진, "온라인 플랫폼 사업자가 보유하는 데이터 관련 시장지배력 판단", 경쟁법 연구 제45권, 2022, 176면.
52) 기업결합심사기준 VII. 2.
53) Hovenkamp and Morton, Framing the Chicago School of Antitrust Analysis,

면 진입장벽은 잠재적 경쟁자의 유입 없이 기존 사업자가 평균 비용 이상으로 가격을 인상할 수 있는 경우에 존재한다.[54]

2) 스티클러(Stigler) 접근법

시카고 스쿨 경제학자인 스티글러(Stigler) 교수가 보는 진입장벽은 베인 교수가 보는 진입장벽과 달랐다. 스티글러 교수는 진입장벽을 생산 비용으로 보았다. 기존 진입 기업은 부담하지 않지만, 신규 진입을 위해서 기업이 부담해야 하는 비용으로 이해했다.[55]

그 차이는 규모의 경제 문제에서 확연히 나타난다. 베인 교수에 따르면 규모의 경제는 진입장벽이 되지만, 스티글러 교수에 따르면 이 비용은 기존 사업자와 신규 사업자가 모두 부담해야 하는 비용이어서(신규 사업자만 부담하는 비용이 아니다) 진입장벽이 아니다.[56] 규모의 경제가 작용하는 사안에서 베인 접근법은 규모의 경제를 진입장벽으로 이해하지만, 스티글러 접근법은 이를 진입장벽으로 이해하지 않는다.[57]

나. 진입장벽의 경쟁법상 함의

당해 시장에 대한 신규진입이 가까운 시일 내에 충분한 정도로 용이하게 이루어질 수 있는 경우에는 기업결합으로 감소되는 경쟁자의 수가 다시 증가할 수 있으므로 경쟁을 실질적으로 제한할 가능성이 낮아질 수 있다.[58] 이 점에서 시장진입의 가능성은 기업결합의 경쟁제한성 평가에 중

University of Pennsylvania Law Review Vol. 168 No. 7, 2020, p. 1861.
54) Hovenkamp, Federal Antitrust Policy, West, 2020, p. 49, 50.
55) Hovenkamp and Morton, Framing the Chicago School of Antitrust Analysis, University of Pennsylvania Law Review Vol. 168 No. 7, 2020, p. 1861.
56) Hovenkamp, Federal Antitrust Policy, West, 2020, p. 49, 50.
57) Hovenkamp and Morton, Framing the Chicago School of Antitrust Analysis, University of Pennsylvania Law Review Vol. 168 No. 7, 2020, p. 1861, 1862.
58) 기업결합심사기준 Ⅶ.

요하다. 기업결합 심사기준은 신규진입을 경쟁제한성 완화요인의 하나로 규정하고 있으나, 시장진입의 용이성(ease of entry)을 단독효과, 협조효과에 상응하는 정도로 비중을 두는 방안을 고려할 필요가 있다.

첫째, 가격인상과 시장진입(진입장벽)의 문제이다. 기업결합 이후에 결합기업이 경쟁가격 수준을 넘는 가격인상을 할 가능성이 예상된다면, 기업결합 심사과정에서 이러한 가능성을 고려한다. 그러나 시장진입이 용이하다면 결합기업이 경쟁가격 수준 이상으로 가격을 인상할 경우 신규진입으로 경쟁가격을 넘어서는 높은 가격(supracompetitive pricing)을 장기간 유지할 수 없게 된다.[59]

둘째, 경합시장(contestable market)과 시장진입의 문제이다. 경합시장에서 신속하고 비용이 적게 드는 신규진입이 이루어짐에 따라 시장력의 행사를 막을 수 있게 된다. 시장참가자의 수가 적은 경우에도 경합시장이라면 신규진입에 따라 시장지배력 행사 문제가 해결될 수 있다.[60]

다. 진입장벽의 증명

기업결합심사기준은 당해 시장에 참여할 의사와 투자계획 등을 공표한 회사, 현재의 생산시설에 중요한 변경을 가하지 아니하더라도 당해 시장에 참여할 수 있는 등 당해 시장에서 상당기간 어느 정도 의미 있는 가격인상이 이루어지면 중대한 진입비용이나 퇴출비용의 부담없이 가까운 시일내에 당해 시장에 참여할 것으로 판단되는 회사에 해당하는 회사가 있는 경우에는 신규진입이 용이한 것으로 볼 수 있다고 규정하고 있다.[61]

U.S. v. Baker Hughes Inc, 908 F.2d 981 (D.C.Cir. 1990) 사건에서 경쟁제한성 추정을 번복하기 위한 시장진입의 증명 수준이 문제되었다. 연방

---

59) ABA, Antitrust Law Development, 2017, p. 374, 375.
60) Jonathan B. Baker, Taking the Error Out of "Error Cost" Analysis: What's Wrong With Antitrust's Right, Antitrust L.J., Vol. 80, No. 1, 2015, p. 10.
61) 기업결합심사기준 VII. 2. 다.

항소법원은 시장진입 가능성을 명백하게 증명하도록(clear showing) 요구
하는 것은 사업자에게 과중한 부담을 주는 것으로 선례에 부합하지 않는
다고 판단하였다. 사업자로 하여금 시장진입을 증명하도록 하는 것도 합리
적이지 않다고 보았다. 실제 시장진입을 하지 않더라도 시장진입 가능성만
으로도 경쟁을 촉진할 수 있다고 보았다. 이 점에서 신규진입이 용이하다
는 이유로 경쟁제한성 추정을 번복하였다.[62]

라. 진입장벽과 시장진입 기간, 시장진입 규모

기업결합 심사기준에 의하면 당해 시장에 대한 신규진입이 '가까운 시
일' 내에 충분한 정도로 용이하게 이루어질 수 있는 경우에는 기업결합으
로 감소되는 경쟁자의 수가 다시 증가할 수 있으므로 경쟁을 실질적으로
제한할 가능성이 낮아질 수 있다.[63]

이때 가까운 시일은 어느 정도 기간을 의미하는가? 미국 수평형 기업결
합 가이드라인은 진입의 신속성을 언급하면서 문제된 행위가 전체적으로
이익이 되지 않을(unprofitable) 정도로 신속해야 한다고 규정하고 있다. 관
련시장에서 거래상대방(customer)이 경쟁제한적인 행위에 따른 피해를 보
지 않을 정도로 신속해야 한다. 미국 법원은 시장진입이 경쟁제한적인 효
과를 억제할 수 있는 기간(time frame)을 2년으로 본 사례가 있다.[64]

한편, 시장진입은 결합기업의 규모와 역량에 대처할 수 있을 정도의 규
모가 되어야 한다. 상품이 차별화된 시장에서는 신규진입이 이루어져도 결
합기업을 대체하기 어려울 수 있어 결합기업의 가격인상을 억제하기 어려
울 수 있다.[65]

기업결합심사기준도 같은 취지이다. 신규진입이 충분하기 위해서는 기

---

62) ABA, Antitrust Law Development, 2017, p. 377.
63) 기업결합심사기준 VII. 2.
64) ABA, Antitrust Law Development, 2017, p. 378.
65) ABA, Antitrust Law Development, 2017, p. 378, 379.

업결합으로 인한 경쟁제한 우려가 억제될 수 있을 정도의 규모와 범위를 갖추어야 한다. 특히, 차별화된 상품 시장에서는 결합 당사회사의 제품과 근접한 대체 상품을 충분히 공급할 수 있는 능력과 유인이 존재하는 지를 고려한다.[66)]

마. 진입장벽과 퇴출장벽

진입장벽과 신규진입이 경쟁제한성 평가와 그 완화요인으로 중요함에는 의문이 없다. 진입장벽이 낮고 신규진입이 자유로우면 경쟁압력의 증가로 경쟁제한행위가 억제될 수 있기 때문이다.

신규진입이 가능하려면 진입장벽이 낮다는 것만으로 충분하지 않다. 신규진입이 활발하게 이루어지려면 진입장벽이 낮아야 함은 물론이지만, 퇴출장벽도 낮을 필요가 있다. 그 점에서 진입장벽(entry barrier) 못지 않게 퇴출장벽(exit barrier)도 중요할 수 있다. 독점금지법이 퇴출전략 등 스타트업 기업의 생태계를 충분히 이해하지 못한 상태에서 과도하게 개입하고 있다는 비판론도 이러한 맥락에서 제기되고 있다.[67)]

첫째, 퇴출보장과 퇴출장벽의 완화 필요성이다. 신규진입을 하려면 새로 기업을 설립하거나, 기존 기업이 새로운 투자를 해야 한다. 새로 진입해서 경쟁상 우위를 누리려면 혁신이 필요하다. 이는 높은 위험 부담을 수반한다. 이러한 위험을 부담하는데 대한 보상이 필요하다. 보상의 방안으로 매각을 통하여 높은 이익을 누리고 퇴장할 수 있는 길이 열려 있을 필요도 있다.[68)] 퇴출보장은 특히 지식재산권, 노우하우, 기술혁신의 특성을 가진 신규진입의 경우에 중요한 진입 요인이 된다.

기업의 퇴출 전략 또는 전략적 퇴출에 대한 경쟁법적 논의는 여전히 진

---

66) 기업결합심사기준 VII. 2. 라.
67) Sokol, Vertical mergers and entrepreneurial exit, 70 Florida Law Review 1357 (2018), p. 1374.
68) Whish & Baily, Competition Law, Oxford, 2018, p. 835.

행 중이다. 경쟁법이 시장의 가격 인하와 품질 개선, 혁신 증가에 관심을 둔다면, 기술 분야에서 고도의 기술과 아이디어가 발전할 수 있는 동기를 만들어 주어야 한다. 그 동기 중 하나는 혁신적인 아이디어를 상업화하고, 그에 대한 대가를 받고 자발적으로 퇴출할 수 있는 기회이다. 이러한 기회는 기업결합, 특히 수직형 기업결합을 통하여 상대회사(피결합기업)가 높은 대가를 받음으로써 부여될 수 있다.[69]

둘째, 경쟁자 배제의 위험성이다. 퇴출 보장이 신규진입하는 기업의 진입 동기로 작용하지만, 다른 한편 시장지배적 기업이 잠재적 또는 현실적 경쟁자를 초기에 인수하는 수단으로 이용될 위험도 있다. 시장지배적 사업자가 유력경쟁자를 조기에 인수하는 'killer acquisition'의 문제가 대표적이다.

셋째, 퇴출 저지의 문제이다. 경쟁제한성의 문제는 시장에서 당연히 퇴출되어야 할 상품, 용역, 특허 등이 경쟁제한적인 제도와 행위를 통하여 존속하는 '퇴출(退出)저지(沮止)' 국면에서 발생할 수 있다. 예를 들면, 무효인 특허가 존속하며 실시료를 받을 경우 가격상승이 발생하고 소비자후생도 저해된다. 이러한 특허가 특허풀(patent pool)을 통하여 생존할 경우 경쟁을 제한하는 위협으로 작용한다. 이와 달리 특허풀 내에 무효인 특허를 스스로 걸러내는 자정(自淨)기능이 발현된다면, 특허풀이 경쟁촉진적인 성격을 갖게 됨은 물론이다.[70]

5. 가격 기준

가. 가격 기준과 경쟁법

경쟁법의 역사에서 가격 기준은 일반적으로 중시되었다. 예를 들면, 아담 스미스의 정의론 속에 '가치와 가격의 이론'이 발견된다. 자연 가격

---

69) Sokol, Vertical mergers and entrepreneurial exit, 70 Florida Law Review 1357 (2018), p. 1371.
70) ABA, Antitrust Law Development, 2017, p. 1088.

(natural price)의 개념하에서, 정당한 가격(just price)을 상품의 효용성(the utility of the good)과 상품을 제조하는 과정에 투여된 것(aspects involved in its creation)의 결합으로 이해하고 있다.71)

경쟁제한성 판단을 위하여 관련 요소를 가격으로 치환하여 이해하고 분석하는 방법은 자주 사용된다. 예를 들면 시장지배력이 가격을 통제하거나 경쟁을 배제하는 능력이라는 점에 별다른 의견이 없다.72) 특히 가격 통제가 시장지배력의 중요한 징표라는 점에 의견의 일치가 이루어져 있다. 그러나 가격이 미시적인 관점에서 판단의 기준으로 유용함에도 가격으로 계량화되기 어려운 사안, 비가격 경쟁이 문제되는 사안에서 가격을 통하여 그 행위를 평가하는 것은 한계를 가진다는 점에 유의할 필요가 있다.

나. 가격 기준과 구조주의, 행태주의

이러한 가격이론73)이 통용된 경위는 경쟁법의 역사적 발전 과정과 연관성이 있다. 시장 구조를 중시한 논의(하버드 스쿨)와 기업행태를 중시한 논의(주로 시카고 스쿨)를 중심으로 이 문제를 이해할 필요가 있다.

첫째, 하버드 스쿨을 중심으로 한 구조론적 접근방법은 특정산업에 관한 연구에 집중하여 구조와 형태, 성과와 인과관계를 분석하였다. 시카고 스쿨은 미시경제이론 또는 가격론을 응용하는 연역적 방법과 실증적 검증을 주로 시도하였다.

---

71) Alves, Price Controls and Market Economics, in Christian and Market Regulation(Crane ed., Cambridge, 2021), p. 227.
72) Monopoly power under Section 2 traditionally has been defined as the power to control prices or exclude competition(ABA, Antitrust Law Development, 2017, p. 223).
73) 시카고 대학의 프리드먼(Milton Friedman) 교수와 스티글러(George J. Stigler) 교수의 연구로 가격이론은 정립되었다. 두 교수의 서신 교환 과정은 가격이론의 발달과정을 보여주고 있다. J. Daniel Hammond and Claire H. Hammond, Making Chicago Price Theory, Routledge, 2006.

둘째, 구조론자들은 시장의 집중도와 구조 및 제도적 요인을 핵심적 요인으로 파악하였다. 반면, 시카고 스쿨은 제도적 요인보다 실제 시장에서 가격설정행위와 같은 기업형태를 중시하는 태도를 견지하였다.[74] 특히 시카고 대학의 디렉터(Aaron Director) 교수는 시카고 스쿨의 초기 학자로, 시카고 스쿨의 핵심적인 사상을 형성하는 데 크게 기여하였다.[75] 디렉터 교수의 이론은 독점금지 정책을 가격이론(price theory)의 관점에서 조망(眺望)하는 것에서 출발하였다. 가격이론에 따른 설명은 간명하고 설명하기 쉽다는 장점이 있었고,[76] 이러한 장점으로 인하여 넓게 수용되었다.

다. 가격 기준과 후기 시카고 스쿨

전통적인 시카고 스쿨과 달리 후기 시카고 스쿨은 한계비용을 넘는 가격에서도 남용행위가 발생할 수 있음을 지적하고 있다. 예를 들면, 단일독점이윤 이론(single monopoly profit theory)에도 불구하고 끼워팔기를 통하여 경쟁자의 시장 진입을 막을 수 있다고 보고 있다.

그러나 미국 법원은 후기 시카고 스쿨의 주장과 법리를 채택하는데 신중한 것으로 보인다. 미국 법원이 후기 시카고 스쿨의 법리를 주된 법리로 채택하지 않은 것은 그 이론을 오류로 보기 때문이 아니다. 후기 시카고 스쿨의 법리에 따를 때 사회적으로 유해한 행위보다 사회적으로 유익한 행위를 억제할 위험성이 있고, 이러한 위험을 배제하고 독점금지법을 집행하기 어렵다고 보기 때문이다.[77]

---

74) 정갑영 외, 산업조직론(제6판), 박영사, 2021, 5면.
75) Posner, The Chicago School of Antitrust Analysis, University of Pennsylvania Law Review Vo. 127:925, 1979, p. 925.
76) Posner, The Chicago School of Antitrust Analysis, University of Pennsylvania Law Review Vo. 127:925, 1979, p. 928.
77) Gifford, The Atlantic divide in antitrust, The University of Chicago Press, 2015, p. 210. 211.

제2절 | 구체적 기준

1. 봉쇄효과

경쟁효과, 특히 경쟁에 대한 부정적 효과에 봉쇄효과(foreclosure effect)
와 소비자후생의 침해(consumer harm) 등이 포함되는 경우가 많다. 그 점
에서 봉쇄효과는 많은 경쟁법 위반 사건에서 판단기준으로 작용하며, 실제
사건에서 공방(攻防)의 주요 쟁점이다.

봉쇄효과가 나타나는 전형은 배타조건부거래와 수직형 기업결합이다.
배타조건부거래와 수직형 기업결합에서 경쟁제한적 봉쇄 이론이 적용된
다. 후술하는 바와 같이 수직형 기업결합에서 문제되는 봉쇄효과는 배타조
건부거래에서 문제되는 봉쇄효과와 기본적으로 다르지 않다.[78] 거래거절
의 결과 경쟁자의 거래기회가 봉쇄되어 봉쇄효과가 나타나므로, 거래거절
도 봉쇄효과에 일정 부분 기반을 두고 있다.[79] 끼워팔기를 통하여 거래강
제가 이루어질 경우 경쟁자의 거래기회가 봉쇄된다.

가. 봉쇄

봉쇄효과와 관련된 현상은 경쟁자의 비용 상승, 잠재적 경쟁의 저해, 진
입장벽, 유력한 경쟁사업자의 수 감소 등을 들 수 있다. 이러한 사유는 봉
쇄효과 증명을 위한 대표적인 요소이다. 특히, 진입장벽과 경쟁자 수 감소
가 대표적인 요소가 될 수 있다. 진입장벽을 높임으로써 봉쇄효과를 가져
올 수 있다. 진입장벽을 높여서 잠재적 경쟁자의 진입을 막음으로써 잠재
적 경쟁을 저해할 수 있다. 봉쇄효과로 경쟁자가 배제되어 유력한 경쟁사

---

78) Hovenkamp, Federal Antitrust Policy, West, 2020, p. 564.
79) ABA Antitrust Law Section, 『Differences and Alignment: Final Report of the Task
Force on International Divergence of Dominant Standards』, ABA, 2019, p. 44.

업자의 수가 감소할 수 있다.

이때 봉쇄효과의 판단을 위하여 양적 봉쇄와 질적 봉쇄를 모두 고려해
야 한다는 것이 보편적인 이론이다. 양적 봉쇄와 질적 봉쇄의 판단에서 유
의할 점을 살펴본다.

첫째, 양적 측면과 질적 측면을 모두 보아야 하지만, 그럼에도 양적 봉
쇄를 기본으로 해야 한다. 질적 봉쇄는 논란의 여지가 없을 정도로 강한
경우 등에 큰 의미가 있다. 질적 봉쇄에 지나치게 의존할 경우 자의적인
판단이 될 우려가 있다.

둘째, 양적 봉쇄도 일시적이라면 이를 문제 삼기 어렵다. 이는 진입장벽
이 낮은 경우에 일시적으로 점유율이 높은 경우라면 시장지배력을 인정하
기 어려운 것과 같은 맥락이다.

셋째, 봉쇄효과의 고려는 행위 유형별로 달라진다. 예를 들면, 셔먼법
제1조의 봉쇄와 셔먼법 제2조의 봉쇄 의미는 다르다. 셔먼법 제1조는 시
장지배력을 요하지 않는다. 시장지배력이 필요하지 않은 셔먼법 제1조 사
안에서는 봉쇄의 정도를 범주화될 수 있다(categorical). 퀄컴 사건[80])에서
연방지방법원은 40−50%를 봉쇄기준으로 보았다. 셔먼법 제2조 사안과
같이 시장지배력이 증명된 경우에는 낮은 비율로 봉쇄가 인정될 수 있다.
그와 동시에 경쟁자 배제 등 요소도 고려될 수 있다. 특히 계약(배타조건)
의 존속기간도 중요한 고려요소이다.[81])

다른 사례로, 배타조건부거래 유형과 다른 남용행위 유형에서 고려되는
'봉쇄 또는 영향을 받은 비율[82])'은 반드시 일치하지 않는다. 행위유형과
그로 인한 경쟁제한효과가 달라지는 이상 고려되는 양적 (봉쇄) 비율도 달
라지는 것이 자연스럽기 때문이다.

---

80) FTC v. Qualcomm Incorporated, Case No. 17−CV−00220−LHK, 2019.
81) Hovenkamp, FRAND and Antitrust, 105 Cornell L. Rev. 1683 (2020), p. 1701.
82) 배타조건부거래 유형이 아닌 유형에서 봉쇄효과를 사용하는 것은 오해의 소지가 있다.

나. 봉쇄와 시장점유율

시장점유율과 봉쇄효과의 관계는 어떻게 되는가?

첫째, 봉쇄효과는 시장점유율을 통하여 정량적으로 제시되는 경우가 많다. 이 점에서 봉쇄효과, 특히 양적 봉쇄효과를 설명하는 기준으로 시장점유율은 중요하다.

둘째, 시장점유율은 봉쇄효과의 상한(maximum)으로 기능을 한다. 봉쇄효과가 시장점유율을 넘기는 어려우며, 시장점유율보다 봉쇄효과가 낮은 것이 자연스럽다. 시장점유율보다 봉쇄효과가 높다면 이는 예외적이고 특수한 경우이므로 그 봉쇄 메커니즘에 대한 구체적 설명이 필요하다.

다. 양적 봉쇄

양적 봉쇄는 봉쇄효과를 판단하는 정량적 기준으로, 봉쇄효과 판단의 기본이 된다. 양적 봉쇄의 비율은 남용행위 유형에 따라 달라질 수 있다. 예를 들면 봉쇄효과가 문제되는 대표적인 유형인 배타조건부거래와 다른 남용행위 유형에서 '영향을 받은 양적 비율'은 달라질 수 있다.[83] 구체적인 사례를 살펴본다.

미국 연방대법원은 시장점유율이 40% 이하인 경우 봉쇄효과를 부정하고, 법무부 반독점국도 30% 이하인 경우 경쟁법 위반으로 보지 않는 경향이 있다.[84] 다만, 봉쇄효과에서 고려되는 양적 지표에 시대별로, 사건별로 차이가 있었다. 미국 Standard Oil 사건(1949)[85]에서 6.7% 수준의 시장봉쇄를 상당한 수준으로 평가하였다. Brown Shoe 사건(1962)[86]에서 1% 봉

---

83) 배타조건부거래와 같이 전형적으로 봉쇄효과가 문제되는 유형 외에 봉쇄효과 용어를 사용하는 것은 오해의 소지가 있다. 그 경우 봉쇄의 정확한 의미는 영향을 받은 비율에 가깝다.

84) 김형배, 『공정거래법의 이론과 실제』, 삼일, 2019, 244면.

85) Standard Oil Co. v. U.S., 337 U.S. 293 (1949).

쇄를 위법으로 보았다. Tampa Electric 사건(1961)[87]에서 생산량의 1%에 미치지 못하는 경우에 질적 상당성 기준을 고려하였다. 다만, 이는 소위 맹아 이론 등에 기초하여 독점금지법 집행이 이루어지던 시기라서, 이를 기준으로 현재의 봉쇄 문제를 판단하기는 어려운 측면이 있다. 그 이후 사건으로 Microsoft 판결(2001)[88]은 40~50%보다 낮은 비율로도 봉쇄가 가능하다고 보았다. McWane Inc. v. F.T.C.(11th Cir. 2015) 사건에서 경쟁자를 완전히 배제하지 않은 경우에도 실질적 봉쇄효과를 인정하였다.

한국의 봉쇄효과 판단은 아직 충분한 선례가 구축되었다고 보기는 어렵다. 대표적인 사건인 대법원 2019. 1. 31. 선고 2013두14726 판결(1차 퀄컴 사건)은 배타조건부거래 사건이다. 엘지전자의 시장점유율이 21.6%~25.9%에 그친 사정에 다른 추가적인 정황을 종합하여 봉쇄효과를 부정하였다.[89] 반면, 대법원 2013. 4. 25. 선고 2010두25909 판결(에스오일 사건)은 경질유 제품의 13~15%인 경우, 휘발유 시장의 12~13%인 경우 불공정거래행위로서 배타조건부거래에 대한 봉쇄효과를 인정하였다. 대한항공 구속조건부 거래 사건[90]은 항공사 탑승객 중 제휴카드 회원 비중이 10%인 경우

---

86) Brown Shoe Co. v. U.S., 370 U.S. 294 (1962).
87) Tampa Electric Co. v. Nashville Coal Co., 365 U.S. 320 (1961).
88) U.S. v. Microsoft Corp., 253 F.3d 34 (D.C.Cir. 2001).
89) 엘지전자의 2006~2008년 국내 CDMA2000 방식 휴대폰 판매시장 점유율은 약 21.6% 내지 25.9%에 불과하였던 사실, 엘지전자에 대하여만 RF칩 조건부 리베이트를 제공한 기간에 삼성전자의 비(비) 퀄컴 RF칩 사용 비율이 증가한 사실, 원고 퀄컴의 국내 CDMA2000 방식 RF칩 시장에서의 시장점유율은 2002년 91.4%에서 2004년 77.1%로 대폭 하락하였고, 이후 2006년 83.5%, 2007년 71.5%, 2008년 71.2%로 계속하여 상당폭 하락 추세에 있었던 사실 등을 알 수 있다. 사정이 이와 같다면, 원심이 전제한 것처럼 '엘지전자가 국내 CDMA2000 방식 휴대폰 제조시장에서 40% 이상의 시장점유율을 갖는다'고 볼 근거는 없고, 이러한 전제가 잘못된 이상 엘지전자에 대한 RF칩 리베이트 제공으로 인하여 국내 CDMA2000 방식 RF칩 시장에서 최소 40% 이상의 시장봉쇄 효과가 발생하였다고 단정할 수도 없다. 그 밖에 앞서 본 법리에 따라 원심이 들고 있는 사정 및 적법하게 채택된 증거들과 기록에 나타난 제반 사정을 종합하여 보더라도, 위 리베이트 제공행위로 인하여 국내 CDMA2000 방식 RF칩 시장 전체에서의 경쟁을 제한하는 효과가 생길 만한 우려가 있다거나 부당성이 인정된다고 보기는 어렵다.

경쟁제한성을 인정하였다. 제스프리 배타조건부거래 사건[91])도 국내 키위 시장의 봉쇄율이 17%인 사건에서 경쟁제한 우려를 인정하였다. 이와 달리 배타조건부거래가 아닌 유형에서는 시장봉쇄율이 절대적인 기준으로 작용하지 않는다.

라. 질적 봉쇄

봉쇄효과를 판단함에 있어, 양적 영향 비율과 함께 질적 영향을 고려해야 한다. 특히 양적 영향을 받은 비율이 상대적으로 낮은 상태에서, 질적 영향에 대한 평가가 중요하다. 질적 봉쇄 판단에서 고려되는 요소는 다음과 같다.

첫째, 계약에 의한 봉쇄의 경우에는 계약기간, 계약조건을 고려할 수 있다. 둘째, 시장지배력을 고려할 수 있다. 시장지배적 사업자도 사안마다 그 시장지배력이 다를 수 있다. 셋째, 봉쇄효과의 질적 판단에서 진입장벽이 상당히 중요한 의미가 있다. 양적 봉쇄비율이 높다고 하더라도, 진입장벽이 낮다면 봉쇄효과가 부정될 수 있다. 반면 양적 봉쇄비율이 명백하지 않더라도, 진입장벽이 높다면 봉쇄효과가 인정될 수 있다. 넷째, 수익성이 낮아서 경쟁사업자가 진입하지 못하는 경우는 그 이유를 분석해 보아야 한다. 봉쇄효과가 원인인지, 다른 요소가 원인인지 등에 대한 검토가 필요하다.

미국의 경우, 봉쇄비율이 높은 경우에는 위법성이 추정된다고 보는 경향이 있다. 봉쇄비율이 기준(thershold)보다 낮은 경우(예를 들면, 30% 또는 40%)에 다른 요소를 고려한다. 그 예로 실제 경쟁에 미친 영향(actual impact on competition)과 계약기간, 공모의 가능성, 진입장벽, 유통시스템의 성격 등을 고려한다.[92]) 유럽연합의 경우 수직적 합의로서 배타조건부

---

90) 공정거래위원회 2000. 5. 25. 의결 제2000－079호(2000유거0018).
91) 공정거래위원회 2012. 3. 26. 의결 제2012－045호(2011시감2089).

거래에서 시장점유율, 경쟁자의 상태(position of competitors), 진입장벽 등을 고려한다.[93] 시장지배적 사업자의 배타조건부거래에서 시장지배적 사업자의 상태(the dominant position), 시장의 현황(the conditions on the relevant market), 경쟁자의 상태, 거래상대방의 상태, 행위의 정도(the extent of abusive conduct), 시장지배적 사업자와 거래 필수성(an avoidable trading partner, must stock item) 등을 고려한다.[94]

공정거래법상 봉쇄효과가 문제되는 대표적 유형인 배타조건부거래의 판단기준도 크게 다르지 않다. 불공정거래행위 심사지침[95]은 대체성(대체거래선),[96] 경쟁사업자 어려움,[97] 행위자 시장점유율,[98] 상대방 시장점유율,[99] 기간,[100] 의도,[101] 다른 위법행위[102] 등을 고려한다. 한편, 무임승

---

92) Hovenkamp, Federal Antitrust Policy, West, 2016, p. 597.
93) Guidelines on vertrical restraints, 2010/c 130/01. para. 153~155.
94) Guidelines on abusive exclusionary conduct by dominant undertakings, 2009/c 45/02, para. 20, 36.
95) 공정거래위원회 2020. 7. 29. 예규 제351호
96) 경쟁사업자가 대체적 물품구입처 또는 유통경로를 확보하는 것이 가능한지 여부. 사업자의 배타조건부거래에도 불구하고 경쟁사업자(신규진입자 등 잠재적 경쟁사업자 포함)가 대체적 물품구입처 및 유통경로를 확보하는 것이 용이한 경우에는 경쟁사업자의 시장배제효과가 낮게 된다. 배타조건부거래를 한 사업자의 시장점유율과 경쟁사업자의 시장점유율이 비슷하다면, 대체가능성이 있어 경쟁제한성이 인정되기 어렵다(상대방은 다른 경쟁사업자와 거래할 수 있다).
97) 당해 행위로 인해 경쟁사업자가 경쟁할 수 있는 수단을 침해받는지 여부.
98) 행위자가 선도기업이거나 시장점유율이 높을수록 경쟁사업자의 물품구입처 및 유통경로 차단효과가 커질 수 있다. 배타조건부거래를 한 사업자의 시장점유율이 낮다면, 경쟁제한성이 인정되기 어렵다.
99) 배타조건부거래 대상이 되는 상대방의 수 및 시장점유율. 배타조건부거래 상대사업자의 숫자가 많고 그 시장점유율이 높을 경우에는 경쟁사업자의 물품구입처 및 유통경로 차단효과가 커질 수 있다.
100) 배타조건부거래 실시기간. 실시기간이 단기인 경우에는 경쟁에 미치는 영향이 미미할 것이나 장기인 경우에는 경쟁에 영향을 미칠 수 있게 된다.
101) 배타조건부거래의 의도 및 목적. 배타조건부거래가 사업초기에 시장에의 신규진입목적으로 이루어진 경우에는 경쟁사업자의 물품구입처 및 유통경로 차단효과가 낮을 수 있다.
102) 배타조건부거래가 거래지역 제한 또는 재판매가격유지행위 등 타 경쟁제한행위와 동시에 이루어졌는지 여부 등. 동시에 이루어졌을 경우에는 행위자의 시장지위 강화효

차 방지, 지식재산권 보호를 위한 배타조건부거래 등이 정당화사유로 논의
되고 있다. 정당화 사유가 인정되는 봉쇄는 어느 범위에서 허용되어야 하
는지, 무임승차를 방지하기 위한 수단이라고 하더라도 덜 침익적인 수단
(less restrictive means)이 있는지가 문제 된다.

마. 봉쇄와 정당화 사유

봉쇄의 정당화 사유로, 무임승차 방지, 지식재산권 보호를 위한 배타조
건부거래 등이 논의되고 있다. 정당화 사유가 인정되는 봉쇄는 어느 범위
에서 허용되어야 하는지, 무임승차를 방지하기 위한 다른 수단이라고 하더
라도, 특별히 덜 침익적인 수단이 있는지가 문제된다. 이 문제는 배타조건
부거래 부분에서 후술한다.

바. 봉쇄효과와 약탈적 가격설정

봉쇄효과를 논하는 전형적인 유형은 배타조건부거래, 끼워팔기 등으
로,103) 이와 다른 유형인 약탈적 가격 사안에서 봉쇄효과를 일반적으로 논
하지 않는다. 시장지배력 남용 사건에서 동등효율경쟁자 배제 문제, 경쟁
자 비용상승 문제, 봉쇄 문제는 그 유사성에도 불구하고 결을 달리한다.
약탈적 가격 사건에서 본질은 동동효율경쟁자 배제가 가깝고,104) 그 다음
이 경쟁자 비용상승 문제이고, 일반적인 봉쇄의 문제는 거리가 멀다. 봉쇄
의 개념을 지나치게 확장할 경우 치밀한 경쟁법 적용이 어렵게 되고, 비효
율적인 경쟁자를 보호할 의무까지 인정되는 부작용이 발생할 수 있다.

과가 커질 수 있다.
103) Hovenkamp, Federal Antitrust Policy, West, 2020. 배타조건부거래와 수직형 기업
결합에서 경쟁제한적인 봉쇄 이론이 적용된다.
104) Whish & Baily, Competition Law, Oxford, 2018, p. 757은 약탈적 가격설정의 법
리를 동등효율경쟁자 배제의 측면에서 접근하고 있다.

약탈적 가격설정이 이루어지려면 시장진입 장벽이 높아야 한다. 시장지배적 사업자가 낮은 가격을 이용한 약탈적 가격설정을 통하여 손실을 본 상태에서 신규 진입이 쉽게 이루어지면 독점이윤의 실현은 불가능하게 된다.[105] 그러나 이는 약탈적 가격설정이 지속되기 위한 요건이지, 약탈적 가격설정의 경쟁제한성을 봉쇄효과의 측면에서 접근한 것으로 보기는 어렵다.

물론 약탈적 가격설정 행위 자체가 진입장벽과 유사한 기능을 한다는 견해도 있다. 관련시장에 약탈적 가격설정을 하는 행위자(a known predator)가 있다는 것 자체만으로 시장진입에 부정적인 동기로 작용할 수 있다. 이 점에서 약탈적 가격은 현재 경쟁자를 퇴출시키는 의미와 함께 잠재적 경쟁자 진입을 저지하는 역할을 할 수 있다. 정보가 불완전한 상태에서, 잠재적 경쟁자가 약탈적 가격으로 형성된 가격 수준을 보고, 이윤이 발생하지 않을 것으로 보고 진입을 하지 않을 수도 있다.[106] 그러나 이러한 작용도 전형적인 봉쇄효과와 차이가 있다.

일부 국가의 경우 '봉쇄' 용어를 배타조건부거래 등에서 발생하는 '좁은 의미의 봉쇄'와 함께 경쟁자를 배제하는 일체의 행위를 의미하는 '넓은 의미의 봉쇄'로 사용하고 있다. 예를 들면, 유럽연합의 경우 봉쇄(foreclosure)라는 용어를 넓은 의미로 사용되고 있다. 그 세부적인 내용을 보면 그 용법상 차이를 발견할 수 있다. 유럽연합의 시장지배력 남용에 관한 가이드라인[107] III. B. 'Foreclosure leading to consumer harm(anticompetitive foreclosure)'에 사용되는 봉쇄의 의미는 전통적인 봉쇄의 의미에 가깝다. 구매자(customers)에 대한 관계나 원재료 공급자(input suppliers)에 대하여 배타적 약정을 하는 경우,[108] 금전적인 유인을 통하여 경쟁자와 거래를 막

---

105) Hovenkamp, Federal Antitrust Policy, West, 2020, p. 457.
106) Jones & Sufrin, EU Competition Law, Oxford, 2016, p. 386.
107) Guidance on the Commission's enforcement priorities in applying Article 82 of the EC treaty to abusive exclusionary conduct by dominant undertakings.
108) para. 20.

는 경우109) 등을 언급하고 있다.

반면 가이드라인 'III. C. Price-based exclusionary conduct'110)나 'IV. C. predation'에 사용되는 봉쇄111)는 넓은 의미의 경쟁자 배제에 가까운 개념으로 사용되고 있다. 이 경우에도 봉쇄는 전형적인 봉쇄효과를 의미하는 것이 아니라 경쟁자를 배제한다는 의미로 봉쇄라는 용어를 사용하는 것으로 보인다.112) 이와 같이 유럽연합 가이드라인에서 약탈적 가격설정을 다루며 봉쇄라는 표현을 사용하지만,113) 이는 봉쇄의 의미를 지나치게 넓게 사용하여 전통적인 봉쇄효과와 오인될 수 있다. 시장지배적 사업자가 낮은 가격 전략을 취득함으로써 시장지배적 사업자의 경쟁자가 거래상대방과 거래가 어렵게 된다는 점에서 봉쇄라고 부를 수는 있으나, 이는 전통적인 봉쇄와 결을 달리한다.

사. 봉쇄효과와 배타조건부거래

1) 배타조건부거래

배타조건부거래의 경쟁제한성을 설명하는 유력한 기준은 봉쇄효과이다. 배타조건부거래에서 봉쇄효과는 양적 봉쇄와 질적 봉쇄를 모두 고려해야 한다는 것이 보편적이다.

양적 측면과 질적 측면을 모두 보아야 하지만, 그럼에도 양적 봉쇄를 기

---

109) para. 22.
110) para. 23. 24. 27.에 봉쇄가 기재되어 있다. 특히 para. 27.은 "the price charged by the dominant undertaking has the potential to foreclose equally efficient competitors"라고 기재하고 있다.
111) para. 63. 67. 71.에 봉쇄가 기재되어 있다. 특히 para. 67.은 "Normally only pricing below LRAIC is capable of foreclosing as efficient competitors from the market"으로 기재하고 있다.
112) para. 67. Normally only pricing below LRAIC is capable of foreclosing as efficient competitors from the market.
113) Jones & Sufrin, EU Competition Law, Oxford, 2016, p. 383.

본으로 보아야 한다. 질적 봉쇄는 그 현상이 특별히 강한 경우에 의미가 있다. 질적 봉쇄에 지나치게 의존하면 자의적인 판단이 나올 수 있다.[114] 양적 봉쇄도 일시적이라면 경쟁제한효과로 보기 어렵다. 이는 시장점유율이 높더라도 진입장벽이 낮으며, 일시적으로 시장점유율이 높은 경우라면 시장지배력을 추론하기 어려운 것과 같은 맥락이다.

2) 배타조건부거래와 효율성

가) 위험감소

전속거래를 통한 배타조건부거래는 수직형 기업결합에서 발견되는 효율성을 가지고 있다. 기업결합의 방식을 취하는 수직형 기업결합과 전속계약 등의 방식을 취하는 배타조건부거래는 방식에서 차이가 있을 뿐 그 효과는 유사하다. 배타조건부거래에서 봉쇄효과가 가지는 경쟁제한효과와 함께 무임승차 방지, 전속거래의 효율성 증진 등 친경쟁적(경쟁촉진적) 사유가 형량되어야 한다.

배타조건부거래는 거래의 비용을 줄이는 순기능이 있다. 거래의 지속가능성이 불확실한 경우, 예를 들면 생산에 필요한 투입요소를 지속적으로 구매할 수 있을지 불확실한 경우에, 배타조건부거래를 통하여 거래의 불확실성에 따른 위험을 줄일 수 있다. 이러한 불확실성은 배타조건부거래 기간이 길수록 줄어들고 효율성이 있지만, 그 만큼 봉쇄효과는 커질 수 있다.

나) 무임승차 방지

배타조건부거래는 무임승차의 방지에 효과가 있다. 이는 거래상대방에 대하여 투자가 이루어지는 경우에 드러난다. 예를 들면, 생산자가 판매자에게 홍보, 판촉 등을 위하여 비용을 지출할 경우 전속거래를 통하여 무임승

---

114) 성적평가나 입학사정평가에서 정량평가와 정성평가에서 구체적 타당성을 고려하지 못하는 정량평가와 객관성과 공정성을 잃을 염려가 있는 정성평가의 문제와 비교할 수 있다.

차를 방지할 수 없다면, 판매자가 다른 생산자와 거래에 그 비용을 사용하는 전형적인 무임승차 문제가 발생할 수 있다. 배타조건부거래가 무임승차를 방지하기 위한 수단이더라도(정당화사유가 무임승차인 경우), 덜 침익적인 수단(less restrictive means)이 있으면 배타조건부거래는 허용되기 어렵다.

다) 지식재산권 보호

지식재산권 보호를 위한 배타조건부거래 등이 정당화사유로 논의되고 있으나, 이러한 정당화사유가 어느 범위에서 수용되어야 하는지 문제된다. 배타조건부거래는 그 자체로 경쟁자와 거래를 막는 강력한 효과가 있다. 따라서 배타조건부거래가 지식재산권 보호를 위한 수단이더라도(정당화사유가 지식재산권 보호인 경우), 사법(私法)이 보장하고 있는 수단(금지청구, 손해배상청구, 부당이득 반환청구)으로 지식재산권 보호 문제가 충분히 해결된다면 지식재산권 보호를 위한 배타조건부거래는 제한적으로 허용되어야 한다.

3) 배타조건부거래와 수직형 기업결합

배타조건부거래와 수직형 기업결합에서 양적 봉쇄와 질적 봉쇄의 개념이 논의된다. 두 유형의 공통점은 다음과 같다. 첫째, 수직형 기업결합의 봉쇄효과 평가는 배타조건부거래의 봉쇄효과 평가와 동일선상에 있다. 수직형 기업결합의 결과 상방시장과 하방시장의 경쟁자가 거래에서 100% 배제되는 완전봉쇄가 발생할 수 있다. 둘째, 상방시장과 하방시장의 경쟁자가 완전 봉쇄되지 않더라도 경쟁자의 생산비용을 인상하는 결과에 이를 수 있고, (후기 시카고 스쿨이 강조하는) 경쟁자 비용상승(raising rival's cost) 효과가 발생하게 된다.[115]

---

115) 시카고 스쿨이 강조하는 동등효율경쟁자 배제 효과(AEC test)와 후기 시카고 스쿨이 강조하는 경쟁자 비용상승효과(RRC test)는 모두 비용을 고려하지만, 전자에 비하여 후자의 경우 경쟁제한효과가 인정될 가능성이 높게 된다.

그렇다면 수직형 기업결합과 배타조건부거래에서 논의되는 봉쇄효과의 차이는 무엇인가? 기본적으로 두 유형에서 발생하는 경쟁자에 대한 가격 인상 현상과 거래거절을 통한 봉쇄에서 그 수준의 차이(양적 차이)가 있을 수 있고, 그 밖에도 다음과 같은 차이를 생각해 볼 수 있다.

첫째 계약을 통한 결합(배타적 거래)인지, 영속적인 결합(수직형 기업결합)인지 차이가 있다. 전자(배타적 거래)를 강하게 규제할 경우, 후자(수직형 기업결합)가 증가할 가능성이 있다. 이는 수직계열화에 따른 비효율성을 초래할 수 있다.

둘째, 기업결합에서 발생하는 이중(二重)마진제거를 통한 효율성이 배타조건부거래에 발생할 수 있을지 문제이다. 이중마진제거는 동일한 주체를 전제로 하여 발생하는 것이 원칙이다. 거래주체를 달리하는 배타조건부거래를 통하여 이중마진제거의 효과는 예측하기 어렵다. 그럼에도 불구하고 배타조건부거래에서 이중마진제거 효과가 발생할 수 없는지, 또는 계약 등 다른 방법으로 우회하여 이중마진제거를 추구할 수 있는지는 검토가 필요하다.

2. 경쟁자 비용상승 효과

가. 경쟁자 비용상승

경쟁자 비용상승 효과는 배타적 거래를 비롯한 다수의 배제남용 유형에서 경쟁제한성을 설명하는 기준이 된다. 경쟁자 비용상승 기준은 그 기준의 적용 대상이 넓다는 장점과 함께 그 기준이 불분명하다는 단점을 모두 가지고 있다. 경쟁자 비용상승 이론이 독점금지법상 판례에 적용되기 시작한 것은 그 기원을 추적하면 U.S. v. American Can Co., 230 F. 859 (D.Md. 1916) 판결로 볼 수 있으나, 경쟁자 비용상승이론이 이론적으로 체계를 갖추기 시작한 것은 1980년대 중반 무렵으로 볼 수 있다. 경쟁자 비용상승 이론은 다음과 같은 특징이 있다.

첫째, 경쟁자 비용 증가는 소비자 잉여(consumer surplus)에 영향을 미
친다. 비용이 증가하면, 가격이 인상되고, 후생이 감소하기 때문이다.116)
둘째, 경쟁자 비용상승은 경쟁자를 완전히 몰아내는 절대적 경쟁자 배제
이론이 아니다. 이 점에서 경쟁자 비용상승은 다양한 상황을 유연하게 설
명할 수 있는 이론으로 인정받았다. 경쟁자 비용상승 이론은 절대적인 봉
쇄이론이나 배제(absolute foreclosure, exclusion)의 대안으로 적용되었
다.117) 다수의 경쟁당국도 경쟁자 비용상승이론을 수용하였고, 미국의
2020년 수평형 기업결합 가이드라인도 이를 반영하였다.118)

셋째, 경쟁자 비용상승 이론에서 적용되는 기준 자체가 모호하다는 지
적을 받고 있다. 협상 행위(bargaining behavior)를 전제로 전개되어 이론
이 복잡하다. 그 이론의 적용도 명확하지 않다.119) 미국에서 경쟁자 비용
상승 이론에 관한 문헌을 언급하며 셔먼법 제2조 위반을 인정한 판결은
소수에 불과한 실정이다(a few judicial decisions).120)

넷째, 경쟁자 비용상승 기준은 단독행위와 공동행위 전반에 넓게 언급
되고 있다. 경쟁자 비용상승의 방식으로 많이 주장되는 것은 복수 기업의
공동행위(공동의 거래거절 등)이다. 단일 기업의 행위로는 대기업이 소기업
에 부정적인 영향을 미칠 규제(規制) 제정을 정부에 청원하는 행위, 대기업
이 소기업에 소송을 제기하여 소송비용을 증가시키는 행위, 자본집약적인
대기업이 임금인상을 통하여 노동집약적인 소기업의 비용이 증가되도록
하는 행위, 노동조합을 통하여 임금 인상을 유도하는 경우, 규모의 경제를
갖추어야 경쟁이 가능한 기술을 선택하는 경우, 시장에서 필요한 원재료
공급이나 유통채널을 선점하는 경우 등을 들 수 있다.121)

116) Steven C. Salop & David T. Scheffman, Raising Rivals' Costs, 73 Am. Econ.
Rev. 267 (1983), p. 270.
117) Hovenkamp, Federal Antitrust Policy, West, 2020, p. 417.
118) Hovenkamp, Federal Antitrust Policy, West, 2020, p. 417.
119) Hovenkamp, Federal Antitrust Policy, West, 2020, p. 417.
120) Hovenkamp, Federal Antitrust Policy, West, 2020, p. 419.
121) Hovenkamp, Federal Antitrust Policy, West, 2020, p. 417, 418, 428~430.

경쟁자 비용상승 전략은 공동의 거래거절(concerted refusal to deal), 끼워팔기[122], 배타조건부거래 등에서 경쟁자 배제를 위하여 사용되고 있다.[123] 필수설비에 대한 접근 거절(denial of access to an essential facility), 디자인 변경(predatory design change), 위약벌(enforcement of contract penalty clauses) 등도 그 범주에 속한다.[124]

나. 경쟁자 비용상승 유형

경쟁자의 비용을 상승시키는 방법론에 대하여 다양한 이론적인 설명이 가능하다.

---

122) U.S. v. Microsoft Corp., 253 F.3d 34 (D.C.Cir. 2001) 사건에서, 법무부 반독점국은 레버리지 이론이 아니라 경쟁자 비용상승의 이론에 따라 MS가 경쟁자의 인터넷 브라우저의 유통 비용을 인상하였다는 주장을 하였다. Sullivan, the law of antitrust, West, 2016, p. 117, 118.

123) 단독의 거래거절에서 경쟁자 비용상승이 문제될 수 있다. Aspen Skiing Co. v. Aspen Highlands Skiing Co., 472 U.S. 585 (1985) 사건에서 피고(Aspen Skiing Co.)는 콜로라도 주 아스펜 시에 속한 3개의 산에서 스키장을 운영하였다. 원고(Aspen Highlands Skiing Co.)는 같은 시에 속한 1개의 산에서 스키장을 운영하였다. 원고와 피고는 1971년부터 1978년까지 4개의 산에 위치한 스키장을 일괄하여 티켓을 공동판매하였다. 수익의 분배를 둘러싸고 다툼이 있자, 피고는 공동판매의 중단을 원고에 대하여 통보하였다. 피고로서는 조인트 벤처를 유지하는 것이 피고에게 이익이 됨에도 거래거절을 하였으므로 이는 경제학적 시각에서 합리적으로 설명이 되지 않고, 경쟁자의 비용을 올려서 경쟁자를 배제하려는 행위로 볼 수 있다. Hovenkamp, Federal Antitrust Policy, p. 429[정재훈,『공정거래법 소송실무(제2판)』, 589, 590면].

한편 Salop & Scheffman, Raising Rivals' Costs, 73 Am. Econ. Rev. 267 (1983), p. 267, 268도 경쟁자 비용상승의 유형으로 거래거절, 배타조건부거래, 제품기준, 정부규제, 광고비용, 수직적 가격압착 등을 들고 있다. 협상력의 집단적 사용이나 자본집약적인 기업이 임금인상을 주도하여 노동집약적인 경쟁기업의 비용을 인상하거나, 대기업이 광고비 지출을 주도하여 중소기업의 비용을 인상시킬 수도 있다 [Anderson, Abuse of Dominant Position, in Competition Law Today(Dhall ed., Oxford, 2019), p. 98].

124) Sullivan, the law of antitrust, West, 2016, p. 117.

첫째, 거래거절이다. Klor's group boycott 사건125)에서 시장지배적 사업자는 공급자가 경쟁자에게 공급을 거절하도록 유도하는 전략을 취하였다. 공급자들이 자신의 경쟁자에 대하여 공급을 거절하거나 차별하도록 하는 것은 경쟁자 비용상승의 전략 중 하나이다. 1968년 윌리엄슨(Williamson) 교수의 연구에 따르면, 노동집약적인 경쟁자와 자본집약적인 경쟁자 중 임금상승은 노동집약적 경쟁자의 비용을 상승시킨 것으로 분석되고 있다.126)

둘째, 배타조건부거래이다. 배타조건부거래도 경쟁자의 판매 또는 배포(distribution) 비용을 증가시킬 수 있다. 작은 규모의 경쟁자는 배타조건부거래의 영향으로 판매처를 찾기 어렵게 되고, 비용이 증가한다.127)

셋째, 제품기준, 정부규제, 광고비용 등이다. 제품기준(product standard)과 정부규제(government regulation)도 경쟁자 비용을 상승시킬 수 있다. 광고에 대한 비용과 연구개발 비용도 경쟁자 비용을 상승시킬 수 있다. 광고에 대한 비용을 증가시킬 경우 덜 효율적인 경쟁자도 이에 상응하는 광고비용을 지출해야 하는 상황을 만들 수 있다. 광고로 수요가 증가하는 효과가 없더라도 경쟁자 비용상승을 유도한다는 점에서는 효과적일 수 있다.128)

넷째, 수직적 가격 압착 등이다. 수직적 가격 압착(vertical price squeeze)도 경쟁자비용을 상승시킬 수 있다. 시장지배적 사업자는 후방결합(backward integration) 전략을 통해서 하방시장의 경쟁자 비용을 상승시킬 수 있다. 예를 들면 완제품 판매 시장지배적 기업이 원재료 공급기업을 인수한 후 완제품 판매 시장의 경쟁자에 대한 원재료 공급가격을 인상함으로써 경쟁자의 비용을 상승시킬 수 있다. 이 경우 상류시장에서 판매감소로 이윤은 희생될 수 있으나, 하류시장에서 경쟁우위(경쟁자비용을 상승시켜 발

125) Klor's Inc. v. Broadway—Hale Stores., Inc, 359 U.S. 207(1959).
126) Steven C. Salop & David T. Scheffman, Raising Rivals' Costs, 73 Am. Econ. Rev. 267 (1983), p. 267.
127) Steven C. Salop & David T. Scheffman, Raising Rivals' Costs, 73 Am. Econ. Rev. 267 (1983), p. 267.
128) Steven C. Salop & David T. Scheffman, Raising Rivals' Costs, 73 Am. Econ. Rev. 267 (1983), p. 268.

생한 우위)로 이윤은 증가할 수 있다.[129]

다섯째, 디자인 변경이다. CR. Bard. Inc. v. M3 System, 157 F.3d 1340(Fed. Cir. 1998) 사건에서 보조품(complementary product) 시장의 독점화를 위하여 수정된 상품을 도입한 행위가 문제 되었다. 수정된 상품을 도입한 이유가 교체용 바늘(replacement needle) 시장에서 잠재적 경쟁자의 진입을 막기 위하여 경쟁자의 비용을 상승시키는데 있다고 본 배심의 판단이 정당하다고 법원은 판단하였다.[130]

여섯째, 지식재산권과 경쟁자 비용상승이다. 서울고등법원 2020. 2. 6. 선고 2018누43110 판결(지멘스 사건)에서 문제된 바와 같이, 저작권이 존재하는 권리에 대하여 유상의 사용권을 부여한 것은 경쟁자 비용상승에 따른 배제행위로 보기에는 이례적인 사안으로 보인다. 사용권 거래는 시장에서 정당한 거래에 속한다. 그 점에서 공급량을 증가하여 경쟁자의 비용이 상승되게 하였더라도(홍보 등에 많은 비용을 지출하는 경우를 포함한다), 공급량 증가는 경쟁의 본질(the heart of competition)에 속하므로 이를 두고 남용행위로 보기 어려운 것과 유사한 측면이 있다.[131]

일곱째, 하방시장에 결합기업 외에 경쟁자가 존재하며, 결합기업의 하방시장 상품과 경쟁자의 하방시장 상품이 근접한 대체재인 경우에 경쟁자 비용상승 효과가 높게 발생할 수 있다. 하방시장의 경쟁자는 결합기업 외에 대체거래선이 제한되어 있다. 이러한 조건이 아니라면 경쟁자 비용상승 효과가 높다고 단정하기 어렵다.[132]

---

129) Steven C. Salop & David T. Scheffman, Raising Rivals' Costs, 73 Am. Econ. Rev. 267 (1983), p. 268.
130) ABA, Antitrust Law Development, 2017, p. 281, 282.
131) Hovenkamp, Federal Antitrust Policy, West, 2020, p. 429−430.
132) Sokol, Analyzing Vertical Mergers: Accouting for the unilateral effects tradeoff and thinking holistically about efficiencies, 27 George Mason Law Review 761 (2020), p. 787.

다. 경쟁자 비용상승과 약탈적 가격설정

배제적인 행위를 분석하는 틀로는 약탈적 가격설정에 의한 방법론과 경쟁자 비용상승 이론에 의한 방법론이 대표적이다.[133] 약탈적 가격설정과 경쟁자 비용상승 패러다임 분석은 모두 합리의 원칙에 따른 분석과 일치한다.

1) 약탈적 가격 전략(戰略)과 경쟁자 비용상승 전략의 차이

첫째, 약탈적 가격이 수입을 줄여서(lower revenue) 경쟁자를 배제하는 것이라면, 경쟁자 비용상승은 경쟁자 비용상승을 유도하여 경쟁자를 배제하는 방식이다. 비합리적으로 경쟁자를 배제한다는 측면에서 공통점이 있다.[134]

둘째, 약탈적 가격이 가격에 기반한 행위라면 가격이 아닌 요소에 기반을 둔 비가격적 약탈행위(non-price predatory conduct)는 경쟁자 비용상승 문제에 가까울 수 있다.

셋째, 약탈적 가격과 경쟁자 비용상승은 다른 메커니즘을 가지고 있다. 그 결과 증거에 대한 평가와 판단기준(evidentiary factors, liability standard)에서 차이가 있다. 약탈적 가격이 비용보다 낮은 가격에서 적용된다면, 경쟁자 비용상승 전략은 비용보다 높은 가격에서도 적용될 수 있다.[135] 이는 실제 사건에서 중요한 차이로 작용한다.

넷째, 가격 비용 기준(price cost test)은 약탈적 가격 사안에 필수적이다. 반면, 경쟁자 비용상승 사안에서 일반적인 가격 비용 기준이 적용되지 않

---

133) Salop, "The raising rivals' cost paradigm, conditional pricing practices and the flawed incremental price-cost test", Antitrust Law Journal (2017), p. 374. 조건부 가격설정행위가 대표적이다.

134) Steven C. Salop & David T. Scheffman, Raising Rivals' Costs, 73 Am. Econ. Rev. 267 (1983), p. 267.

135) Salop, "The raising rivals' cost paradigm, conditional pricing practices and the flawed incremental price-cost test", Antitrust Law Journal, 2017, p. 378, 379.

을 수 있다. 경쟁자의 시장진입을 막기 위하여 독점사업자가 공급자와 전
속계약을 하며 추가비용을 지출한다면, 독점사업자의 가격은 비용보다 높
을 수 있다.136)

2) 약탈적 가격 전략과 경쟁자 비용상승 전략의 평가

첫째, 시장지배적 사업자는 약탈적 가격설정 행위보다는 경쟁자 비용상
승전략을 통하여 경쟁을 제한할 가능성이 높다. 경쟁자 비용상승 전략은
약탈적 가격 전략에 비하여 성공할 가능성이 높다. 증명 문제에서도 약탈
적 가격설정보다는 경쟁자 비용상승의 패러다임에 따른 경쟁제한성 증명
이 더 쉬운 것으로 보인다.137)

둘째, 경쟁자 비용상승 전략은 다음과 같은 특징이 있다. ① 경쟁자 비
용상승 전략은 위험한 투자를 하거나 초기 손실을 감수할 필요가 없다. ②
회수를 기다릴 필요가 없고, 행위와 동시에 회수가 가능하다. ③ 경쟁자 퇴
출이 필요 없다. 경쟁자의 한계 비용을 상승시키게 되면, 경쟁자는 가격을
인상하고 공급량을 감축하게 된다. ④ 경쟁자 비용상승은 독점사업자의 입
장에서 더 높은 비용이 들지 않는다. ⑤ 경쟁자 비용상승 전략은 경쟁촉진
적인 정당화사유를 내포하고 있을 수 있다. ⑥ 경쟁자 비용상승 전략은 가
격인하 등에 따른 단기적인 소비자 이익 발생을 전제로 하지 않는다.138)

셋째, 약탈적 가격 전략에 비하여 경쟁자 비용상승 전략이 시장지배적
사업자에게 유리하다. 낮은 비용의 경쟁자와 경쟁하는 것보다 높은 비용의
경쟁자와 경쟁하는 것이 쉽다는 점에서, 경쟁자 비용상승은 행위자의 입장

---

136) Salop, "The raising rivals' cost paradigm, conditional pricing practices and the
flawed incremental price－cost test", Antitrust Law Journal, 2017, p. 378, 379.
137) Salop, "The raising rivals' cost paradigm, conditional pricing practices and the
flawed incremental price－cost test", Antitrust Law Journal, 2017, p. 376, 377,
378.
138) Salop, "The raising rivals' cost paradigm, conditional pricing practices and the
flawed incremental price－cost test", Antitrust Law Journal, 2017, p. 376, 377,
378.

에서 매력적이다. 경쟁자 비용상승은 경쟁자를 시장에서 퇴출시키지 않으면서도 시장지배적 사업자의 입장에서 이윤을 누릴 수 있는 방식이다. 단기적인 이윤을 희생할 필요도 없다는 점에서 시장지배적 사업자의 입장에서 상대적으로 비용이 적게 드는 배제 전략이다. 경쟁자 비용상승으로 경쟁자는 생산량을 줄이게 되고, 그만큼 시장지배적 사업자는 시장점유율을 높이거나, 가격인상을 하여 이윤을 누릴 수 있다.[139]

경쟁자 비용상승 전략이 약탈적 가격보다 비용이 적게 소요되는 배제전략으로 작용한 사례로, 미국의 1961년 Pennington 사건이 대표적인 예이다. 이 사건에서 협상력(bargaining arrangements)의 집단적 사용이 문제되었다. 대기업이 높은 임금을 장려하였고, 그 결과 전체적으로 임금이 인상되면 소규모 경쟁사업자의 비용이 증가하게 된다.[140]

대기업과 소기업의 문제뿐 아니라 자본집약적 기업과 노동집약적 기업 사이에서도 경쟁자 비용상승은 발생한다. 자본집약적인 기업이 임금 인상을 주도할 경우, 노동집약적인 기업은 임금 인상에 따른 비용상승을 감당하기 어렵게 된다. 대기업이 소기업에 대하여 소송을 제기함으로써 소기업의 비용을 인상시킬 수 있다. 대기업이 광고에 대한 지출을 늘리도록 유도하여 소기업의 비용을 인상시킬 수 있다.[141]

넷째, 경쟁자 비용상승에도 불구하고 경쟁자는 비용효과적인(cost-effective) 대체거래선을 발견할 수 있다. 그 점에서 경쟁자 비용상승은 노골적인 거래제한(naked restraint)으로 평가하기 어려운 측면이 있으며, 당연위법의

139) Steven C. Salop & David T. Scheffman, Raising Rivals' Costs, 73 Am. Econ. Rev. 267 (1983), p. 267. Hovenkamp 교수도 "독점사업자의 입장에서는 약탈적 가격보다 경쟁자 비용상승을 더 매력적으로 받아들인다. 약탈적 가격 전략에서 독점사업자는 손실을 감수해야 하지만, 경쟁자 비용상승 전략에서 독점사업자는 이러한 손실을 감수할 필요가 없다."고 설명하고 있다(Hovenkamp, Federal Antitrust Policy, West, 2020, p. 416, 417).
140) Anderson, Abuse of Dominant Position, in Competition Law Today(Dhall ed., Oxford, 2019), p. 98.
141) Anderson, Abuse of Dominant Position, in Competition Law Today(Dhall ed., Oxford, 2019), p. 98.

법리를 적용하기가 어렵다.

경쟁자 비용상승을 유발하는 행위이지만 비용 절감, 제품 개선, 무임승차 방지 등 효율성이 발생할 수 있다. 다만, 이러한 효율성은 소비자에게 전가될 수 있는 것이어야 한다는 의견도 있다. 경쟁자 비용상승과 그로 인한 가격인상의 문제와 함께 소비자에 대한 효율성 전가를 비교하는 과정은 합리의 원칙으로 수행될 수 있을 뿐 당연위법의 원칙으로는 수행될 수 없다.142)

라. 경쟁자 비용상승과 동등효율경쟁자 배제

동등효율경쟁자 기준과 경쟁자 비용상승 기준의 관계를 다음과 같이 비교해볼 수 있다.

첫째, 시카고 스쿨이 강조하는 동등효율경쟁자 배제 효과(AEC test)와 후기 시카고 스쿨이 강조하는 경쟁자 비용상승효과(RRC test)는 모두 비용을 고려한다는 점에서 공통점이 있다.

둘째, 전자에 비하여 후자의 경우 경쟁제한효과가 인정될 가능성이 높게 된다. 전자의 경우 가격비용테스트를 포함한다. 후자의 경우 비용을 고려한다는 점에서 비가격테스트와 구별되며, 넓은 의미의 '비용 테스트'에 포함된다. 다만, 후자의 경우 경쟁자 비용상승의 수준을 낮게 설정할 경우 봉쇄효과에 기반한 비가격접근법과 차이가 크지 않게 될 가능성도 있다.

배타조건부거래나 충성 리베이트에서 봉쇄효과를 기준으로 할 경우 경쟁제한성이 인정될 가능성이 높고, 동등효율경쟁자배제 효과를 기준으로 할 경우 그 가능성이 낮아진다. 경쟁자 비용상승 기준을 적용할 경우 이는 동등효율경쟁자 배제 등 가격비용테스트에 비하면 경쟁제한성 인정 가능

---

142) Salop, "The raising rivals' cost paradigm, conditional pricing practices and the flawed incremental price – cost test", Antitrust Law Journal, 2017, p. 376, 377, 378.

성이 높아지지만, 비가격테스트에 비하면 경쟁제한성 인정 가능성이 낮아
진다. 경쟁자 비용상승 기준은 비용을 고려한다는 점에서 경제분석이 필요
할 수도 있으나, 약탈적 가격수준의 증명까지는 요하지 않는다.

셋째, 동등효율경쟁자 기준은 경쟁자 비용상승 기준에 비하여 규모의
경제의 효율성을 높게 인정하는 경향이 있다. 그 결과 동일한 행위(남용행
위로 의심받는 행위)에 대하여 동등효율경쟁자 이론을 적용할 경우 남용행
위가 더 신중하게 인정될 수 있다.

넷째, 자기검증(self test)에서 차이가 있다. 동등효율경쟁자 기준에서는
시장지배적 사업자가 자신의 비용보다 낮은 가격을 책정하지 않음으로써
스스로 법위반 행위를 피할 수 있다. 그러나 경쟁자 비용상승 효과에 대하
여 이런 방식의 자기검증 기능은 발휘되기 어렵다. 비용보다 높은 가격임
에도 경쟁자 비용상승은 발생할 수 있어 비용이 자기검증의 기준이 될 수
없기 때문이다.

마. 경쟁자 비용상승[143])과 봉쇄효과

동일한 사안에서 봉쇄효과와 경쟁자 비용상승 효과가 모두 논의되는 사
례가 많다. 시장지배적 지위 남용행위 심사기준에도 봉쇄효과와 경쟁자 비
용상승 효과가 모두 포함되어 있다.[144]) 특히 완전 봉쇄(complete
forclosure)는 경쟁자 비용상승의 극단적인 경우로 볼 수도 있다. 일부 경
제학 문헌은 봉쇄를 경쟁자 비용상승의 특별한 경우로 이해하고 있다.[145])

<hr>

143) 미국 수직적 기업결합 가이드라인에는 경쟁자 비용상승 부분과 봉쇄 부분이 연결되
어 있다. Hovenkamp, Competition harm from vertical mergers, University of
Pennsylvania ILE Research Paper, 2020, p. 7.
144) 시장지배적지위 남용행위 심사기준(공정거래위원회 고시 제2021-18호) IV. 6. 마.
봉쇄효과, 바. 경쟁자의 비용 상승 효과.
145) Sokol, Analyzing Vertical Mergers: Accouting for the unilateral effects tradeoff
and thinking holistically about efficiencies, 27 George Mason Law Review 761
(2020), p. 765, 790.

첫째, 경쟁자 비용상승 이론은 경쟁자가 시장에서 퇴출되지 않더라도 경쟁자의 (영업) 비용을 증가시킴으로써 경쟁저해효과가 발생한다는 점에 있다. 그 효과는 경쟁자가 사라진다는 점에서 도출되는 것이 아니라 경쟁자의 가격이 인상된다는 점에서 도출될 수 있다.146)

둘째, 봉쇄효과와 경쟁자 비용상승효과는 대체가능성(경쟁자의 기존거래선을 대체할 대체거래선이 존재하는지) 여부에 좌우된다는 공통점이 있으나, 그 구체적 적용 모습은 다르다. 즉 결합기업이 거래거절을 통하여 직접 봉쇄를 하거나, 관련된 상품에 대한 가격을 인상하거나 거래조건을 불리하게 변경하더라도 경쟁자가 대체거래선을 통하여 거래하거나, 자가공급을 통하여 수요를 충족할 수 있으면 봉쇄효과는 발생하지 않는다. 그러나 이러한 사안에서도 경쟁자 비용상승은 발생할 수 있다. 즉 경쟁자비용은 상승되지만 봉쇄는 발생하지 않을 수 있다.

셋째, 경쟁자 비용상승은 봉쇄효과를 계량하여 대체하는(a metered alternative to foreclosure) 의미를 가지고 있다. 경쟁자 비용을 점진적으로 상승시키면 경쟁자는 더 이상 경쟁을 할 수 없게 되고, 결국 봉쇄에 이르게 된다. 그 점에서 경쟁자 비용상승 이론은 경제학적 한계이론(marginalist economics)의 산물로 볼 수 있다. 한편, 봉쇄효과 이론은 경쟁자 비용상승의 국면에서 확대될 수 있다. 경쟁자를 시장에서 배제하는 정도에 이르지 않고, 경쟁자의 비용을 증가시켜 경쟁자를 약화시키는 경우에 봉쇄효과가 적용될 수 있다는 견해도 같은 맥락에 있다.147)

넷째, 수직형 기업결합에서 발생하는 봉쇄효과는 거래거절 또는 이에 준하는 효과를 가진다. 이 점에서 경쟁자 비용상승 효과와 구별된다. 즉, 경쟁자 비용상승 효과는 봉쇄효과와 달리 거래거절을 수반하지 않는다는 점에서 차별성이 있다. 미국 2020년 수직형 기업결합 가이드라인도 봉쇄효과와 경쟁자 비용상승 효과를 구별하여 서술하고 있다.148)

---

146) Hovenkamp, Competition harm from vertical mergers, University of Pennsylvania ILE Research Paper, 2020, p. 8.
147) Hovenkamp, Federal Antitrust Policy, West, 2020, p. 565.

바. 경쟁자 비용상승과 시장력 기준

시장력을 측정하기 위해 시장점유율을 사용한다. 그러나 앞서 언급한 바와 같이 시장점유율의 사용은 베인(Bainian) 시장력을 측정하는 경우와 스티글러(Stiglerian) 시장력을 측정하는 경우에 있어 차이가 있다.

시장점유율은 수요 탄력성을 반영하는 지표 이상의 독자적 의미를 가지고 있다. 경쟁자의 비용을 인상하는 (시장지배적) 사업자와 경쟁자 사이의 점유율 차이가 클 경우, 추후 높은 가격을 통하여 보상(recoup)을 받는 수준에 차이가 있다. 이때 시장지배적 사업자 등은 경쟁자 비용을 높이기 위해 많은 비용을 지출할 수 있음을 의미한다. 이 점에서 시장점유율은 경쟁자 비용상승 능력을 평가함에 있어서도 중요한 지표가 된다. 투입요소 구매 비율은 투입요소 공급자에 대하여 협상력을 사용하여 독점권을 취득하고, 그로 인하여 경쟁자의 비용을 높일 가능성을 보여주는 자료가 된다.[149]

사. 경쟁자 비용상승과 특허 무효 문제

독점금지법과 지식재산권법은 특허권 남용에 대하여 시각 차이가 있다. 그러나 사기(fraud)를 통하여 취득한 무효의 특허를 보호할 수 없다는데 이견은 없다. 특허권 보호를 강조하는 입장도 사기를 통한 특허취득까지 보호하지 않는다.[150]

독점사업자가 무효의 특허를 실제 행사한 경우 셔먼법 제2조 위반이 될 수 있다. 실제 특허를 행사(enforce)하지 않고 보유만 한 경우(mere possession of an invalid patent)에도 셔먼법 제2조 위반이 될 수 있는지가

---

148) Vertical Merger Guidelines(2020), p. 4, 11. 이 가이드라인은 폐기되었다.
149) Krattenmaker et al, "Monopoly Power and Market Power," 76 Georgetown Law Journal 241(1987), p. 259, 260.
150) Leslie, The anticompetitive effects of unenforced invalid patents, 91 Minn. L. Rev. 101 (2006), p. 103.

미국에서 문제되었다. 미국 법원의 전반적인 입장은 무효인 특허를 보유한 것만으로는 부족하고 실질적으로 행사 또는 집행해야(actully enforced) 한다는 취지로 보인다.

그러나 이에 대하여 특허권을 행사하기 위한 적극적인 행위를 하지 않았더라도(take no affirmative steps to enforce its patent) 셔먼법 제2조 위반이 될 수 있다는 반론이 있다. 무효의 특허가 존재하는 것만으로도 침해소송을 당할 위협으로 인하여 경쟁자가 시장에 진입할 수 없을 수 있다. 경쟁자가 특허가 무효임을 알고 있더라도 침해소송의 위협을 감수하고 시장에 진입하는 것은 쉽지 않다.[151]

무효의 특허가 행사되어야 법위반이 되는지는 양론이 있지만, 무효의 특허는 경쟁자 비용을 증가시킨다(raising rival's cost). 특허의 존재 자체로 사업자가 시장에 신규진입하는데 추가 비용이 소요된다. 무효의 특허가 문제되는 사안에서 경쟁자 비용상승은 어떻게 설명될 수 있는가?

첫째, 조사비용(validity search cost) 문제이다. 신규 진입자는 자신의 행위가 기존 특허를 침해하는지를 고려하여 시장에 진입한다. 기존 특허가 존재하는지, 그리고 기존 특허의 범위가 어디까지인지를 조사하는 데 비용이 소요된다.[152] 이러한 비용은 일종의 진입장벽이 된다. 진입이 불가능하지 않더라도 상당한 정도로 진입을 저지하게 된다.

둘째, 비용상승으로 인한 가격 경쟁 능력의 저하 문제이다. 신규진입자는 특허에 대한 비용으로 인해 진입 후 기존 독점사업자와 가격 경쟁을 적극적으로 하기 어렵다. 이 점에서 무효의 특허로 인한 진입비용 증가는 가격 경쟁의 부재(不在)로 거래상대방이나 소비자에게 손해를 주고, 기존 독점사업자에게 이익을 준다.

셋째, 실시료의 지급 문제이다. 위험회피적인(risk‒averse) 경쟁자는 특

---

151) Leslie, The anticompetitive effects of unenforced invalid patents, 91 Minn. L. Rev. 101 (2006), p. 104.

152) Leslie, The anticompetitive effects of unenforced invalid patents, 91 Minn. L. Rev. 101 (2006), p. 119.

허에 대한 분쟁 대신 실시료를 지급하는 방안을 선택하게 된다. 그 결과 무효의 특허로 인해 신규진입하는 경쟁자의 비용은 증가하게 된다.153)

넷째, 특허 우회 비용이다. 신규진입자는 특허 침해를 피하기 위해 기존 특허를 우회하기 위하여 대체적인 제품을 만들기 위한(creating a noninfringing alternative product) 투자를 해야 하고, 그 결과 비용이 증가하게 된다. 이는 경쟁자 비용증가의 전형이다.154)

3. 동등효율경쟁자배제

가. 동등효율과 동등효율경쟁자

동등효율경쟁자 기준은 시장지배적 사업자와 동일한 비용을 가진 가상적인 사업자를 의미한다. 미국의 경우 경쟁제한성 평가에 있어 동등효율경쟁자 기준 적용은 일반적이다. 유럽연합 법원은 약탈적 가격설정과 이윤압착에서 동등효율경쟁자 기준을 적용하고 있다. 예를 들면, Post Danmark 사건155)에서 일반법원은 동등효율경쟁자 기준이 절대적인 기준이라기 보다는 여러 기준 중 하나로 사용될 수 있음을 시사하였다.156)

동등효율경쟁자가 배제되는지 여부를 고려하지 않고 판단을 할 경우 소비자 희생으로 경쟁자를 보호하는 결과가 될 수 있다. 가격 경쟁(특히 낮은 가격)의 장점이 고려될 수 없으며, 경쟁보호가 아니라 경쟁자보호에 이르는 1종 오류(type I error)의 전형이 될 수 있다.

경쟁법에서 동등효율경쟁자는 비용 기준으로 판단하는 것이 일반적이다(비용 기준).157) 이 점에서 동등효율을 판단하려면 비용이나 이에 준하는

---

153) Leslie, The anticompetitive effects of unenforced invalid patents, 91 Minn. L. Rev. 101 (2006), p. 120.
154) Leslie, The anticompetitive effects of unenforced invalid patents, 91 Minn. L. Rev. 101 (2006), p. 121.
155) Case C—23/14, Post Danmark II EU:C:2015:651.
156) Jones & Sufrin, EU Competition Law, Oxford, 2016, p. 363, 364.

객관적 기준이 사용되어야 하며, 주관적이고 정성적 평가는 자의적인 기준
이 될 위험이 있다. 그 점에서, 비용을 고려하지 않고 동등효율경쟁자를
찾으려면 비용을 대체할 기준이 제시되어야 한다.

위와 같은 장점에서 불구하고, 동등효율경쟁자 기준의 한계도 있다. 경
쟁자의 효율성이 쟁점이 아닌 사안에 적용되기 어렵다는 한계가 있다. 또
한, 동등효율경쟁자 기준에 따르면 신규 진입자가 현재는 시장지배적 사업
자에 비하여 효율성이 부족하지만 시간의 경과에 따라 동등한 효율성을
달성할 수 있음에도 이를 배제하는 것이 허용된다는 점에서 단점이 있다
는 비판도 있다. 나아가, 비효율적인 경쟁자가 시장에 참여하는 것을 부정
적으로 보지 않아야 한다는 반론도 있다. 즉 경쟁은 비효율적인 경쟁자도
시장에 참여하는 것을 전제로 하고 있다. 역사적으로, 비효율적인 경쟁자
가 효율적인 경쟁자로, 나아가 더 효율적인 경쟁자로 발전하는 현상을 적
지 않게 볼 수 있기 때문이다.158)

나. 적용범위

가격 비용 기준(price cost test)와 동등효율경쟁자배제 문제는 어떤 관계
에 있는가? 경쟁자를 배제하지만 소비자에게 낮은 가격과 다양한 선택권
을 부여하는 등 소비자후생을 증진하는 행위를 남용행위로 규제하는 것은
바람직하지 않다. 낮은 가격이더라도 그 가격이 자신의 비용보다 높다면

---

157) Guidance on the Commission's enforcement priorities in applying Article 82 of
the EC treaty to abusive exclusionary conduct by dominant undertakings para.
23. 25.; Jones & Sufrin, EU Competition Law, Oxford, 2016, p. 363. 430. 특히
Jones & Sufrin, EU Competition Law, Oxford, 2016, p. 363은 다음과 같이 동등
효율경쟁자를 설명하고 있다. The 'as efficient competitor' is a hypothetical
competitor having the same costs as the dominant company'.
158) Adrian Künzler, Economic content of competition law: the point of regulation
preferences, in The goals of competition law(Zimmer ed., Edward Elgar, 2012),
p. 211.

이를 두고 비합리적이라고 보기 어렵다. 이 점에서 남용행위 중 가격과 비용을 비교하는 가격 비용 기준(price cost test)의 전형(典型)이 동등효율경쟁자(as efficient competitor) 기준이다. 부당염매, 결합판매를 통한 할인, 이윤압착 등이 대표적인 적용사례이다.

동등효율경쟁자배제는 낮은 가격에서 문제되는 경우가 많고, 낮은 가격은 할인을 통하여 가능한 경우가 많다. 할인은 소비자가 별개로 구입할 수 있는 선택권을 침해받지 않으면서도 저가에 상품을 구입할 수 있는 긍정적인 효과가 있다. 따라서 단일상품 판매이든 결합판매이든 가격할인을 경쟁법 차원에서 규율할 근거로는, 가격할인에도 불구하고 동등효율경쟁자를 배제한다는 점에서 찾는 것이 합리적인 설명이 된다.159) 시장지배적 사업자에게 모든 경쟁자를 배제하지 않을 가격을 책정하도록 요구한다면, 이는 결국 소비자의 손실을 통하여 비효율적인 경쟁자를 배제하는 결과가 되고, 장기적으로는 유효한 가격 경쟁이 배제되는 문제를 피할 수 없다.160)

다. 동등효율경쟁자 기준과 비용 평가

동등효율경쟁자 기준은 불가피하게 비용과 가격을 보아야 한다.161) 그런데 가격 비용 테스트에서 그 주체로 누가 비용을 증명해야 하고, 그 대상으로 누구의 비용을 증명해야 하는가? 이때 비용이 시장지배적 사업자의 비용인지, 경쟁자의 비용인지가 문제된다.

비용의 주체 문제에서 경쟁자의 비용이 아니라 시장지배적 사업자의 비용을 기준으로 하는 것이 타당하다. 자신의 비용을 기준으로 할 때 스스로

---

159) 공정거래법상 경쟁제한성 심사에도 경쟁사업자의 비용 상승 효과 등을 심사하고 있다 [시장지배적지위 남용행위 심사기준(공정거래위원회고시 제2015-15호) IV. 6. 바.].
160) 정재훈, 공정거래법 소송실무(제3판), 육법사, 2020, 589면.
161) 비용과 가격을 보는 가격비용테스트의 대표적인 유형은 약탈적 가격설정이다. 물론 약탈적 가격설정은 회수가능성까지 본다는 점에서 동등효율경쟁자 이론이 예정하는 것보다 좁고 엄격할 수 있다.

위반 여부를 알 수 있는, 즉 위반행위자가 스스로 법 위반을 회피할 수 있는 자기검증(self test)으로 기능할 수 있다.[162] 시장지배적 사업자는 자신의 비용을 알 수 있고, 그 비용보다 낮게 가격을 책정하지 않음으로 법위반을 사전에 방지할 수 있다. 바꾸어 말하면, 시장지배적 사업자의 자기검증(self test)이 가능하다. 판단기준을 통한 법적 안정성 추구의 측면에서, 비용 기준은 객관적으로 위반행위를 판단할 수 있는 객관적 기준으로 기능을 한다.

이와 관련 서울고등법원 2018. 1. 31. 선고 2015누38131 판결(케이티 사건)[163]은 "통상거래가격을 산정함에 있어서 '해당사업자'가 그 공급에 소요되는 비용을 고려하지 않고 '경쟁사업자'가 공급에 소요되는 비용을 기준으로 산정하는 것은 부당하다"라고 판시하였다. 시장지배적 사업자라고 하더라도 영업비밀에 속하는 경쟁자의 비용을 알 수 없음에도 경쟁자의 비용을 고려하여 남용행위를 회피할 의무가 있다는 것은 수긍하기 어렵다는 점에서 위와 같은 판단은 정당하다. 시장지배적 사업자의 비용을 기준으로 남용행위를 판단할 때, 위반자 스스로도 위반행위를 회피할 수 있는 자기검증(self test)이 가능하다는 점에서도 자연스럽다.

이러한 법리는 부당염매(약탈적 가격설정), 이윤압착, 결합판매 등 시장지배적 지위 남용행위 유형뿐 아니라 비용이 문제되는 남용행위나 위반행위 전반에 통용된다. 거래상대방이나 경쟁사업자의 비용(제조원가 등)은 전형적인 영업비밀이다. 행위자는 거래상대방이나 경쟁사업자의 비용을 알 수 없다. 그런데도 사후적 고찰을 통하여 거래상대방이나 경쟁사업자의 비용보다 낮은 가격이라는 점을 들어 법위반을 인정하는 것은 정당하지 않다. 거래상대방이나 경쟁사업자의 비용보다 낮다는 이유로 위반행위를 인정한다면, 행위자는 법위반을 피하기 위하여 거래상대방 등에게 그 비용(제조원

---

162) A seller can easily ascertain its own prices and costs of production and calculate whether its discounting practices run afoul of the rule. Cascade Health Solutions v. Peaceheath 515 F.3d 883, 907.
163) 대법원 2021. 6. 30. 선고 2018두37960 판결로 파기되었다.

가)의 제출을 요구해야 하는데, 이는 공정거래법 제45조 제1항 제6호 거래
상 지위남용 중 경영간섭의 전형적인 행위이다. 또한 대규모유통업법 제14조
등 특별법이 경영정보 제공요구를 금지하고 있어, 한 법률을 준수하기 위하
여 다른 법률을 위반하게 되는 모순이 발생한다.164)

라. 동등효율경쟁자 기준과 시장점유율, 소비자저해

첫째, 동등효율경쟁자 기준과 시장점유율 기준의 관계이다. 동등효율경
쟁자 기준을 시장점유율 기준과 병행하여 적용하면 효과적일 수 있다. 동
등효율경쟁자 기준이 적용될 경우 이는 시장점유율이 40% 이상인 기업과
경쟁자 사이에 적용되어야 효과적이라는 견해가 있다. 시장점유율이 60%
이상인 경우 동등효율경쟁자 배제가 추정될 수 있다는 견해도 있다.165)

둘째, 동등효율경쟁자 기준과 소비자 저해 기준의 관계이다. 동등효율경
쟁자 기준과 소비자 저해(consumer harm test) 기준은 상보적이다. 전자가
경쟁자에 중점을 두고 있다면, 후자는 소비자보호를 포함한 경쟁과정에 중
점을 두고 있다.166)

마. 동등효율경쟁자 기준과 충성 리베이트

1) 충성 리베이트 문제

충성 리베이트(loyalty rebate)는 구매자에게 관련기간 동안 구매자별로
설정된 리베이트 조건의 달성에 따라 리베이트를 지급하게 된다. 그 결과
구매자로 하여금 특정 제품에 대한 충성유도 효과(loyalty-inducing effect)

---

164) 정재훈, 공정거래법 소송실무(제3판), 육법사, 2020, 589면.
165) Hedvig Schmidt, Competition law, innovation and antitrust, Edward Elgar, 2009, p. 239. 다만 이러한 추정은 과도한 것으로 보이므로 동의하기 어렵다.
166) Hedvig Schmidt, Competition law, innovation and antitrust, Edward Elgar, 2009, p. 240.

를 가져오게 된다.

형식주의와 효과주의에 따른 이해의 차이, 경쟁제한효과에 대한 이해의 차이는 충성 리베이트 사안에서 잘 드러난다. 충성 리베이트의 문제를 형식주의가 아니라 효과주의에서 접근할 경우, 리베이트가 가격할인이라는 측면에 착안하여 가격−비용 기준의 대표적 기준인 동등효율경쟁자 기준이 적용되는 경향이 있다.

2) 유럽의 법리

유럽연합은 과거 유형별로 나누어, 수량 리베이트는 대체로 적법한 것으로, 충성 리베이트는 당연위법에 가까운 것으로 보고, 그 사이에 있는 배제적 리베이트(exclusivity rebate)는 사안에 따라 다르지만 충성 리베이트에 가깝게 해석하는 경향이 있었다.

충성 리베이트의 경우에도 배타조건부거래의 법리와 가격차별의 법리 등을 적용하고 있었으나, 인텔사건에서 가격·비용 분석에 기반한 동등효율경쟁자(AEC) 기준을 적용하였다. 인텔 사건에서 효과주의를 적용함에 있어 동등효율경쟁자 기준 적용이 필요한 것으로 보는지에 대하여, 집행위원회는 가이드라인에 충실하게 이를 시행하였다. 일반법원은 그 필요성을 부정하였으나, 사법법원은 다소 애매한 취지지만 당해 사건에서 고려해야 한다고 보았다.[167]

이 사건을 통하여, 유럽연합기능조약 제102조의 취지가 시장지배적 사업자보다 효율성이 떨어지는 기업이 시장에 남아 있는 것을 보호하는 것이 아님을 사법법원은 확인하였다. 동등효율경쟁자 이론이 실제 사건에서 적용될 때의 기술적인 기준은 시장지배적 사업자의 가격할인이 비용보다 낮은지에 있지만, 인텔 사건에서 사법법원은 가격 비용 기준을 명시적으로 지적하지는 않았다.[168] 결국 파기환송심에서 2022. 1. 26. 일반법원은 유

---

167) Intel Corp. v European Commission, Case C−413/14 P (2017).
168) Whish & Baily, Competition Law, Oxford, 2018, p. 752.

럽연합집행위원회가 경쟁제한효과를 증명하지 못하였다고 보아, 다툼의
대상이 된 처분을 취소하였다.[169]

3) 미국의 법리

미국의 경우 리베이트를 가격할인으로 보고 약탈적 가격설정의 법리로
접근하는 경향이 강하다. 미국은 충성 리베이트에 대하여 합리의 원칙을
적용하는 경향이 있다. 단일제품 리베이트에 대하여 주로 약탈적 가격의
법리를 적용한다. 복수상품 리베이트(bundle rebate)에 대하여는 배타조건
부거래의 법리를 적용한 사례와 약탈적 가격의 법리를 적용한 사례 등으로
나누어진다. 다만, LePage's, Inc. v. 3M, 324 F.3d 141(3d Cir. 2003) 판
결[170]은 가격 비용 기준을 채택하지 않은 사례로, 결합 할인(bundled
discount) 쟁점에 대하여 원고가 약탈적 가격설정을 주장하지 아니하였음에
비추어 약탈적 가격 기준(predatory pricing standard)이 적용되지 않는다고
보았다.[171]

4) 한국의 법리

대법원 2009. 7. 9. 선고 2007두22078 판결(농협 사건) 이래 동등효율경

---

169) Case T-286/09 RENV (2022).
170) 원고는 투명 테이프 생산업자로 저가 투명테이프, 판매자상표 부착 투명테이프를 생
산하고 있으며, 피고는 투명테이프뿐 아니라 다른 문구류를 생산하고 있다. 피고는
투명테이프 등 문구용품, 생활용품, 여가용 제품, 홈케어 제품, 건강제품, 자동차 제
품 등 6개 제품에 대하여 번들 리베이트(bun-dle rebate)를 제공하였다. 원고는
피고가 이러한 번들 리베이트를 통하여 셔먼법 제1, 2조, 클레이튼법 제3조를 위반
하였다고 주장하며 손해배상을 구하였다. 1심은 셔먼법 제1조, 클레이튼법 제3조 위
반을 부정하고, 셔먼법 제2조 위반을 인정하였다. 항소심에서 셔먼법 제2조 위반이
쟁점이 되었고, 소부(panel)는 위반을 부정하였으나, 전원합의체(en banc)는 위반을
인정하였다. 배타조건부거래는 통상 셔먼법 제1조, 클레이튼법 제3조의 문제로도 다
루어지지만, 이 사건과 같은 배제적인 할인(exclusionary discounting practice)은
셔먼법 제2조의 문제로 논의되고 있다. 정재훈, 공정거래법 소송실무(제2판), 육법
사, 2017, 633, 634면.
171) ABA, Antitrust Law Development, 2017, p. 260.

쟁자 기준을 고려하지 않았다. 특히 충성 리베이트가 문제된 대법원 2019. 1. 31. 선고 2013두14726 판결(퀄컴 사건)에서 비용 이하의 가격일 것을 심리할 필요가 없다고 보아 가격 비용 기준을 채택하지 않았다. 한국은 퀄컴 사건에서 가격 비용 기준의 필요성을 부정하면서 동등효율경쟁자 이론을 채택한 유럽연합 인텔 사건에 비하여 엄격한 태도를 취하였다.

앞서 서술한 바와 같이 미국의 경우 리베이트를 가격할인으로 보고 약탈적 가격설정의 법리로 접근하는 경향이 강하다. 유럽은 결과적으로 인텔 사건에서 가격비용에 기반한 동등효율경쟁자 기준을 보았다.[172] 한국은 위 퀄컴 사건에서 가격 비용 기준의 필요성을 부정하면서 동일한 충성 리베이트 사건인 유럽 인텔 사건에 비하여 더 엄격한(충성 리베이트의 위법성을 더 넓고 쉽게 인정하는 듯한) 태도를 취하였다.

첫째, 대법원이 충성 리베이트를 이용한 배타조건부거래가 문제된 사례에서 가격, 비용 기준을 적용하지 않았다. 따라서 배타조건부거래의 경쟁제한성을 증명하기 위하여 배타조건부거래행위를 통하여 동등효율경쟁자를 배제하였음을 증명해야 한다고 보기 어렵다.

둘째, 대법원 판례에 비추어 배타조건부거래의 경쟁제한성 인정범위와 동등효율경쟁자의 배제가 인정되는 범위는 어떤 관계인지 문제된다. 동등효율경쟁자를 배제한 경우에 경쟁제한성은 당연히 인정되지만, 동등효율경쟁자를 배제하지 않는 경우에도 경쟁제한성이 인정될 소지가 있다. 이 점에서 배타조건부거래의 경쟁제한성 판단기준은 동등효율경쟁자 기준보다 넓은 것으로 이해할 여지가 있다(동등효율경쟁자배제 < 경쟁제한성).[173]

이와 달리 증명방법 내지 판단기준에서 동등효율경쟁자 배제를 요하지 않는 것일뿐 배타조건부거래의 경쟁제한성이 인정되는 범위와 동등효율경쟁자 배제가 인정되는 범위는 일치하는 것으로 볼 여지도 있다(동등효율경쟁

---

172) Whish & Baily, Competition Law, Oxford, 2018, p. 748, 749.
173) 부당염매나 이윤압착에서 고려될 수 있다. 서울고등법원 2018. 1. 31. 선고 2015누 38131 판결(기업메시징 사건)은 이를 고려한 것으로 보이지만, 대법원에서 파기되었다.

자배제＝경쟁제한성). 시장지배적 사업자의 행위가 남용행위로 평가받는 이유는 효율성 외의 방법으로 경쟁자를 배제한 것에 있고, 이때 경쟁자는 비효율적인 경쟁자가 아니라 최소한 동등한 효율성을 구현하는 경쟁자에 한정된다. 이러한 전제에서라면 동등한 효율의 경쟁자를 배제하지 않는다면 남용행위가 인정되기 어렵다. 대법원 판결은 증명방법에서 동등효율경쟁자 배제를 필수적으로 요구하지 않는 것으로만 이해해야 한다는 취지이다.

셋째, 한국의 소송실무에서 가격비용 분석을 통한 동등효율경쟁자 배제의 증명은 배타조건부거래에서 어떤 의미가 있는가? 대법원 판결에 따르면, 공정거래위원회가 동등효율경쟁자를 배제하였음을 증명할 의무는 없다. 그러나 시장지배적 사업자가 자신의 행위가 동등효율경쟁자를 배제하지 않았음을 적극적으로 반박할 수 있다. 특히 시장지배적 사업자가 자신의 비용에 대하여 가장 잘 알고 있음에 비추어 반증이 가능하다.

대법원 2019. 1. 31. 선고 2013두14726 판결도 "사업자는 조건부 리베이트 제공행위의 사실상 구속력이나 부당성 증명을 위하여 위와 같은 경제분석을 사용하여 그 결정의 신뢰성을 높이는 것은 권장될 수 있다. 나아가 통상의 경우 사업자는 경제분석의 기초가 되는 원가자료나 비용 관련 자료, 리베이트의 설계방식과 목적·의도와 관련한 자료 등은 보유하고 있으므로, 경제분석의 정확성이나 경제분석에 사용된 기초자료의 신뢰성·정확성과 관련한 모호함이나 의심이 있는 상황에서는, 사업자가 그 기초자료나 분석방법 등의 신빙성을 증명함으로써 조건부 리베이트 제공행위의 사실상의 구속력이나 부당성에 관한 공정거래위원회의 일응의 합리적 증명을 탄핵할 수는 있다."라고 판시하여 이러한 반증의 가능성을 부정하지 않고 있다.

그 결과 문제된 행위가 동등효율경쟁자를 배제하지 않음이 증명된 상태라면 경쟁제한성이 문제될 영역이 상당히 축소되고, 공정거래위원회가 제시한 경쟁제한의 증거를 더 엄밀하게 심사해야 하는(scrutinize strictly) 유력한 정황(간접사실)으로 이해될 수 있을 것이다.

바. 동등효율경쟁자 기준과 결합 판매

Cascade Health v. Peacehealth, 515 F.3d 883(9th Cir. 2008) 사건[174]
은 결합판매에서 동등효율경쟁자 이론 적용을 볼 수 있는 대표적인 사례
이다. 위 판결에서 할인을 하더라도 비용보다 낮은 결과에 이르지 않는다
면 셔먼법 제2조 위반이 인정되기 어렵다고 보았다.[175]

첫째, 결합판매 자체는 경쟁촉진적일 수도 있고, 경쟁제한적일 수도 있
다. 시장지배적 사업자가 아니더라도 결합판매는 거래관행상 광범위하게
이루어지고 있으므로 중립적이고 객관적으로 경쟁제한성 평가를 할 필요
가 있다. 위 판결에서도 이러한 전제에서 결합판매의 경쟁제한성 평가를
시도하고 있다.

둘째, 결합판매의 특성은 할인에 있으므로 가격과 비용을 비교하는 가
격 비용 기준(price cost test)를 할 필요가 있다는 전제에서 동등효율경쟁
자를 배제할 위험이 있는지를 심사해야 한다는 입장을 취함으로써 비용
기반 분석(cost based approach)이 필요하다고 보았다.

셋째, 이 판결의 돋보이는 점은 결합판매에서 경쟁제한성 평가의 방법
론에 있어, 할인귀속 기준을 채택하여 결합판매에 따른 할인분을 전체 상
품이 아니라 경합하는 상품에 적용한 후, 비용보다 가격이 낮은지를 심리
해야 한다는 점을 지적한 점이다.

넷째, 동등효율경쟁자의 배제 문제는 결국 행위자 자신이 스스로 위반

---

174) 피고는 결합판매를 하면서 할인정책(bundled discounting practice)을 시행하였다.
의료법인인 피고는 환자에게 1, 2, 3차 의료서비스를 제공하지만, 실제로 의료서비
스 가격을 지급하는 사업자는 보험회사가 되므로, 보험회사에 대하여 결합판매를 제
공하며 할인이 이루어졌다. 원고는 경쟁자인 피고가 결합판매를 통하여 보험사에게
할인을 제공한 행위가 셔먼법 제1조 및 제2조에 위반된다고 보아 소를 제기하였다.
1심(오레곤 연방지방법원, the U.S. District Court for the District of Oregon)은
결합판매를 통한 독점화기도를 인정하였으나, 대상판결은 이를 부정하였다. 정재훈,
공정거래법 소송실무(제3판), 육법사, 2020, 593, 594면.
175) ABA, Antitrust Law Development, 2017, p. 261.

여부를 판단할 수 있어야 하므로, 이때 문제되는 비용은 경쟁자의 비용이 아니라 행위자의 비용임을 명시한 점이다. 대상이 되는 비용은 측정하기 용이한 평균가변비용이라고 보았고, 이 점에서 단일상품의 할인과 다르지 않다.[176]

사. 동등효율경쟁자 기준과 배타조건부거래

배타조건부거래는 개념 자체에 경쟁자를 배제한다는 내용이 포함되어 있다. 그런데 배타조건부거래에서도 (약탈적 가격설정과 마찬가지로) 동등효율경쟁자를 배제할 경우에만 경쟁제한성이 인정되는가? 이는 배타조건부거래의 경쟁제한성 판단에서 동등효율경쟁자 기준을 수용할 것인지의 문제이다. 배타조건부거래 유형 중 가격할인의 성격이 없는 계약상, 명시적 배타조건부거래의 경우에는 동등효율경쟁자 이론을 적용하지 않고도 경쟁제한성을 증명하는데 어려움이 없는 경우가 통상적이다.

대법원 2009. 7. 9. 선고 2007두22078 판결(농협 사건) 이래 대법원은 일반적인 배타조건부거래 사건에서 동등효율경쟁자 배제를 고려하지 않았다. 유럽연합의 경우 리베이트 등 가격할인 성격을 가진 배타조건부거래가 아닌 전형적인 배타조건부거래 유형에서 동등효율경쟁자배제 기준을 적용하지 않는다.

미국의 경우 ZF Meritor v. Eaton, 696 F.3d 254(3rd. Cir. 2012) 사건[177]에서 법원은 가격이 비용 이하로 내려간 적이 없다는 사실만으로 독

---

176) 가격이 평균가변비용을 상회하는지 여부를 평가하는 소위 'Areeda－Turner Test'가 적용되었다.

177) 대형트럭용 변속기(heavy duty transmission) 생산업체인 원고는, 같은 생산 업체인 피고가 시장지배적 지위를 이용하여 트럭 제조회사와 장기간 배타조건부 계약을 체결하여 시장을 봉쇄하였다는 사유로, 피고에 대하여 손해배상과 금지청구를 하였다. 1심은 피고 행위의 위법성을 인정하면서도 원고의 손해액이 산정되지 않았음을 이유로 원고의 손해배상청구를 받아들이지 않았다. 항소심은 1심의 배타조건부거래에 관한 판단은 유지하면서, 손해액 산정에 관한 1심 판단이 위법하다는 이유로 이를 파

점금지법 위반 책임에서 제외된다고 보지 않았다. 가격이 배제의 결정적인 메커니즘이 아니라고 보았다. 약탈적 가격설정에서 적용되는 가격 비용 기준이 이 사건에서 문제된 배타조건부거래에 적용되지 않는다고 보았다.[178] 가격 비용 기준은 배타조건부거래의 위법성을 판단하는 합리의 원칙에 따른 기준(a specific application of the rule of reason) 중 하나로서, 가격 비용 기준에 의존하지 않고 배타조건부거래의 위법성을 판단할 수 있다. 가격이 비용보다 낮지 않더라도 배타조건부거래가 가능하다.

이 사건에서는 원고가 가격 비용 기준을 주장하지 않았고, 대신 'mandatory purchasing requirements'로 볼 수 있는 다양한 계약 요소를 지적하였다. 계약 자체로 5년이라는 장기간, 약 90%를 피고로부터 구입하도록 함으로써 소비자의 접근을 막고, 원고가 피고의 독점을 위협할 정도의 시장점유율을 가질 수 없도록 하였다. 이 사건에서는 가격이 배제의 주요한 수단이 아니었으므로(price itself was not the clearly predominant mechanism of exclusion), 약탈적 가격의 가격 비용 기준(price cost test)이 적용되지 않았고, 그에 따라 비용 가격 기준이 적용된 선례가 적용될 수 없다. 이 판결에 따르면 비용 이상의 가격이라는 사유로 위법한 배타조건부거래가 적법하게 되지 않는다.[179]

4. 지배력 전이

가. 지배력 전이 이론

지배력 전이(leverage)는 일반적으로 한 시장에서 시장력을 다른 시장으로 확대하기 위한 지배력(lever)으로 사용하는 것을 의미한다.[180] 지배력

기하였다.

178) ABA, Antitrust Law Development, 2017, p. 254.
179) Above‒cost prices do not render an otherwise unlawful exclusive dealing agreement lawful.
180) Hovenkamp and Morton, Framing the Chicago School of Antitrust Analysis,

전이를 설명하는 이론(지배력 전이 이론, leverage theory)의 적용범위가 명확하지는 않다. 제1 시장의 독점사업자가 제2 시장의 경쟁자에 대하여 우위를 점하기 위하여 특정 행위를 제한하는 합의를 하거나(restricitive agreement) 수직적 통합(vertical integration)을 한 경우에 주로 문제되었다.

그런데 수직적 통합을 한 경우에 반드시 제2 시장에서 가격이 인상되거나, 공급량이 감축되는 것은 아니다. 오히려 제2 시장에서 가격이 한계비용보다 높은 경우에 이중마진제거에 따른 가격인하 효과가 발생할 수 있다. 이러한 원리는 제1 시장과 제2 시장의 관계가 수직적이 아닌 경우에도 적용된다.[181]

1) 지배력 전이 규제 이론

끼워팔기나 결합판매 규제론의 기본은 독점사업자에 의한 지배력 전이 이론(monopoly leveraging of market power)이다. 소위 공격적 레버리지(offensive leverage)는 제1 시장의 시장지배력을 이용하여 제2 시장에서 경쟁을 봉쇄하고 시장지배력을 취득한다는 내용이다.

끼워팔기에서 지배력 전이 이론은 클레이튼법 제3조 제정의 이론적 근거가 되었다.[182] 끼워팔기 사안에서 지배력 전이 이론(leverage philosophy)은 법리로 정착하였고, 미국 연방대법원은 지배력 전이 이론을 독점금지법 이론(antitrust doctrine)으로 받아들였다. 법원은 규범화 작업을 통해 단지 '가정(hypothesis)'으로만 존재하던 이론을 구체적인 법리(doctrine)로 발전시켰다는 평가를 받고 있다.[183]

끼워팔기 등을 당연위법으로 보는 이론에, 독점사업자가 제1 시장과 제2

University of Pennsylvania Law Review Vol. 168 No. 7(2020), p. 1864.

181) Hovenkamp, Federal Antitrust Policy, West, 2020, p. 415.

182) Leslie, Cutting through tying theory with Occam's razor, 78 Tul. L. Rev. 727 (2004), p. 733.

183) Leslie, Cutting through tying theory with Occam's razor, 78 Tul. L. Rev. 727 (2004), p. 734.

시장에서 모두 독점이윤을 누릴 수 있게 된다는 우려가 반영되어 있다.[184] 지배력 전이 이론을 넓게 적용한다면, 제2 시장에서 독점화를 시도하지 않았음에도 제2 시장에서 제1 시장의 지배력을 이용하여 이익을 얻는 행위가 금지될 수 있다.[185]

2) 단일독점이윤 이론

시카고 스쿨은 단일독점이윤에 기하여 두 시장 모두에서 독점이윤을 취하는 것은 가능하지 않다는 점을 근거로 기존의 지배력 전이 이론을 강하게 비판하고 있다.[186]

독점사업자가 제1 시장과 제2 시장에 모두 진출한 경우 끼워팔기를 통하여 제2 시장의 경쟁자를 배제하더라도 이윤이 증가하지 않는다(one monopoly profit). 제1 시장 상품과 제2 시장 상품이 서로 독립재인 경우, 끼워팔기를 하면 제2 시장에서 효율적 경쟁자와 가격 경쟁을 해야 하고, 그로 인하여 전체 이윤이 감소할 수 있다. 제1 시장 상품과 제2 시장 상품이 서로 보완재인 경우, 제2 시장에서 효율적인 경쟁자를 배제하는 것은 독점사업자에게 유익하지 않다. 제2 시장의 효율적 경쟁자가 창출하는 효율성 증대분을 가격압착을 통해 확보할 수 있는 기회를 상실하기 때문이다.

시카고 스쿨은 끼워팔기가 주로 문제되는 보완재에 대한 수요는 소비자의 결합상품에 대한 지불의사에 기반을 두고 있을 뿐 레버리지의 효과가 아니라고 보고 있다. 특히 주상품과 부상품을 결합함으로써 추가적으로 독점이윤을 얻을 수 있다는 설명은 경제학적으로 오류라고 비판하고 있다.[187]

일부 미국법원은 단일독점이윤 이론에 근거해서 독점사업자가 배타적인

---

184) Jones & Sufrin, EU Competition Law, Oxford, 2016, p. 475.
185) Hovenkamp, Federal Antitrust Policy, West, 2020, p. 415.
186) Jones & Sufrin, EU Competition Law, Oxford, 2016, p. 475.
187) Hovenkamp and Morton, Framing the Chicago School of Antitrust Analysis, University of Pennsylvania Law Review Vol. 168 No. 7(2020), p. 1864.

수직적 합의를 하는 행위가 적법하다고 보았다.[188] 물론 시카고 스쿨의 단일독점이윤 이론에 동조하는 견해도 단일독점이윤 이론 적용의 예외가 있을 수 있음을 인정하면서도 이러한 예외가 드물다는 점을 강조한다.[189]

이에 대하여 후기 시카고 스쿨은 단일독점이윤 이론은 특정한 가정 하에서만 타당하므로, 끼워팔기를 통하여 시장지배력을 전이하는 것이 가능하다고 본다.[190] 특히, 끼워팔기를 통하여 이윤을 증가할 수 있고, 소비자 후생을 저해할 수 있다는 하버드 대학의 Elhauge 교수의 유력한 비판론도 존재한다.[191]

나. 지배력 전이와 끼워팔기

끼워팔기는 2개의 이질적인(disparate) 시장을 연결한다. 끼워팔기의 연결점은 개별 상품이 아니라 시장 구조에 있다. 끼워팔기는 단지 2개의 상품이나 서비스를 연결하는 수준에 그치는 것이 아니라 두 개의 시장 구조를 연결한다(link two market structures)는 점에 있다. 사업자는 여러 개 시장에서 상품을 판매하는 경우가 많다. 일부 시장은 시장지배력이 있고, 일부 시장은 시장지배력이 없는 상태라면 끼워팔기를 할 유인이 생긴다. 이는 시장구조에서 비롯된다.[192]

끼워팔기는 독점력이 있는 시장과 그렇지 않은 시장을 아울러 이윤을 극대화하기 위한 전략에서 비롯된다.[193] 사업자가 독점시장과 경쟁시장에

---

188) E & L Consulting, Ltd. v. Doman Indus., 472 F.3d 23, 29−30(2d Cir. 2006)
189) Jonathan B. Baker, Taking the Error Out of "Error Cost" Analysis: What's Wrong With Antitrust's Right, Antitrust L.J., Vol. 80, No. 1, 2015, p. 15.
190) Jones & Sufrin, EU Competition Law, Oxford, 2016, p. 476.
191) Einer Elhauge, Tying, Bundled Discounts, and the Death of the Single Monopoly Profit Theory, 123(2) Harv. L. Rev. 397 (2009), p. 399.
192) Leslie, Cutting through tying theory with Occam's razor, 78 Tul. L. Rev. 727 (2004), p. 759.
193) Leslie, Cutting through tying theory with Occam's razor, 78 Tul. L. Rev. 727 (2004), p. 760.

서 모두 활동하는 경우, 독점시장에서는 가격을 내려서 판매량을 증가시킬
수 있으나, 독점이윤을 누리고 있는 상태라서 그렇게 할 동기가 없다. 반
면 경쟁시장에서는 판매량을 증가시키려고 하더라도 이를 실행할 방법이
없다. 끼워팔기는 이러한 모순적인 상황을 해결하는 적절한 방안이 된
다.194)

1) 끼워팔기 규제

지배력 전이가 문제되는 대표적인 유형은 끼워팔기이다. 끼워팔기를 규
제해야 하는 당위성은 다음과 같은 점에서 논의되었다. 첫째, 구매자의 선
택의 자유를 침해한다는 점이다. 둘째, 제2 시장(tied market)에서 경쟁자
를 봉쇄한다는 점이다. 셋째, 제1 시장(tying market)의 시장지배력을 이용
하여 제2 시장(tied market)의 매출을 늘리는 지배력 전이의 문제이다. 이
때 지배력 전이는 상당한 수준의 시장력을 전제로 한다.

이러한 전통적인 지배력 전이 이론에 대하여 시카고 스쿨은 단일독점이
윤 이론에 기하여 시장지배적 사업자가 누릴 수 있는 이윤은 1회에 그치
고, 끼워팔기를 통하여 2시장에서 이윤을 높이지 못한다고 비판하였다. 이
러한 비판론이 수용됨에 따라, 끼워팔기를 당연위법으로 보는 경우는 드물
다.195) 특히, 끼워팔기로 전체적인 매출이 증가한다면, 제2 시장(tied market)
의 경쟁에 대한 영향을 들어 위법하다고 단정할 수 있는지에 대하여 이견이
있다.196)

지배력 전이 이론의 영향이 강한 시기에 끼워팔기는 당연위법의 유형으
로 이해되었다. 그 결과 봉쇄효과나 시장에서 배제효과가 증명될 필요가
없었다. 이러한 방식의 끼워팔기에 대한 당연위법의 법리에 Carl Kaysen,

194) Leslie, Cutting through tying theory with Occam's razor, 78 Tul. L. Rev. 727
(2004), p. 761.
195) Whish & Baily, Competition Law, Oxford, 2018, p. 706.
196) Leslie, Cutting through tying theory with Occam's razor, 78 Tul. L. Rev. 727
(2004), p. 825.

Donald Turner 등 하버드 스쿨의 학자들도 동의하지 않았다.[197] 이들은 끼워팔기에 의하여 이중 마진이 가능하다고 주장한 것이 아니라,[198] 끼워팔기가 진입장벽으로 작용할 수 있다고 보았다.[199]

한편, 끼워팔기를 지배력 전이로만 설명할 수 있는 것은 아니다. 예를 들면, Areeda 교수는 두 종류의 끼워팔기를 다루었다. 제1 시장 상품(tying product)의 가격 인하를 통하여 제2 시장 상품(tied product)의 가격 인상을 상쇄하는 유형과 함께, 끼워팔기(tying)를 통하여 제1 시장의 수요를 측정하여 가격차별을 수행하는 유형이다.[200]

2) 비교법적 차이

미국 연방대법원은 1940년대 판결에서 한 시장에서 지배력이 다른 시장으로 전이되는 것이 금지된다고 판시했다.[201] 그러나 그 이후 미국 법원은 오랜 논란 끝에 끼워팔기의 경쟁제한성을 인정하려면 제2 시장에서 독점화 위험성을 증명해야 하는 것으로 결론을 내렸다.[202] 대표적인 판결인 Spectrum Sports v. Mcquillian, 506 U.S. 447 (1993) 판결에서 연방대법원은 (일반적인) 지배력 전이 이론에 부정적인 것으로 보인다. 이 판결 이후의 하급심은 제한된 범위의 지배력 전이 이론의 적용만을 수용하고 있다. 주로 제1 시장의 독점력이 제2 시장의 독점을 창출하는데 사용되는 경우 등이다. 따라서 끼워팔기의 경쟁제한성이 인정되기 위하여 제2 시장에서 독점화 기도(attempt monopolize)에 준하는 요건이 구비되어야 한다.[203]

---

197) 위 학자들의 1959년 저서에 이러한 입장이 나타나 있다.
198) 그 점에서 시카고 스쿨과 반대 입장이 아니다.
199) Hovenkamp and Morton, Framing the Chicago School of Antitrust Analysis, University of Pennsylvania Law Review Vol. 168 No. 7(2020), p. 1867, 1868.
200) William H. Page, Areeda, Chicago, and Antitrust Injury: Economic Efficiency and Legal Process, 41 Antitrust Bull 909, 1996, p. 922. 이러한 접근법은 시카고 스쿨의 접근법과 다르지 않다.
201) U.S. v. Griffith, 334 U.S. 100 (1948).
202) ABA, Antitrust Law Development, 2017, p. 322.
203) Hovenkamp, Federal Antitrust Policy, West, 2020, p. 416.

물론, Berkey Photo, Inc. v. Eastman Kodak Co., 603 F.2d 263 (2d Cir. 1979) 판결에서, 법원은 필름 시장과 카메라 시장의 관계를 설명하며, 지배력 전이 이론을 언급하고 있다. 원칙적으로 지배력 전이에 의한 위반이 가능하며, 1시장에서 독점력을 이용하여 2시장에서 이익을 얻으려고 하면 독점화 기도가 아닌 경우에도 제2조 위반이 될 수 있다고 보았다. 이 사건에서 법원이 결론적으로 셔먼법 제2조 위반을 인정하지는 않았으나, 지배력 전이의 위법성을 지나치게 넓게 인정하였다는 측면에서 비판을 받았다.

Verizon Communications, Inc. v. Trinko, 124 S.Ct. 872 (2004) 판결204)은 Spectrum Sports v. Mcquillian, 506 U.S. 447 (1993) 사건보다 더 명확하게 지배력 전이 이론의 범위를 제한하고 있다.205) 위 판결 (Trinko 판결)에 따르면, 독점적 레버리지(monopoly leverage)가 위법하려면 2 시장에서 독점화에 성공할 위험성(a dangerous probability of success)이 증명되어야 한다. 그에 따라 제2 시장에서 독점화기도에 요구되는 위험성과 같은 기준이 요구됨을 다시 확인하였다.

유럽연합의 가이드라인(guidance paper)은 끼워팔기를 경쟁제한적인 봉쇄(anti-competitive foreclosure)에 기반을 두고 규정하고 있다. 공격적206) 이거나 방어적인 레버리지(offensive and defensive leverage)207)를 모두 고려하고 있다.208) 다만, 끼워팔기 법리는 미국과 유럽의 차이가 크다. 물론 외형적인 법리의 차이도 있으나, 그보다는 증명의 수준에서 차이가 있는 것으로 보인다. 유럽연합의 경우는 2시장의 경쟁제한효과에 대하여 요구

---

204) 항소심은 지배력 전이 이론을 적용하였으나 대법원은 이를 부정하였다.

205) Hovenkamp, Federal Antitrust Policy, West, 2020, p. 416.

206) 공격적 레버리지(offensive leverage)는 제1 시장의 시장지배력을 이용하여 제2 시장에서 경쟁을 봉쇄하고 시장지배력을 취득한다.

207) 제2 시장에서 이미 취득한 시장지배력을 유지하며, 신규진입을 막기 위하여 레버리지를 사용한다.

208) guidance(article 102) para. 52. Jones & Sufrin, EU Competition Law, Oxford, 2016, p. 495.

되는 증명 수준이 낮은 것으로 보인다.

3) 끼워팔기와 경쟁제한성 평가

가) 끼워팔기와 시장지배력

제1 시장(tying market)에서 시장지배력이 있어야 한다. 제1 시장에서 시장지배력 또는 이에 준하는 시장력이 없다면 강제성의 요건을 갖추기 어렵다. 시장지배적 사업자가 아닌 자가 거래를 강제하기 어렵다. 이 점은 대체로 견해가 일치하는 것으로 보인다.

나) 끼워팔기와 지배력 전이

지배력 전이는 몇 가지 유형으로 분류할 수 있다. 전형적인 경우는 제1 시장의 시장지배력이 존재하고, 제2 시장의 시장지배력이 부재한 경우이다. 이때 제1 시장의 지배력 존재, 제1 시장 지배력의 제2 시장 전이, 제2 시장 지배력 발생이 순차적으로 이루어지고, 그 인과관계가 인정되어야 한다.

이와 달리 제1 시장과 제2 시장에 시장지배력이 모두 존재하는 경우도 있다. 제1 시장의 시장지배력 존재, 제1 시장지배력의 제2 시장 전이, 제2 시장 지배력 강화로 연결된다.

마지막으로 제2 시장으로 전이된 지배력이 전이된 후, 역방향으로 제1 시장에 지배력이 전이되는 경우이다. 즉, 제1 시장 지배력 존재, 제1 시장 지배력의 제2 시장 전이, 제2 시장 지배력 발생 또는 강화, 제2 시장 지배력의 제1 시장 전이, 제1 시장 지배력 강화로 연결된다.

과거 전통적인 끼워팔기 사례는 제1 시장에 시장지배력이 존재하고, 제2 시장에 시장지배력이 없는 경우에 시장지배적 사업자가 제2 시장에 진출하거나 아직 시장지배력을 취득하지 못한 경우에 발생하였다. 그와 달리 플랫폼과 정보통신을 기반으로 한 시장에서 제1 시장과 제2 시장에 모두 시장지배력을 가진 경우에도 일방향 또는 쌍방향으로 지배력 전이가 문제될 수 있는 사례 등이 등장하고 있다. 구글 안드로이드 사건[209]과 같이 검

색(Google Search), 브라우저(Chrome), 플레이 스토어(play store)에서 상호
연관성을 가지고 발생한 행위는 이를 끼워팔기로 분류하는 것이 타당한지
에 대한 논란을 넘어서 시장지배력 전이나 봉쇄의 모델이 과거와 달리 운
영될 수 있음을 보여주는 좋은 사례가 된다.

다) 끼워팔기의 경쟁제한효과

첫째, 시장지배적 사업자의 끼워팔기가 위법하다고 주장하는 경쟁당국,
또는 시장지배적 사업자의 끼워팔기의 금지나 손해배상을 구하는 사소
(private enforcement)에서 원고가 지배력 전이가 이루어지는 대상 시장인
제2 시장에서 경쟁제한효과를 증명해야 한다.210)

둘째, 제1 시장의 지배력은 있고, 제2 시장의 지배력은 없는 경우 제1 시
장의 지배력이 레버리지(leverage) 효과를 통하여 제2 시장에 전이된다고 설
명하는 것으로는 경쟁제한효과를 증명하기에 부족하다. 즉, 제2 시장의 경
쟁제한효과에서 끼워팔기를 지배력 전이로만 설명하는 것은 부족하며, 경쟁
제한효과로 봉쇄효과는 제시되어야 한다는 것이 일반적이다.211) 유럽 집행
위원회나 일반법원도 경쟁제한적인 봉쇄효과가 제시되어야 한다는 입장으
로 보인다. 미국 Microsoft 판결[U.S. v. Microsoft Corp., 253 F.3d 34
(D.C.Cir. 2001)]에서, 미국 연방항소법원은 경쟁상품이 성과(merit)로 경쟁
할 수 있는 기회가 봉쇄되었는지를 핵심 쟁점으로 보았다.212)

다만, Areeda 교수는 끼워팔기 금지가 경쟁자의 봉쇄를 막는 데 목적이
있지 않다고 보았다. 끼워팔기로 가격이 인상되고, 그로 인하여 공급량이
줄어드는 것을 막는 데 목적이 있다고 보았다.213)

---

209) Judgment of the General Court in Case T-604/18.
210) 미국의 경우에는 empt monopolize)에 준하는 증명을 의미한다
211) Hovenkamp, Federal Antitrust Policy, West, 2020, p. 544, 547.
212) 부상품의 유상성 여부가 강제성 성립 여부 판단에 문제되지 않았다.
213) William H. Page, Areeda, Chicago, and Antitrust Injury: Economic Efficiency
and Legal Process, 41 Antitrust Bull. 909, 1996, p. 930.

셋째, 끼워팔기로 인한 경쟁제한적 봉쇄효과의 위험은 계약에 의한 끼워팔기(contractual tying)나 결합판매(bundling)에 비하여 기술적 끼워팔기(technical tying)에서 높다.[214] 고도의 기술발전이 이루어지는 현대 사회에서 끼워팔기는 통합을 통하여 효율성, 비용 인하, 품질 개선 등의 친경쟁적 효과를 산출할 수 있는데,[215] 이러한 효과 역시 기술적 끼워팔기에서 높다. 경쟁제한효과와 경쟁촉진효과가 모두 기술적 끼워팔기에서 높을 수 있다는 점에서 그 경쟁제한성 판단에 신중할 필요가 있다.

넷째, 끼워팔기가 제1 시장에서 지배력 강화를 위한 것이라면 제1 시장의 경쟁제한효과를 고려할 여지가 있다. 그와 달리 제1 시장에서 이미 진입장벽이 높고, 신규진입이 어렵다면 이미 경쟁이 약화되어 있어 추가적인 경쟁제한의 여지가 적다.

제3절 | 보완적 기준

1. 덜 침익적인 수단 기준

'덜 침익적인 수단의 존재 여부(Less Restrictive Alternative, LRA test)'를 고려하는 법리는 경쟁제한성 판단에 중요하다. 이 법리는 합리의 원칙의 일부로 미국에서 발달하였다. 이는 증명책임(증명책임의 이전) 문제에서 중요한 역할을 한다.

원고가 경쟁제한효과를 증명하고(1단계), 이에 대하여 피고가 경쟁촉진효과를 증명한 경우에(2단계), 다음 단계에서 '경쟁제한효과와 경쟁촉진효과를 비교형량할 때 경쟁제한효과가 크다'는 점을 원고가 증명한다(3단계).

---

214) Whish & Baily, Competition Law, Oxford, 2018, p. 711.
215) Whish & Baily, Competition Law, Oxford, 2018, p. 706.

그런데 독점금지법 사건에서 형량(balancing) 단계까지 넘어가는 경우는
드물다(제3절 2. 가. 효과형량기준 부분 참조). 대부분의 사건에서 경쟁제한적
효과와 경쟁촉진적 효과를 비교형량하기 전 단계에서 결론이 내려진다. 비
교형량 단계에서 계량화, 수치화는 어렵기 때문이다.216)

이때, 덜 침익적인 수단의 존재 증명은 '난해한' 비교형량을 대체하는 역
할을 할 수 있다. 그 결과 원고가 경쟁제한효과를 증명하고(1단계), 피고가
경쟁촉진적인 효과를 증명한 후(2단계), 원고가 당해 제한이 목적달성을
위해 필요하지 않고, 덜 침익적인 수단이 존재함을 증명하는 방식으로 증
명책임이 이전한다(3단계).217)

(만사가 그렇듯이) 경쟁법에서 문제되는 행위는 양면적인 특성, 즉 일부
는 경쟁에 유익하고 일부는 경쟁에 유해한 효과를 가지고 있는 경우가 많
다. 이때 덜 침익적인 대안을 찾는 방법이 사용된다. 이는 특별한 행위 유
형에 국한되지 않고 적용되는 보편성을 가지고 있다. 가정적인 대안
(hypothesized alternative)을 찾고, 그 대안이 덜 침익적인지를 판단한
다.218) 이 기준은 난해한 비교형량을 피하는 수단으로 사용된다. 특히 실
무적으로는 덜 침익적인 대안이 없다는 결론에 이름으로써 경쟁제한효과
를 부정하는 수단으로 사용될 수 있다.219)

덜 침익적인 수단의 존재 법리는 미국 합리의 원칙(rule of reason)의 증
명 절차와 관련하여 발달하였으나, 미국 경쟁법에 국한되지 않는다. 덜 침
익적인 수단의 존재 문제는 다른 국가에서도 경쟁제한성을 종합적으로 판
단하기 위한 요소의 하나로 고려될 수 있다.

---

216) Hemphill, Less Restrictive Alternatives in Antitrust Law, 116 Columbia Law
Review 927 (2016), p. 929.
217) ABA, Antitrust Law Development, 2017, p. 77.
218) Hemphill, Less Restrictive Alternatives in Antitrust Law, 116 Columbia Law
Review 927 (2016), p. 927.
219) Hemphill, Less Restrictive Alternatives in Antitrust Law, 116 Columbia Law
Review 927 (2016), p. 987.

2. 행위의 합리성 기준

경쟁법 사건에서 남용행위를 판단하는 과정에서 경제적 합리성을 고려하고 있다. 행위가 배제적이거나 약탈적인 경우, 그 행위는 경제적 합리성 기준으로 보면 비합리적인 행위에 해당할 가능성이 높다. 이러한 행위가 경쟁 배제의 목적에서 발생한 것으로 보면 자연스럽게 설명이 가능하다.[220] 다만, 행위의 합리성 기준을 넓게 적용하여, 행위의 적법성을 추정하는 것은 신중할 필요가 있다. 이는 위법한 행위를 적법한 것으로 판단하는, 소위 2종 오류에 이를 수 있기 때문이다.

예를 들면, 유사의약품 출시(product hopping) 사안에서 행위의 합리성 내지 경제적 동기 기준이 고려되고 있다. 적법한 '제품 전환(product switch)'과 그렇지 않은 경우를 동기에 따라 구별하는 것은 문제가 있다. 문제된 행위에 경쟁 제네릭의 진입을 저지하려는 것 외에 다른 경제적 동기가 있는지 여부에 따라 위반행위를 결정하는 등 경제적 합리성 기준에 지나치게 의존할 경우 제네릭을 배제하려는 제품 전환 사례가 대부분 적법하게 될 위험이 있다. 특히 오리지널 제약회사가 제네릭 배제 이외에 다른 정당화 사유를 제시할 경우 적법성을 쉽게 인정받게 된다.[221]

합리성 평가의 구체적인 기준인 동시에, 성과경쟁(competition on the merits)을 판단하기 위한 기준으로 동등효율경쟁자 기준(as efficient competitor test), 이윤 희생 기준(profit sacrifice test), 경제적 합리성 기준(no economic sense test), 소비자후생 형량 기준(consumer welfare balancing test) 등이 있다.[222]

220) ABA, Antitrust Law Development, 2017, p. 245.
221) Carrier, Pharmaceutical Antitrust Enforcement in the United States and Chile, 8 Journal of Law and the Biosciences (2021).
222) Jones & Sufrin, EU Competition Law, Oxford, 2016, p. 363.

가. 효과 형량 기준(effect-balancing test)

효과 형량 기준(형량 기준)은 경쟁제한효과와 경쟁촉진효과를 비교형량하는 기준이다.223) 다만, 이 기준은 그 효과의 비교형량이 어려운 현실적인 문제점이 있다. 미국 법원은 경쟁제한효과의 형량 테스트 (effect-balancing test)에 소극적이다. 법원은 형량의 단계까지 심리하지 않고 사건을 종결하려는 경향을 보이고 있다.

형량 테스트는 단기적이고 정적인 분석에 집중한다. 그 결과 동적인 효과(dynamic effect)는 간과되는 경향이 있다. 장기적으로 소비자후생을 촉진하는 행위를 금지할 우려도 있다.224) 형량 기준에서 불확실성을 제거하기 위하여 형량(balancing)을 배제한 이론이 등장했는데, 후술하는 이윤 희생 기준이나 경제적 합리성 기준 등이 그 예이다.225) 다른 한편, 효과형량 심사의 변형으로 친경쟁적 효과와 반경쟁적 효과를 모두 가지고 있는 경우에 반경쟁적 피해가 친경쟁적 편익을 압도하는 경우에만 위법으로 보는 불균형성 심사(disproportionality test)도 사용되고 있다. 다만 이는 경쟁당국에 과중한 증명책임을 부담시킨다는 비판을 받고 있다.226)

나. 경제적 합리성 기준(No Economic Sense Test, NES test)

Matsushita Electric Industrial Co. v. Zenith Radio Corp., 475 U.S. 574 (1986) 판결이 대표적 사례이다. 법원은 20년 동안 약탈적 가격설정이

---

223) 김성균, 플랫폼 사업자의 배제남용에 대한 연구, 고려대학교 대학원 박사학위논문, 2021, 87면. U.S. v. Microsoft Corp., 253 F.3d 34 (D.C.Cir. 2001)에서 효과 형량 기준이 사용되었다.

224) Department of Justice, Competition and Monopoly: Single-Firm Conduct Under Section 2 of the Sherman Act(2008), p. 38.

225) Department of Justice, Competition and Monopoly: Single-Firm Conduct Under Section 2 of the Sherman Act(2008), p. 39.

226) 권오승·서정, 독점규제법, 법문사, 2022, 193면.

성공하지 못하였음에도 지속된다는 가설은 경제학적으로 설명이 가능하지 않다고 보았다. 이 판결에 제시된 기준은 경제적 합리성 기준(no economic sense test)의 대표적 사례이다.

경제적 합리성 기준과 아래에서 보는 이윤 희생 기준은 실질적으로 동일하다는 견해가 있는 반면, 두 기준은 관련성이 높지만 구별된다는 견해가 있다. 그에 따르면 경제적 합리성 기준이 적용되는 배제적 행위 중에는 반드시 단기적 이윤을 희생하지 않는 유형도 포함되어 있다. 그 점에서 이윤 희생 기준은 경제적 합리성 기준 중 특별히 좁은 유형에 한정된다. 이윤 희생 기준은 사업상 정당한 사유가 없는 단기적 이윤 희생을 설명하기 위하여 필요하다. 다만, 이러한 구별론에 대하여 두 기준은 구별하기 어렵고, 함께 논의되는 경우가 많다는 비판론도 있다.227)

이 테스트에 포함된 방법으로는, 문제된 행위의 'non‒exclusionary profits'의 크기로 판단하는 방법228)과 행위의 배제성과 별도로 그 행위가 이윤발생에 기여하는지로 판단하는 방법 등이 있다.229) 이 법리가 독점금지법 사건에 적용됨에 따라 행위가 경제적으로 합리적인지(economic plausibility)를 경제학적으로 설명하지 못하면 원고의 소가 사실심리 생략 판결(summary judgment)로 종료되고, 본안심리에 들어갈 수 없게 된다.

다. 이윤 희생 기준(Profit Sacrifice Test)

시장지배적 사업자가 문제된 행위를 하지 않았을 경우에 더 큰 이익을 얻을 수 있었음에도 손실을 감수하면서 문제된 행위를 하였다면 이는 경제적 합리성이 없는 경우이므로 남용행위일 가능성이 높다고 보는 것이 이윤 희생 이론이다.

---

227) U.S. Department of Justice, Competition and Monopoly: Single‒Firm Conduct under Section 2 of the Sherman Act, 2008, p. 39.
228) 'non‒exclusionary profits'가 크다면 행위는 합리적이고, 작다면 비합리적이다.
229) U.S. Department of Justice, Competition and Monopoly: Single‒Firm Conduct Under Section 2 of the Sherman Act, 2008, p. 39.

미국 연방대법원 사건 중 Aspen Skiing Co. v. Aspen Highlands Skiing Co., 472 U.S. 585 (1985),[230] Matsushita Electric Industrial Co. v. Zenith Radio Corp., 475 U.S. 574 (1986),[231] Brooke Group Ltd. v. Brown & William Tobacco Corp., 509 U.S. 209 (1993)[232] 등에서 이윤 희생 이론이 적용되었다.

---

230) 피고(Aspen Skiing Co.)는 콜로라도 주 아스펜 시에 속한 3개의 산에서 스키장을 운영하였다. 원고(Aspen Highlands Skiing Co.)는 같은 시에 속한 1개의 산에서 스키장을 운영하였다. 원고와 피고는 1971년부터 1978년까지 4개의 산에 위치한 스키장을 일괄하여 티켓을 공동판매하였다. 수익의 분배를 둘러싸고 다툼이 있자, 피고는 공동판매의 중단을 원고에 대하여 통보하였다. 원고는 피고의 거래거절이 셔먼법 제2조를 위반하였다고 주장하며 손해배상을 구하였다. 1심, 2심, 대법원에서 모두 원고가 승소하였다. 정재훈, 공정거래법 소송실무(제2판), 육법사, 2017, 589면.

231) 미국 텔레비전 제조사들이 일본 텔레비전 제조사들에 대하여 일본제조사들이 20년이 넘는 기간 동안 텔레비전 세트에 대해 일본에서 인위적으로 높은 가격으로 가격협정·유지를 하면서 같은 시기에 미국에서 낮은 가격으로 가격협정·유지를 하는 공모를 하였음을 이유로 손해배상을 구하는 사소를 제기하였다. 미국 제조사들은 '낮은 가격'은 미국 제조사에 상당한 손해를 주는 것으로 일본 제조사들이 그들의 일본 시장에서의 독점적 이익을 이용하여 미국 시장에서 약탈적 가격을 설정하고 그로 인해 미국 제조사를 퇴출시키려고 공모하였다고 주장하였다. 즉, 이러한 공모가 성공한 연후에 일본 제조사들은 미국 소비가전 시장에서 담합을 형성하여 생산량을 제한하고 공정한 경쟁 가격보다 높게 가격을 인상할 것이라는 취지이다. 미국 제조사들은 이러한 일본 제조사들의 행위가 셔먼법 제1, 2조, 로빈슨패트만 법 제2조(a), 윌슨 관세법 제73조를 위반하였다고 주장하였다. 1심은 약식판결(Summary Judgment, 사실심리 생략판결)로 원고 패소 판결을 선고하였고, 2심은 약식판결이 적용되지 않는다고 보았으나, 대법원은 1심과 같이 약식판결이 적용된다고 보아 원고 패소 취지 판결을 선고하였다. 정재훈, 공정거래법 소송실무(제2판), 육법사, 2017, 180면.

232) 원고('Brooke Group Ltd.'에서 'Ligget & Myers'로 변경되었다)와 피고(Brown & William Tobacco Corp.)는 모두 담배회사이다. 원고가 브랜드(brand name) 담배 대신 가격이 30% 낮은 제네릭(generic) 저가담배를 판매하고, 이에 대하여 피고도 저가판매를 판매하면서 담배시장에서 18개월간 가격전쟁이 발생한 사건을 배경으로 하고 있다. 원고는 피고가 비용보다 낮은 저가로 판매함으로써 로빈슨 패트만법의 1선 가격차별 행위를 하였다는 이유로 손해배상을 구하였다. 1심에서 배심은 손해배상을 인정하였으나, 담당 판사가 법률상의 이유로 원고 패소판결을 하였고, 2심, 대법원도 같은 취지로 원고 패소 판결을 하였다. 정재훈, 공정거래법 소송실무(제2판), 육법사, 2017, 620면.

반면, Verizon Communications, Inc. v. Trinko, 124 S.Ct. 872 (2004) 판결에서 Aspen Skiing Co. v. Aspen Highlands Skiing Co., 472 U.S. 585 (1985) 판결의 이윤 희생 법리가 적용되지 않았다. 이 사건을 Aspen 사건과 비교할 때 다음과 같은 차이점이 고려되었다.

첫째, Aspen 판결은 자발적으로 거래한 경우이었으나, 이 사건은 경쟁자와 거래가 법령에 의하여 강제되었다.

둘째, Aspen 판결에서는 거래를 지속하는 것이 피고에게 이익이 되었으나, 이 사건에서는 종전에 낮은 가격의 거래가 법령에 의하여 강제되었으므로 거래를 중단하는 것이 피고 이익에 부합하였다.

셋째, 이 사건에서 원고의 청구가 인용될 경우, 피고는 추가적인 시설을 만들어서 공급해야 하는 등 상당한 재정적 부담을 지게 된다. 이러한 사정에 기초하여 이 판결은 거래거절에 관한 Aspen 판결이 셔먼법 제2조의 입법취지에서 벗어났음을 과감하게 지적하였다.[233]

Aspen 판결[234]과 Trinko 판결[235]이 이윤희생 문제를 다루었으나, 배제적 행위를 증명하기 위하여 반드시 이윤희생이 필요하다고 판단한 것은 아니었다. 이러한 대법원 판결의 모호한 태도로 인하여 하급심, 특히 연방항소법원은 이윤희생이 필요하다고 보는 다수의 입장과 그렇지 않은 소수의 입장으로 구분되고 있다.[236]

3. 무임승차

시카고 스쿨은 비효율성을 방지하기 위한 제한은 위법하지 않다고 보고 있다. 특히, 무임승차에 의한 효율성의 훼손(drain on efficiency)을 방지하

---

233) 정재훈, 공정거래법 소송실무(제2판), 육법사, 2017, 591면.
234) Aspen Skiing Co. v. Aspen Highlands Skiing Co., 472 U.S. 585 (1985).
235) Verizon Communications, Inc. v. Trinko, 124 S.Ct. 872 (2004).
236) Erik Hovenkamp, The Antitrust Duty to Deal in the Age of Big Tech, Yale Law Journal (2022), p. 16.

기 위한 제한은 적법하다고 보고 있다.237) 그러나, 재판매가격유지행위에
서 실제 무임승차가 발생하는지, 그를 방지하기 위한 효율성이 인정되는지
에 대한 비판적 견해도 존재한다.

첫째, 무임승차 방지의 법리가 법위반의 회피(回避)수단으로 악용된다는
견해이다. 재판매가격유지행위의 경쟁촉진적 효율성으로 언급되는 대표적
인 사유는 무임승차의 방지이다. Sylvania 판결238) 이래로 무임승차를 하
는 판매자의 문제가 지적되어 있다.239) 전통적 형태의 무임승차는, 소비자
가 전체 서비스를 제공하는 판매업자를 방문해서 제품의 정보 등 서비스
를 향유한 후, 할인 판매가 가능한 판매업자240)로부터 제품을 구입한다는
가정을 전제로 하고 있다.241) 그러나 재판매가격유지행위를 한 사업자가
주장하는 무임승차의 주장은 실제 법위반을 피하기 위한 구실(pretextual
explanation)에 그칠 수 있다는 회의론도 존재한다.242)

대표적으로 브라이어(Breyer) 대법관은 Leegin 판결243)에서 반대의견을
표명하면서 재판매가격유지행위가 경쟁촉진적인 효과를 유발하는 것은 빈
번하지 않다고 비판하였다.244) Leegin 판결에서 브라이어 대법관이 소수
의견에서 지적했듯이 무임승차를 방지하여 실현되는 효율성을 인정하더라
도 현실에서 투자를 저해할 정도로 심각한 무임승차의 사례가 자주 발생
할 것인지는 의문이다. 무임승차의 문제가 대부분의 재판매가격유지행위

---

237) Fox, The Battle for the Soul of Antitrust, 75 Calif. L. Rev. 917 (1987), p. 919.
238) Continental TV. Inc. v. GTE Sylvania, Inc., 433 U.S. 36 (1977).
239) A 사업자가 양질의 서비스 제공을 통해서 늘어난 수요에 대하여 B 사업자가 무임승
   차를 한다.
240) 판매 전(前)의 서비스(pre-sale service)를 제공하지 않아 비용을 절감하여 저가 판
   매가 가능하다.
241) Benjamin Klein, Competitive Resale Price Maintenance in the Absence of Free
   Riding, 76 Antitrust L.J. 431 (2009), p. 432.
242) Benjamin Klein, Competitive Resale Price Maintenance in the Absence of Free
   Riding, 76 Antitrust L.J. 431 (2009), p. 433.
243) Leegin Creative Leather Products, Inc. v. PSKS, Inc., 551 U.S. 877 (2007)
244) Benjamin Klein, Competitive Resale Price Maintenance in the Absence of Free
   Riding, 76 Antitrust L.J. 431 (2009), p. 480.

에 적용될 정도로 광범위한 현상이 아니라는 비판이 있다. 재판매가격유지
행위가 발생한 상품들 다수에서 무임승차가 문제되는 서비스가 실제 존재
하는지 의문일 수 있다. 특히, 특별한 양질의 서비스가 필요하지 않은 상
품들에서 무임승차의 위험성은 거의 존재하지 않을 수 있다.[245]

둘째, 재판매가격유지행위를 정당화할 만한 무임승차의 문제가 발생할
수 있음을 긍정하면서도, 실제 사건에서 무임승차가 자주 발생하는 것은
아니라는 견해도 있다. 그 점에서 무임승차 방지를 이유로 재판매가격유지
행위를 적법하게 보는 미국 판결에 대한 비판론도 존재한다.[246]

4. 지배관계와 경쟁

지배구조와 경쟁법의 관계의 문제는 아직 그 법리가 정립되어 있지 못
한 것으로 보인다. 다만, 이에 대하여 다음과 같은 방향을 제시할 수 있다.

첫째, 지배구조는 회사 내부의 문제를 다루고, 경쟁법은 회사 외부의 문
제를 다룬다. 지배구조는 주주 보호 등을 고려하고, 경쟁법은 소비자후생
등을 고려한다.[247] 그 점에서 원칙적으로 지배구조는 경쟁법의 대상이 아
니다. 그 점에서 한국 공정거래법에서 다루는 경제력 집중, 특히 소유집중
과 지배구조의 문제는 경쟁법의 본래적 고려가 아니라 한국 시장의 발전
과정에서 비롯된 특수한 고려로 볼 수 있다.

둘째, 그럼에도 불구하고 기업의 지배구조는 카르텔과 경쟁제한 문제
등에 영향을 미친다.[248] 카르텔을 유발하는 기업의 지배구조는 대리인 문

245) Benjamin Klein, Competitive Resale Price Maintenance in the Absence of Free
Riding, 76 Antitrust L.J. 431 (2009), p. 432.
246) Benjamin Klein, Competitive Resale Price Maintenance in the Absence of Free
Riding, 76 Antitrust L.J. 431 (2009), p. 432.
247) Florence Thépot, The interaction between competition law and corporate
governance, Cambridge, 2019, p. 1, 3.
248) Florence Thépot, The interaction between competition law and corporate
governance, Cambridge, 2019, p. 144.

제(agency problem)의 전형에 속한다.[249) 기업의 지배구조가 단독행위에
어떤 영향을 미칠지는 실증적, 경험적 연구가 필요하다.

셋째, 단독행위나 공동행위와 달리 기업결합 심사에서 지배관계 심사는
심사과정의 일부로 다루어진다. 한국, 유럽연합은 지배관계가 형성되지 않
으면, 경쟁제한적 심사를 하지 않는다.[250) 다만 지배관계를 취득하지 않은
상태에서도 다양한 방식, 다양한 수준의 경쟁제한행위가 문제될 수 있음에
유의할 필요가 있다.

---

249) Florence Thépot, The interaction between competition law and corporate
governance, Cambridge, 2019, p. 157.
250) 미국의 경우 부분적 지배관계(partial acquisition)만으로도 경쟁제한효과를 야기할
수 있음을 전제로 하고 있다.

제4장

———

경쟁제한성의 증명

제4장

경쟁제한성의 증명

제1절 | 증거 일반론

경쟁제한성 문제는 심의 또는 소송절차를 거치는 과정에서 구체적 증명의 문제로 나타난다. 예를 들면, 구체적인 증거를 어떻게 채택하고, 평가하며, 그로부터 어떤 함의를 찾고, 어떤 증명력을 얻을 것인지 문제 등이다.[1]

1. 종합적, 통합적 증거

가. 경쟁법 사건과 증거

경쟁법 사건에서 종합적인 증거 판단(conclusive approach)이 이루어지는 경향이 있다. 이 점에서 일부 민사 사건에서 요증사실이 처분문서 등에 의하여 바로 증명되는 것과 구별된다. 예를 들면, Con'l Ore Co. v. Union

---

[1] 예를 들면, 미국 법원은 행위의 경쟁제한효과와 이를 증명할 증거의 판단을 필수적으로 고려하고 있다. 이때 경쟁제한효과는 당연히 독점력의 취득, 강화, 유지와 관련되어 있다. ABA, Antitrust Law Development, 2017, p. 244.

Carbide & Carbon Corp 판결[2])과 City of Anaheim v. S. Cal. Edison Co. 판결[3]) 등 미국 판결은 여러 개의 위반행위가 있는 경우 각 행위별로는 경쟁제한성 증명이 충분하지 않아도 일련의 행위를 결합하여 경쟁제한성을 인정할 수 있음을 시사하고 있다.[4]) 유럽연합의 '구글 쇼핑' 사건에서 입수가능한 모든 정량적, 정성적 증거를 종합하여 시장지배력 증명을 시도하였다고 평가하는 견해가 있다.[5]) 대법원 2019. 1. 31. 선고 2013두14726 판결(1차 퀄컴 사건)도 간접증거를 종합하여 경쟁제한성을 인정한 사례이다. 다만, 종합적인 증거 판단 방법론은 형평적인 접근이 될 가능성과 자의적인 판단이 될 가능성을 모두 가지고 있다.

나. 개별 증거 접근법

법원이나 법원에 준하는 심의절차를 운영하는 경쟁당국은 경쟁법 사건을 심의함에 있어 증거를 분리하여 개별적으로만(compartmentalize) 파악하지 않아야 하다. 이는 오랫동안 경험에 따라 확립된 증거평가의 기본원칙이다.[6])

개별 증거에만 집중하여 그 증거의 가치를 평가할 경우 오류에 빠질 가능성이 높다. 이는 특히 경쟁법 사건에서 중요한 함의를 가지고 있다. 증거평가에 있어 전체적인 구조(entire structure)를 오해하지 않기 위하여, 각 증거는 그 자체로도 증명의 가치를 가지지만 다른 증거와 결합하여 전체적인 증명효과(probative synergy)를 높이게 된다는 점을 간과해서는 곤란하다. 이는 특히 정황증거의 평가에서 중요한 의미를 가지고 있다.[7])

---

2) Con'l Ore Co. v. Union Carbide & Carbon Corp, 370 U.S. 690, 698 – 699(1962).

3) City of Anaheim v. S. Cal. Edison Co., 955 F.2d 1373, 1378(9th Cir. 1992).

4) ABA, Antitrust Law Development, 2012, pp. 244 – 245, 홍대식, "표준필수특허 보유자의 사업모델에 대한 공정거래법의 적용", 경쟁법 연구 제45권, 2022, 123면.

5) 이기종, 플랫폼 경쟁법, 삼영사, 2021, 123면.

6) 같은 취지로 Leslie, The probative synergy of plus factors in price – fixing litigation, 115 NW. U. L. Rev. 1581(2021), p. 1581.

다. 종합 증거 접근법

시장지배적 지위 남용 등에서 핵심적인 경쟁제한성 판단은 정량적 증거와 정성적 증거를 종합한 총체적 판단이 되는 경우가 많다. 참고로 공정거래법 제2조 제5호는 '경쟁을 실질적으로 제한하는 행위'에 대하여 '경쟁에 영향을 미치거나 미칠 우려가 있는 상태를 초래하는 행위'를 모두 포함하고 있다. 이때 종합 증거 접근법은 다음과 같은 함의를 가진다.

첫째, 경쟁제한 효과 발생의 우려(憂慮)를 판단함에 있어 다양한 증거에 기초하여 종합적인 시각에서 양적 기준(quantitative standard)과 질적 기준(qualitative standard)을 충분히 고려해야 한다. 경쟁제한인 효과의 발생 가능성이 존재하더라도 그 가능성이 미미하다면 경쟁제한성을 인정하기 어렵다.

둘째, 당해 증거 자체만으로 볼 것이 아니라 그 증거가 전체적인 증명에서 기여하는 바를 같이 평가할 필요가 있다. 그 증거 자체만으로 볼 때는 결정적인 증거가 아니더라도 다른 증거와 결합하여 어떤 증명적 의미를 가지는지를 고찰할 필요가 있다.

개별 증거의 단편적 부분만 강조하여 사실인정이나 경쟁제한성 평가에 이르는 방식은 경쟁법 사건과 같이 증거의 종합적 평가와 증명적 시너지 효과가 중요한 사건 유형에서는 통용되기 어렵다. 따라서 경쟁법 사건에서는 전체 증거 중 일부의 증거만을 편면적으로 검토한 후, 위반행위의 존부에 대한 결론을 내리는 것은 바람직하지 않다.

셋째, 거시적이고 장기적인 시각에서 증거를 평가할 필요가 있다. 경쟁법 집행에는 경쟁을 촉진하는 편익과 함께, 비용을 증가시키고, 혁신의 속도를 늦출 위험도 따른다. 비용이나 편익의 문제는 조사를 받는 대상 기업의 문제로만 한정되지 않는다. 특정 사건에서 규칙이 생성되고, 이는 미래

---

7) Leslie, The probative synergy of plus factors in price-fixing litigation, 115 NW. U. L. Rev. 1581(2021), p. 1581.

의 행위에 영향을 미치게 된다. 그 점에서 조사를 받는 기업에 대한 영향 뿐 아니라 앞으로 시장에 미칠 영향까지 고려해야 한다.[8]

2. 직접증명과 간접증명

가. 직접증명

경쟁제한성의 직접 증거는 무엇이며, 직접증명은 어떤 방식으로 가능한 지 문제를 논의한다.

첫째, 직접증명은 가격, 공급량, 품질에 대한 증명으로 이루어질 수 있 다. 대표적으로 가격은 직접 증거가 될 수 있다. 초과 경쟁가격의 존재를 통하여 직접증명을 할 경우, 생산량 감축, 비용을 초과하는 가격을 통한 비정상적인 마진의 발생 등이 드러나야 한다.[9] 그러나 실제 가격을 통하 여 직접 경쟁제한효과를 증명한 사례는 드문 것으로 보인다.

오히려 경쟁제한효과를 제시하는 직접 증거로 공급량 감소가 선호된다. 가격과 공급량 모두 정량적인 성격을 가지고 있으나, 실제 사건에서 가격 의 증명보다 공급량 감소의 증명이 더 용이할 수 있다. 공급량 감소는 다 른 직접 증거, 예를 들면 수익, 가격과 비용 차이(price cost margin), 수요 탄력성 등보다 유용한 증거일 수 있다.[10] 특히, Amex 판결[11]에서는 공급 량 감소를 통한 증명이 강조되었다.

둘째, 완전한 경쟁의 배제 현상을 증명함으로써 경쟁제한성을 직접증명 할 수 있다.[12] 이때 일부 경쟁자의 배제로 부족하고, 시장에서 모든 경쟁

---

8) Joskow, Transaction Cost of Economics, Antitrust Rules, and Remedies, 18 J.L. & Econ. & Org. 95, 2002, p. 98.

9) ABA, Antitrust Law Development, 2017, p. 227.

10) U.S. Department of Justice, Competition and Monopoly: Single−Firm Conduct under Section 2 of the Sherman Act, 2008, p. 30.

11) Ohio v. American Express Co., 138 S.Ct. 2274 (2018).

12) ABA, Antitrust Law Development, 2017, p. 226.

이 배제된 증거가 필요하다.[13]

셋째, 직접 증거에 의존하는 증명방식은 상당한 단점을 가지고 있다. 경쟁제한효과를 직접증명하기 위하여 제출된 증거는 일반적으로 불완전한 측면과 함께, 그 함의에 대하여 다양한 해석이 가능하다는 문제가 있다. 이 점에서 직접 증거가 존재하는 경우에도 그 증거력을 강화하기 위하여 전통적인 시장획정 방식이 병행될 수 있다.[14] 예를 들면, 회계상 높은 수익이 독점력의 증거가 되지는 않는다.[15]

넷째, 직접 증거가 가지는 증거로서 함의는 개별 사건에서 문제되는 행위 유형에 따라 달라질 수 있다. 참고로, 미국 법원은 셔먼법 제1조 사건에서 경쟁제한효과를 직접 증거로 증명할 수 있다는 입장인 반면, 셔먼법 제2조 사건에서 경쟁제한효과를 직접 증거로 증명할 수 있는지에 신중한 입장을 보이고 있다.[16]

나. 간접증명

간접증명과 합리의 원칙, 단축된 합리의 원칙은 밀접한 관련성을 가지고 있다. 간접증명을 위하여 관련시장과 시장지배력 증명을 통한 방식이 선호된다. 합리의 원칙도 그 1단계에서 관련시장과 시장점유율을 획정한다는 점에서 간접증명을 기본으로 한다. 단축된 합리의 원칙은 엄밀한 시장획정 없이 시장지배력을 판단한다는 점에서 완화된 간접증명론이 될 수 있다.[17] 경쟁제한성 증명에 있어 대표적인 간접증거는 다음과 같다.

---

13) ABA, Antitrust Law Development, 2017, p. 228.
14) U.S. Department of Justice, Competition and Monopoly: Single－Firm Conduct under Section 2 of the Sherman Act, 2008, p. 30.
15) U.S. Department of Justice, Competition and Monopoly: Single－Firm Conduct under Section 2 of the Sherman Act, 2008, p. 28. 비용에서도 회계상 비용과 경제학적 비용은 다를 수 있다.
16) U.S. Department of Justice, Competition and Monopoly: Single－Firm Conduct under Section 2 of the Sherman Act, 2008, p. 30.

첫째, 진입장벽이다. 진입장벽은 사업자의 행위를 평가하는데 중요한 의미가 있다. 법원은 간접증명에 있어, 가격을 통제할 수 있는 사업자의 능력, 시장점유율, 시장진입 장벽 등을 중점적으로 심사한 후, 시장지배력의 존부를 결정하고 있다.[18]

둘째, 간접증명에서 시장력 또는 경제력의 비중을 들 수 있다. 다만, 문제 되는 독점금지법 위반행위가 무엇인가에 따라 증명해야 하는 경제력의 수준과 가능성은 달라진다(different degrees or probabilities of anticompetitive economic power).

예를 들면, 상당한 수준의 효율성을 발생하는 행위에 대하여 상당히 높은 수준의 독점력을 증명해야 한다. 경쟁을 저해하는 효과만 발생하는 행위에 대하여는 독점력 또는 시장력의 증명 수준이 낮아지게 된다. 특정 행위가 시장의 자기 교정 기능이 작용하지 않는 경우에만 경쟁제한성이 인정되는 경우라면, 상당한 수준의 시장력이 증명되어야 한다. 결국, 위반행위 유형을 고려하지 않고 단일한 시장력 기준을 적용한다면, 시장집중도와 독점력 판단에서 오류가 발생할 위험이 있다.[19]

다. 평가

경쟁법 집행에서 경쟁제한성의 직접증명이 어려우므로 간접증명을 통하여 문제를 해결하려는 경향이 오랫동안 지속되었다. 이러한 간접증명의 과정에서 관련시장 획정, 가격인상 가능성 평가, 대체관계 평가 등 경제학적 분석이 선호되었으나, 이를 위하여 많은 시간과 비용이 소요되고, 그럼에도 그 판단의 신뢰성을 확보하기 어렵게 되었다. 이를 개선하기 위하여 최근 플랫폼 산업에서 직접 증거를 통한 증명이 강조되는 경향이 나타나고

---

17) ABA, Antitrust Law Development, 2017, p. 68.
18) ABA, Antitrust Law Development, 2017, p. 228.
19) Krattenmaker et al, "Monopoly Power and Market Power," 76 Georgetown Law Journal 241(1987), p. 253.

있다. 특히 엄밀한 경제분석에 입각한 경쟁법 적용을 중시한 미국에서 플
랫폼 시장에 대해서 경쟁 저해에 대한 직접증거(direct evidence)가 있다면
관련시장 획정에 대한 원고의 증명책임을 완화해야 한다는 주장이 제기되
고 있다.[20]

대표적으로 Hovenkamp 교수도 Amex 판결[21]에서 미 연방대법원이
수직적 제한에 있어 경쟁제한성을 주장하는 경쟁당국이 관련시장을 반드
시 증명해야 한다고 판단한 것을 비판하며, 경쟁제한에 대한 직접증거가
있는 경우까지 경쟁당국에게 엄밀한 관련시장 획정을 요구해서는 안 된다
고 주장하였다.[22] 그에 따르면 시장획정 및 시장점유율 산정은 단순히 시
장력을 간접적으로 증명하기 위한 도구일 뿐, 어떤 행위가 이미 산출량 감
소나 가격 인상과 같은 경쟁제한적 결과를 초래하였다면 경쟁제한적 효과
가 증명된 것으로 보아야 하고, 행위의 경쟁촉진적 효과를 상대방이 밝히
도록 증명책임을 전환해야 한다는 취지이다.[23]

판례에서 직접증명 문제가 언급된 사례도 있다. 먼저 마이크로소프트
판결도 마이크로소프트의 독점력 보유를 입증함에 있어 시장점유율과 함
께 윈도우 OS의 가격을 책정함에 있어 경쟁자의 가격수준을 고려하지 않
았다는 사정 등 직접 증거를 언급한 바 있다.[24]

---

20) Stigler Committee on Digital Platforms Final Report, Chicago Booth Stigler
Center (2019), p. 97.; Hovenkamp, Platforms and the Rule of Reason: The
American Express Case, 2019 Columbia Business Law Review 35(2019), p. 48.;
J. Douglas Richards, Is Market Definition Necessary in Sherman Act Cases
When Anticompetitive Effects Can Be Shown with Direct Evidence, 26
Antitrust 53, 57 (2012).
21) Ohio v. American Express Co., 138 S.Ct. 2274(2018)
22) Hovenkamp, Platforms and the Rule of Reason: The American Express Case,
2019 Columbia Business Law Review 35(2019), p. 48.
23) Hovenkamp, Platforms and the Rule of Reason: The American Express Case,
2019 Columbia Business Law Review 35(2019), p. 62.
24) United States v. Microsoft Corp., 253 F.3d 34, 51, 56−57 (D.C. Cir. 2001); 김성
균, "플랫폼 사업자의 배제남용에 대한 연구", 고려대학교 대학원 박사학위논문,
2021, 198면.

다음으로, FTC v. Sysco Corp., 113 F.Supp.3d 1(D.D.C. 2015) 사건에서 법원은 원고측 전문가 증언을 채택하여 Sysco 회사와 US Food 회사의 합병이 전국시장과 지역시장에서 가격인상 효과를 가져올 것이라고 보았다. 이 사건에서 두 회사가 1위와 2위 사업자로서 가장 가까운 경쟁자라는 점을 토대로 단독효과를 인정하였다.

이 사건에서 법원은 연방거래위원회가 지역시장에서 단독효과에 대한 증명에 성공하였다고 판시하였다. 법원은 2010년 가이드라인을 인용하면서 두 사업자가 얼마나 근접한 경쟁자인지는 의문이 있으나, 기업결합의 결과 가까운 경쟁자 중 하나가 제거된다는 점은 명확하다고 보았다. 법원은 단독효과 증명을 위해 결합기업이 가장 가까운 경쟁자일 필요가 없다는 점과 특별히 높은 시장점유율을 증명할 필요가 없다는 점을 강조하였다. 이 판결에서 주목할 점은 증거의 평가이다. 단독효과를 판단하기 위해 시장점유율과 시장집중도에 의존하지 않고, 전환에 대한 자료(switching data), 거래 서류(business document), 증언 등에 의존하였다.[25]

3. 오류 비용과 증거 평가

오류 비용(error cost) 분석 방법은 독점금지법 집행이 사회적 비용을 최소화하는지, 그렇지 않은지 여부를 평가한다. 이 분석에 관련된 비용은 1종 오류 비용, 2종 오류 비용[26], 법 절차와 관련된 거래비용(transaction costs)이다.[27]

---

25) Shapiro & Shelanski, Judicial response to the 2010 horizontal merger guidelines, 58 Rev. Indus. Org. 51 (2021), p. 15.
26) 실제 음성인 것을 양성으로 판정하는 것이 1종 오류(type I error, false positive)인데, 경쟁제한성이 없는 공동행위를 경쟁제한성이 있는 것으로 판정한다면 이에 해당한다. 이와 반대로 실제 양성인 것을 음성으로 판정하는 것은 2종 오류(type II error, false negative)이다.
27) Jonathan B. Baker, Taking the Error Out of "Error Cost" Analysis: What's Wrong With Antitrust's Right, Antitrust L.J., Vol. 80, No. 1, 2015, p. 5.

전통적으로 시카고 스쿨은 오류 분석(Error Cost Analysis) 중 1종 오류
(false positive)에 중점을 두는 반면, 2종 오류(false negative)는 강조하지
않고 있다. 시카고 스쿨은 시장의 자기 교정(self correcting) 기능을 신뢰하
므로, 2종 오류는 시장의 기능에 따라 자연스럽게 해결될 수 있다고 보았
다. 반면 (재판 등 사법절차로 발생하는) 1종 오류로 인하여 효율적인 상품이
장기간 시장에서 금지될 경우 이는 해결될 수 없다고 보았다.[28]

같은 견지에서 미국 연방대법원은 공무원이나 판사가 독점금지법을 잘
못 적용하여 사회적으로 유익한 행위를 금지할 가능성을 우려했다. 이러한
우려를 통하여 법무부 반독점국이나 법원이 후기 시카고 스쿨의 법리를
과감하게 수용하지 못하는 이유를 이해할 수 있다.[29] 법원이 후기 시카고
스쿨의 법리를 채택하지 않은 것은 그 이론이 오류이기 때문이 아니다. 이
러한 법리에 따를 때 사회적으로 유해한 행위보다 사회적으로 유익한 행
위를 억제할 위험성이 존재하며, 이러한 위험성을 최소화하고 독점금지법
을 집행하기 어렵다고 보기 때문이다.[30]

미국 법원의 이러한 경향에 대하여 비판론도 제기되고 있다. 오류 비용
(error costs)에 대한 분석에서 2종 오류를 과소평가하는 것에 찬성하기 어렵
다는 논지이다. 비판론은 법원이 막대한 비용을 초래하는 2종 오류(부정 오
류, false negative)를 제대로 평가하지 못한 채, 단지 2종 오류가 발생할 가
능성이 낮다는 점만을 강조하는 것은 정당하지 않다고 평가하고 있다. 2종
오류에 대한 과소평가로 인하여, 시장지배적 사업자가 경쟁을 제한하는 행
위를 더 많이, 그리고 더 빨리 할 동기를 부여하게 된다는 점을 지적한다.[31]

---

28) Hovenkamp and Morton, Framing the Chicago School of Antitrust Analysis, University of Pennsylvania Law Review Vol. 168 No. 7(2020), p. 1870.
29) 후기 시카고 스쿨은 가격이 한계비용을 넘더라도 남용행위가 성립할 수 있음을 지적하고 있다. 단일독점이윤 이론(single monopoly profit theorem)에도 불구하고 끼워팔기를 통하여 경쟁자의 시장 진입을 막을 수 있다고 보고 있다.
30) Gifford, The Atlantic divide in antitrust, The University of Chicago Press, 2015, p. 210. 211.
31) Hemphill & Wu, Nascent Competitors, University Pennsylvania Law Review,

미국에서 1종 오류에 대하여 우려하는 것과 달리, 유럽은 1종 오류를 통하여 후생이 감소하는 것에 대하여 크게 우려하지 않는 경향을 보이고 있다. 이는 유럽에서 독점금지법위반으로 인한 손해배상 등을 통한 사소(私訴, private enforcement)의 역할이 크지 않은 것과 관련성이 높다.32) 유럽 집행위원회가 독점금지법 집행을 실질적으로 통제하고 있으므로, 적절한 선택과 재량권 행사를 통하여 1종 오류를 예방할 수 있다는 믿음을 가지고 있다는 평가를 받는다.33)

4. 심사의 한계

법원의 심사를 통한 경쟁법 집행에는 한계가 있다. 법원이 일상적인 법집행자(daily enforcer)가 될 수 없다. 이런 근거에 기하여, Verizon Communications, Inc. v. Trinko, 124 S.Ct. 872, 883 (2004) 판결에서 스칼리아 대법관은 '사법심사의 현실적 한계'를 강조하였다.34) 이는 미국 법원이 경쟁법 이슈의 심사에 있어 자신들의 심사 한계를 깊이 인식하고, 그 전제에서 경쟁법을 적용한 것으로 이해할 수 있다.35)

법원이 일상적인 법집행을 할 수 없다면, 경쟁당국이나 규제당국이 'daily enforcer'가 될 수 있는지도 의문이다. 심사의 한계는 경쟁당국이나 규제당국에도 존재하기 때문이다.

Vol. 168(2020), p. 1891.

32) 사소를 통하여 1종 오류가 확대될 가능성이 높은데, 미국과 달리 유럽은 사소가 활발하지 않다.

33) Gifford, The Atlantic divide in antitrust, The University of Chicago Press, 2015, p. 210. 미국의 경우 사소에 의한 독점금지법 집행이 활발하여 1종 오류 우려가 높은데 비하여, 유럽의 경우 경험이 누적된 경쟁당국이 집행의 적정성을 기하여 과잉집행 우려를 줄일 수 있다는 취지로 보인다.

34) An antitrust court is unlikely to be an effective day—to—day enforcer of these detailed sharing obligation.

35) ABA Antitrust Law Section, 『Differences and Alignment: Final Report of the Task Force on International Divergence of Dominant Standards』, ABA, 2019, p. 56. 기술적 끼워팔기 등에 대한 평가 문제가 대표적이다.

제2절 | 증거능력과 증명도

1. 증거적격

사실인정을 해야 하는 모든 절차에서 증거에 대한 평가와 그 기준이 당연히 문제 된다. 사실인정에 있어서 종합적인 판단이 다른 유형의 사건에 비하여 중요하고 필수적인 공정거래 사건에서 증거적격과 증명력 판단에 대한 기준이 문제되는 것은 당연하다.

행정조사인 공정거래위원회의 조사에서 헌법상 기본권 침해가 허용되지 않으므로, 기본권을 침해한 증거가 증거적격을 가질 수 없음은 자명하다. 공정거래위원회가 위법한 조사에 따라 수집한 증거의 증거능력도 부정되어야 한다. 또한, 일반적으로 기대되는 공정성과 신뢰성의 원칙을 현저하게 위반하는 경우는 증거로서 적격 자체가 인정되기 어렵다. 이러한 증거는 증명력을 판단하기에 앞서 증거능력이 부정될 수 있다.

2. 증명도

효과주의는 실무상 증명방법과 증명수준의 문제로 귀결된다. 경쟁제한효과를 어떻게 이해하는지는, 결국 어느 정도의 증거로 경쟁제한효과의 증명을 허용하는지에 대한 태도 차이로 귀결된다. 미국의 효과주의와 유럽의 효과주의는 같은 기준으로 평가하기 어렵다. 다만, 인텔 사건[36]에서 사법법원은 그 간격을 줄인 것으로 이해할 수 있다.[37]

경쟁제한성 판단에 대하여 어떤 기준을 적용할지도 중요하지만, 증명의 수준(standard of proof)을 어느 정도로 할지도 중요하다. 실제 저해 효과가

---

36) Intel Corp. v European Commission, Case C-413/14 P (2017).
37) ABA Antitrust Law Section, 『Differences and Alignment: Final Report of the Task Force on International Divergence of Dominant Standards』, ABA, 2019, p. 53.

발생할 것을 요하는 기준(actual harm)부터 발생가능한 저해 효과로 충분한 기준(probable harm) 등 다양한 기준이 존재할 수 있다. 경쟁제한효과에 대하여 낮은 기준이, 정당화 사유에 대하여 높은 기준이 적용된다면 시장지배적 기업의 입장에서는 비균형적인 기준으로 보일 수도 있다는 지적도 있다.38) 그 점에서 경쟁제한효과의 증명이든, 정당화사유의 증명이든 같은 기준이 적용될 필요가 있다.

3. 의도와 증거 평가

경쟁법 사건에서 의도에 관한 증거(intent evidence)에 지나치게 의존하는 것은 바람직하지 않다. 행위자의 의도를 보여주는 것에 그치는 증거는 그 자체로는 증거적 가치(probative value)가 낮다. 다만, 특정 사건에서는 의도에 관한 증거가 중요할 수 있다. 의도에 대한 증거가 다른 경제학적 증거에 의하여 보완된다면 그 증거가치는 높아질 수 있다. 행위자가 이윤 희생(sacrifice)을 감수했음이 경제학적 증거로 드러나는 경우 등이다.39)

제3절 | 증명책임

1. 증명책임 분배

증명책임의 일반론은 다음과 같이 정리될 수 있다.

첫째, 경쟁당국의 개입이 행정처분 방식인지, 당사자소송 방식인지 문제

---

38) Hedvig Schmidt, Competition law, innovation and antitrust, Edward Elgar, 2009, p. 237. 경쟁제한성 증명은 쉽고, 사업자의 정당화 증명은 어려워진다는 측면에서 비균형적이다.
39) Hemphill & Wu, Nascent Competitors, University Pennsylvania Law Review, Vol. 168, 2020, p. 1904.

이다. 행정처분으로 공정거래법이 집행되고 그에 대한 행정소송으로 사법
심사가 이루어지는 우리 제도에서는 공정거래위원회가 경쟁제한성에 대한
증명책임을 부담하게 된다. 당사자소송의 방식으로 경쟁법이 집행되는 제
도(미국 등)에서는 원고가 경쟁제한효과를 증명한 경우, 피고는 경쟁촉진적
인 효과를 증명한다. 그 다음 단계로 원고는 당해 제한이 목적달성을 위해
필요하지 않고, 덜 침익적인 수단이 존재함을 증명하는 방식으로 증명책임
이 이전한다.[40]

둘째, 제도의 차이에도 불구하고, 경쟁제한효과의 증명, 경쟁촉진효과의
증명, 형량(또는 덜 침익적 수단의 존부) 등 합리의 원칙은 일반적으로 적용
될 수 있다. 인텔 사건[41]에서도 사법법원은 사업자는 문제된 행위가 경쟁
을 제한하지 않고 봉쇄효과를 유발하지 않음을 증명하는 증거를 제출할
수 있고, 이 경우 집행위원회가 제출한 증거와 사업자가 제출한 증거를 종
합하여 평가할 필요가 있음을 지적하고 있다. 이는 미국의 합리의 원칙과
공통점이 있다.

2. 증명책임 유형

가. 비용기반 남용행위

가격 비용 테스트에서 그 주체로 누가 비용을 증명해야 하고, 그 대상으
로 누구의 비용을 증명해야 하는지, 이때 비용이 시장지배적 사업자의 비
용인지, 경쟁자의 비용인지가 문제된다.

동등효율경쟁자가 배제되는지 여부를 고려하지 않고 판단을 할 경우 소
비자 희생으로 경쟁자를 보호하는 결과에 이를 수 있다. 그에 따라 가격
경쟁의 장점이 고려될 수 없으며, 경쟁보호가 아니라 경쟁자보호가 되는 1
종 오류(type I error)의 전형이 될 수 있다. 누구의 비용을 기준으로 하고,

---

40) ABA, Antitrust Law Development, 2017, p. 77.
41) Intel Corp. v European Commission, Case C-413/14 P (2017).

누가 증명할 것인가의 문제 등 쟁점이 부각된다.

첫째, 누구의 비용을 기준으로 할 것인지가 문제된다. 경쟁자의 비용이 아니라 시장지배적 사업자의 비용을 기준으로 하는 것이 타당하다. 자신의 비용을 기준으로 할 때 스스로 위반 여부를 알 수 있는, 즉 위반행위자가 스스로 법 위반을 회피할 수 있는 자기검증(self test)으로 기능할 수 있다.[42]

둘째, 비용 기반 접근이 필요한 남용행위에서 시장지배적 사업자와 경쟁당국(또는 원고인 경쟁자) 중 누가 증명책임을 지는가?

경쟁제한성을 판단함에 있어 이상적으로는 시장지배적 사업자의 경합부분에 대한 가격이 비용보다 낮은지를 검토하여 경쟁제한성을 인정하는 것이 바람직하지만, 그러한 증명이 이루어지지 않은 경우에도 정성적인 요소(qualitative factor) 등을 통하여 동등효율경쟁자의 배제가 이루어진 것으로 의심할 합리적 사유가 있는 경우에는 경쟁제한성을 사실상 추정할 수 있고, 이에 대하여 시장지배적 사업자에게 그러한 추정을 번복하도록 하는 증명책임을 부과하는 방안을 고려할 수 있다. 경쟁자의 배제효과가 나타난 것만으로 경쟁제한성을 인정하는 것은 곤란하겠지만, 가격 비용 기준를 충족하지 못한 경우에도 정성적인 증거에 의하여 충분히 효율적인 경쟁자가 배제된 것으로 인정할 소지가 있는 경우에는 사실상 추정력을 적용하여 증명책임의 완화 내지 전환을 함으로써 합리적인 균형점을 모색하는 방안이다.

이는 경쟁당국 또는 경쟁자가 경쟁제한성을 증명해야 하는 증명책임의 원칙과 상충되는 것은 아닌지 문제 될 수 있다. 그러나 비용에 대하여는 시장지배적 사업자가 접근성이 높고 잘 알 수 있다는 점에서도 가격을 통한 배제행위가 문제된 사안에서 일응의 증명이 이루어지면, 시장지배적 사

---

42) A seller can easily ascertain its own prices and costs of production and calculate whether its discounting practices run afoul of the rule. Cascade Health Solutions v. Peaceheath 515 F.3d 883, 907.

업자가 비용기반 분석을 통하여 벗어날 수 있도록 하는 방안이 증명책임 분배의 원칙에 배치되는 것으로 보기 어렵다.[43]

나. 효율성 증대효과 증명

경쟁촉진 효과가 경쟁제한 효과보다 더 쉽게 증명될 수 있다는 지적이 있다(more visible). 특히 기업이 경쟁제한 효과를 가장하기 위한 조치를 취할 경우에는 그렇다.[44]

일반적으로는 시장지배적 사업자 또는 기업결합당사회사 등 행위의 주체인 사업자에 효율성 증명책임이 있다. 미국의 합리의 원칙에서는 원고가 경쟁제한효과를 증명하고, 피고 사업자에게 증명책임이 이전되어, 피고가 경쟁촉진효과를 증명한다.

이와 달리 한국의 행정절차 및 행정소송에서는 공정거래위원회가 증명해야 한다. 경쟁제한성(효율성을 넘는 경쟁제한성)은 처분사유에 포함되기 때문이다. 우리의 행정처분 구조에서는 처분사유로서 효율성 증대효과에 대하여 심사관이 적극적으로 증거를 제시해서 종합적으로 경쟁제한성이 인정됨을 증명해야 한다. 이런 경우에도 사업자에게 적극적 반증 의무가 있음은 물론이다.

다. 경쟁제한효과와 경쟁촉진효과 형량

사업자가 경쟁촉진효과(procompetitive effect)를 증명한 상태에서, 경쟁제한효과가 이를 넘는 점은 누가 증명해야 하는지가 문제된다. 즉, 경쟁제한효과가 경쟁촉진효과를 넘음을 경쟁당국이 증명해야 하는지, 그와 반대로

---

43) 정재훈, 공정거래법 소송실무(제3판), 육법사, 2020, 590면.
44) Jonathan B. Baker, Taking the Error Out of "Error Cost" Analysis: What's Wrong With Antitrust's Right, Antitrust L.J., Vol. 80, No. 1, 2015, p. 19.

경쟁촉진효과가 경쟁제한효과를 넘음을 사업자가 증명해야 하는지 등이다.

첫째, 미국의 기준이다. 미국의 합리의 원칙에서는 증명책임이 이전된다. 소송에서 먼저 원고가 경쟁제한효과를 증명하여 증명에 성공한 이후, 피고가 경쟁촉진효과를 증명한다. 원고가 경쟁제한효과가 경쟁촉진효과를 넘어서거나(or), 문제된 행위가 목적달성을 위하여 필요하지 않음(not reasonably necessary)을 증명한다. 또는 덜 제한적인 수단이 있음을 원고가 증명한다.45)

둘째, 한국의 기준이다. 사업자가 효율성을 증명한 이상, 경쟁제한효과가 효율성을 넘음을 심사관이 증명해야 한다. 우리의 행정소송구조에 따르면 처분사유로서 경쟁제한효과가 경쟁촉진효과를 넘어서 전체적인 경쟁제한성이 인정됨을 심사관이 증명해야 한다.46)

셋째, 경쟁제한효과를 판단함에 있어서 경쟁제한효과와 경쟁촉진효과를 분리하지 않고 종합적으로 판단해야 한다. 미국과 같은 증명책임의 이전 법리를 바로 적용하기 어렵다. 그 경우에도 사업자의 적극적 반증 의무를 부정할 수는 없다. 실질적으로는 경쟁제한 사유와 경쟁촉진 사유에 대한 쌍방의 주장을 모두 거친 후 법원이 이를 종합적으로 판단을 하는 형식으로 이루어지는 것이 일반적이다.

---

45) Sagers, Antitrust, Wolters Kluwer, 2011, p. 109; ABA, Antitrust Law Development, 2017, p. 61.; U.S. Department of Justice, Competition and Monopoly: Single–Firm Conduct under Section 2 of the Sherman Act, 2008, p. 36.

46) 한국 심의구조 및 소송구조에서는 경쟁촉진효과에 대하여 쌍방이 주장과 증명을 하고 있다.

제5장

—

경쟁제한성과
행위유형

제5장
경쟁제한성과 행위유형

제1절 | 개별적 접근의 필요성

권리는 남용될 수 없고, 권리의 행사에는 제한이 있다. 다만, 제한되는 권리라고 하더라도 정당화 사유가 있는 경우에는 허용된다.[1] 이러한 일반론은 경쟁법에도 적용되며, 경쟁법 위반 판단에서도 개별적 접근에 따라 이러한 일반론이 구체화될 필요가 있다.

첫째, 유형별 접근이 필요하다. 경쟁제한성 판단은 행위유형별로 다를 수 있기 때문이다(variation based on patterns). 이는 행위 속성에서 비롯된 측면도 있고, 경쟁법 규칙의 차이에서 비롯된 측면도 있다. 예를 들면, 기업결합은 장래 발생할 우려가 있는 경쟁제한 효과에 대한 사전적 판단이 필요하므로 정밀한 경제분석에 기한 예측이 필요하다. 이미 발생한 경쟁제한 효과에 대하여 사후적 평가를 하는 시장지배적 지위 남용행위 규제에 있어 '시장지배적 사업자'의 요건에 해당하는지를 판단하기 위하여 관련시장의 획정을 통한 시장점유율의 평가가 필요하며, 이러한 평가는 경쟁제한

---

1) ABA, Antitrust Law Development, 2017, p. 267.

효과의 판단에도 적용될 수 있다.

부당한 공동행위 중 경성카르텔의 경우 경쟁제한효과에 대한 평가는 불필요하거나(당연위법, 목적위법 등 법리) 실질적으로 평가가 생략되고 있다. 연성카르텔이나 새로운 유형의 공동행위인 경우 경쟁제한효과가 심사되고 있다. 불공정거래행위도 행위유형별로 차이가 크다. 경쟁제한성과 함께 다른 위법성 판단기준을 함께 적용하거나, 불공정성 유형의 불공정거래행위와 같이 경쟁제한성 심사가 이루어지지 않고 있는 유형도 있다. 이 점에서 기업결합은 경쟁제한효과에, 불공정거래행위(특히 불공정성 유형의 불공정거래행위)는 행위요건에 중점을 두고 있다.

둘째, 산업별 차이의 고려 문제이다. 경쟁법의 일반원리, 당연위법이나 합리의 원칙 등은 일관성과 일반성을 가지고 있어야 하며, 산업별로 달라지기 어렵다. 예를 들면, 당연위법의 판단에서 심사의 대상이 된 '제한 유형'이 고려되어야 한다. 이는 행위가 어떤 산업, 어떤 시장에서 발생했는지에 따라 좌우될 문제는 아니다. 그 점에서 당연위법의 법리는 산업별 특성보다 행위의 특성이 강조되어야 한다.[2]

제2절 | 카르텔과 경쟁제한성 판단

카르텔의 핵심적인 요건인 합의와 경쟁제한성이 어떻게 증명되어야 하는가를 두고 많은 논의가 있다.

첫째, 시장의 다양성과 투명성이 카르텔 발생과 행태에 미치는 영향 문제이다. 시장에는 다양한 정보가 존재하고, 시장마다 투명성(transparency)의 정도도 다르다. 그러한 이유에서 시장의 불완전성을 파악하고 평가하기

2) ABA, Antitrust Law Development, 2017, p. 56. 경쟁법 사건의 구체적인 판단에 있어 산업별 특성과 산업별 차이가 고려되고 있음은 부정하기 어렵다.

어렵다. 시장의 불완전성이 발생하는 요인도 시장에 따라 다양하다. 시장의 불완전성, 그리고 다양성에 따라 특정 시장에서 카르텔 가격이 높게 형성되는 원인으로 작용할 수 있다.[3]

둘째, 과점 시장과 카르텔 문제이다. 일반적으로 과점 시장에서 카르텔 위험이 높다. 이와 반대로 과점 상태에서도 경쟁이 이루어지므로 담합이 발생하기 어렵다는 견해도 있다.[4] 그러나 과점시장에서 경쟁적일 수 있다는 주장은 지나치게 낙관적인 시각으로 경제학에서 보편적으로 수용되지 못하고 있다.[5]

셋째, 카르텔에 대한 대처 방안이다. 카르텔에 대한 접근 및 대처 방안에 대하여 다양한 견해가 있다. 예를 들면, 스티글러(Stigler) 교수는 카르텔 합의나 묵시적 담합이 자연스럽게 붕괴될 것으로 예측했다. 과점사업자들은 합의를 지키는 것보다 이탈(cheating)을 통하여 더 큰 이익을 얻을 수 있다는 점이 근거이다. 카르텔을 형성하는 데 소요되는 거래 비용(transaction cost)도 크다는 점도 지적되고 있다.[6] 보크(Bork) 판사도 과점이나 묵시적 담합은 독점금지법 집행에서 중요한 문제가 아니라고 보았다. 스티글러 교수나 보크 판사가 시카고 스쿨의 학자로 분류되지만, 위와 같은 견해는 일반적인 시카고 스쿨 법학자들의 관점과 다르다. 포즈너(Posner) 판사 등 시카고 스쿨 법학자 다수는 가격 담합에 대한 독점금지법 집행의 필요성을 강조했다.[7] 보크 판사의 위 견해도 일반적으로 수용되지 못하고 있다.[8]

---

3) Hovenkamp and Morton, Framing the Chicago School of Antitrust Analysis, University of Pennsylvania Law Review Vol. 168 No. 7(2020), p. 1857.
4) 미국을 기준으로 보수적인 경향의 일부 독점금지법 학자들이 이에 해당한다. 대표적으로 보크 판사도 이런 입장이었다.
5) Jonathan B. Baker, Taking the Error Out of "Error Cost" Analysis: What's Wrong With Antitrust's Right, Antitrust L.J., Vol. 80, No. 1, 2015, p. 12.
6) Hovenkamp and Morton, Framing the Chicago School of Antitrust Analysis, University of Pennsylvania Law Review Vol. 168, No. 7, 2020, p. 1856.
7) Hovenkamp and Morton, Framing the Chicago School of Antitrust Analysis, University of Pennsylvania Law Review Vol. 168, No. 7, 2020, p. 1857.

1. 합의

가. 행위불법으로서 '합의' 요건

경쟁법에서 카르텔을 비난하는 이유를 고찰할 필요가 있다. 첫째, 경쟁제한효과이다. 그러나 카르텔 규제 이유를 경쟁제한효과가 발생한다는 점만으로 설명하기 어렵다. 카르텔을 통하여 경쟁제한효과가 발생하는 경우가 대다수이지만, 경우에 따라 경쟁제한효과가 발생하지 않을 수도 있기 때문이다.

둘째, 합의의 문제이다. 역사적 연혁에 비추어 보면 카르텔을 비난하는 이유는 오히려 '합의'에 비난가능성이 높다는 점에 있다. 아담 스미스가 '동업자의 회합'을 비난한 데서 알 수 있듯이 담합에 대한 비난은 오래전부터 존재하였다. 담합에 대한 부정적인 평가가 기독교적 전통에 부합하는 것으로 이해하는 견해도 있다.[9] 이런 맥락에 비추어 보면, 앞으로도 카르텔 집행에 있어 합의의 도그마를 배제하는 것은 어려울 수 있다.

이와 달리 Business Electronics Corp. v. Sharp Electronics Corp., 485 US 717(1988) 판결은 셔먼법 제1조에서 문제 삼는 것은 단순히 합의가 있었다는 점에 있는 것이 아니라 합의에 의하여 발생한 경제적 효과로 보았다. 이 판결은 결과적으로 경쟁법 사안에서 합의의 도그마를 넘어설 가능성을 시사한 판결로 이해할 수 있다.

셋째, 합의와 행위불법 문제이다. 행위불법은 행위의 방법과 행위의 고의, 목적과 같은 주관적 구성요건 부분 등을 통해 부과되는 사회윤리적 비난 가능성을 기준으로 평가될 수 있다. 공정거래법에서 사회윤리적 비난이

---

8) Hovenkamp and Morton, Framing the Chicago School of Antitrust Analysis, University of Pennsylvania Law Review Vol. 168, No. 7, 2020, p. 1858.

9) Elzinga and Crane, Christianity and Antitrust A Nexus, in Christian and Market Regulation(Crane ed., Cambridge, 2021), p. 74. 가격담합에 대한 당연위법의 적용은 경제학으로 설명이 되지 않는다. 이는 윤리적 전통, 특히 기독교적 윤리적 전통으로 설명이 가능하다.

부과될 수 있는 대표적인 행위는 경성카르텔, 시장지배적 사업자의 부당한 가격인상, 물량 조절 등이다.[10] 카르텔에서 행위불법을 충족시키는 요소는 합의이지만, 명시적 합의가 존재하지 않는 경우에도 병행행위에 대한 비난은 추가 요소(plus factor)를 통하여 이루어진다. 이는 한국 공정거래법의 묵시적 합의를 구성하는 정황사실로 수용되어 있다.

명시적 합의에 집중하고 묵시적 합의를 좁게 인정하는 이유를 명시적 합의에서 행위불법이 보다 분명하게 드러난다는 점에서 찾을 수도 있다. 이러한 법원의 경향에 대한 비판론으로, 미국 법원이 추가 요소(plus factor)의 문제에 있어 개별 증거에만 집중에서 그 증거가 공모를 증명하기에 충분하지 않다는 결론에 쉽게 이르는 오류를 범하고 있다는 지적도 있다.[11]

나. 합의와 경쟁제한성

카르텔 규제에서 '합의의 도그마'와 경쟁제한성 판단이 부합하지 않을 수 있다. 첫째, 합의 없이 경쟁제한효과가 발생할 수 있다. 예를 들면, 합의 없이 병행행위가 발생한 경우에도 경쟁제한효과는 인정될 수 있다. 그렇다면 병행행위로 경쟁제한효과가 발생한 경우가 경쟁법 규제에서 제외되는 근거에 대한 설명이 필요하다.[12] 앞에서 서술한 바와 같이 '합의' 행위의 행위반가치와 비윤리성에서 찾는 견해가 있다. 둘째, 합의는 있으나

---

10) 이상현, "공정거래법상 형벌규정에 대한 형법이론적 분석과 개정법의 방향", 숭실대학교 법학논총 제47집, 2020, 839면.

11) 이 점에서 법원이나 법원에 준하는 심의절차를 운영하는 경쟁당국은 경쟁법 사건을 심의함에 있어 증거를 분리하여 개별적으로만(compartmentalize) 파악하지 않아야 하다. 이는 오랫동안 경험에 따라 확립된 증거평가의 기본원칙임에도 이를 간과하였다는 비판론으로, Leslie, The probative synergy of plus factors in price-fixing litigation, 115 NW. U. L. Rev. 1581(2021), p. 1581.

12) '포즈너와 터너 논쟁(Debate between Posner and Turner)'이 전형적으로 이 문제를 다루고 있다.

경쟁제한효과는 발생하지 않을 수 있다. 이러한 현상은 연성카르텔에서 주로 발생한다.

2. 경쟁제한성

부당한 공동행위가 성립하기 위해서는 객관적 요건으로 합의가 필요하고, 위법성 요건으로 경쟁제한성과 부당성이 필요하다. 이때 경쟁제한성 인정은 관련시장 획정을 전제로 하고 있음은 이미 다수의 선례를 통하여 확립된 법리이다. 즉, 관련시장은 경쟁관계를 전제로 하므로 관련시장을 획정하는 것은 경쟁관계에 있는 사업자의 범위를 정하는 작업이다. 경쟁관계가 성립할 수 있는 분야, 즉 합리적 대체가능성이 있는 범위의 상품과 서비스는 동일한 관련시장에 포함되어야 하므로, 관련시장이 적절하게 획정된 이후에 당해 관련시장에서의 경쟁제한성이 판단될 수 있다. 이와 같이 관련시장은 경쟁제한성 판단의 전제가 된다.

다만 관련시장을 어떤 방법으로, 어떤 수준으로 획정할지에 관하여는 다양한 견해가 있을 수 있다. 획정을 간편한 방법으로 할 수 있다면, 경쟁제한성 판단의 전제로서 시장을 획정하는 데 큰 부담이 없을 수 있다. 반면, 시장획정을 위하여 경제분석 등 엄밀한 방법이 요구된다면, 경쟁제한성 판단을 위해 전제가 되는 작업에 상당한 비용과 시간이 소요될 수 있다. 이러한 의미에서 논쟁의 실익은 관련시장 획정의 방법론에 있다.

구체적으로 소위 경성카르텔 유형과 연성카르텔 유형에서 관련시장 획정의 필요성과 방법론은 달라지고, 이 점에서 경성카르텔과 연성카르텔의 구별 실익이 있다. 그동안 부당한 공동행위와 관련시장의 문제에 대하여 다수의 대법원 판결이 있었으나, 이러한 판결이 경성카르텔 유형과 연성카르텔 유형에서 어떤 의미를 가지는지는 구분하여 이해할 필요가 있다.

가. 경성카르텔

경성카르텔에 대한 관련시장 획정에 대하여 대법원 2014. 11. 27. 선고 2013두24471 판결 등 일련의 판결이 선고되어 관련 법리가 확립되었다. 다만 이 판결이 경성카르텔에 대한 관련시장 획정에 관한 법리를 제시했을 뿐, 이를 연성카르텔 사안에 그대로 원용할 수 없음에 유의할 필요가 있다.

대법원 2014. 11. 27. 선고 2013두24471 판결(남해화학 사건, 비료 판결) 등은 부당한 공동행위의 다양성과 그 규제의 효율성 및 합리성 등을 고려하면 피고(공정거래위원회)가 공동행위의 관련상품시장을 획정할 때 반드시 실증적인 경제분석을 거쳐야만 한다고 요구할 수는 없고, 피고가 이를 거치지 아니한 채 관련 상품시장을 획정하였더라도 문제가 된 공동행위의 유형과 구체적 내용, 그 내용 자체에서 추론할 수 있는 경제적 효과, 공동행위의 대상인 상품이나 용역의 일반적인 거래현실 등에 근거하여 그 시장 획정의 타당성을 인정할 수 있다고 보아야 한다고 판시하였다. 이 판결은 종래 판결에 비하여 관련시장 문제에 대하여 훨씬 유연한 접근을 함으로써 관련시장 획정에 있어 불필요한 시간 및 비용이 초래되는 것을 피하려고 한 원심의 논리를 대법원이 수용한 것으로 볼 수 있다.[13]

입찰담합에 관한 위 대법원 판결의 법리는, 이후 가격담합 사건인 대법원 2015. 4. 9. 선고 2014두762 판결(컵커피 담합 사건), 대법원 2015. 10. 29. 선고 2013두8233 판결, 대법원 2015. 10. 29. 선고 2012두28827 판결(자동차운전학원 담합 사건)에 그대로 유지되었다.

다만, 이러한 비료판결과 그 후속판결이 제시한 관련시장에 관한 증명책임의 완화 법리는 전형적인 경성카르텔 사안에 적용되는 법리이다. 입찰담합 사건에서의 관련시장 획정이 문제된 비료판결이 나오게 된 배경과 그 판시사항을 보면 이는 명백하다.[14] 이 점에서 비료판결 등에서 대법원

---

13) 정재훈, 공정거래법 소송실무(제3판), 육법사, 2020, 104면.

이 확립한 법리가 연성카르텔에서 관련시장 획정과 경쟁제한성이 문제되는 사안에 적용되기 어렵다.[15]

나. 연성카르텔

위에서 본 비료판결 이래 관련시장의 법리는 경성카르텔에 적용될 뿐 연성카르텔에 적용되기 어렵다. 그 결과 연성카르텔 사안에서 관련시장 획정과 경쟁제한성 심사는 심도 있게 이루어져야 한다. 이는 소위 1종 오류(과잉규제)를 막기 위해서 불가피하다. 연성카르텔 사안에서 관련시장 획정을 생략하거나 충실하게 하지 않을 경우 경쟁제한 효과가 과도하게 평가되어, 결과적으로 효율성을 증진하는 행위에 대하여 제재를 가할 우려가 높게 된다.

공정거래위원회 심사기준도 연성카르텔에 보다 신중한 경쟁제한성 심사가 이루어져야 함을 전제로 하고 있다. 이는 관련시장에 대한 정확한 획정을 전제로 한다. 즉 심사기준에 따르면, 공동행위의 성격상 경쟁제한 효과와 효율성증대 효과를 함께 발생시킬 수 있는 경우(예컨대 공동마케팅, 공동생산, 공동구매, 공동연구·개발, 공동표준개발 등)에는 당해 공동행위의 위법성을 판단하기 위해 경쟁제한 효과와 효율성증대 효과를 종합적으로 심사

---

14) 비료판결이 나오게 된 경위에 관하여는, 정재훈, "부당공동행위의 제한 - 경성카르텔의 위법성 판단과 관련시장의 획정 문제를 중심으로", 「2013년도 공정거래소송의 주요 쟁점 법관연수 자료」, 사법연수원, 2013, 정재훈, "부당한 공동행위와 관련시장의 획정", 「법조」 제686호, 2013. 11., 정재훈, "경성카르텔 규제와 관련 시장의 문제 - 수입차 및 음료수 판결 전후의 판례 동향", 「경쟁저널」제179호, 2015. 3.을 참고할 수 있다. 이는 정재훈, 「공정거래법 소송실무」, 2015. 1., 육법사, 112-130면, 정재훈, 「공정거래법 소송실무(제2판)」, 2017. 3., 육법사, 133-154면에도 상세하게 소개되어 있다.

15) 비료판결의 전후 과정을 분석한 김종민·이황, "상식과 직관에 부합하는 경제분석 필요성 - 경성카르텔에 시장획정을 요구하는 대법원 판례에 대한 코멘트", 고려법학 제81호, 2016, 341면에 의하면, 공동행위 전체가 아니라 노골적인 가격담합과 같은 경성카르텔에 대하여 시장획정 수준을 완화하는 논의가 이루어졌음을 알 수 있다.

함을 원칙으로 하고 있다.

결국, 연성카르텔의 경우 시장획정 방식은 경성카르텔의 시장획정 방식과 다르다. 즉 대법원 2007. 11. 22. 선고 2002두8626 전원합의체 판결(포스코 사건) 이래 '관련 상품에 따른 시장'은 일반적으로 시장지배적 사업자가 시장지배력을 행사하는 것을 억제하여 줄 경쟁관계에 있는 상품들의 범위를 말하는 것으로서, 구체적으로는 거래되는 상품의 가격이 상당기간 어느 정도 의미 있는 수준으로 인상 또는 인하될 경우 그 상품의 대표적 구매자 또는 판매자가 이에 대응하여 구매 또는 판매를 전환할 수 있는 상품의 집합을 의미한다는 내용의 기본적인 시장획정 법리는 시장지배적 지위 남용, 기업결합, 연성카르텔에서 동일한 수준과 방식으로 적용되어야 한다. 이는 연성카르텔이 효율성, 기술발전, 혁신이 함께 문제되는 사안에서 자주 발생함에도 관련시장과 경쟁제한성에 대한 엄밀한 심사 없이 위법성을 인정할 경우 산업의 특성을 도외시하고 효율성을 저해하며 장기적으로 소비자의 손실(consumer harm)로 귀속될 위험 부담이 있고, 사회 전체의 비효율로 연결될 우려가 있음에 비추어 당연하다.16)

실무상 문제된 부당한 공동행위 사례는 대부분 경성카르텔이었다. 따라서 연성카르텔에 대한 관련시장 획정 사례는 상대적으로 적은 편이다. 그렇지만 대법원은 글락소 그룹 리미티드의 역지불 합의 사건 판결(대법원 2014. 2. 27. 선고 2012두24498 판결)을 통하여 연성카르텔 사안에서 관련시장 획정과 경쟁제한성 분석이 엄밀하게 이루어져야 한다고 보았다.

이 판결은 다음과 같이 판시하였다. 이 사건 합의 중 '발트렉스'의 경쟁

---

16) Broadcast Music, Inc.(BMI) v. Columbia Broadcasting System, Inc., 441 U.S. 1 (1979)에서 수평적 가격협정으로 볼 수 있는 사안임에도 연방대법원이 당연위법의 법리를 적용하지 않고, 당연위법으로 보이는 사안이라도 경험이 누적되어 있지 않은 새로운 유형의 거래형태에서는 신중한 심리가 필요하다는 취지의 판결을 하였고, U.S. v. Microsoft Corp., 253 F.3d 34(D.C.Cir. 2001) 사건에서 당연위법의 법리를 적용하지 않으면서, 사건의 특수성에 비추어 당연위법을 적용하기에는 산업의 특성상 부담이 크다고 본 점에 주목할 필요가 있다.

274 경쟁과 경쟁제한성의 이해

제품에 관한 부분이 공정거래법에 정한 '부당한 공동행위'에 해당하기 위하여는 그 합의의 경쟁제한성이 인정되어야 하고, 경쟁제한성은 관련상품시장의 획정을 거쳐 당해 합의로 인하여 경쟁에 영향을 미치거나 미칠 우려가 발생하였는지를 기준으로 판단하여야 한다. 그러나 피고(공정거래위원회)는 '발트렉스'의 관련상품시장을 획정하지 아니하였을 뿐만 아니라 이 사건 합의 중 '발트렉스'의 경쟁제품에 관한 부분이 경쟁에 미치는 영향 등에 대하여 아무런 근거를 제시하지 아니한 채 그 부분 합의의 경쟁제한성을 인정하여 이것이 공정거래법에 정한 '부당한 공동행위'에 해당함을 전제로 위와 같은 시정명령과 과징금 납부명령을 하였다. 그럼에도 원심은 그 판시와 같은 사정만으로 이 사건 합의 중 '발트렉스'의 경쟁제품에 관한 부분까지 공정거래법에 정한 '부당한 공동행위'에 해당한다고 판단하였으므로, 이러한 원심판결에는 공정거래법에 정한 '부당한 공동행위'에 관한 법리를 오해하여 판결에 영향을 미친 위법이 있다.

이 부분 합의는 공정거래위원회가 공정거래법 제19조(현행 법 제40조) 제1항 제4호, 제9호를 모두 적용하였으나, 대법원이 경성카르텔 조항인 제4호 부분을 받아들이지 않음에 따라 제9호만이 문제된 사안이다.[17) 위 사

---

17) 공정거래위원회는 동아제약이 온다론을 퇴출시키고 그 대가로 조프란과 발트렉스의 (독점)판매권을 원고들로부터 받은 것이 시장분할 합의(제4호)에 해당하고, 동시에 조프란과 발트렉스 독점공급계약이 경쟁제품 취급금지조항에 의하여 사업활동방해 합의(제9호)에 해당한다는 전제에서 공정거래법 제19조 제1항 제4호, 제9호를 적용하였다. 먼저, 조프란에 관한 경쟁제품 취급금지조항은 항구토제 시장에서 동아제약이 철수함과 동시에 그와 경쟁할 수 있는 제품에 관한 연구개발을 비롯한 일체의 행위를 금지한 것이므로 사업활동 방해담합뿐 아니라 시장분할 담합에도 해당함이 명백하다. 반면 발트렉스에 관한 경쟁제품 취급금지조항의 경우 동아제약에 독점판매권을 부여한 계약이 조프란과 관련된 시장분할 담합의 대가성을 띤다는 점 외에 위 조항 자체가 위 시장분할 담합에 해당한다고 보기는 어렵고 사업활동 방해 담합(제9호)의 성립 여부만 문제된다는 것이 대법원의 판단이었다. 따라서 경성카르텔 유형이 아닌 발트렉스 경쟁제품취급 금지조항이 사업활동방해 담합(제9호)에 해당하려면 경쟁제한성이 심사되어야 하는데, 이를 인정하려면 관련시장과 시정점유율이 엄밀하게 심사되어야 한다. 그런데 공정거래위원회 단계에서 관련시장 획정이나 경쟁제한성에 관한 충실한 심의가 없었으므로, 이 부분에 대하여 경쟁제한성을 인정할 수 없다는 것이 대법원의

건에서 피고(공정거래위원회)는 '발트렉스'의 관련상품시장을 획정하지 아니하였을 뿐만 아니라 이 사건 합의 중 '발트렉스'의 경쟁제품에 관한 부분이 경쟁에 미치는 영향 등에 대하여 아무런 근거를 제시하지 아니한 채 그부분 합의의 경쟁제한성을 인정하여 이것이 공정거래법에 정한 '부당한 공동행위'에 해당함을 전제로 시정명령과 과징금 납부명령을 하였다. 이에 공정거래위원회가 항구토제 시장(조프란, 온다론 등 제품)에 대한 관련시장을 획정하고 경쟁제한성을 증명한 상태에서, 관련시장과 경쟁제한성이 증명되지 않은 바이러스 피부제 시장(발트렉스 시장)에 대하여 시정명령과 과징금 납부명령을 할 수 있는지 문제가 되었다. 즉 대상 사건에서 문제되는 A 시장에 대한 관련시장과 경쟁제한성에 대한 증거가 제출되었을 뿐, 관련시장과 경쟁제한성에 대한 증거가 제출되지 않은 B 시장에 대하여 제재를 할 수 있는지가 쟁점이었다.

이에 대해 대법원은 '발트렉스'의 경쟁제품에 관한 부분이 공정거래법에 정한 '부당한 공동행위'에 해당하기 위하여 그 합의의 경쟁제한성이 인정되어야 하고, 경쟁제한성은 관련상품시장의 획정을 거쳐 당해 합의로 인하여 경쟁에 영향을 미치거나 미칠 우려가 발생하였는지를 기준으로 판단하여야 한다고 판시하였다. 즉, 대법원은 B 시장에 대한 관련시장과 경쟁제한성이 증명되지 않은 상태에서 이를 부당한 공동행위에 해당함을 전제로 시정명령과 과징금 납부명령을 하는 것은 위법하다고 명확하게 판시하였다.

다. 역지불(reverse payment) 합의[18]

'역지불(reverse payment) 합의'는 특허권자인 신약 개발사가 자신과 특허 분쟁 중인 복제약 개발사에게 대가를 지급하여 특허 분쟁을 종결하고, 복제약 개발사의 시장 진입을 일정 기간 연기하기로 하는 합의이다.[19] 역

판단취지이다.
18) 상세한 내용은 정재훈, "역지불 합의의 요건과 경쟁제한성 판단", 「경쟁법연구」 제36권, 2017, 148면 이하.

지불 합의의 경쟁제한성 평가에 있어 다음과 같은 특징을 찾을 수 있다.

첫째, 시장성과(경쟁성과)는 가격의 메커니즘으로 설명이 가능한 경우가 많다. 높은 가격과 낮은 생산량의 결과 사중손실이 발생한다. 역지불 합의에서도 이러한 사중손실을 통하여 경쟁제한성의 설명이 가능하다.

역지불 합의에서 문제되는 해악은 역지불 합의를 통하여 특허무효나 비침해의 위험을 제거함으로써 원래 특허권자가 법률에 의하여 부여된 권리 이상을 누리는 반면, 경쟁의 위험을 회피함으로써 소비자에 대한 해악(consumer harm)을 초래하는 데에 있다. 특허분쟁을 통하여 의문이 있는 특허가 사라지고, 그 결과 경쟁적인 시장이 조성될 가능성이 있다. 그런데도 이러한 가능성이 역지불 합의를 통하여 사라진다. 합의의 결과 복제약은 원래보다 진입이 늦어져서 그 동안 특허권자는 독점력을 더 유지하고, 복제약은 진입 후 다른 복제약과 경쟁을 피할 수 있게 된다. 경쟁자의 진입을 막아서 특허권자가 설정한 가격이 그대로 유지하도록 하고, 그로 인한 이익을 특허권자와 복제약 제조사가 배분받는다.[20] 소비자후생설의 입장에서 사중손실(deadweight loss)의 발생 등에 따라 경쟁제한성을 이해할 수 있다. [21] 실제 역지불 합의의 경쟁제한효과에 대한 경제학적 검토도 소송 시점을 기준으로 하여 소비자가 얻을 것으로 예상되는 후생의 수준

---

19) 나영숙, "역지불 합의에 대한 경쟁법적 평가, 「경쟁저널」 제177호(2014), 64면.
20) 이에 반하여 Actavis 사건[F.T.C. v. Actavis, Inc., 133 S. Ct. 2223 (2013)]에서, 로버트 대법원장 등의 소수의견은 단지 기회의 박탈이 있었을 뿐 경쟁제한성이 설명되지 않았다고 보았다(The patent's scope should be determined by reference to patent law. The majority seems to think that even if the patent is valid, a patent holder violates the antitrust laws merely because the settlement took away some chance that his patent would be declared invalid by a court).
21) 사회총후생설(총사회후생 기준)은 생산자후생과 소비자후생의 합인 총사회후생을 기준으로 효율성을 판단한다. 반면, 소비자후생설(소비자후생 기준)은 특정행위로 관련시장의 소비자후생이 어떻게 변동되는지에 다라 효율성을 판단한다. 미국의 법원과 경쟁당국은 전통적으로 소비자후생 기준을 선호하고 있고, 이에 따르면 낮은 가격과 증가한 산출량의 형태로 소비자에게 전가될 효율성을 고려하게 된다. 이는 미국 법원의 전반적인 경향으로 볼 수 있다(이민호, "기업결합의 경쟁제한성 판단기준", 경인문화사, 2013., 356~359면).

과 합의의 결과로 발생한 소비자의 후생 수준을 비교하는 방식으로 이루어진다.[22]

둘째, 합의 대가가 경쟁제한성 판단에 미치는 영향이다. 높은 가격의 원인이 특허의 실시료에 있지만, 그 특허가 무효일 수 있다. 무효인 특허로 발생하는 초과이윤의 규모는 무효인 특허의 특허권자가 복제약 생산회사에 대가로 지급하는 합의의 대가에 비례할 가능성이 높다. 이 점에서 합의 대가의 크기가 초과이윤의 규모를 추정하는 지표가 될 수 있다.[23]

역지불 합의에서 금액 크기와 부당성 관계를 설명하는 방식의 경제학적 접근이 사용되고 있다. 이는 특수관계인에 대한 이익제공 사안에서 대법원 2022. 5. 12. 선고 2017두63993 판결(대한항공 사건)이 이익의 규모를 중요한 부당성 판단의 요소로 고려하는 것과 비교될 수 있다.[24] 경쟁제한성은 질적 요소와 함께 양적 요소에 따라 좌우되는 개념이기 때문이다.

역지불 합의로 약가가 인하되지 못하여 소비자가 더 많은 비용을 지출하고, 소비자 편익이 합의한 당사자에게 이전하고, 높은 가격이 유지되는 만큼 공급량이 줄어 사중손실이 발생한다는 것은 설명이 가능하다. 역지불 합의로 가격이 인하되지 못하여 높은 가격과 사중손실이 발생하는 것은 설명가능하다. 다만, 합의의 대가가 크다는 것이 경쟁제한성과 연결되는 것은 아니다. 대가가 크다는 것은 대가를 초과하는 높은 가격의 유인이 있음을 의미한다. 그 점에서 역지불합의의 대가는 높은 의약품 가격을 추정할 수 있는 간접사실이 된다.

---

22) 정재훈, "역지불 합의의 요건과 경쟁제한성 판단", 「경쟁법연구」 제36권, 2017, 156, 157면.
23) 대가의 크기를 하나의 추정요소로 고려하는 것이어서 기존의 경제학 이론과 상치되지 않는다.
24) 이 판결은 '부당성'을, 이익제공행위를 통하여 그 행위객체가 속한 시장에서 경쟁이 제한되거나 경제력이 집중되는 등으로 공정한 거래를 저해할 우려가 있을 것까지 요구하는 것은 아니고, 행위주체와 행위객체 및 특수관계인의 관계, 행위의 목적과 의도, 행위의 경위와 그 당시 행위객체가 처한 경제적 상황, 거래의 규모, 특수관계인에게 귀속되는 이익의 규모, 이익제공행위의 기간 등을 종합적으로 고려하여, 변칙적인 부의 이전 등을 통하여 대기업집단의 특수관계인을 중심으로 경제력 집중이 유지·심화될 우려가 있는지 여부에 따라 판단하고 있다.

제3절 | 시장지배력 남용과 경쟁제한성 판단

1. 비교법적 고려

2007년 포스코 판결(대법원 2007. 11. 22. 선고 2002두8626 판결)이 선고될 당시, 경쟁제한성에 관한 접근방법에 대하여 미국과 유럽연합이 수렴하는 듯한 경향을 보였던 측면이 있다. 이런 상태에서 대법원은 경쟁제한효과의 판단기준에 관하여 국제적 흐름을 고려하여 결정을 할 수 있었다. 그러나, 포스코 판결 이후 미국과 유럽연합은 '수렴화(收斂化)'보다는 '차별화(差別化)'의 경로를 걸은 것으로 보인다. 최근 한국에서 문제가 된 충성 리베이트, 이윤압착, 지식재산권 남용에 관한 경쟁법적 규제 사안 등은 모두 미국과 유럽연합의 시각 차이가 상당한 사안이다. 국제적으로 시장지배적 지위 남용에 대하여 수렴화의 경향을 보이던 2007년 포스코 판결 당시와 달리, 미국과 유럽연합의 시각 차이를 전제한 후 방향을 결정해야 한다. 이러한 상황에서 다음과 같은 점에 유의할 필요가 있다.

첫째, 우리가 어떤 법리를 채택하여 적용할지는, 우리의 시장이 어떤 구조이고, 어떻게 동태적으로 변화하고 있는지에 따라 결정되어야 할 문제로 보인다. 미국과 유럽연합의 시장지배적 지위 남용에 관한 시각 차이는 각 국가의 시장에 대한 인식 차이에서 비롯된 것으로 볼 수 있다. 시장이 다르면 그에 적용되는 법리가 달라지는 것은 자연스럽다.[25]

둘째, 비교법적인 방법론의 유용성과 그 한계도 고려되어야 한다. 그 동안 비교법적인 연구를 통하여 공정거래법의 쟁점에 접근하였고, 이러한 방법론이 상대적으로 유용하였음을 부정할 수 없다. 특히 공정거래법 집행은 한 국가에 머물지 않는 국제적인 이슈가 되고 있어 이러한 방법론이 중요

---

25) 이 점에서 미국과 유럽연합의 법리를 두고 그 자체의 우위를 논하는 것은 적절하지도, 필요하지도 않은 것으로 보인다. 법제도는 그 자체의 완성도나 완결성이 중요한 것이 아니라 현실에서 어떤 기능을 하고, 어떻게 문제를 해결하는지에 따라 평가되어야 할 것이다.

함은 부정하기 어렵다. 그러나 이러한 비교법적인 틀을 원용하는 것만으로
한국의 시장에서 발생한 쟁점을 해결하는 데 어려움이 있을 수 있고, 장기
적으로 이러한 어려움은 가중될 수 있다. 특히 시장지배적 지위 남용 사안
에서, 비교법적인 시각 차이가 있는 경우 법철학의 차이에서 비롯된 것일
수도 있으나, 그 밖에 국가이익(national interest)의 차이에서 비롯된 것일
수도 있음에 유의할 필요도 있다. 이 점에서도 비교법적인 방법론을 선별
적으로 수용할 필요도 있다.

2. 경쟁제한성 판단기준

포스코 판결은 경쟁제한성의 판단기준을 제시하였을 뿐, 그 구체적인
증명의 수준과 방법은 후속 판결에 의하여 축적되는 것이 자연스럽다. 아
직 충분한 기준이 정립되었다고 보기는 어렵지만, 그 동안 대법원이 제시
한 기준을 개관해보는 것은 미래 어떤 기준을 정립할 것인지의 문제와 관
련하여 중요한 의미가 있다.

첫째, 시장지배적 사업자의 거래상대방에 관련된 요소이다. 주로 사업활
동방해유형, 특히 불이익강제에서 문제되었다. ① 상대방이 겪는 사업활동
의 어려움의 수준, 상대방이 받은 불이익의 정도, 상대방이 취하는 이익의
변화, ② 대체거래선이나 신규거래선의 존재 여부, ③ 거래상대방의 숫자,
거래상대방의 매출액, ④ 거래상대방이 퇴출되었는지, 그렇다면 그 원인이
무엇인지 등이다.

둘째, 시장지배적 사업자의 경쟁사업자에 관련된 요소이다. 시장지배적
사업자와 경쟁사업자의 점유율 변화, 경쟁사업자의 숫자 및 매출액, 경쟁
사업자의 퇴출 여부와 그 원인 등이다.

셋째, 관련시장에 관련된 요소이다. 시장 규모의 변화, 기술혁신 등 시
장의 동태적 변화 등이다.

넷째, 대상 상품, 용역의 특성, 거래에서 중요성 등이다.

다섯째, 행위가 지속된 기간, 행위의 주관적 의도나 목적 등이다.

3. 유형별 분석

가. 거래거절

시장지배적 지위 남용행위로서 거래거절에는 단독의 거래거절뿐 아니라 공동의 거래거절도 생각할 수 있으나, 주로 불공정거래행위와 비교하여 논의가 진행된 것은 단독의 거래거절이고, 그 유형으로는 계속적 거래의 거절과 새로운 거래개시의 거절 등이 포함된다.[26] 시장지배적 지위 남용행위로서 거래거절이 성립하기 위하여는 시장지배적 사업자가, 특정사업자에 대한 거래를 거절하고, 이로 인하여 다른 사업자의 사업활동을 어렵게 하며, 이러한 행위가 부당할 것 등의 구성요건을 충족하여야 할 것인데, 시장지배적 지위 남용행위로서 거래거절이 쟁점이 된 대표적인 사례가 대법원 2007. 11. 22. 선고 2002두8626 판결(포스코 판결)[27]이다. 이 사건은 포스코가 잠재적 경쟁자인 현대하이스코에게 자동차 냉연강판용 열연코일의 공급을 거절하여 시장지배적 지위 남용행위 중 기타의 사업활동방해의 한 유형인 거래거절 규제가 적용된 사건이다.[28]

포스코 판결 이전에 선고된 시장지배적 지위 남용행위 사건으로는 출고조절에 관한 일련의 사건,[29] 단일의 사업자인지가 문제된 비씨카드 사

---

26) 시장지배적 사업자의 공동의 거래거절의 경우 시장지배적 지위 남용 이외에도 부당한 공동행위 규제가 문제될 수 있다. 불공정거래행위의 경우 공동의 거래거절보다는 공동행위를 먼저 적용한다는 내용의 심사지침이 있으나, 시장지배적 사업자의 공동의 거래거절에서 그 적용의 우선순위에 관하여 심사지침상 명시적인 규정은 없는 것으로 보인다.

27) 대법원 2007. 11. 22. 선고 2002두8626 전원합의체 판결.

28) 이황, "공정거래법상 단독의 위반행위 규제의 체계 : 시장지배적 지위 남용행위로서의 거래거절행위의 위법성, 그 본질과 판단기준",「사법」제5호 2008. 9. 47면 이하 참조.

29) 대법원 2000. 2. 25. 선고 99두10964 판결(신동방 사건), 대법원 2001. 12. 24. 선고

건30) 등이 있었으나, 이들은 엄밀한 의미에서 시장지배적 지위 남용행위에 관한 일반적인 법리를 선언한 판례는 아니므로, 포스코 판결은 시장지배적 지위 남용행위로서 거래거절에 관한 최초의 판결일 뿐 아니라 시장지배적 지위 남용행위의 법리 전반에 관하여도 실질적으로 최초의 판결로 볼 수 있다. 포스코 판결은 시장지배적 지위 남용행위의 다른 유형 및 불공정거래행위에 직접적인 영향을 미쳤고, 나아가 공정거래법 전반에 시사점을 준 바 있다. 특히 상품시장 및 지역시장의 획정 기준을 제시한 점, 부당성에 주관적인 요소와 객관적인 요소를 모두 포괄하고, 관련시장에서의 경쟁제한성을 중심으로 부당성을 판단하는 효과주의적인 접근을 하였으며, 나아가 이러한 부당성 판단기준이 불공정거래행위의 부당성 판단기준과는 다르다는 점을 명시한 점 등에서 그 의의가 있다.31)

시장지배적 지위 남용행위와 불공정거래행위의 관계에 관하여, "시장지배적 사업자의 지위남용행위로서 거래거절의 '부당성'은 불공정거래행위로서의 거절행위의 부당성과는 별도로 '독과점적 시장에서의 경쟁촉진'이라는 입법목적에 맞추어 독자적으로 평가·해석하여야 한다."고 판시하여 이 판결을 분기점으로 각 행위유형별로 시장지배적 지위 남용행위 규제와 불공정거래행위 규제가 분화되는 이원화된 규제가 확립되었다고 볼 수 있다. 이러한 포스코 판결의 태도는 완전히 새로운 법리를 선언한 것이 아니라 종전에 선고된 대법원 판결의 연장선에 있는 것으로 보인다. 포스코 판결의 약 1년 전에 토지공사 사건32)에서 불공정거래행위로서 끼워팔기의 부

당성 기준은 국제적 흐름에 비추어 경쟁제한성으로 보아야 한다는 원고의 주장을 배척하고, "불공정거래행위로서 끼워팔기가 정상적인 거래관행에 비추어 부당한지 여부는 종된 상품을 구입하도록 한 결과가 상대방의 자유로운 선택의 자유를 제한하는 등 가격과 품질을 중심으로 한 공정한 거래질서를 저해할 우려가 있는지 여부에 따라 판단하여야 한다."라고 판시하여 위와 같은 이원화된 규제를 예고한 바 있다.

포스코 판결에서 부당성의 실질적인 의미를 판시함에 있어서 ㉮ 시장지배적 지위 남용행위와 불공정거래행위 모두 공정거래저해성이 포함되는 의미로 이해하는 방법, ㉯ 시장지배적 지위 남용과 불공정거래행위 모두 경쟁제한성으로만 이해하는 방법, ㉰ 시장지배적 지위 남용행위는 경쟁제한성으로, 불공정거래행위는 이에 더하여 공정거래저해성이 포함되는 것으로 이해하는 방법33) 등이 있었을 것인데, ㉮를 선택할 경우 앞에서 본 바와 같이 시장지배적 지위 남용행위에 관한 경쟁법의 국제적인 흐름으로부터 크게 이탈하게 되는 점에서,34) ㉯를 선택할 경우 포스코 판결 이전에 누적된 다수의 불공정거래행위에 관한 판례 중 시장지배적 지위 남용행위와 전체적 또는 부분적으로 중복되는 유형에서 그 부당성 판단기준을 실질적으로 변경해야 하므로 법적 안정성을 훼손하는 결과에 이르게 되는 측면에서 근본적인 난점이 있었다. 대법원이 시장지배적 지위 남용행위에 관한 실질적인 최초의 사례에서 ㉰의 견해를 전제로 판시를 한 것은 경쟁법의 국제적인 동향을 정확하게 인식하고, 불공정거래행위에 관하여 종전에 누적된 판례를 변경할 때 발생할 수 있는 법적 안정성의 문제까지 냉철하게 고려한 데서 비롯된 균형감각의 산물로 평가할 수 있다.

---

33) 이와 반대로 시장지배적 지위 남용행위는 공정거래저해성으로, 불공정거래행위는 경쟁제한성으로 보는 것은 그 제도의 연혁 등에 비추어 이론적으로도 생각하기 어려워서 논외로 한다.
34) 이러한 측면에서 판례도 그 선고 시점까지 누적된 학문적 성과에 의하여 상당한 영향을 받는 것으로 보인다.

나. 차별

1) 차별의 개념

가격차별은 소비자에 따라 다른 가격을 부과하는 행위이다. 전통적으로 가격차별이 가능하게 된 요인으로 정보를 취득하는 데 드는 비용(information cost)과 운송 비용(transportation cost)을 들 수 있다.35) 예를 들면, 소비자에 대한 공급비용이 다름에도 같은 가격을 부과하는 것도 가격차별 전략에 포함될 수 있다. 차별에 있어 다음과 같은 특징에 유의할 필요가 있다.

첫째, 차별과 시장력의 문제이다. 완전경쟁시장에서 가격차별은 이루어질 수 없고, 시장력이 존재하는 시장에서 가격차별이 가능하다. 다만, 가격차별이 성공하기 위한 시장력의 수준은 높지 않다. 상품의 차별화가 이루어진 시장에서 가격차별은 더 용이하며,36) 가격차별 전략이 성공하기 위해서 차익거래(arbitrage)를 방지해야 한다.

둘째, 차별은 넓은 개념이다. 약탈적 가격설정, 끼워팔기나 결합판매, 배타조건부거래, 거래거절, 부당한 지원행위 등은 모두 넓게 보면 차별행위일 수 있다. 다만, 이 부분에서는 거래상대방에 대한 가격이나 거래조건 차별(secondary discrimination)을 중심으로 검토한다.

셋째, 수직적으로 통합된 기업(vertically integrated undertaking)이 시행하는 차별의 문제는 이윤압착의 문제로 연결된다.37) 즉, 상류시장과 하류시장에 모두 진출한 시장지배적 사업자가 하류시장의 경쟁자에 대한 가격 책정을 높게 하는 경우이다. 이는 자사우대의 상황과도 유사하다. 수직적으로 통합된 기업은 가격을 통한 이윤압착의 형태, 가격 외 거래조건을 통한 자사우대의 형태를 통하여 자신의 이익을 위하여 이중적 지위를 사용할 수 있다.

---

35) Hovenkamp, Federal Antitrust Policy, West, 2020, p. 47.
36) Hovenkamp, Federal Antitrust Policy, West, 2020, p. 47.
37) Jones & Sufrin, EU Competition Law, Oxford, 2016, p. 561.

2) 차별에 대한 접근

첫째, 정태적 분석과 동태적 분석의 차이이다. 먼저 정태적 분석 결과 가격차별이 자원배분의 왜곡과 사중손실을 가져온다는 지적이 있다. 가격 차별의 잠재적 위험은 소비자후생을 생산자후생으로 전가하는 점에 있다.[38] 반면, 동태적 분석의 결과 (가격차별을 포함한) 가격의 결정이 자유로울수록 경쟁자와 가격 경쟁을 하게 되고, 가격을 할인할 수 있다고 본다. 가격 경쟁의 결과 가격을 인하하고 후생을 증진시키는 것으로 본다.[39] 동태적 측면에서 가격차별 금지는 가격 결정을 경직되게 한다. 동태적 분석에서 강조하는 가격 결정의 자유는 가격 경쟁을 유발하는 장점이 있다.[40]

둘째, 규범적 분석과 경제학적 분석의 차이이다. 가격차별에 대하여 법률가와 경제학자의 접근은 다르다. 차별의 문제에 대하여 과거 법률가들은 불공정성 측면에서 접근하는 반면, 경제학자들은 자원의 분배 왜곡이나 사중손실의 관점에서 접근하는 경향이 있었다.[41]

3) 비교법적 차이

가격차별은 미국과 유럽의 차이가 드러나는 행위 유형 중 하나이다. 차별을 금지한 로빈슨 패트만 법(Robinson−Patman Act)의 입법과정에, 대규모 유통 체인으로부터 소규모 사업자를 보호한다는 주장이 반영되었다.[42] 1936년 로빈슨 패트만 법 입법 이후에 미국은 가격차별을 금지하는 법이 있음에도 불구하고 1960년대 이후 가격차별 규제를 적극적으로 집행하지 않았고, 사적 집행도 성공적이지 않았다. 오히려 가격차별 전략을 적법한 경쟁전략의 하나로 이해하였다.[43]

---

38) Gifford, The Atlantic divide in antitrust, The University of Chicago Press, 2015, p. 67.
39) Gifford, The Atlantic divide in antitrust, The University of Chicago Press, 2015, p. 65.
40) Gifford, The Atlantic divide in antitrust, The University of Chicago Press, 2015, p. 68.
41) Gifford, The Atlantic divide in antitrust, The University of Chicago Press, 2015, p. 67.
42) Gifford, The Atlantic divide in antitrust, The University of Chicago Press, 2015, p. 77.
43) Gifford, The Atlantic divide in antitrust, The University of Chicago Press, 2015, p. 16.

비교법적으로 1960년대까지 미국과 유럽연합의 가격차별에 대한 태도
는 비슷했고, 가격차별로부터 경쟁자를 보호하는데 중점을 두었다. 그러나
그 이후 미국은 가격차별에 대한 독점금지법 적용을 현격하게 줄인 반면,
유럽은 가격차별 규제를 유지하였다. 미국은 가격차별이 약탈적 가격설정
의 수준에 이르지 않는 한, 정당한 경쟁수단(competitive tool)으로 보고 있
다. 반면 유럽연합 기능조약 제102조는 시장지배력 있는 기업의 가격차별
행위에 대하여 부정적이다.[44] 유럽경쟁당국은 가격차별의 억제가 공공의
이익에 부합한다는 입장이다.[45] 그 결과 미국과 유럽연합은 가격차별 규
제에서 상당한 차이를 가지고 있다.[46] 다른 한편 미국의 가격차별 법리는
차별로 피해를 본 원고의 소송에 따른 사소의 형태를 통하여 형성되어서,
이를 경쟁당국의 가격 차별 등에 대한 집행에 그대로 적용하기 어려운 측
면이 있다.[47]

4) 차별의 경쟁제한성

가격차별 유형에서도 경쟁법 위반이 인정되기 위하여 차별행위의 존재
만으로 부족하고 경쟁제한성이 증명되어야 함은 물론이다.[48] 차별의 경쟁
제한성은 아래와 같은 관점에서 문제될 수 있다.

첫째, 부(wealth) 또는 후생(welfare)의 문제이다. 가격차별(2선 차별)의
결과 부(wealth)가 소비자 등 구매자로부터 판매자에게 이전될 수 있다.[49]

이러한 가격차별은 판매자가 수요자의 가격탄력성 등을 알고 있다는 전
제에서 성과를 거둘 수 있다.[50] 특히 판매자가 소비자에 대한 개별적인

---

44) Gifford, The Atlantic divide in antitrust, The University of Chicago Press, 2015, p. 198.
45) Gifford, The Atlantic divide in antitrust, The University of Chicago Press, 2015, p. 199.
46) Gifford, The Atlantic divide in antitrust, The University of Chicago Press, 2015, p. 65.
47) Robinson-Patman Act 해석·적용에서 문제되는 'competitive injury' 개념이나
'causal connection' 개념은 사소에서 적용되는 것이 일반적이다. Gellhorn &
Kovacic, Antitrust Law and Economics, West, 2004, p. 442, 443.
48) ABA, Antitrust Law Development, 2022, p. 546.
49) Hovenkamp, Federal Antitrust Policy, West, 2016, p. 772.
50) Jones & Sufrin, EU Competition Law, Oxford, 2016, p. 560.

정보를 가지고 있을 경우 소비자에 대한 가격차별 전략은 성공할 수 있고, 그 결과 소비자로부터 판매자로 부가 이전되는 현상이 뚜렷하게 된다.

둘째, 가격차별이 이루어지는 시장은 경쟁시장보다 공급량이 적을 수 있다.[51] 공급량 감소는 시장성과(市場成果) 감소의 전형적인 현상이 된다. 다만, 가격차별이 있더라도 공급량이 항상 줄어든다고 보기는 어려우므로, 공급량 감소의 문제는 개별 시장별로, 가격차별 사안별로 판단이 이루어져야 한다. 불완전한 가격 차별(imperfect price discrimination)에 따른 공급량은 경쟁시장보다는 적지만, 독점시장보다는 많을 수 있다.[52]

셋째, 가격차별으로 혜택을 보는 구매자(favored purchasers, 저가 구매를 하는 구매자 등)와 그렇지 않은 구매자(disfavored purchasers, 고가 구매를 하는 구매자 등) 사이의 경쟁에 영향을 미칠 수 있다.[53] 예를 들면, 구매자가 원재료나 부품을 구매해서 완제품을 제조·판매한다면, 원재료나 부품의 저가 구매자가 고가 구매자에 비하여 경쟁에서 유리하게 된다.

유럽연합은 명문으로 Article 102(2)(c)에서 'competitive disadvantage' 요건을 요구하고 있다. 이때 한 구매자가 다른 구매자보다 높은 가격을 지불했다는 사실만으로는 경쟁이 훼손되었다고 보기 어렵다. 모든 정황을 종합적으로 평가하여 경쟁상 불이익이 인정되어야 하며, 이는 차별적인 가격으로 거래상대방의 비용, 이윤, 기타 이해관계에 영향을 미쳤다는 점 등이 제시되어야 한다.[54]

넷째, 차별행위의 성격과 의도도 문제된다. 판매자가 구매자의 시장에 진출하려는 의도를 가지고 있고, 가격차별이 이를 위하여 이루어지는 경우도 있다.[55] 독점사업자가 '거래상대방을 독점사업자가 아닌 다른 공급자로 전환할 가능성이 높은' 소비자에 대하여 낮은 가격을 부과할 경우 가격차

---

51) Hovenkamp, Federal Antitrust Policy, West, 2016, p. 772.
52) Hovenkamp, Federal Antitrust Policy, West, 2016, p. 772.
53) ABA, Antitrust Law Development, 2022, p. 545.
54) Whish & Baily, Competition Law, Oxford, 2018, p. 781, 782.
55) Jones & Sufrin, EU Competition Law, Oxford, 2016, p. 560.

별 전략의 배제적 성격이 높아진다.56) 가격의 차이가 상당한 수준이고, 그
러한 가격 차이가 상당한 기간 지속되었다면 이는 경쟁제한성을 추론하는
증거로 평가될 수 있다는 견해도 있다.57)

다섯째, 공정거래법상 불공정거래행위로서 가격차별 등에 대한 경쟁제
한성 평가에 있어 행위자가 속한 시장에서 경쟁제한성과 거래상대방이 속
한 시장에서 경쟁제한성을 나누어 보고 있다.58) 그런데 여기서 문제되는
2선 차별의 가격차별 등에서는 경쟁제한성은 거래상대방이 속한 시장에서
경쟁을 중심으로 보는 것이 자연스럽다. 약탈적 가격설정으로 이해되는 1선
차별(primary line discrimination)과 달리 2선 차별(secondary line discrimination)
은 구매자가 속한 시장의 경쟁 보호(ptotection of buyer-level competition)를
문제삼기 때문이다.59) 이때 가격차별에 의하여 불리한 취급을 받는 '거래상
대방'과 '그 거래상대방의 경쟁자' 사이에서 발생하는 경쟁에 대한 영향을
중심으로 가격차별의 적법성을 판단하게 된다.60)

5) 공정거래법상 차별과 경쟁제한성

차별(2선 차별)의 경쟁제한효과는 비교법적으로도 증명이 어려울 뿐 아
니라, 한국의 판례도 차별의 경쟁제한성에 높은 수준을 요구하며 이를 부
정하고 있다. 공정거래법은 시장지배적 지위 남용행위로서 차별행위와 불
공정거래행위로서 차별행위를 규정하고 있으나, 두 유형 모두 경쟁제한성
이 위법성 판단기준이라는 점에서 공통점을 가지고 있다.

첫째, 불공정거래행위로서 가격 차별행위가 문제된 사건은 다음과 같다.

---

56) Anderson, Abuse of Dominant Position, in Competition Law Today(Dhall ed., Oxford, 2019), p. 101.
57) ABA, Antitrust Law Development, 2022, p. 545. FTC v. Morton Salt Co., 334 U.S. 37(1948) 판결이 이러한 입장이다.
58) 2021. 12. 22. 공정거래위원회 예규 제387호 V. II. 나.
59) Gellhorn & Kovacic, Antitrust Law and Economics, West, 2004, p. 517.
60) 예를 들면, 밀가루를 판매업자가 가격차별을 할 경우 밀가루를 고가로 구매하는 A 제과업자와 그 경쟁자인 B 제과업자 사이의 경쟁이 문제된다.

대법원 2006. 12. 7. 선고 2004두4703 판결(외환신용카드 사건)[61]은 가격차별이 부당성을 갖는지 여부를 판단함에 있어서는 가격차별의 정도, 가격차별이 경쟁사업자나 거래상대방의 사업활동 및 시장에 미치는 경쟁제한의 정도, 가격차별에 이른 경영정책상의 필요성, 가격차별의 경위 등 여러 사정을 종합적으로 고려하여 그와 같은 가격차별로 인하여 공정한 거래가 저해될 우려가 있는지 여부에 따라 판단하여야 한다고 판시하여 경쟁제한성을 판단기준으로 제시하며 이 사건에서 경쟁제한성을 부정하였다. 대법원 2006. 12. 8. 선고 2004두4697 판결(삼성카드 사건), 대법원 2012. 6. 14. 선고 2010다26035 판결(주식회사 이야기 사건)에서 가격차별이 다루어졌는데 모두 부당성이 부정되었다.

　둘째, 불공정거래행위로서 거래조건 차별행위가 문제된 사건은 다음과 같다. 대법원 2006. 5. 26. 선고 2004두3014 판결(토지공사 사건)에서 거래조건의 차별취급은 인정되었으나, 거래조건 차별의 현저성이 부정되었다. 서울고등법원 2017. 2. 15. 선고 2015누39165 판결(롯데쇼핑 사건)[62]에서 차별행위와 부당성이 부정되었다.[63] 서울고등법원 2019. 10. 12. 선고 2018누76721 판결[64]에서 서울고등법원은 차별적 취급행위에 해당하지 않는다고 보고, 경쟁제한성을 인정할 증거도 부족하다고 보아[65] 공정거래위

---

61) 신용카드사업자인 외환신용카드가 백화점 업종에 대한 가맹점 수수료율을 2.5～2.6%로 정하고, 할인점 업종에 대한 가맹점 수수료율을 1.5%로 정한 것이 부당한 가격차별인지가 문제된 사건이다.
62) 대법원 2017. 7. 11.자 2017두39372 판결로 심리불속행 기각되었다.
63) 공정거래위원회는 롯데시네마 부분이 상영회차 배정 차별, 상영관 배정 차별, 현장 마케팅 차별을 통하여 롯데엔터테인먼트와 다른 배급사를 차별하였다고 보아 불공정거래행위로서 거래조건 차별을 적용하였다.
64) 대법원 2020. 2. 27.자 2019두57923 판결로 심리불속행 기각. 골프존이 신제품을 가맹점에만 공급하고 비가맹점에는 공급하지 않은 사건이다.
65) 거래조건차별에 해당하기 위하여는 특정사업자에 대한 차별이 있어야 한다. 가맹계약을 체결하지 않은 사업자나 원고의 시스템을 이용하여 스크린골프 사업을 하고자 하는 잠재적 사업자는 특정사업자로 볼 수 없다. 기존 제품을 가맹점, 비가맹점 구별 없이 구매하였다고 하더라도 기존 제품과 신제품의 기능과 성능이 확연히 차이가 나므로 거래 방법, 대금 결제조건이 달라지는 것이 원칙적으로 허용된다.

원회 처분을 취소하였다.

셋째, 시장지배적 지위 남용으로서 차별행위가 문제된 사건으로 서울고
등법원 2020. 2. 6. 선고 2018누43110 판결(지멘스 사건)[66]에서 서울고등
법원은 원고의 서비스키 발급조건 제시행위가 가격 또는 거래조건을 차별
하는 행위에 해당된다고 보기 어렵다고 판단하였다. 유상 라이선스 정책이
정당한 이상 서비스키를 유상으로 제공하는 것은 합리적인 영업모델로 차
별이라고 보기 어렵다는 취지로 이해할 수 있다. 나아가 원고의 행위에 대
하여 경쟁제한효과 및 그 우려를 인정하기 어렵다고 보았다. 한편, 불공정
거래행위로서 가격 또는 거래조건 차별 행위에 대하여도 비슷한 논지에서
문제된 행위에 대하여 객관적 구성요건으로 차별취급과 공정거래저해성을
모두 인정하기 어렵다고 판단하였다.[67]

다. 최혜고객조항(Most Favored Nation, MFN)

1) 개념

최혜고객조항(Most Favored Nation, 이하 MFN)[68]은 판매자가 구매자에

---

66) 대법원 상고 중. 원고 지멘스는 CT, MRI 장비를 공급하는 시장의 1위 사업자이다. 지
   멘스는 자신의 의료장비를 구입한 병원이 독립 유지보수 사업자(independent
   service organization)와 거래하는지 여부에 따라 장비안전관리 및 유지보수에 필요
   한 필수적인 서비스키 발급조건을 차별적으로 적용하였다. 이 행위에 대하여 시장지
   배적 사업자의 정상적인 거래관행에 비추어 타당성이 없는 조건을 제시하거나 가격
   또는 거래조건을 부당하게 차별하는 행위(구 공정거래법 제3조의2 제1항 제3호, 시행
   령 제5조 제3항 제4호, 심사기준 IV. 3.)와 함께 불공정거래행위로서 차별(구 공정거
   래법 제23조 제1항 제1호, 시행령 제36조 제1항 별표1의2)을 적용하였다.
67) 정재훈, 공정거래법 소송실무(제3판), 육법사, 2020, 564, 565면.
68) MFN clauses limit the price at which a supplier can offer a product through
   alternative sales channels. Under narrow MFN clauses, suppliers agree not to
   set lower prices through their own websites compared to prices offered on the
   DCT(Digital Comparison Tool) imposing the MFN, without specifying
   conditions for the sales through other rival channels. Wide MFNs, on the other
   hand, restrict a supplier from charging lower prices on their website, as well
   as through any other sales channel, including other DCTs.

게 가장 유리한 조건으로 거래하겠다는 계약 조항이다. 다른 구매자에게 더 낮은 가격으로 판매할 경우 최혜고객약정을 한 구매자에게 이를 적용해야 한다. 그 해석 및 적용에 다음과 같은 사항을 고려할 필요가 있다.

첫째, MFN과 차별금지의 문제이다. MFN과 차별금지에 공통된 부분도 있고 차이가 있는 부분이 모두 존재한다. 가격의 측면에서 최저가격보장을 하게 보면 비차별적인 행위를 방지하는 효과가 있다. 거래상대방 A에 대하여 최저가격을 시행하며, MFN 약정에 따라 거래상대방 B에 대하여도 최저가격을 시행할지의 문제에서 MFN과 차별(비차별) 문제가 모두 있다. A에 대하여 가격을 인상하며, B에 대하여도 동일한 가격 인상을 할지가 문제되는 경우 최저가격은 문제 되지 않고, 차별의 문제만 나온다.

둘째, 계약 문언에 차별금지만 규정되어 있더라도, 다른 조항과 종합적으로 해석할 때 실질적으로 최저 가격을 보장하는 내용이 들어 있다면 MFN으로 볼 수 있다. 예를 들면 소비자와 음식점을 연결하는 배달 앱 운영자가, 소비자에 대하여 최저가격을 보장하면서, 동시에 음식점에 대하여 차별금지를 적용하는 사안에서 이를 종합적으로 보면 최저가격 보장으로 볼 수 있다.

약관에는 차별금지로 규정되어 있더라도, 사업자가 약관을 적용함에 있어 MFN으로 사용하였다면 실제 문제되는 행위는 MFN으로 볼 수 있다. 다만 이 경우에는 부수적인 제한(ancillary restraint)의 문제가 검토되어야 한다. 소비자에 대한 최저가격 보장이 적법하다면 이에 수반되는 차별금지는 부수적인 제한(ancillary restraint)으로 적법할 수 있다.

2) 경쟁제한성

가) 경쟁제한효과

MFN의 경쟁제한효과로는 다음과 같은 몇 가지를 들 수 있다.

첫째, 가격 경쟁의 약화이다.

시장지배력을 가진 사업자(dominant position)가 거래상대방에 대하여

MFN 조항을 계약에 포함함에 따라 시장지배적 사업자와 경쟁사업자 사이의 가격 경쟁이 어렵게 되어, 경쟁이 제한될 수 있다. 즉, MFN의 결과 가격 수렴(收斂)화가 발생하고 가격 경쟁이 약화된다. 이러한 가격 수렴화는 조율된 협조행위에 따라 발생하는 경우(일종의 동조적 행위)와 단독으로 행위하지만 서로 수렴하는 경우(일종의 병행행위)를 모두 포함한다. 모든 구매자에게 할인을 제공해야 하므로, 낮은 가격에 판매할 동기가 사라진다. 구매자에 대한 할인에 대하여 일종의 제재가 부과되는 것과 같은 효과가 발생한다. 할인의 동기가 사라지고, 이는 높은 가격으로 연결될 수 있다.[69]

둘째, 카르텔과 관련성이다. MFN은 묵시적 합의를 유발하고, 가격인상으로 귀결될 수 있다. 가격할인을 억제하고, 가격고정화에 이를 수 있다.[70]

셋째, 배제남용과 관련성이다. MFN은 배제적 행위로 연결될 수 있다. 기존의 시장참여자가 MFN 전략을 사용하는 경우 신규 진입자의 비용을 상승시킬 수 있다. 이는 주로 원재료가 되는 주요 요소의 공급자와 관계에서 문제 된다. 원재료 공급자와 협상에 따라 신규진입자는 낮은 가격에 원재료를 공급받기를 원한다. 예를 들면 구매량을 늘리거나 다른 유리한 조건을 제시하여 낮은 가격에 원재료를 공급받는 방식 등이다. 그러나 MFN으로 인하여 원재료 공급자가 신규 진입자와 낮은 가격으로 거래를 할 경우, 기존 시장참여자에게도 낮은 가격으로 공급해야 한다. 이로 인하여 신규 진입자가 낮은 가격으로 원재료를 공급받아 비용을 낮추는 것이 어렵게 된다.[71]

넷째, 플랫폼 MFN의 문제이다. 플랫폼에서 발생하는 MFN(Platform MFNs)은 일반적 MFN(Simple MFN)과 다르다. 일반적 MFN은 판매자와 구

---

69) Baker & Morton, Antitrust Enforcement against Platform MFNs, 127 The Yale Law Journal 2176(2018), p. 2179.
70) Baker & Morton, Antitrust Enforcement against Platform MFNs, 127 The Yale Law Journal 2176(2018), p. 2180.
71) Baker & Morton, Antitrust Enforcement against Platform MFNs, 127 The Yale Law Journal 2176(2018), p. 2180.

매자 사이에서 발생한다. 플랫폼 MFN은 판매자와 플랫폼 사이에서 발생한
다.72) 즉 계약의 주체가 달라진다.73) 다만, 경쟁제한효과가 발생하는 원리
는 플랫폼 MFN에서도 다르지 않다. 예를 들면, 호텔이 기존 시장참여자인
플랫폼에 대하여 제시하는 가격은 MFN으로 인하여 신규 진입자인 플랫폼
에 대하여 제시하는 가격과 같게 된다. 이로 인하여 신규 진입한 플랫폼은
호텔에 대하여 낮은 가격을 제시하여 거래하는 것이 어렵게 된다.74)

나) 경쟁촉진효과

무임승차의 문제는 MFN으로 방지될 수 있다. 예를 들면, 호텔 이용자
는 숙박 플랫폼을 이용하면서 무임승차를 활용할 수 있다. 검색과 비교에
우수한 플랫폼에서 방을 고른 다음, 실제 계약은 저가 숙박비를 제공하는
플랫폼에서 체결하는 방식이다. 호텔 이용자는 기존 플랫폼이 제공하는 기
능을 대가 지불 없이 이용할 수 있다. 이런 무임승차의 문제로 기존 플랫
폼이 플랫폼의 기능을 향상하기 위한 투자를 할 동기가 사라지게 된다.
MFN은 이러한 문제를 방지하는 역할을 할 수 있다. 이는 최저 재판매가
격유지행위가 수행하는 무임승차 방지효과와 유사하다.75)

다) 비교법적 차이

미국의 경우, MFN에 대한 셔먼법 제2조의 적용 사안에서 연방항소법원
의 판결은 사업자의 경쟁촉진사유를 중시하는 경향(위법성 부정)과 경쟁제
한효과를 중시하는 경향(위법성 인정)으로 나누어져 있다. 일부 주는 개별
법을 통하여 MFN을 규제하기도 한다.

---

72) 판매자와 구매자 사이가 아니고(양면시장의 특성), 플랫폼과 구매자 사이도 아니다.
73) Baker & Morton, Antitrust Enforcement against Platform MFNs, 127 The Yale Law Journal 2176(2018), p. 2181.
74) Baker & Morton, Antitrust Enforcement against Platform MFNs, 127 The Yale Law Journal 2176(2018), p. 2181, 2182.
75) Baker & Morton, Antitrust Enforcement against Platform MFNs, 127 The Yale Law Journal 2176(2018), p. 2184.

MFN에 대하여 셔먼법 제1조가 적용되는 경우도 있다. 애플과 출판업자 사이의 담합 사건76)에서 보듯이 MFN이 합의 수단으로 사용되는 경우에 위법성을 인정할 수 있다. MFN은 경쟁자비용상승 효과나 진입장벽을 증가시키는 효과가 있다는 전제에서, Poster Exchange v. National Screen Service Corp., 431 F.2d 334(5th Cir. 1970) 판결은 MFN이 진입장벽을 높였다고 판단했다.77)

유럽연합 각 회원국 경쟁당국과 유럽연합 집행위원회는 아마존이나 여행 예약 사이트가 실행하는 MFN에 대하여 경쟁법을 적용하였다. 특히 플랫폼 MFN이 유럽연합 기능조약 제101조나 각 회원국 경쟁법을 위반한 것으로 보고 있다. 시장지배적 사업자가 플랫폼 MFN을 사용한 경우 시장지배적 지위(dominant position)의 남용으로 보아 유럽연합 기능조약 제102조를 적용하고 있다.78)

3) MFN과 공정거래법 적용

MFN에 대하여 공정거래법상 어떤 조항이 적용될 수 있을까?

첫째, 시장지배적 지위 남용의 문제이다. MFN은 누가 시행했는가가 중요하다. 시장지배적 사업자가 시행한 경우와 상대적으로 시장점유율이 낮은 사업자나 신규진입 사업자가 시행한 경우는 차이가 있다. 시장지배적 사업자가 MFN을 적용한 경우에는 사업활동방해 중 거래상대방에게 정상적인 거래관행에 비추어 타당성이 없는 조건의 제시(부당한 조건 제시)나 불이익강제가 검토될 수 있다(공정거래법 제5조 제1항 제3호, 시행령 제9조 제3항 제4호, 시장지배적지위 남용행위 심사기준). 이때 경쟁제한성을 평가함에 있어 가격인상 가능성, 진입장벽, 무임승차 문제를 고려해야 한다.

둘째, 불공정거래행위의 문제이다. 불공정거래행위로 거래상 지위남용

---

76) U.S. v. Apple, 791 F.3d. 290 (2d. Cir. 2015).
77) ABA, Antitrust Law Development, 2017, p. 263, 264.
78) Baker & Morton, Antitrust Enforcement against Platform MFNs, 127 The Yale Law Journal 2176(2018), p. 2186.

중 경영간섭이나 사업활동방해가 검토 가능하다(공정거래법 제45조 제1항 제 6호, 8호, 시행령 제52조 별표 2). 2020년 공정거래위원회가 딜리버리히어로 코리아의 최저가보장제에 대하여 거래상 지위 남용으로서 경영간섭을 적용한 사례79)가 있다. 그런데, MFN에서 고려하는 요소는 가격인상 가능성, 진입장벽, 무임승차의 문제 등 경쟁과 관련된 요소인데, 불공정거래행위 조항은 정상적인 거래관행 등 불공정성을 심사하는 조항이라는 점에서 MFN의 특성을 집행에 반영하지 못하는 난점이 있다.

나아가 경영간섭으로 접근할 경우 1종 오류와 2종 오류 문제가 모두 발생할 우려가 있다. 먼저, 거래상 지위가 있으나 신규진입자인 경우에는 경쟁제한성이 인정되지 않을 수 있다. 그럼에도 거래상 지위남용으로서 경영간섭이 인정될 수 있다. 거래상 지위는 낮은 기준으로 적용되어 왔고, 이에 따르면 대부분 MFN이 문제될 소지가 있다. 이 사례는 MFN에 대한 개입이 필요하지 않음에도 집행이 이루어지는 사례가 될 소지가 있다. 그 결과 1종 오류(false positive)가 발생할 우려가 있다. 둘째, 사업자와 상대방이 자발적인 합의로 하였고, 합의 과정을 보더라도 불공정하다고 볼 사정이 보이지 않지만, 시장에서 경쟁제한 우려는 높은 경우이다. 이 경우 거래상 지위는 인정되지만, 거래과정에 비추어 불공정성을 인정하기 어려워 경영간섭으로 보기 어렵다. 이 사례는 개입이 필요함에도 경영간섭에 따른 집행은 이루어지기 어려운 사례가 될 수 있다. 그 결과 2종 오류(false negative)가 발생할 우려가 있다.

라. 자사우대

1) 자사우대 개념

자사(自社)우대(優待)란 온라인 플랫폼 사업자가 자사 온라인 플랫폼에서 자사의 상품 또는 서비스를 경쟁사업자의 상품 또는 서비스에 대비하

---

79) 공정거래위원회 2020. 8. 24. 의결 제2020-251호(2016서경2277)

여 유리하게 취급하는 행위를 말한다. 자사우대는 온라인 플랫폼 사업자가 자사의 상품 또는 서비스를 경쟁사업자의 상품 대비 우선적으로 노출하는 등 직접적으로 우대하는 행위뿐만 아니라, 자사와 거래하는 온라인 플랫폼 이용사업자의 상품 또는 서비스를 그렇지 않은 이용사업자의 상품 또는 서비스 대비 우선적으로 노출하는 등 간접적으로 우대하는 행위도 포함한다.[80] 자사우대의 개념과 관련하여 다음과 같은 요소를 고려할 수 있다.

2) 자사우대의 속성

첫째, 자사우대의 본질적 속성은 무엇인지 문제된다. 자사우대라고 불리는 유형에는 차별, 지배력 전이의 2가지 속성이 나타나야 한다. 이러한 속성이 없다면 자사우대라고 보기 어렵다. 거래거절이나 수직형 기업결합 등의 문제는 자사우대 국면에서 나타날 수도 있고 그렇지 않을 수도 있지만, 자사우대라고 불리는 유형은 차별과 지배력 전이의 두 가지 속성은 있는 것이 대부분이다.

둘째, 플랫폼과 자사우대의 밀접불가분성 문제이다. 자사우대는 일종의 수익 모델로, 플랫폼 이용에 대하여 별도로 과금(課金)을 하지 않는 플랫폼이 생존하기 위한 필수적인 수단이다. 이는 플랫폼이 존재하는 한 자사우대가 어떤 형식으로든 유지될 가능성이 높음을 의미한다. 자사우대에 대한 경쟁법 대응은 자사우대의 금지가 아니라 경쟁제한적인 자사우대를 선별하는 기준 문제임을 의미한다.

셋째, 자사우대는 1회성보다는 지속성을 가지고 있다. 이는 상품이나 서비스 설계(product design)와 영업모델(business model)의 성격을 가지고 있다. 이 점에서 자사우대를 디자인 변경(design change) 차원에서 이해할 수 있다.[81] 결국 자사우대에 대한 규제 문제는 문제가 되는 서비스의 본

---

80) 온라인 플랫폼 사업자의 시장지배적지위 남용행위 및 불공정거래행위에 대한 심사지침 제정(안) III. 2. 다.
81) Newman, Anticompetitive Product Design in the New Economy, 39 FLA.ST.U.L.Rev. 681(2012). 다수의 선택가능한 방법이 존재함에도 상호호환성(interoperability)을 제한

질적인 디자인이나 그 기업의 핵심적인 영업모델을 규제하려는 것이어서,[82] 그만큼 법률적 공방이 치열해질 수 있다.

넷째, 자사우대 문제는 주로 가격보다 거래조건에서 문제되는 경우가 많다. 예를 들면, 플랫폼을 운영하는 사업자가 노출의 순서 및 빈도를 자사 상품 등에 유리하게 설정하거나, 알고리즘[83]을 통하여 이를 조율하는 행위 등이다.

3) 자사우대의 법률적 특성

자사우대에서 다음과 같은 특성을 발견할 수 있다.

첫째, 자사우대는 유럽연합, 한국 등과 같이 시장지배력 남용행위를 유형화한 입법례에서 종래 남용행위의 분류 유형과 부합하지 않는 특색을 지니고 있다. 이는 경쟁제한성 평가에서도 종래 남용행위에서 누적된 경쟁제한성 평가의 선례가 그대로 적용되기 어려움을 의미한다.

이와 같이 자사우대가 기존 남용행위 유형에 정확하게 포섭되지는 않지만, 종래 남용행위 유형와 비교할 때, 자사우대는 기본적으로 차별, 특히 거래조건 차별에 가까우면서도, 지배력 전이(플랫폼 시장의 시장지배력이 판매시장으로 전이된다)가 결합된 유형에 가깝다.

둘째, 자사우대의 주체 문제이다. 자사우대는 주체의 문제, 즉 거대 플랫폼이 자사우대를 한다는 점에서 관심이 집중되고 있다. 그 점에서 자사우대의 주체가 누구인지가 중요하다.[84] 자사우대를 일반적인 시장지배적

하는 디자인 변경은 경쟁자 봉쇄의 동기에 기한 행동일 가능성이 높음을 지적하며, 디자인 변경에 우호적인 미국 판례의 입장을 비판하고 있다.

82) Colomo, Self−Preferencing: Yet Another Epithet in Need of Limiting Principles, 43 World Competition, 2020, p. 36.

83) 물론 알고리즘을 통한 자사우대는 법리상으로는 경쟁제한성 증명이 쉽지 않고, 소비자에게 정보가 어느 정도 제공되었는지에 따라 정당화 사유가 있을 수도 있다.

84) 자사우대와 유사한 유형으로 부당한 지원행위와 계열회사를 위한 차별 등이 있다. 지원행위는 일상생활에서 자주 발생함에도 주로 기업집단의 지원행위가 문제되는 것처럼, 자사우대는 일상적으로 발생하지만 특정한 주체의 자사우대만이 문제된다.

사업자가 시행하는 경우와 시장지배적 사업자인 플랫폼 사업자가 하는 경우에 어떤 차별성이 있는지가 문제된다.

셋째, 자사우대의 효율성의 문제이다. 수직적 거래제한이나 수직형 기업결합에서 발생하는 경쟁제한성과 효율성의 형량 문제는 플랫폼 시장과 (자사우대의) 대상 시장이 수직적 관계에 있는 경우 동일한 원리로 발생할 수 있다. 혼합형 기업결합에서 발생하는 경쟁제한성과 효율성의 관계는 플랫폼 시장과 대상 시장의 관계에서 원용될 수 있다. 이러한 평가가 가능하기 위하여 특별한 유형에 매몰되지 않고 자사우대의 경쟁제한성 평가와 효율성 평가를 전체적으로 할 수 있어야 한다.

넷째, 자사우대는 경쟁법제와 소비자보호법제에서 모두 문제된다. 자사우대가 발생하는 상황은 소비자보호법제와 경쟁법제가 혼재한 국면이다.

소비자법제는 자사우대를 소비자에게 알리지 않은 것에 주목하고 있다. 소비자보호법제 차원의 시정(是正)은 비교적 간명하다. 소비자에게 고지의무를 다하는 방향으로 시정이 가능하다.[85] 이와 달리 경쟁법제는 시장에 미친 경쟁제한성에 주목하게 된다. 따라서 소비자에 대한 고지로 경쟁제한 효과가 해소되지 않는다.

다섯째, 자사우대를 둘러싼 경쟁법제와 소비자보호법제의 교차는 한국에서 다른 양상을 보이고 있다. 즉, 경쟁법인 공정거래법에 포함되어 있으나, 불공정성 시정과 소비자보호의 기능을 가진 위계에 의한 고객유인 문제로 드러나고 있다. 네이버쇼핑 사건[86]에서 공정거래법상 차별행위와 함께 위계에 의한 고객유인이 적용된 것과 같은 국면이다. 과거 우리 대법원이 위계에 의한 고객유인을 넓게 인정한 사례도 있으나(대법원 2019. 9. 26. 선고 2014두15047 판결, 휴대전화 보조금 사건), 노출 등 자사우대 행위에 기만적 요소가 없다면, 자사우대에 위계에 의한 고객유인(공정거래법 제45조

---

85) 다만 소비자에게 정보를 제공하더라도 소비자가 이를 이해하지 못하거나 실제 확인하지 않을 가능성 등 상당한 문제가 남아 있다.
86) 공정거래위원회 2021. 1. 27. 의결 제2021-027호.

제1항 제4호)을 적용하기 어렵다.

한편 자사우대와 소비자에 대한 잘못된 정보제공은 다른 문제이다. 자사우대 행위에 소비자에 대한 위계행위가 포함될 수도 있고, 그렇지 않을 수도 있다. 자사우대가 최종적인 행위라면 그 과정에서 위계행위가 사용될 수도, 그렇지 않을 수도 있다. 그 점에서 자사우대와 위계에 의한 고객유인행위는 반드시 일치하지 않는다.

4) 자사우대 범위

구체적 사안이 자사우대의 문제인지, 아닌지가 반드시 명확한 것은 아니다. 자사우대를 식별하는 문제는 중요한 과제가 된다. 이는 시장에서 차별행위로 강학상 분류될 수 있는 범주가 다양함에도 실제 차별행위로 규율되는 행위는 일부분인 것과 비교할 수 있다.

다음과 같이 편의상 그 유형을 크게 분류할 수 있으나, 실제 자사우대의 유형은 훨씬 더 다양하다. 다음 네 유형 중 첫째 유형에 근접할수록 자사우대 유형에 가깝고, 넷째 유형에 근접할수록 자사우대 유형에서 거리가 멀어진다.

첫째, 자사우대의 전형은 자사 플랫폼에서 자사의 상품과 타사의 상품이 경쟁관계로 모두 판매되는 경우 등이다. 심사지침 제정안[87]은 이러한 경우를 자사우대로 정의하고 있다. 그러나 그 외에 자사우대가 검토되거나 의심될 수 있는 유형은 훨씬 다양할 수 있다. 이는 행위유형으로서 자사우대에 포함되는지 문제이므로 경쟁제한성 평가와 국면을 달리한다.

둘째, 자사 플랫폼에서 자사가 판매하는 제품 중에서 자사가 제조한 제품과 타사 제품의 관계(예를 들면 PB 상품과 일반 상품)에서 자사우대가 발생할 수 있는지가 문제된다. 예를 들면, 자사 플랫폼에서 자사가 판매하는

---

87) 온라인 플랫폼 사업자의 시장지배적지위 남용행위 및 불공정거래행위에 대한 심사지침 제정(안) III. 2. 다. 온라인 플랫폼 사업자가 자사 온라인 플랫폼에서 자사의 상품 또는 서비스를 경쟁사업자의 상품 또는 서비스 대비 유리하게 취급하는 행위.

제품 중에서 자사가 제조한 제품(PB 상품)과 타사 제품(일반 제품)에 대하여 노출을 달리했다면 이 문제도 자사우대의 범주에 포함되는지의 문제이다. 직매입 상품과 PB 상품은 수요자에 대하여 경쟁하는 관계에 있다. 직매입 상품의 매출 확대가 (PB 상품과 경쟁하는) 타사제품의 판매 증가로 직결되고, PB 상품의 매출 확대는 타사 제품의 판매감소로 연결될 가능성이 높다는 점에서 자사우대의 법리가 적용될 가능성이 있다. 플랫폼 사업자 입장에서 PB 상품의 매출 확대가 직매입 상품의 매출 확대보다 수익이 높을 가능성이 높다. 이러한 사안에 대하여 자사 제품과 타사 제품의 노출 등 거래조건을 달리 설정했다는 점에서 자사 우대 이슈가 검토될 수 있다.

셋째, 자사 플랫폼에서 자사가 판매하는 자사 제품 사이(자사제품 1과 자사 제품 2)에서 차별을 한 것이라면 자사와 타사의 우대가 발생한다고 보기 어렵다. 예를 들면, 배달중개 서비스를 제공하는 플랫폼이 서비스 1과 서비스 2를 운영하는데, 서비스 1은 판매업자가 직접 배달원을 고용하거나 선정하는 경우이고, 배달서비스 2는 플랫폼의 자회사 등이 배달서비스를 제공하는 상황에서 서비스 1과 서비스 2에서 차별이 발생한 경우이다. 이 사안은 플랫폼이 서비스1과 서비스2를 모두 판매한다는 점에서 자사 제품 사이에 차별이 발생하였으나, 그 결과 관련 서비스에서 외부업체와 플랫폼의 자회사의 매출에 영향을 미칠 수 있는 사안이다.

물론 제품 1과 제품 2의 매출에 따라 다른 사업자의 수익 등에 영향을 미칠 수는 있으나, 다른 사업자가 시장지배적 사업자의 거래상대방이 아니라면 이런 경우까지 자사우대를 확대하기는 어려울 것이다. 이는 자사 제품의 판매 전략에 차등을 둔 것으로 한정된 자원을 경영판단에 따라 효율적으로 활용한 것에 불과하며, 자사우대 문제와는 성격을 달리하기 때문이다. 이는 위에서 자사 제품(PB 상품)과 타사 제품(일반 제품)의 노출을 달리했다는 점에서 자사 우대 이슈가 검토될 가능성이 있는 사안과 구별된다.

참고로, 대법원 2010. 5. 27. 선고 2009두1983 판결(티브로드 사건)과 비교할 필요가 있다. 이 사건은 사업자가 복수의 상품을 운영하면서 저가 상품에 대한 혜택을 줄인 사건이다.[88] 이 사건에서 시장지배적 지위 남용이 인정되지 않았음에 유의할 필요가 있다.

넷째, 자사 플랫폼에서 자사가 매입하여 판매하는 타사 제품 사이(타사 제품 1과 타사 제품 2)에서 차별을 한 것이라면 자사와 타사의 우대가 발생한다고 보기 어렵다. 물론 제품 1과 제품 2의 매출에 따라 다른 사업자의 수익 등에 영향을 미칠 수는 있으나, 이는 자사우대의 범위에 포함되지 않는다.

5) 자사우대의 시장지배력 남용 요건

자사우대에 대하여 시장지배력 남용, 특히 차별적 취급 조항을 적용하기 위하여 다음과 같은 요건을 갖추어야 한다.

첫째, 제1 시장(플랫폼 시장 등)에서 시장지배력이 인정되어야 한다. 시장지배력이 인정되지 않는다면 시장지배력 남용으로서 자사우대를 문제삼기 어렵다. 자사우대가 문제된 네이버 쇼핑 사건[89]은 시장지배력이 전제된 사건이었다. 둘째, 시장지배력이 인정되는 경우에도 제2 시장에서 발생하는 차별의 수준은 일정 수준에 이르러야 한다. 셋째, 경쟁제한성이 증명되어야 한다. 시장지배력 문제는 종래의 기준과 다르지 않다. 차별의 문제는 곧 자사우대의 식별 문제이다. 경쟁제한성 문제는 아래에서 다시 서술하기로 한다.

6) 자사우대의 경쟁제한성 평가

가) 경쟁제한효과 판단 원칙

자사우대의 경쟁제한성이 인정되기 위하여는, 차별에서 드러나는 경쟁제한효과와 지배력전이에서 드러나는 경쟁제한효과가 모두 존재하거나, 최소한 어느 하나는 존재해야 한다.

---

88) 소비자이익 저해(공정거래법 제5조 제1항 제5호 후단)가 적용되었다.
89) 공정거래위원회 2021. 1. 27. 의결 제2021－027호.

우리 판결은 지배력 전이의 법리를 아직 인정하지 않은 것으로 보인다. 다른 한편, 자사우대의 전제인 차별적 취급행위에서 경쟁제한성 증명은 상당히 어렵다. 전술한 바와 같이 비교법적으로도 차별행위에 대한 경쟁제한성 증명이 어려울 뿐 아니라, 한국의 판례도 차별의 경쟁제한성에 높은 수준을 요구하여 공정거래위원회가 패소한 바 있다.90)

그렇다면 경쟁제한성 인정이 어려운 지배력 전이와 경쟁제한성 인정이 어려운 차별행위가 결합한 자사우대 사안에서 경쟁제한성 증명에 필요한 증명의 수준이 높을 수 있음을 의미한다.

나) 경쟁제한성의 중첩성

경쟁제한성의 중첩성 문제이다. 자사우대를 규제해야 한다는 적극적 집행론은 자사우대의 경우 여러 남용행위가 중첩되는 만큼 증명의 수준을 낮추어야 한다는 주장이 그 기저에 포함되어 있는 것으로 볼 여지가 있다. 차별행위의 경쟁제한성은 그 증명수준이 높고, 지배력전이의 경쟁제한성도 증명수준이 높지만, 차별과 지배력전이가 더해지면 남용행위가 실질적으로 2개가 합해진 것이므로 경쟁제한성을 더 낮은 수준에서 증명할 수 있다는 고려가 가능할 여지도 있다. 무엇인가 의심스러운 행위를 2개를 했다면 그만큼 위법성이 인정될 가능성도 높을 수 있다는 취지이다.

참고로, 구글 안드로이드 사건91)에서 두 개의 끼워팔기(bundle로 표현하고 있다)를 평가하면서 그 사이에 보완효과가 있다는 점을 논거로 제시하고 있다. 이는 남용행위가 여러개인 경우 증명수준을 낮출 수 있다는 취지로 평가될 수 있다. 이러한 논리를 확대하면 종합적 증명의 논리와 유사하다. 경쟁법 사건에서 종합적인 증거 판단(conclusive approach)이 이루어지는 경향이 있다. 개별 남용행위로는 증거가 부족한 것처럼 보여도 여러 남

---

90) 대법원 2006. 5. 26. 선고 2004두3014 판결, 서울고등법원 2017. 2. 15. 선고 2015누 39165 판결, 서울고등법원 2019. 10. 12. 선고 2018누76721 판결.
91) Case AT.40099 (2018).

용행위를 종합해서 경쟁제한성을 인정할 수 있다는 결론으로 연결될 수 있다.

다만, 자사우대에서 남용행위가 단일한 행위인지, 복수의 행위인지는 일률적으로 말하기 어렵다. 자사우대의 복합적인 성격에도 불구하고 실질적으로 단일의 행위가 복수의 위반행위로 평가를 받는 경우일 수도 있고(별개 행위), 그와 달리 복수의 행위이어서 복수의 위반행위로 평가받는 경우일 수 있다(중첩된 단일 행위).[92] 자사우대로 문제되는 유형은 그만큼 다양하기 때문이다.

다) 경쟁제한성 감소 요인

경쟁제한성 감소 요소이다. 만약 시장지배적 사업자가 자사우대에 따른 위험을 줄이기 위한 방향으로 노출에 따른 우대의 정도를 일정한 수준 내로 줄였다면, 그 경우 차별에 해당하는지 여부, 그리고 그 차별이 경쟁을 제한할 수준에 이르렀는지 등 판단에 고려될 수 있다. 특히 자사 상품과 다른 상품을 식별하는 수준에서 노출을 한 경우(별도의 구역이나 카테고리를 제시하는 정도에 그치는 경우)이면 소비자 입장에서 식별이 용이하여 거래에 편리하고, 소비자에게 유익한 정보를 제공한다는 점에서 정당화 사유가 있다. 이는 오프라인 매장에서 자사 상품과 다른 상품을 구별하여 전시하는 것과 본질적으로 다르지 않다. 경쟁에서 특별한 우위를 제공하지 않는 수준이라면 차별이 인정되더라도 경쟁제한성이 부정될 수 있다.

7) 자사우대 요건과 지배력 전이

가) 자사우대와 지배력 전이

자사우대의 범위가 명확한 것은 아니지만, 지배력 전이를 필수적으로 수반하는 차별행위라는 점이 특징적이다. 그런데, 지배력 전이는 주로 끼워팔기에서 문제가 되었고, 전통적인 차별에서 문제되지 않았다. 자사우대

---

92) 이는 형법상 상상적 경합범이나 실체적 경합범 논리와 유사하다.

는 차별행위임에도 지배력 전이가 문제의 핵심이라는 점에서 종래의 차별과 다른 특성을 보이고 있다.

자사우대와 지배력 전이에 관한 일반적인 설명은 다음과 같다.[93] 온라인 플랫폼 사업자는 자사 플랫폼 내 규칙을 제정하고 운영하는 동시에 해당 플랫폼에서 직접 자사 상품 또는 서비스를 판매하는 등으로 온라인 플랫폼 이용사업자와 경쟁관계에 있을 수 있다. 온라인 플랫폼 사업자는 이러한 이중적 지위를 이용하여 자사 상품 또는 서비스에 대한 접근성을 높이고 경쟁사업자의 상품 또는 서비스에 대한 접근성을 낮추는 방식으로 플랫폼을 운영할 수 있다. 이러한 자사우대 행위를 통해 온라인 플랫폼 시장의 영향력을 지렛대(leverage)로 하여 연관 시장으로 지배력이 전이시킬 수 있다. 또한 연관 시장에서 온라인 플랫폼 사업자의 지배력이 강화되면 이는 다시 기존 온라인 플랫폼 시장의 지배력을 유지·강화하는 방향으로 작용해 독과점적 지위를 더욱 공고히 할 수 있다.

나) 지배력 전이의 독자적 남용행위성

지배력 전이가 독자적 남용행위 유형인가? 미국 독점금지법과 같이 포괄규정인 경우에는 문제가 없다. 남용행위 유형이 구체적으로 특정되어 있는 경쟁법에는 지배력 전이라는 남용행위 유형이 대부분 없다.[94]

자사우대는 차별행위나 끼워팔기 같은 별개의 확립된 유형을 통하여 집행이 가능하다. 지배력 전이 자체를 남용행위로 보는 것은 근거가 부족하다. 특히 개별적 유형적 집행을 하는 우리 법에서는 독자적 유형으로 보기 어렵다.

다) 지배력 전이와 지배력 영향의 구별

지배력의 (인접시장에 대한) 영향과 지배력 전이는 구별되어야 한다. 지배

---

93) 온라인 플랫폼 사업자의 시장지배적지위 남용행위 및 불공정거래행위에 대한 심사지침 제정(안) III. 2. 다.
94) 이봉의, "디지털플랫폼의 자사 서비스 우선에 대한 경쟁법의 접근", 법학연구 제30권 제3호, 2020, 389, 390면.

력 전이 중에도 경쟁을 제한하는 지배력 전이와 그렇지 않은 경우를 선별해야 한다. 지배력 전이가 독자적인 남용행위 유형인지 논란은 별론으로 하더라도, 지배력 전이는 일반적으로 말하는 '지배력의 영향'과 다르다. 그 점에서 영향력과 전이를 혼용하는 것은 곤란하다. 특정 시장의 지배력이 인접 시장에 영향을 미치는 것은 자연스럽지만 이를 모두 지배력 전이로 볼 수는 없다. 지배력 전이로 경쟁제한성 인정이 쉽게 된다면, 지배력을 당해 시장에서 남용하는 경우에 비하여 지배력이 전이되는 경우에서 경쟁제한성이 쉽게 인정되는 불균형의 문제가 발생할 수 있다. 그 점에서 지배력 전이와 지배력 영향을 어떻게 구별할 것인지는 어려운 과제로 남아 있다.

라) 지배력 전이와 경쟁제한성

지배력 전이가 인정되어도 경쟁제한효과가 별도로 인정되어야 한다. 즉 지배력 전이와 경쟁제한효과 인정은 다른 차원의 문제이다. 지배력전이가 발생하여도 그만으로 바로 경쟁제한효과를 인정할 수는 없다. 지배력전이 현상 자체는 중립적이고, 성과경쟁의 산물일 수도 있다.

이러한 구분론은 이론상으로는 가능해도 실제로는 실익이 적을 수 있다. 지배력이 전이되었는지는 결국 경쟁제한효과로 평가할 수 있다. 요컨대, 지배력 전이보다는 경쟁제한효과 발생 여부에 대한 판단이 중심이 되어야 한다. 다만 경쟁제한효과가 발생한 경우에도 발생한 경쟁제한효과의 원인이 지배력 전이였음이 인정되어야 한다. 즉 지배력 전이와 경쟁제한효과 사이에 상당인과관계가 인정되어야 한다.

마) 지배력 전이와 경쟁제한성 이론

지배력전이의 경쟁제한효과는 끼워팔기의 경우 독점화 기도(attempt monopolize)의 수준에 준하는 증명을 요하거나, 봉쇄효과의 증명으로 이루어지는 경우가 많다. 그 점에서 자사우대에서 드러나는 지배력전이의 경우에도 끼워팔기와 비교할 때 봉쇄효과(foreclosure)로 증명하는 경우가 많을 것으로 보인다. 즉, 지배력전이에서 봉쇄효과, 경쟁자비용상승, 동등효율경쟁자배제 이슈가 모두 나올 수 있으나, 경쟁제한성 증명에서 가장 가까운 것은 봉쇄효과일 수 있다.

자사우대와 지배력 전이는 경쟁제한성 평가에 어떤 영향을 미치는가? 먼저, 지배력 전이를 통한 경쟁제한성 인정 사례는 그 범위가 끼워팔기로 좁아지고, 그 경우에도 봉쇄효과를 엄격하게 심리하는 등 경쟁제한성을 신중하게 인정하는 경향이었다. 이는 독점화 기도에 준하는 봉쇄효과의 증명 없이 경쟁제한성을 인정하는 것은 위험할 수 있음을 의미한다.

바) 한국의 사례

한국의 사례에서도 지배력 전이가 다루어진 선례가 있었다. 먼저 대법원 2008. 12. 11. 선고 2007두25183 판결(티브로드 I 사건)[95]에서 원심은 상품시장을 프로그램송출서비스 시장으로, 지역시장을 전국시장으로 보면서도 시장지배력 전이(轉移)를 인정하여 시장지배적 지위를 인정하였다. 대법원은 원심의 시장획정에 동의하면서 시장지배력의 전이를 부정하였다.

한편, 대법원 2011. 10. 13. 선고 2008두1832 판결(에스케이 멜론 사건)[96]에서 원심은 "원고는 이동통신서비스 시장에서의 넷트워크를 기반으로 하고 방대한 단말기 가입자 숫자라는 차별화 요인을 이용하여 그 시장지배력을 멜론으로 전이하였다고 볼 수 있으며, 특히 원고의 음악사이트인 '멜론'이 http://www.tworld.co.kr/와 같은 SKT 가입 고객만을 위한 서비

---

95) 티브로드 강서방송과 지에스디 방송이 원고로 통합하며 각각 운영하던 채널번호를 조정하였는데, 그 과정에서 선호채널인 8번을 사용하던 우리홈쇼핑이 사용료로 6,500만 원을 제시하고, 현대홈쇼핑은 9,000만 원을 제시하자, 원고는 현대홈쇼핑에게 8번을, 우리홈쇼핑에게 18번을 배정하였다.
96) 원고는 멜론 사이트의 음악파일과 SKT용 MP3폰에 자체개발한 DRM(Digital Rights Management)을 탑재한 후 멜론사이트에서 구매한 음악파일만 재생할 수 있도록 하고, 다른 사이트에서 구매한 음악은 멜론 회원에 가입한 후 컨버팅(converting)을 거치도록 하였다. 이러한 행위에 대하여 사업활동방해 중 불이익강제 및 소비자이익침해가 적용되었으나, 모두 인정되지 않았다.

스사이트가 아닌 음원판매사이트라는 점을 고려한다면 멜론사이트에 가입해야만 하는 것만으로도 시장지배력이 전이되었다고 해석할 수 있다"로 판시하였다. 원고가 이동통신서비스 시장에서의 지배력을 이용하여 '온라인 음악서비스 시장'에서 남용행위를 하였다는 공정거래위원회의 판단을 받아들인 것인데, 이에 관한 명시적인 대법원 판단은 없었다. 이 판결에서 문제된 사업활동방해 중 불이익강제는 동일한 관련시장의 경쟁자보다는 거래상대방 등에 대하여 발생할 가능성이 높고, 특히 수직적 관계에서 발생하는 경우를 흔히 예상할 수 있다. 이러한 불이익강제의 성격에 비추어 이동통신서비스 시장과 다운로드서비스 시장이 밀접한 경우에는 남용행위가 인정될 수 있으므로, 시장지배력 전이 이론에 기초하여 남용행위를 구성하는 것은 필요하지 않았던 것으로 볼 수 있다.[97]

위에서 언급한 대법원 2008. 12. 11. 선고 2007두25183 판결(티브로드 I 사건), 대법원 2011. 10. 13. 선고 2008두1832 판결(에스케이 멜론 사건) 등에 비추어 보면 지배력 전이 사안에서 성과경쟁과 남용행위의 구분이 어려움을 의미한다.

8) 자사우대와 차별

차별(2선차별)의 경쟁제한효과는 뚜렷한 선례가 없다. 비교법적으로도 차별행위에 대한 경쟁제한성 증명이 어려울 뿐 아니라, 한국에서 공정거래위원회가 차별을 적용한 사례에서 법원이 차별의 경쟁제한성에 높은 수준을 요구하며 경쟁제한성을 부정하였다.[98] 차별의 경쟁제한효과는 가격, 공급량 등에서 직접적인 증거가 제시되거나 완전한 경쟁자 배제와 경쟁부재 상태가 증명되는 경우가 아니면 증명하기가 어려울 수 있다(상세한 부분은 제3절 3. 나. 차별 부분 참조).

---

97) 정재훈, 공정거래법 소송실무(제3판), 육법사, 2020, 575면.
98) 대법원 2006. 5. 26. 선고 2004두3014 판결, 서울고등법원 2017. 2. 15. 선고 2015누 39165 판결, 서울고등법원 2019. 10. 12. 선고 2018누76721 판결.

9) 자사우대와 기타 경쟁제한

자사우대에서 드러나는 지배력전이의 경우에도 끼워팔기와 비교할 때 봉쇄효과(foreclosure)로 증명하는 경우가 많을 것으로 보인다. 즉, 지배력 전이에서 봉쇄효과, 경쟁자비용상승, 동등효율경쟁자배제 이슈가 모두 나올 수 있으나, 경쟁제한성 증명에서 가장 가까운 것은 봉쇄효과일 수 있다. 물론 그 경우에도 경쟁자비용상승이나 동등효율경쟁자배제도 관련성은 있으므로, 자사우대, 특히 지배력전이가 수반되는 자사우대에서 경쟁자비용상승, 동등효율경쟁자배제 기준이 어떤 방식으로 적용될 수 있을지에 대한 검토가 필요하다.

가) 준(準, quasi) 이윤압착과 동등효율경쟁자배제

자사우대를 이윤압착과 비슷한 구도로 이해할 수 있다. 첫째, 복수의 시장에서 문제된다는 점이다. 자사우대에서 플랫폼 시장과 개별(상품 또는 용역 시장) 등 2개의 시장에서 차별행위나 지배력 전이가 문제된다. 이는 이윤압착에서 상류시장과 하류시장이 존재하는 것과 유사하다.

둘째, 이중지위(심판과 선수)의 구조에 비견할 수 있다. 플랫폼 시장에서 심판의 역할을 하는 것(자사우대)과 상류시장(이윤압착)에서 심판의 역할을 하는 것은 비교될 수 있다.

이는 끼워팔기보다 이윤압착이 자사우대에 더 유사하다는 논거가 될 수 있다. 끼워팔기도 복수의 시장이 문제되지만, 제1 시장과 제2 시장의 이중지위를 심판과 선수의 역할에 속하는 것으로 평가하기는 어렵다. 이러한 이중지위는 이윤압착에서 더 잘 드러난다.

셋째, 이윤압착의 경우에는 가격과 비용이라는 기준이 적용되고 동등효율경쟁자배제 기준이 적용가능하다. 자사우대의 경우에는 비가격조건이 문제된다는 점에서 이러한 가격, 비용 기준이 유용할지 문제된다. 다만, 자사우대의 경우에도 비가격 조건을 가격이나 비용으로 치환할 수 있다면 동등효율경쟁자 기준의 적용이 가능할 것이다. 예를 들면, 구글쇼핑 사건에서 구글이 자사에만 가장 좋은 위치(top position)을 제공한 것은 암묵적으로 도매가격을 낮춘 것으로 산정할 수 있을 것이다.

나) 필수설비 문제

① 자사우대와 필수설비 요건

첫째, 자사우대가 거래거절의 유형으로 드러난 경우는 필수설비 이론의 검토가 가능하다. 플랫폼을 전통적인 의미의 필수설비로 보기는 어렵다. 그 점에서 플랫폼이 준(準) 필수설비(quasi essential facilities)로서 성격을 가진다는 점이 제시되어야 한다. 다만, 자사우대가 거래거절과 같은 극단적인 행위로 드러나는 사례는 많지 않다.

둘째, 자사우대가 차별의 형태로 드러나는 경우에 필수설비 이론의 적용이 가능한지 문제된다. 유럽연합 일반법원(general court)의 구글 쇼핑 사건 판결[99]은 거래거절의 상황이 아닌 경우(예를 들면 차별)에도 필수설비에 준하는 법리 구성이 가능하다는 취지로 이해될 수 있다. 이 점에서 거래거절의 상황이 아닌 경우에도 필수설비와 같은 법리의 적용이 가능할지, 가능하다면 어떻게 이론을 구성하는 것이 합리적일지가 문제된다.

자사우대가 차별의 형태로 드러나는 경우 반드시 필수설비 이론을 매개로 하여 경쟁제한성을 증명할 이유는 없다. 차별 행위에서 필수설비성이 반드시 필요하지는 않다. 그 점에서 필수설비 이론의 증명 요부가 쟁점이 되기는 어려운 것으로 보인다. 다만 차별행위에서 위법성 가설을 세움에 있어 필수설비를 근거로 제시할 수도 있고, 그렇지 않을 수도 있다. 이를 나누어서 검토해본다.

먼저 필수설비를 위법성 가설에 포함하는 경우이다. 경쟁제한성을 증명하는 측(경쟁당국이나 민사소송에서 원고)에서 필수설비 이론을 근거로 차별

---

99) Google and Alphabet v. Commission, Case T-612/17(2021)

의 경쟁제한성을 증명하려고 시도할 수는 있다. 필수설비성이 위법성 가설
에 포함되고 증거로 뒷받침될 경우 경쟁제한성 증명이 쉬워진다.

그 경우 필수설비 이론이 차별에서 어떤 방식으로 작용할 수 있는지가
제시되어야 한다. 차별행위에서 필수설비를 원용하려면 그에 기초한 위법
성 가설이 전개되어야 하기 때문이다. 그러나, 거래거절에서 적용되는 필
수설비 이론을 차별행위에서 적용하면서 '동등 대우 의무'로 변형하는 것
은 곤란하다. 이는 필수설비 이론을 지나치게 확장하는 결과가 된다. 동등
대우 위반을 경쟁제한성의 근거로 평가할 경우 경쟁제한성 심사가 사실상
형해화될 우려가 있다.

다음으로 필수설비를 위법성 가설에 포함하지 않는 경우이다. 거래거절
이 아닌 차별행위에서 필수설비를 매개로 하지 않는다면, 그에 맞추어 새
로운 위법성 가설을 제시해야 한다.

셋째, 자사우대가 거래거절, 차별 외의 형태로 드러나는 경우에도 이론
상으로는 필수설비 문제가 적용가능하다. 이는 위에서 본 차별문제에 준하
여 해결하면 될 것으로 보인다.

② 필수설비 요건과 비례의 원칙

자사우대와 필수설비 문제에서 비례의 원칙과 관련된 문제가 제기되고
있다. 즉, 거래거절의 경우 필수설비에 해당해야 거래거절의 위법성이 인
정될 수 있다. 그런데 자사우대 또는 차별은 거래는 유지하면서 차별을 하
는 것이어서 거래거절보다 상대방에게 불이익이 적다. 그런데, 자사우대는
필수설비에 해당하지 않아도 위법성이 인정될 수 있다. 그렇다면 침익성이
상대적으로 큰 거래거절은 필수설비성을 증명해야 하므로 증명수준이 높
아 엄격한 기준하에서 위법성이 인정되는 반면, 침익성이 상대적으로 작은
자사우대는 필수설비성을 증명할 필요가 없어 증명수준이 낮아 완화된 기
준에서 위법성이 인정된다. 그 결과 플랫폼 사업자가 거래거절을 하면 적
법할 가능성이 높다. 이와 달리 플랫폼 사업자가 그보다 온건한 전략으로
거래를 유지하면서 자사우대를 하면 위법할 가능성이 높다. 따라서 플랫폼

사업자는 거래거절을 하는 것이 더 안전한 전략이 된다. 이는 비례의 원칙에 비추어 균형에 맞지 않는다는 취지이다. 다만, 이러한 문제 제기와 관련하여 거래거절에서 필수설비성이 필요하고, 자사우대에서 필요하지 않은 것은 행위유형이나 성격이 다름에 기인한 것이고, 다른 행위에 대하여 다른 기준이 적용되는 것은 당연하며 비례성을 요구할 필요는 없다는 반론도 가능하다.

다) 거래상대방 변경 전략

유럽연합 일반법원(general court)의 구글 쇼핑 사건 판결100)은 자사우대를 통하여 경쟁자를 거래상대방으로 바꾸는 전략의 위험성을 강조하고 있다. 이는 경쟁자를 흡수하거나(미국 셔먼법 초기 스탠다드 오일 트러스트), 경쟁자를 배제하는 전략과는 결을 달리한다. 경쟁자를 거래상대방으로 바꾸는 전략을 경쟁법상 어떤 차원에서 평가하고, 접근해야 할지가 문제된다.

10) 자사우대와 다른 남용행위 유형

가) 끼워팔기, 결합판매

끼워팔기와 자사우대의 관계가 문제된다.101) 전통적으로 지배력 전이가 문제되는 유형이 끼워팔기이고, 자사우대는 차별의 성격을 가지면서 지배력 전이가 문제된다는 점에서 공통점이 있다. 물론 끼워팔기도 자사우대의 유형으로 볼 여지가 있다. 마이크로소프트가 메신저나 브라우저를 끼워팔기한 것은 자기 제품에 대한 우대의 전형이다. 다만, 끼워팔기는 거래강제를 수반함에 비하여 자사우대는 강제보다는 이익 부여 방식으로 이루어지는 경우가 많다.102) 이 점에서 자사우대는 끼워팔기보다 결합판매에 근접하는 측면이 있다.

---

100) Google and Alphabet v. Commission, Case T-612/17(2021).
101) 참고로, 자사우대와 부당한 지원행위, 계열회사를 위한 차별 등은 같은 동기에서 비롯된 행위로 이해할 수 있다.
102) 그 점에서 끼워팔기는 극단적인 자사우대로 볼 여지가 있다.

한편, 끼워팔기에 비하여 자사우대에서 경쟁제한성 인정이 더 어려울 수 있다. 끼워팔기에 비하여 자사우대에서 거래강제가 이루어지지 않는 경우가 많기 때문이다. 나아가 끼워팔기에서 직접적인 지배력 전이가 문제된다면, 자사우대에서 간접적인 지배력 전이를 포함하여 더 넓은 형태의 지배력 전이가 문제되는 경우가 많다. 그 경우에도 지배력 전이는 앞서 언급한 '지배력의 영향'과는 구별되어야 함은 물론이다.

나) 부당한 지원행위

자사우대와 가까운 형태로 부당한 지원행위(공정거래법 제45조 제1항 제9호)를 들 수 있다. 부당한 지원행위는 넓게 보면 차별로 분류할 수 있다. 그런데 공정거래법이 부당한 지원행위에 대한 특별규정을 두지 않았다면 현재와 같이 강력하게 내부거래를 규제하기 어렵고, 특히 차별행위 규정으로(시장지배적 지위 남용이든, 불공정거래행위이든) 내부거래를 규제하기 어렵다. 이는 자사우대도 현재 규정으로는 집행이 어렵고, 특별 규정이 있어야 가능하지 않을까라는 추론을 가능하게 하는 사유가 된다. 특히 한국 판례가 차별행위의 경쟁제한성을 대부분 인정하지 않았고, 지배력 전이도 대법원 차원에서는 인정하지 않은 선례를 보더라도 그렇다.

11) 자사우대와 경쟁법 집행

자사우대에 대한 경쟁법 집행에 있어 사안별 발생할 수 있는 집행의 편차가 발생하지 않도록 해야 한다. 자사우대는 다양한 시장과 비즈니스 모델에서 문제되고 있다. 자사우대는 기존의 남용행위 유형 어느 하나로 보기 어려운 유형이며, 역동적으로 변하는 시장 속에서 플랫폼 산업의 본질적인 속성과 맞물려 지속적으로 발생하고 있다.

어떤 행위가 법위반이 의심되는 자사우대인지, 그 경우 경쟁제한성을 어떤 수준으로 심사하여 법위반을 판단할 것인지에 대하여 일관된 기준이 필요하다. 사실관계의 차이를 고려하더라도 집행과정에서 사건별 또는 조

사담당자별로 그 편차가 클 경우 시장에 불필요한 혼란이 발생할 수 있다. 특히 플랫폼마다 상당한 차이가 존재하는 점에 비추어 이러한 우려는 더 높아진다.

물론 이러한 편차는 여러 사건을 거치면서 장기적으로 자연스럽게 해결될 수도 있으나, 그러한 과정에서 집행오류와 예측불가능성으로 인한 비용이 클 수 있다. 따라서 선례가 누적된 시장지배력 남용행위에 대한 집행에 비하여, 자사우대 사안에서 집행을 담당하는 경쟁당국의 고도의 균형감각과 지혜로운 판단, 그리고 그 일관성이 요청된다. 자사우대 중 경쟁제한성이 드러나는 행위를 선별하여 정확하게 집행함으로써 시장에 메시지를 주는 작업이 필요하다.103)

마. 표준필수특허와 경쟁제한성

1) 기술표준과 표준(필수)특허

기술표준은 기술 간 호환성을 높여 경제적 효율성을 창출하고, 관련 기술의 이용과 개발을 촉진한다. 그러나 기술표준은 관련 시장에서 막대한 영향력을 행사할 수 있게 되고, 일단 표준으로 선정된 기술을 다른 기술로 대체하는 데는 상당한 전환비용이 소요되며 이러한 영향력은 장기간 지속될 수 있다.

특히 기술표준이 배타적·독점적 특성을 갖는 특허권으로 보호 받는 경우에는 관련 시장에 심각한 경쟁제한효과를 초래할 수도 있다. 이러한 문제를 해결하기 위해 많은 표준화 기구들은 기술표준 선정에 앞서 관련된 특허 정보를 미리 공개하도록 하고, 기술표준으로 선정될 기술이 특허권으로 보호받는 경우에는 공정하고, 합리적이며, 비차별적인(Fair Reasonable And Non-Discriminatory, 이하 FRAND) 조건으로 실시허락할 것을 사전에

---

103) 이와 달리 자사우대 규제를 실적 위주로 접근한다면 선별 기능은 작용하기 어렵게 된다.

협의하도록 하고 있다. 이와 같은 특허 정보 공개와 실시조건 협의 절차는 기술표준으로 선정된 특허권의 남용을 방지한다는 측면에서 필요하다. 해당 절차의 이행 여부는 기술표준과 관련된 특허권 행사의 부당성을 판단할 때 중요한 고려사항이 된다.

일반적으로 기술표준 선정을 위한 협의와 기술표준과 관련된 특허권의 행사는 관련 기술의 이용을 촉진하고, 효율성 창출을 통해 소비자후생증대에 기여할 수 있다는 점에서 친(親)경쟁적인 효과를 발생시킬 수 있다. 그러나 표준화 절차를 악용하거나, 기술표준으로 채택된 이후 부당한 조건을 제시하는 등 관련 시장의 경쟁을 저해할 우려가 있는 행위는 특허권의 정당한 권리범위를 벗어난다.[104]

2) FRAND 확약의 경쟁법상 함의

표준화기구들은 표준후보 특허기술을 사전에 공개하도록 함과 동시에 참여자들이 효율적으로 표준기술을 이용할 수 있도록 정책을 마련한다. 대표적인 정책이 공정하고, 합리적이고, 비차별적인 조건의 지적재산권 실시의무(duty of fair, reasonable and nondiscriminatory license)이다.

또한, 미래의 분쟁을 방지하기 위해 표준설정 과정에서 FRAND 확약이 들어왔다. FRAND 확약의 내용이 모호하지만, 특허 지체(patent holdup)를 방지하고, 실시를 원하는 자에게 합리적인 조건(reasonable terms)으로 접근이 이루어진다는 공통점을 가지고 있다. 통상 FRAND 확약은 개방적이고 일반적이어서(general, open-ended), 실제 분쟁이 발생하였을 때 많은 문제가 사법적 판단에 따라 해결된다.[105]

첫째, FRAND system은 기본적으로 경쟁을 촉진하는 역할을 한다.[106] FRAND 확약은 경합성과 호환성(compatibility, interoperability)을 유지하

---

104) 지식재산권의 부당한 행사에 대한 심사지침 III. 5. 가.
105) Erik Hovenkamp, Tying, Exclusivity, and Standard-Essential Patents, 19 Columbia Science and Technology Law Review 79(2018), p. 83, 84.
106) Hovenkamp, FRAND and Antitrust, 105 Cornell L. Rev. 1683 (2020), p. 1689.

고, 봉쇄를 막는 역할을 한다. 네트워크 분야에서 경합성과 호환성은 특히
중요하며, 봉쇄는 경합성과 호환성을 저해한다. FRAND 확약은 봉쇄효과
를 방지하는 역할을 한다.[107]

둘째, FRAND 확약의 목표는 합리적인 실시료에 따른 실시가 가능하도
록 하는 데에도 있다. 표준이 되기 전에, 경쟁시장에서 형성되었을 실시료
가 표준이 된 이후에도 적용되도록 하는 데에 있다.[108] FRAND는 실시료
인상을 통제하는 근거로 작동할 수도 있다.[109] 이때 표준필수특허의 합리
적 실시료는 시장지배력이 반영되지 않은 금액이어야 한다.[110]

셋째, 표준필수특허 보유자가 투입요소 등을 판매하는 상품시장에서 독점
사업자인 경우 문제는 심각해진다.[111] 표준필수특허권자는 끼워팔기와 배타
조건부거래를 할 동기가 생긴다. 이러한 경우 확약의 존재는 표준필수특허
권자가 주장하는 정당화 사유를 약화시키는 역할을 할 수 있다.[112] 특허권
의 독점적, 배타적 행사에 대하여, FRAND는 균형을 잡는 역할을 한다.[113]
특허 발명자가 특허로 인한 수익을 제한 없이 취득할 수 있어야 하며, 이를
통하여 혁신이 유발될 수 있음을 부정할 수 없더라도,[114] 표준필수특허에
대하여 이러한 일반적인 특허권의 논리를 그대로 관철할 수는 없다.

---

107) Hovenkamp, FRAND and Antitrust, 105 Cornell L. Rev. 1683 (2020), p. 1703.
108) Hovenkamp, FRAND and Antitrust, 105 Cornell L. Rev. 1683 (2020), p. 1692.
109) Erik Hovenkamp, Tying, Exclusivity, and Standard−Essential Patents, 19
    Columbia Science and Technology Law Review 79(2018), p. 81.
110) Erik Hovenkamp, Tying and Exclusion in FRAND Licensing: Evaluating
    Qualcomm, 19 Antitrust Soruce 1 (2020), p. 7.
111) Erik Hovenkamp, Tying, Exclusivity, and Standard−Essential Patents, 19
    Columbia Science and Technology Law Review 79(2018), p. 87.
112) Erik Hovenkamp, Tying, Exclusivity, and Standard−Essential Patents, 19
    Columbia Science and Technology Law Review 79(2018), p. 123.
113) Layne−Farrar, The Economics of FRAND, in Antitrust Intellectual Property
    and High Tech(Blair ed., Cambridge, 2017), p. 62.
114) Hovenkamp and Morton, Framing the Chicago School of Antitrust Analysis,
    University of Pennsylvania Law Review Vol. 168 No. 7(2020), p. 1866. 시카고
    스쿨의 주류적인 입장이기도 하다.

3) FRAND 의무 위반과 경쟁제한성

표준필수특허가 남용될 수 있고, 그 남용을 해결해야 할 필요성이 높다. 이와 같은 경쟁정책상 필요성에 대하여 국가별 차이는 크지 않다. 표준필수특허의 남용에 대한 개입 내지 구제 필요성은 공통되지만, 이를 어떤 방법으로 접근할지에 대하여는 관할별 차이가 있다.[115]

구체적인 해결방안으로 계약관계를 인정하여 실시의무를 부과하고 표준필수특허권자의 금지청구를 부정하는 방안(계약법적 해결), 특허권의 남용의 법리로 접근하는 방안(특허법적 해결), 경쟁법 위반으로 접근하는 방안(경쟁법적 해결) 등이 있다.[116] 다만, 이러한 논의를 실제 사안에 적용함에 있어 다음과 같은 사항에 유의할 필요가 있다.

첫째, 사적 집행에서 논의되는 논의(특히 미국에서의 논의)를 바로 경쟁당국의 공적 집행에 원용하는 방식은 적합하지 않을 수 있다. 민사법에서 형성된 법리를 경쟁법 사안에 참고할 수는 있더라도, 그대로 원용하기는 어렵다.

둘째, 경쟁법위반과 계약위반은 동시에 성립할 수 있고, 두 접근법은 표준필수특허의 남용행위를 해결하는데 모두 기여할 수 있다. 어느 하나의 접근법만 가능하다고 보는 것은 타당하지 않다. 민사법 해결 방법과 경쟁법적 해결 방법은 배타적이 아니라 상보적임에 유의할 필요가 있다.

가) 계약 위반설(경쟁법 위반 부정설)

계약 위반설에 따르면, FRAND 확약 위반을 계약위반으로 이해하며, 확약 위반을 독점금지법 위반으로 보지 않는다. 그 점에서 원고가 FRAND 확약 위반을 바로 독점금지법 위반으로 주장할 경우, 그 자체로 경쟁법 위반의 위법성 가설을 주장하였다고 보기 어렵다.[117]

---

115) 박정원, FRAND 의무 어디까지 왔나?, 경쟁저널 180호, 2015, 24~25면.
116) FRAND 확약 위반의 경우 시장지배적 사업자의 남용행위가 성립한다는 유럽의 견해로는 Whish & Baily, Competition Law, Oxford, 2015, p. 848 등이 있다.

나) 경쟁제한성 추정설

확약위반의 경우 경쟁제한성이 사실상 추정된다고 보는 견해가 있다. 이는 확약이 시장지배적 지위의 사후 남용을 방지하기 위하여 만들어졌다는 점을 사실상 추정의 근거로 제시하고 있다.[118]

다) 경쟁제한성 심사설

FRAND 확약 위반도 다른 사례와 마찬가지로 경쟁제한성에 대한 심사가 원칙적으로 필요하다고 보는 견해이다. FRAND 확약 위반으로 바로 경쟁제한성을 인정하는 것이 아니라, FRAND 확약 위반이 있더라도 경쟁제한효과를 매개로 하여 경쟁제한성을 인정하는 견해이다. 세부적으로는 FRAND 확약 위반으로 경쟁제한성 자체가 추정되지는 않더라도 경쟁제한의 의도 및 목적은 추정된다는 견해와 추정을 인정하지 않고 포스코 판결의 원칙적인 법리에 따라 경쟁제한성 심사가 이루어져야 한다는 견해 등이 있다.

라) 평가

FRAND 확약 위반은 계약 위반 문제와 함께 경쟁제한성이 문제되는 유형이다. 그 점에서 경쟁법위반이 문제되지 않음을 전제로 한 계약 위반설에 동의하기 어렵다. 경쟁법위반으로 보는 경우에도 FRAND 확약 위반은 경쟁제한성을 인정하는 간접사실의 하나가 될 수 있으나 FRAND 확약 위반으로 바로 경쟁법위반을 도출하는 것은 무리이다. 경쟁법 위반을 판단함에 있어, 경쟁을 제한하고 그로 인하여 소비자후생을 침해하는 FRAND 확

---

117) Erik Hovenkamp, Tying, Exclusivity, and Standard—Essential Patents, 19 Columbia Science and Technology Law Review 79, 2018, p. 122.

118) 최승재, 표준필수특허와 법, 박영사, 2021, 145면. 퀄컴사건(공정거래위원회 2017. 1. 20. 의결 제2017−025호 의결)에서 공정거래위원회는 일부 시장지배적 지위 남용행위(기기제조사업자에 대한 행위)에 대하여 FRAND 확약 위반으로 바로 경쟁제한효과가 인정된다는 판단을 하였다.

약 위반 행위와 그렇지 않은 행위를 식별할 필요가 있다.[119) 그 점에서 경쟁제한성 추정설보다 경쟁제한성 심사설이 타당하다.

첫째, FRAND 확약 위반을 바로 경쟁법위반으로 인정하는 의견은 현실적 필요성에도 불구하고 기존에 누적된 경쟁법 법리와 맞지 않을 수 있다. 다른 분야에서 적용되는 경쟁법 법리와 FRAND 확약 위반 사안에서 적용되는 경쟁법 법리가 크게 달라진다는 점에서 불균형의 문제가 생긴다.

둘째, 사실상 추정론에 의하면 FRAND 확약위반의 경우 경쟁제한성이 추정되어, 실질적으로 당연위법의 법리 적용과 유사한 결과에 이를 수 있다. 그러나 확약위반의 사례에서 일률적으로 경쟁제한성을 추정할 경우 과잉집행의 우려가 있다.

사실상 추정이 가능하기 위하여 판례의 누적 등 사법적 경험의 누적이나 고도의 경험칙이 필요하다. 그러나 사법적 경험의 누적이나 고도의 경험칙이 현재 충분하다고 보기는 부족하다. 확약 위반의 사례는 개별사안에 맞추어 유연하고 구체적인 심사가 필요한 남용행위라는 점에서 사실상 추정은 맞지 않는다. 굳이 사실상 추정론을 적용하지 않더라도 표준기술설정 단계에서 대체적 기술을 배제하기 위한 행위를 하여, 그 결과 시장에서 경쟁이 배제되었고, 그러한 독점 상태에서 실제 남용행위에 이른 경우 등에는 경쟁제한성 증명의 수준을 유연하게 적용하는 것으로 해결이 가능하다.

셋째, FRAND 확약을 계약으로 이해하든, 공공질서적인 측면에서 공익적 행위로 이해하든 이는 '거래질서'나 '거래관행'에 가깝다. 이를 위반하였다는 이유로 객관적 경쟁제한효과가 바로 실증되었다고 보기 어렵다.

넷째, 객관적 경쟁제한효과가 증명되지 않았다면 의도 및 목적을 심사할 필요가 없고, 객관적 경쟁제한효과가 증명되었다면 의도나 목적은 추정될 여지가 있다. 다만, 주관적 요건의 심사를 강조하는 포스코 판결[120)의

---

119) Hovenkamp, FRAND and Antitrust, 105 Cornell L. Rev. 1683 (2020), p. 1685, 1686.
120) 대법원 2007. 11. 22. 선고 2002두8626 판결(포스코 판결).

법리가 유효한 상태에서는, FRAND 확약 위반을 주관적 경쟁제한의 의도 및 목적의 판단에서 고려할 수 있다.

제4절 | 기업결합과 경쟁제한성 판단

1. 단독효과

기업결합 후 당사회사가 단독으로 가격인상 등 경쟁제한행위를 하더라도 경쟁사업자가 당사회사 제품을 대체할 수 있는 제품을 적시에 충분히 공급하기 곤란한 등의 사정이 있는 경우에는 당해 기업결합이 경쟁을 실질적으로 제한할 수 있다.121) 이를 단독효과라고 부른다. 기업결합으로 발생하는 단독효과로서 가격인상을 설명하는 데 불완전경쟁 모델(models of imperfect competition)이 사용되고 있다.

경제분석기법의 발달로 기업결합하는 당사기업들의 상품이 얼마나 가까운 경쟁자인지를 파악할 수 있는데, 이는 단독효과로서 가격인상 가능성을 예측하는 데 필수적이다. 소비자들의 평가 결과 가까운 대체품인 경우, 이를 제조하는 기업들이 결합하는 경우 가격인상의 폭이 클 수 있다. 후술하는 UPP(Upward Pricing Pressure) 측정은 불완전경쟁 중 독점적 경쟁 모델(monopolistic competition)에 기초를 두고 있다.122)

가. 기업결합 심사와 가격인상의 함의

기업결합 심사는 시장지배력의 행사를 사전에 방지하기 위하여 이루어진다. 시장지배력 행사의 대표적인 현상은 가격 인상, 공급량 감축, 품질

---

121) 기업결합심사기준 Ⅵ. 2. 가.
122) Hovenkamp and Morton, Framing the Chicago School of Antitrust Analysis, University of Pennsylvania Law Review Vol. 168, No. 7, 2020, p. 1861.

제5장 경쟁제한성과 행위유형 319

저하, 다양성 저하, 혁신 저해 등이다.[123] 기업결합 심사에서 고려해야 하는 요소가 다양함에도 기존의 기업결합 심사가 가격인상 가능성 예측에 집중된 이유는 무엇인가? 이는 시장지배적 지위 남용행위 심사에서 착취남용에 속하는 가격남용이 문제되는 사례가 드문 것과 비견된다.

가격인상은 시장지배력의 행사를 상징하고 대표하는 의미가 있다.[124] 이 점에서 가격인상 가능성을 통하여 단독효과를 심사하는 것은 중요한 의미가 있다. 결합기업이 단독으로 가격인상을 통하여 이익을 볼 수 있다면, 이는 다른 방식의 시장지배력 행사도 가능할 수 있음을 시사한다.

가격인상 가능성은 계량화하기 용이하다는 장점이 있다. 시카고 대학의 디렉터(Aaron Director) 교수로부터 출발하였고, 시카고 스쿨의 경제학자에 의해 이론화된 가격 기반 접근법은 계량화를 통한 경쟁제한성의 실증을 통해 미국은 물론 다른 국가에서도 광범위한 호응을 얻었다. 특히 기업결합 심사에서 전환율을 산정할 수 있게 되면서 가격인상 가능성을 수량적으로 표시하는 것이 쉬워졌다.

반면, 가격이론(price theory)에 기반을 둔 가격상승 분석의 장점에도 불구하고, 가격에 기반한 분석이 정확한지에 대한 의문이 제기되고 있다. 더불어 가격의 산정이 어려운 남용행위, 비가격 남용행위의 등장으로 인하여 가격이론에 기반을 둔 분석 방법은 그 한계를 노출하고 있다. 플랫폼 기반 산업 등 새로운 산업에서 가격에 기반한 계량화가 어려울 뿐 아니라 비가격 부분이 중요해지는 새로운 국면을 맞게 되면서 종래의 가격 기반 접근 방법은 과거에 대한 평가뿐 아니라 미래에 대한 예측에서도 한계에 부딪히게 되었다.

---

123) Whish & Baily, Competition Law, Oxford, 2018, p. 838.
124) Whish & Baily, Competition Law, Oxford, 2018, p. 838.

나. 차별화된 시장과 가격인상 심사

기업결합에 따른 가격인상 가능성 심사에서 서비스의 동질성은 중요한 의미가 있다. 상품 및 서비스의 동질성과 차별성에 따라 경쟁제한성에 대한 접근방법은 달라진다.

동질적인 시장에서 시장점유율의 확대 여부에 심사의 중점이 있다면, 차별화된 시장에서 시장점유율보다 가격인상 여부에 심사의 중점이 있다. 한국 기업결합심사기준도 차별적 상품시장에 있어서는 결합 당사회사간 직접 경쟁의 정도를 측정하는 것이 중요하다는 전제에서, 시장점유율 보다는 결합당사회사 제품 간 유사성, 구매전환 비율 등을 중요하게 고려하고 있다. 미국 수평형 기업결합 가이드라인도 기업결합의 취득회사가 피취득회사를 시장에서 차선책(next choice)으로 고려하는지를 고려하고 있다.[125]

이와 같이 차별화된 상품의 기업결합 분석은 다르다. 상품의 차별성이 높고, 그 차별성이 장기간 지속된다면, 기업결합으로 발생하는 경쟁제한효과는 협조효과보다 단독효과에 집중된다. 단독효과로서 가격인상 가능성은 수요 패턴(demand pattern)을 파악할 수 있는지, 그에 필요한 데이터를 구할 수 있는지에 영향을 받는다.[126]

대표적 사례로, U.S. v. Oracle Corp., 331 F.Supp. 2d 1098(N.D.Cal. 2004) 사건에서 1심 법원은 결합당사회사가 거래상대방의 선택에 있어 1, 2순위(the first and second choices)임을 법무부가 증명하지 못하였다고 보았다. 위 법원은 결합회사간 중첩되는 상품이 차별적인지, 가까운 대체관계에 있는지, 결합당사회사 외의 제품은 차별성이 있어 결합기업이 가격인상을 통하여 수익을 누릴 수 있는지, 결합당사회사 외의 기업이 전환(repositioning)을 하여 직접 경쟁자가 될 개연성이 있는지 등을 고려하였다.[127]

---

125) 가이드라인 § 6. 1.
126) Carl Shapiro, Mergers with Differentiated Products, 10 Antitrust 23 (1995), p. 24.
127) ABA, Antitrust Law Development, 2017, p. 372.

다. 가격인상과 재포획(recapturing)

재포획 분석은 차별화된 시장에서 가격인상 가능성을 정량적으로 심사하기 위한 대표적인 방법이다. 기업결합 이전 시장 상황에서 사업자가 가격인상을 할 경우 경쟁자로 수요대체가 이루어진다면 가격인상으로 손실을 보게 된다. 그런데 사업자가 (가격인상으로 대체가 이루어지는) 경쟁자와 기업결합을 할 경우 결합 전이라면 단독의 가격인상으로 손실이 발생하였을 것이나, 기업결합 이후에는 경쟁자의 부재로 결합기업이 이를 재포획할 (recapture) 수 있으므로 가격인상에 따른 수익을 누리게 된다.

결합당사회사(취득회사와 피취득회사) 사이에 전환율이 높은 경우 가격인상 가능성이 높다. 이와 달리 미국 수평형 기업결합 가이드라인은 결합당사회사가 아닌 기업 사이에 전환율이 더 높은 경우에도 경쟁제한효과를 초래할 수 있다고 보고 있다. 일부 법원도 같은 입장을 취하고 있다. 제3의 기업과 전환율이 높다고 하더라도, 기업결합 이후에 손실의 재포획이 가능하다면 결합기업이 가격인상을 할 유인은 충분히 있다는 점에서 이는 타당하다.

라. 가격인상 효과 측정

단독효과로서 가격인상 가능성을 판단하기 위하여 사용되는 분석방법으로 가격인상압력(Upward Pricing Pressure, 이하 UPP) 분석이 사용되고 있다.[128] UPP 분석은 결합 전 가격이 이윤을 극대화하는 가격이라는 전제에서 시행된다. 가격인상압력분석은 차별화된 시장에서 결합 후 당사기업의 가격인상 가능성을 분석하는 방법이다. UPP 지수가 양(+)의 값을 가

---

128) 시장집중도 심사(HHI 등)는 협조효과 심사를 위하여 도입된 것으로 보인다. 이 점에서 협조효과가 발생할 가능성이 높은 동질적인 상품이 경쟁하는 과점적 시장(주로 생산량으로 경쟁하는 Cournot oligopoly)에서는 HHI 측정이 중요하다.

질 때 결합 이후 가격인상 유인이 존재한다.[129)]

이 방법은 기업결합에서 가격인상 가능성을 측정하기 위하여 사용된다. 미국의 2010년 수평 기업결합 가이드라인에 포함되었고,[130)] 한국에서 2014년 에실로[131)] 사건에서 시험적으로 사용되었으며, 2016년 씨제이헬로비전 기업결합 사건[132)]에서 사용되었다.

UPP 측정 방법에 여러 모델이 있으나, 기본적으로 전환율(diversion ratio)[133)]과 마진율(margin ratio)을 측정한다. 전환율은 기업 1 제품의 가격인상 시 구매를 이탈하는 고객 중 기업 2 제품으로 구매를 전환하는 고객의 비율이다. 전환율 및 마진율이 클수록 UPP 지수가 커진다.[134)] 전환율은 설문조사 결과를 이용할 수 있다. 마진율은 서울고등법원 2004. 10. 27. 선고 2003누2252 판결(무학소주 사건)에서 사용된 기준을 참조하는 경향이 있다. 여기에 비용항목별 회귀분석, 총비용 회귀분석을 통해 마진율을 추정할 수 있다.[135)]

어느 정도의 UPP가 나와야 가격인상이 있을 것으로 볼 수 있는지에 대하여는 다양한 견해가 있다. 경쟁관계에 있는 두 기업이 기업결합을 할 경우 양의 값이 나올 가능성이 높다. 이 경우 기업결합에 대하여 부정적인

---

129) 공정거래위원회 2021. 2. 2. 의결 제2021-032호(배달의 민족 등 배달앱 기업결합 사건) 168면.
130) 2010년 가이드라인이 UPP를 직접 규정한 것은 아니지만, 단독효과를 판단하는 요소로 차별화된 상품의 가격(pricing of differentiated products)을 다루면서 전환율 (diversion ratio)이 가지는 의미를 언급하고 있다.
131) 공정거래위원회 2014. 5. 29. 의결 제2014-122호(에실로 사건). 관련상품인 렌즈는 전형적으로 차별화된 상품이다.
132) 공정거래위원회 2016. 7. 18. 의결 제2016-000호(2016기결1393).
133) 전환율 측정과정에서 설문조사 결과가 소비자의 실제 선택과 차이가 있다는 점에서 정확성이 문제되고 있다. 차별적인 상품에서는 실제 선택에서 소비자의 선호 (preference)가 반영될 가능성이 높은데, 이러한 선호도가 설문조사에 투영되는데 한계가 있다.
134) 공정거래위원회 2021. 2. 2. 의결 제2021-032호(배달의 민족 등 배달앱 기업결합 사건) 168면.
135) 공정거래위원회 2021. 2. 2. 의결 제2021-032호(배달의 민족 등 배달앱 기업결합 사건), 169면.

평가를 한다면 기업결합을 과도하게 규제할 위험이 있어서, UPP에서는 10% 정도의 기본값(standard efficiency credit)[136]을 공제하는 경향이 있다. 특히 UPP는 차별화된 상품에서 가격인상 압력을 측정함으로써 경쟁제한성 판단에 참고할 수 있다.[137]

가격인상 자체는 중립적인 현상으로 카르텔에 의한 가격인상이거나 가격남용의 수준이 아닌 한 부정적으로 평가할 이유는 없다. UPP에서 양의 값이 나왔다고 하더라도 이는 가격남용의 수준보다는 낮은 수준의 가격인상에 해당할 것이다. 따라서 기업결합을 부정적으로 평가할 결정적인 요소가 되기는 어렵다.

기업결합 후 결합기업이 행사할 가능성이 있는 단독행위로서 남용행위에는 다양한 유형이 있다. 시장집중도와 달리, UPP는 남용행위 중 가격인상과 관련된 부분만 제한적으로 심사하는 것이어서, 그 효용성에도 불구하고 한계를 가진다. 이 점에서 UPP는 시장집중도 심사에 비하여 경쟁제한성 판단에 미치는 함의가 약할 수 있다. 그 점에서 시장집중도 분석과 달리 UPP 분석이 반드시 이루어져야 하는 것은 아니다. 일부 기업결합 사건에서 UPP에 과도하게 의존하는 경향을 보인 것은 바람직하지 않다.

마. 기업결합의 가격인상 심사와 시장지배적 사업자의 가격남용

UPP는 기업결합 후 가격인상 가능성을 검토한다는 점에서 시장지배적 사업자의 과도한 가격인상(excessive pricing)을 통한 가격남용과 '가격인상'의 공통점을 가지고 있다. UPP와 가격남용은 어떤 관계에 있는가?

---

[136] 기업결합으로 효율성이 달성된다는 취지이다. 예외사유로 효율성 항변이 인정되는 것과 일면 비슷하다.
[137] 차별적인 상품이 경쟁하는 과점적 시장(주로 가격이나 품질로 경쟁하는 Bertrand Oligopoly). 동질적인 경쟁상품 사이에서는 시장집중도 심사와 UPP의 결과는 일치할 가능성이 높다. 다만, 상품의 동질성이나 차별성은 정성적인(qualitative) 판단에 의존하는 경향이 있다.

첫째, UPP는 기업결합 이후 예상되는 가격인상이 '기업 자체의 경쟁상 장점(성과경쟁, competitive merit)'에 기한 것인지를 판단하기 위한 것으로 가격남용과 관련성이 없다는 견해이다. 기업결합 전후의 변화를 심사하는 UPP는 시장지배적 사업자의 가격남용과 별개의 문제라는 취지이다.

둘째, 기업결합으로 시장지배적 사업자가 등장하여 과도한 가격인상을 하는 것이 동태적 흐름이라면, 기업결합 이후 가격인상을 예측하는 UPP는 가격남용과 별개로 보기 어렵다는 견해이다. 기업결합에서 심사하는 단독효과는 결합 이후 회사가 가격인상 등 남용행위를 하는 것을 문제 삼는 것이다. 이 점에서 단독효과는 단독행위 규제에, 협조효과는 카르텔 규제에 대응한다. 이 점에서 단독효과에서 문제삼는 가격인상과 그 측정을 위한 UPP는 가격남용과 연관성이 있다.

다만, 기업결합과 가격남용에서 각각 문제삼는 가격인상 수준은 다를 수 있다. 가격남용에서 문제되는 가격인상의 수준에 대하여 기준은 없으나, 상당히 높은 수준의 가격 인상이 문제될 것이다. 이에 비하여 기업결합에서 가격남용보다 낮은 수준의 가격인상 가능성도 유의미한 결과로 볼 수 있다. 가격인상을 논제로 하더라도, 단독행위 규제와 기업결합 규제(단독효과)에서 그 수준이 다르다는 것은 단독행위 심사와 기업결합 심사를 동질적인 것으로 보기 어려움을 시사한다.[138]

2. 협조효과

기업결합에 따른 경쟁자의 감소 등으로 인하여 사업자간의 가격·수량·거래조건 등에 관한 협조(공동행위뿐만 아니라 경쟁사업자 간 거래조건 등의 경쟁유인을 구조적으로 약화시켜 가격인상 등이 유도되는 경우를 포함한다)가 이루어지기 쉽거나 그 협조의 이행여부에 대한 감시 및 위반자에 대한 제재

---

138) 이를 제도 자체의 차이로 이해할 수도 있고, 기업결합 심사에 맹아적인 심사 (incipiency standard)가 반영된 것으로 이해할 여지도 있다.

가 가능한 경우에는 경쟁을 실질적으로 제한할 가능성이 높아질 수 있다.139) 이를 협조효과라고 부른다.

가. 협조효과의 범위

사후규제인 '공동행위'와 사전규제인 '기업결합의 협조효과' 사이의 관계가 문제된다. 기업결합의 협조효과 심사 범위는 어디까지인지, 즉 기업결합에서 협조적 상호작용은 어디까지 심사되는지가 쟁점이다.

첫째, 병행행위의 범주에는 포함되어야 협조효과를 검토할 여지가 있다. 미국 기업결합 심사기준도 'parallel accommodating conduct' 등 병행행위를 문제삼는다. 그런데 문제는 병행행위가 발생하는 유형 및 원인은 다양하다는 점이다. 그 결과 기업결합 심사에서 병행행위를 어느 범위까지 심사할지는 어려운 문제가 된다.

둘째, 부당한 공동행위를 협조효과에서 고려함에는 이견이 없다. 예를 들면 동일한 관련시장에서 이미 발생한 카르텔 선례 등은 당연히 고려한다. 다만 기업결합 심사는 공동행위 규제에서 문제삼는 '조율행위' 수준을 넘어서 협조효과를 고려할 수 있다.

미국 2010년 수평경 기업결합 심사 가이드라인은 협조효과에서 문제삼는 상호작용(coordinated interaction)의 개념을 확대하였다. 가이드라인 section 7은 명시적 합의, 묵시적 합의 외에 병행행위(parallel accommodating conduct)를 포함하였다. 즉 미국 2010년 가이드라인은 판례에 의하여 축적된 공모의 범위를 넘어서 협조효과를 규정하고 있다. 이는 기업결합 집행을 강화하려는 시도로 볼 수 있다. 또한 과점시장에서 과점사업자들 사이의 상호작용에 대한 경제학 이론을 적극적으로 채택한 것으로 볼 수 있다.140)

한편, 유럽연합 수평형 기업결합 심사 가이드라인은 유럽연합 기능조약

---

139) 기업결합심사기준(2021. 12. 30. 공정거래위원회고시 제2021－25호) Ⅵ. 2. 나.
140) Shapiro & Shelanski, Judicial response to the 2010 horizontal merger guidelines, 58 Rev. Indus. Org. 51 (2021), p. 20.

제101조의 합의나 동조적 행위에 이르지 않으면서도 사업자의 조율에 따른 가격인상이 가능할 수 있음을 지적하고 있다(para 39.). 협조효과의 원인으로 제시될 수 있는 행위에는 추종(가격선도기업의 추종), 모방, 의식적 병행행위, 동조적 행위(정보교환, 알고리즘), 기타 단독행위이지만 공동행위의 효과를 유발하는 경우(invitation to collude) 등 다양한 유형이 있다. 어느 범위까지 협조효과에서 심사할지 문제된다. 이러한 접근의 차이는 결국 시장점유율이 낮은 독행기업(maverick)의 존재를 협조효과에서 어떻게 평가할 것인가에서 드러난다.[141]

셋째, 일부 차이점에도 불구하고, 협조효과에 기반한 접근은 기본적으로 카르텔 규제와 다르지 않다. 기업결합을 통해 종전에 존재하던 기업의 조율(preexisting coordinated interaction)을 증가시키고, 카르텔이 성공할 가능성을 높인다. 협조효과를 통하여 가격이 상승하고, 공급량이 줄어들고, 혁신을 지연시킬 수 있다는 점에서 카르텔을 금지하는 것과 다르지 않다.[142]

나. 협조효과와 카르텔 규제

기업결합에는 카르텔이나 단독행위(단독의 남용행위)를 증가시키는 유형과 효율성을 높이는 유형 중 어느 한 유형만 존재하지 않는다. 대부분 기업결합이 양 측면을 모두 가지고 있다.[143]

첫째, 협조효과는 카르텔 규제의 범위보다 넓을 수 있다. 카르텔 규제에서 법위반이 아닌 행위도 기업결합심사의 협조효과에서는 고려될 수 있다. 표준가격(standardized pricing)이나 정보 배포(dissemination of information)는 그 자체로는 경쟁법 위반이 아닐 수 있으나, 협조효과를 높이는데 기여할 수 있다.[144]

---

141) 통상 협조효과의 평가에서 독행기업이 사라지는 경우를 고려한다.
142) ABA, Antitrust Law Development, 2017, p. 370.
143) Hovenkamp, Federal Antitrust Policy, West, 2016, p. 670.
144) ABA, Antitrust Law Development, 2017, p. 370, 371.

둘째, 카르텔 집행과 기업결합 현상은 밀접한 관련성이 있다. 기업이 합의에 의하여 가격인상 등 의사결정을 하는 것과 하나로 결합하여 가격인상 등 의사결정을 하는 것은 시장에 미치는 영향에서 다르지 않다. 그 결과 카르텔 집행을 강화하면 그 반작용으로 기업결합이 증가한다. 카르텔에 대하여 관대하면 기업결합의 동기가 줄어든다. 카르텔 집행을 강력히 한 미국에서 기업결합은 증가하고, 카르텔에 관대했던 영국에서 기업결합이 적었던 점을 그 예로 드는 견해가 있다.[145]

셋째, 가격인상을 막을 수 있어도 비가격 경쟁을 통한 소비자선택의 폭이 줄어든다면 소비자가 손실을 보게 된다.[146] 따라서 협조효과를 평가할 때 가격인상 가능성만을 고려할 수 없다.

다. 협조효과와 경쟁압력

유력한 경쟁자의 존재로 발생하는 경쟁압력은 가격인상 등 단독효과를 제어하는 역할을 한다. 반면 유력한 경쟁자의 존재로 경쟁압력이 높으면 협조효과가 유발될 가능성도 높다. 이 점에서 경쟁압력은 협조효과가 발생할 가능성을 높일 수 있다.

상당한 수준의 협조효과는 의미는 유력한 경쟁자의 존재로 경쟁압력이 있음을 시사할 수 있다. 이와 달리 협조효과가 문제되지 않으면, 그만큼 시장에서 경쟁압력이 약하다는 정황이 될 수 있다. 한편, 경쟁압력이 있어도 협조효과는 문제되지 않을 수 있다. 예를 들면, 경쟁압력은 있더라도, 상품의 차별성이 높고 서비스 형태가 다르다면 협조효과는 낮을 수 있다.

---

145) Hovenkamp, Federal Antitrust Policy, West, 2016, p. 666. 한국의 과점적 시장구조는 정부주도 경제발전의 결과인 반면, 미국 시장의 과점적 구조는 기업결합의 결과로 인식되고 있다.
146) Hovenkamp, Federal Antitrust Policy, West, 2016, p. 671.

라. 협조효과와 독행기업

1) 독행기업과 기업결합

독행기업은 통상 관련시장에서 파괴적 역할을 수행함으로써 가격인상을 억제하거나 기타 거래조건이 수요자(소비자)에게 불리하게 되는 것을 억제하는 기업으로 정의할 수 있다.[147] 종전의 담합 이론, 즉 경쟁자 수가 적을수록 담합이 용이하다는 소위 'dinner party theory'가 설명하지 못하는 부분을 독행기업은 설명할 수 있는 장점이 있다.[148] 기업결합의 결과 담합 가능성이 증가할지, 그렇지 않을지를 결정하는 데 독행기업 존재는 중요한 의미를 가진다.[149]

한국 기업결합심사기준은 독행기업의 정의를 두지 않고 있다. 다만 기업결합심사기준 VI. 2. 나. (3)에 '결합상대회사가 결합 이전에 상당한 초과생산능력을 가지고 경쟁사업자들간 협조를 억제하는 등의 경쟁적 형태를 보여 온 사업자'를 규정한 부분이 협조효과에서 독행기업의 역할을 반영하고 있다.

미국은 2010년 수평형 기업결합 가이드라인에서 독행기업을 명시적으로 규정하고 협조효과 판단에 반영하고 있다. 2004년 유럽연합 수평형 기업결합 가이드라인도 독행기업을 규정하고 협조효과 판단에 반영하고 있다.

2) 기업결합 유형과 독행기업

수평형 기업결합의 협조효과에서 독행기업은 중요하다. 기업결합의 상

---

147) 이호영, 공정거래법상 독행기업의 법리에 관한 연구, 경쟁법연구 제42권, 2020, 94면.
148) Jonathan B. Baker, Mavericks, Mergers and Exclusion: Proving Coordinated Competitive Effects Under the Antitrust Laws, 77 N.Y.U. L. Rev. 135 (2002), p. 140, 141.
149) Jonathan B. Baker, Mavericks, Mergers and Exclusion: Proving Coordinated Competitive Effects Under the Antitrust Laws, 77 N.Y.U. L. Rev. 135 (2002), p. 197.

대방이 독행기업이라면 기업결합의 결과 독행기업이 제거됨으로써 협조효과가 증대될 것이다.[150] 기업결합 이후에 독행기업이 잔존한다면(독행기업이 기업결합의 당사자가 아니라면) 협조효과를 억제할 경쟁압력이 기업결합 이후에도 존재함을 의미하여, 협조효과가 낮아질 수 있다.

수직형 기업결합도 경쟁제한성 평가에서 협조효과를 고려하며, 그 과정에서 독행기업이 역시 중요하다. 순수한 수직형 기업결합, 즉 거래단계를 달리하는 사업자의 결합인 경우 독행기업의 인수와 직접 관련성은 없다. 다만 기업결합이 수평적인 성격과 동시에 수직적인 성격을 가지는 경우에는 독행기업의 제거 문제가 등장한다.

독행기업의 제거 문제는 아니지만, 기업결합 이후에 경쟁압력을 행사하여 시장을 경쟁적으로 유지하는 역할을 하는 독행기업에 대하여, 결합기업이 전방시장 또는 후방시장 등 시장에서 지배력을 독행기업 견제 수단으로 활용할 수 있다.[151] 예를 들면 부품 시장의 A와 완제품 시장의 B가 수직형 기업결합할 경우, 완제품 시장에서 독행기업의 역할을 하고 있는 C에 대하여 부품 공급을 제한하거나 부품 공급가격을 인상함으로써 독행기업의 역할을 위축시킬 수 있다.

마. 협조효과와 기업결합 유형

원칙적으로 수평형 기업결합의 협조효과와 수직형 기업결합의 협조효과는 다르지 않다. 수평형 기업결합과 마찬가지로 수직형 기업결합에서도 시장 구조의 변화와 결합 기업의 정보에 대한 접근을 통하여 시장 참여자 사이의 묵시적 합의 가능성이 증가하는지 여부, 카르텔 위반 행위의 적발이 용이해지고 제재가 가능한지 여부 등을 고려한다.[152]

---

150) 이호영, "공정거래법상 독행기업의 법리에 관한 연구", 경쟁법연구 제42권, 2020, p. 93.
151) Vertical Merger Guidelines, 2020, p. 10.
152) Vertical Merger Guidelines, 2020, p. 10.

그러나 다음과 같은 차이도 발견된다. 첫째, 수평형 기업결합과 달리 수직형 기업결합에서 이중마진제거의 효과가 나타난다는 점에 주목할 필요가 있다. 결합기업은 이중마진의 제거에 따라 가격인하의 동기가 커진다. 결합기업이 가격인하를 통하여 카르텔에서 이탈할(cheat) 동기가 커지고, 이는 협조효과를 줄이게 된다.[153] 둘째, 수평형 기업결합에서 독행기업의 직접 제거 등이 문제된다면, 수직형 기업결합에서 독행기업의 직접 제거보다는 그에 대한 견제가 주로 문제된다는 점에서 차이가 있다.

3. 봉쇄효과

가. 수직형 기업결합과 봉쇄효과

수직형 기업결합에서 주로 봉쇄효과가 문제된다. 즉, 수직형 기업결합을 통해 당사회사가 경쟁관계에 있는 사업자의 구매선 또는 판매선을 봉쇄하거나 다른 사업자의 진입을 봉쇄할 수 있는 경우에는 경쟁을 실질적으로 제한할 수 있다.[154][155]

첫째, 수직형 기업결합으로 수직적 봉쇄가 발생하고, 거래거절로 이어질 수 있다. 예를 들면, 오렌지 생산자와 오렌지주스 생산자가 결합할 경우 발생하는 봉쇄효과가 그 예이다. 결합기업은 다른 오렌지주스 생산자에 대하여 오렌지공급을 거절할 수 있다. 이에 따라 결합기업의 오렌지판매량이 감소하고 그에 따른 마진에 해당하는 손실을 입는다. 다른 오렌지주스 생산자가 오렌지를 공급받지 못하여 오렌지주스를 생산하지 못하게 되고, 결합기업은 경쟁자로부터 전환된 오렌지주스 판매량에 대한 마진을 얻을 수 있다. 오렌지판매량 감소에 따른 마진감소와 오렌지주스 판매량 증가에 대

---

153) Vertical Merger Guidelines, 2020, p. 11.
154) 기업결합심사기준 Ⅵ. 6. 3.
155) 자동차 부품회사 A, B, C가 자동차 제조회사인 갑에게 부품을 공급하던 중 A와 갑이 수직형 기업결합을 할 경우, A, B는 갑에게 부품을 공급할 수 없게 되고, 다른 자동차 제조회사는 A로부터 부품을 공급받지 못하게 될 우려가 있다.

한 마진 증가를 비교하여 결합기업이 봉쇄를 시행하는 것이 이익이 되는 지 판단할 수 있다.[156]

둘째, 수직적 봉쇄는 진입장벽 구축과 같은 효과를 가질 수 있다. 원재료 생산자와 완제품 생산자의 기업결합에서 이는 발생할 수 있다. 예를 들면, 제약시장에서 A는 원재료를 생산하고 있다. B는 원재료를 사용하여 의약품을 생산하고 있다. A와 B가 결합할 경우 의약품시장에 진입하려는 C는 진입에 어려움을 겪을 수 있다. 기업결합 전에 C의 의약품시장 진입은 A의 입장에서 판매처가 증가한다는 점에서 유익하다. 그러나 기업결합 후 결합기업은 의약품 시장의 우위를 차지하기 위하여 C에 대하여 원재료 공급을 거절할 동기가 존재한다. C 입장에서는 이 문제를 해결하기 위하여 의약품 시장에 진입하면서 동시에 원재료 시장에도 진입을 해야 한다. 이 점에서 시장진입이 어렵게 된다.[157]

셋째, 초기 봉쇄이론은 수직적 관계가 문제된 사건에서 유력한 이론으로 적용되었다. 이 이론은 결합기업이 기타 사업자(unintegrated firms)에 대하여 거래를 중단하고 전속적인 거래를 할 것이라는 점과 그러한 전속 거래가 경쟁제한적이라는 가정을 전제로 하고 있다. 그러나 실제로 결합기업이 거래를 중단할 동기가 크지 않은 것으로 밝혀졌다. 비결합 기업에 대하여 상대적으로 불리한 거래조건을 적용할 수는 있지만, 거래를 중단하여 봉쇄까지 할 동기는 크지 않기 때문이다.[158]

나. 수직형 기업결합 봉쇄효과와 배타조건부거래의 봉쇄효과

수직적 기업결합에서 논의되는 봉쇄효과와 배타조건부거래에서 논의되는 봉쇄효과를 비교하는 것은 봉쇄효과의 작용을 이해하는 데 도움이 된다.

---

156) U.S. Vertical Merger Guidelines, 2020, p. 6. 7.
157) U.S. Vertical Merger Guidelines, 2020, p. 7, 8.
158) Sokol, Analyzing Vertical Mergers: Accouting for the unilateral effects tradeoff and thinking holistically about efficiencies, 27 George Mason Law Review 761 (2020), p. 788.

첫째, 두 봉쇄효과의 기본원리는 원칙적으로 다르지 않다. 다만 계약을 통한 일시적 결합인지(배타조건부거래), 영속적인 결합(수직형 기업결합)인지 차이가 있다. 배타조건부거래를 강하게 규제할 경우, 수직형 기업결합이 증가할 유인이 있고, 이는 수직계열화에 따른 비효율성을 발생시킬 수 있다.

둘째, 두 봉쇄효과 사이에 이질적인 측면도 있다. 이중마진제거를 통한 효율성은 기업결합에서 발생한다. 배타조건부거래에서는 별개의 주체를 전제로 하므로 이중마진제거의 효과가 발생하기 어렵다. 다만, 다른 방법으로 우회하여 이중마진제거 효과가 발생할 수 있는지는 검토될 수 있다. 예를 들면, 상방기업과 하방기업 사이에서 계약으로 이중마진제거 효과를 얻을 수도 있으나, 일반적으로 계약을 통해서 이중마진 효과를 달성하는 것은 쉽지 않다는 점에서 수직형 기업결합과 비교된다.159) 이중마진제거 문제 외에 경쟁자 비용인상의 양상이 동질적인지, 거래거절을 통한 봉쇄의 양상이 동질적인지 등이 고려될 수 있다.

다. 수직형 기업결합의 봉쇄효과 평가와 경제분석

수직형 기업결합의 봉쇄효과 평가를 위한 방법론으로는 Vertical Arithmetic 기법, 수직가격인상압력지수(vGuppi) 기법, 협상모형 기법 등이 있다.

Vertical Arithmetic 기법은 결합기업이 경쟁자에 대하여 요소 공급을 완전히 차단하는 완전봉쇄 상황에 유용하고, 이러한 이유로 부분봉쇄가 이루어지는 현실에 비추어 어려움이 있다. 수직가격인상압력지수(vGuppi) 기법은 결합이 가격에 미치는 영향을 측정할 수 있는 장점이 있으나, 이러한 계산을 위하여 필요한 자료를 실제 확보하기 어렵다는 문제가 있다. 협상모형 기법은 상류 시장과 하류 시장에 모두 일정한 독점력이 있는 경우 협상을 통하여 거래가격이 결정되는 과정에 주목하는 방법으로, 협상력을

---

159) Sokol, Analyzing Vertical Mergers: Accouting for the unilateral effects tradeoff and thinking holistically about efficiencies, 27 George Mason Law Review 761, 2020, p. 784

정확하게 추정해야 하는 어려움이 있다.[160)]

4. 수직형 기업결합과 효율성

가. 이중마진제거 효과 발생

대표적인 경쟁촉진 사유는 이중마진제거(elimination of double marginalization) 효과이다. 상방 시장과 하방 시장 전체에 단일 마진을 책정함으로써 이중마진에서 발생하는 가격 상승과 소비자후생 손실을 방지할 수 있다. 이는 시카고 스쿨의 단일독점이윤 이론(single monopoly profit theory)과 밀접한 관련성이 있다.[161)]

상방기업이 하방기업에 원재료를 공급하는 비용과 하방기업이 상방기업을 통하지 않고 원재료를 공급받는 비용을 비교할 필요가 있다. 전자가 후자보다 낮다면 이중마진의 제거가 발생할 수 있다.[162)] 상방기업이 하방기업에 대하여 높은 가격을 부과할 때 이중마진제거 효과가 클 수 있다.[163)]

이중마진제거로 인한 효율성이 인정될 경우 경쟁제한효과는 부정될 수 있다. 예를 들면, U.S. v. AT&T, 916 F.3d 1029 (D.C.Cir. 2019) 사건에서 연방항소법원은 이중마진제거로 인한 효율성을 인정하면서, 경쟁자비용 상승 효과가 이중마진제거 효과보다 높다는 법무부 주장을 수용하지 않았다.

---

160) 한종희, "수직결합의 봉쇄효과 평가를 위한 경제분석 방법론", 법경제학연구 제14권 제1호, 2017. 64, 66, 68, 75, 77면.

161) 독점사업자가 인접 시장에서 추가적으로 이윤을 확보하려고 시도할 경우 주된 시장에서 이윤을 감소하게 되므로 끼워팔기 등을 통하여 지배력을 전이할 동기가 없게 된다.

162) Sokol, Analyzing Vertical Mergers: Accouting for the unilateral effects tradeoff and thinking holistically about efficiencies, 27 George Mason Law Review 761, 2020, p. 771.

163) Sokol, Analyzing Vertical Mergers: Accouting for the unilateral effects tradeoff and thinking holistically about efficiencies, 27 George Mason Law Review 761, 2020, p. 773.

나. 이중마진제거와 경쟁자 비용상승 비교

이중마진제거를 통하여 하방시장 제품을 낮은 가격으로 판매할 수 있다. 이러한 이중마진제거로 인한 효율성이 경쟁자 비용상승보다 클 경우 효율성이 인정된다.[164] 그 점에서 수직형 기업결합에서 이중마진제거 효율성과 경쟁자 비용상승의 문제를 비교할 필요가 있다.

경쟁자 비용상승은 이중마진제거와 밀접한 관련성을 가지고 있다. 이중마진제거로 가격이 인하됨에 따라, 하방시장에서 경쟁자의 제품에서 결합기업의 제품으로 대체가 발생한다. 이러한 판매감소로 인하여 하방시장의 경쟁자는 상방시장에서 원재료를 구매할 수요가 감소한다. 수요의 감소로 상방시장에서 가격은 내려간다. 원재료 가격 인하로 인하여 하방시장의 가격도 내려간다. 수직형 기업결합의 결과 결합기업이 판매하는 하방시장의 재화 가격이 내려감(이중마진제거 효과)과 동시에 수요감소로 비결합기업의 하방시장의 재화 가격이 내려가는 효과가 발생할 수 있다(경쟁자에 대한 효과). 이는 이중마진제거가 경쟁자비용에 영향을 미치는 사례로 볼 수 있다.[165]

다. 거래비용 감소

거래비용을 다루는 경제학(transaction cost economics)은 거래 비용이 높을 때 어떤 현상이 발생하는지를 연구한다. 거래비용은 시장에서 발생하는 거래 과정에서 발생한다. 거래비용에 정보의 탐색을 위한 비용, 협상을 위한 비용, 소유권 이전을 마무리하기 위하여 발생하는 비용 등이 포함된다. 대표적으로 부동산 취득이나 사업과정에서 발생하는 복잡한 거래에서 거

---

164) U.S. Vertical Merger Guidelines, 2020, p. 11.
165) Sokol, Analyzing Vertical Mergers: Accouting for the unilateral effects tradeoff and thinking holistically about efficiencies, 27 George Mason Law Review 761, 2020, p. 763, 793, 794.

래비용은 커진다.[166] 기업결합의 중요한 동기는 비용감소이며, 특히 수직형 기업결합의 주요 효과는 거래비용(transaction cost) 감소이다.[167]

첫째, 다른 거래 단계에서 카르텔이 존재하거나 독점이 존재하는 경우 이에 대항하여 비용을 절감하기 위하여 수직적 기업결합을 할 수 있다. 예를 들면, 세탁기 생산자가 모터 생산자로부터 모터를 공급받은 후 세탁기를 제조하여 판매하고 있다. 그런데 모터 생산 시장에서 카르텔이 존재하여 가격이 인상되어 있다면, 비용절감이 어렵게 된다. 세탁기 생산자는 모터 생산업자 중 1인과 기업결합하여 낮은 가격에 모터를 공급받는 방안을 검토하게 된다.[168]

둘째, 상방기업이 하방기업에 공급하는 재화의 전문성이 높은 경우 (specialized), 거래비용 감소의 효과가 크다. 상방기업이 하방기업에 재화를 공급하지 않음으로 지체(hold–up)가 발생하며, 이러한 지체 가능성은 상방기업과 하방기업 사이의 계약 과정에서 가격에 반영된다. 수직형 기업결합이 이루어질 경우 지체 가능성이 제거되면서, 거래비용 감소의 효과가 클 수 있다.[169]

라. 생산증가, 비용인하, 범위의 경제

수직형 기업결합의 생산증가 효과는 경제학적으로 실증된 바 있다.[170]

---

166) Godley, Enterpreneurship and Market Structure, in Christian and Market Regulation(Crane ed., Cambridge, 2021), p. 127.
167) Sullivan et al, Antitrust Law, Policy, and Procedure: Cases, Materials, Problems, Carilina Academic Press, 2019, p. 929.
168) Sullivan et al, Antitrust Law, Policy, and Procedure: Cases, Materials, Problems, Carilina Academic Press, 2019, p. 930.
169) Sokol, Analyzing Vertical Mergers: Accouting for the unilateral effects tradeoff and thinking holistically about efficiencies, 27 George Mason Law Review 761, 2020, p. 775.
170) Sokol, Analyzing Vertical Mergers: Accouting for the unilateral effects tradeoff and thinking holistically about efficiencies, 27 George Mason Law Review

336 경쟁과 경쟁제한성의 이해

대표적으로 비용인하 효과이다. 제품 A를 생산하는 기업이 이를 판매하는 판매업자와 결합할 경우, 결합기업은 비용을 줄일 수 있다. 결합기업은 제품 A를 구매하는 과정에서 지급하는 (도매)가격 문제가 발생하지 않으므로, 제품 A를 판매함에 있어 가격을 인하할 수 있다.171)

또 다른 효과는 범위의 경제로 인한 효율성이다. 범위의 경제(Economies of scope), 즉 수직형 기업결합을 통하여 생산하는 제품의 다양성을 확대할 경우 평균생산 비용감소가 가능하게 된다. 수평형 기업결합의 효율성의 주된 근거가 규모의 경제(economies of scale)라면 수직형 기업결합의 효율성의 주된 근거는 범위의 경제가 된다.172)

마. 기타 효율성

수직형 기업결합의 효율성으로 여러 요소가 논의될 수 있다. 상방기업과 하방기업의 계약에 모든 것을 담을 수 없다(contractual incompleteness). 그 결과 재협상 등 위험이 발생할 수 있으나, 수직형 기업결합으로 이러한 위험을 줄일 수 있다. 상방기업과 하방기업 사이의 학습효과(learning by doing knowledge)가 높아질 수 있다. 상방기업과 하방기업 상호간의 지식이전(knowledge transfer) 효과가 발생할 수 있다. 영업비밀 유출 등을 방지할 수 있다. 재고 비용(inventory cost)을 줄일 수 있다. 연구개발을 통한 혁신을 기대할 수 있다. 상방기업과 하방기업 사이의 투자를 조율할 수 있다.173)

수직형 기업결합은 자체적인 비용감소 외에도 (경쟁법 외의) 규제를 피하

761, 2020, p. 765.
171) U.S. Vertical Merger Guidelines(2020), p. 7.
172) Whish & Baily, Competition Law, Oxford, 2018, p. 833.
173) Sokol, Analyzing Vertical Mergers: Accouting for the unilateral effects tradeoff and thinking holistically about efficiencies, 27 George Mason Law Review 761, 2020, p. 775–782.

기 위하여 유리할 수 있다. 예를 들면 정부규제나 조세가 기업결합을 촉진
하기도 한다. 완제품 생산자가 원재료 생산자와 결합할 경우 거래단계를
줄여 조세 부과를 피할 수 있기 때문이다.[174]

---

174) Sullivan et al, Antitrust Law, Policy, and Procedure: Cases, Materials, Problems, Carilina Academic Press(2019), p. 931.

참고문헌

[국내 단행본]

권오승, 경제법(제6판), 법문사, 2008

권오승 외, 통신산업과 경쟁법, 법문사, 2004

권오승·서정, 독점규제법, 법문사, 2022

김문식, EU 경쟁법의 이해, 박영사, 2022

김상택, 산업조직론, 율곡출판사, 2018

김종인, "왜 대통령은 실패하는가", 21세기북스, 2022

김형배, 공정거래법의 이론과 실제, 삼일, 2019

나종갑, 불공정경쟁법의 철학적·규범적 토대와 현대적 적용, 연세대학교 대학
　　출판문화원, 2021

박세일, 법경제학(개정판), 박영사, 2007

사법연수원, 「공정거래법」, 2012

송상현, 「고독한 도전」, 정의의 길을 열다, 나남, 2020

신현윤, 경제법(제7판), 법문사, 2017

이기종, 플랫폼 경쟁법, 삼영사, 2021

이민호, 기업결합의 경쟁제한성 판단기준, 경인문화사, 2013

이봉의, 공정거래법, 박영사, 2022

이성엽 외, 플랫폼의 법과 정책, 박영사, 2022

이준구, 미시경제학, 법문사, 1990

이호영, 독점규제법(제7판), 홍문사, 2022

임영철·조성국, 공정거래법(개정판), 박영사, 2020

정갑영 외, 산업조직론(제6판), 박영사, 2021.

정재훈, 공정거래법 소송실무(제2판), 육법사, 2017

정재훈, 공정거래법 소송실무(제3판), 육법사, 2020

정재훈, 의료 · 의약품 산업과 경쟁법, 경인문화사, 2020

최승재, 표준필수특허와 법, 박영사, 2021

[국내 논문]

강수진, "공정거래법상 형벌규정에 대한 소고", 경쟁저널 제212호, 2022

강우찬, "공정거래법 벌칙규정과 형사법 이론의 체계적 정합성과 관련한 몇 가지 문제들", 경쟁저널 제212호, 2022

김성균, "플랫폼 사업자의 배제남용에 대한 연구", 고려대학교 대학원 박사학위논문, 2021

김종민 · 이황, "상식과 직관에 부합하는 경제분석 필요성 – 경성카르텔에 시장획정을 요구하는 대법원 판례에 대한 코멘트", 고려법학 제81호, 2016

박정원, "FRAND 의무 어디까지 왔나?", 경쟁저널 제180호, 2015

변동열, "거래상 지위의 남용행위와 경쟁", 저스티스 제34권 제4호, 2001

이봉의, "디지털플랫폼의 자사 서비스 우선에 대한 경쟁법의 접근", 법학연구 제30권 제3호, 2020

이상현, "공정거래법상 형벌규정에 대한 형법이론적 분석과 개정법의 방향", 숭실대학교 법학논총 제47집, 2020

이수진, "온라인 플랫폼 사업자가 보유하는 데이터 관련 시장지배력 판단", 경쟁법 연구 제45권, 2022

이황, "불이익 제공행위에 있어서 부당성의 판단기준과 사례", 대법원판례해설 제64호, 2007

이황, "공정거래법상 단독의 위반행위 규제의 체계 : 시장지배적 지위 남용행위로서의 거래거절행위의 위법성, 그 본질과 판단기준", 사법 제5호, 2008

이호영, "공정거래법상 독행기업의 법리에 관한 연구", 경쟁법연구 제42권, 2020

정재훈, "공정거래법상 거래거절 규제: 시장지배적 지위 남용행위와 불공정거래행위의 관계를 중심으로", 경쟁저널 제169호, 2013

정재훈, "부당공동행위의 제한 – 경성카르텔의 위법성 판단과 관련시장의 획정

문제를 중심으로", 「2013년도 공정거래소송의 주요 쟁점 법관연수 자료」, 사법연수원, 2013

정재훈, "부당한 공동행위와 관련시장의 획정", 법조 제686호, 2013

정재훈, "경성카르텔 규제와 관련 시장의 문제-수입차 및 음료수 판결 전후의 판례 동향", 경쟁저널 제179호, 2015

정재훈, "의료공급자에 대한 사업자단체 규제와 경쟁제한성 판단", 저스티스 제156호, 2016

정재훈, "역지불 합의의 요건과 경쟁제한성 판단", 경쟁법연구 제36권, 2017

주진열, "독점규제법상 거래상 지위남용 조항의 적용 범위에 대한 비판적 고찰", 고려법학 제78호, 2015

한종희, "수직결합의 봉쇄효과 평가를 위한 경제분석 방법론", 법경제학연구 제14권 제1호, 2017

홍대식, "간격 좁히기: 국제 경쟁법으로의 수렴 또는 그로부터의 분산", 경쟁법연구 제31권, 2015

홍대식, "표준필수특허 보유자의 사업모델에 대한 공정거래법의 적용", 경쟁법연구 제45권, 2022

홍명수, "경쟁정책과 소비자정책의 관련성 고찰: 독점규제법과 소비자법의 관계를 중심으로", 소비자문제연구 제44권 제1호, 2013

홍명수, "독점규제법 위반행위에 있어서 주관적 요건의 검토", 경쟁법연구 제29권, 2014

[외국 단행본]

ABA, Antitrust Law Development, 2012

ABA, Antitrust Law Development, 2017

ABA Antitrust Law Section, 『Differences and Alignment: Final Report of the Task Force on International Divergence of Dominant Standards』, ABA, 2019

Ayal, Fairness in Antitrust, Hart Publishing, 2014

Black, Conceptual Foundations of Antitrust, Cambridge, 2005

Breyer, Active Liberty, Alfred A. Knopf, 2005

Department of Justice, Competition and Monopoly: Single—Firm Conduct Under Section 2 of the Sherman Act, 2008

Dunne, Competition Law and Economic Regulation, Cambridge, 2015

Colino, Vertical Agreements and Competition Law, Oxford, 2010

Friedman, Capitalism and Freedom, The University of Chicago Press, 2002

Gellhorn & Kovacic, Antitrust Law and Economics, West, 2004

Gerber, Law and Competition in Twentieth Century Europe, Oxford, 1998

Gifford, The Atlantic divide in antitrust, The University of Chicago Press, 2015

Hammond, Making Chicago Price Theory, Routledge, 2006.

Hayek, The Constitution of Liberty, Routledge, 1993

Hovenkamp, Federal Antitrust Policy, West, 2016

Hovenkamp, Federal Antitrust Policy, West, 2020

Hylton, Antitrust Law and Economics, Edward Elgar, 2010

Jones & Sufrin, EU Competition Law, Oxford, 2016

Madi, Regulating Vertical Agreements, Wolters Kluwer, 2020

Mankiew, Principles of Economics, Dryden Press, 2001., 김경환·김종석 공역, 「맨큐의 경제학」, 교보문고, 2003.

Sagers, Antitrust, Wolters Kluwer, 2011

Schmidt, Competition law, innovation and antitrust, Edward Elgar, 2009

Sullivan, the law of antitrust, West, 2016

Sullivan et al, Antitrust Law, Policy, and Procedure: Cases, Materials, Problems, Carilina Academic Press, 2019

Thépot, The interaction between competition law and corporate governance, Cambridge, 2019

Wapshott, 이가영 역, 새무얼슨 VS 프리드먼(Samuelson Friedman), 부키, 2022

Whish & Baily, Competition Law, Oxford, 2015

Whish & Baily, Competition Law, Oxford, 2018

岩本章吾, 獨占禁止法精義, 悠悠社, 2013

[외국 논문]

Al－Ameen, Antitrust pluralism and justice, in The goals of competition law(Zimmer ed., Edward Elgar, 2012)

Alves, Price Controls and Market Economics, in Christian and Market Regulation(Crane ed., Cambridge, 2021)

Anderson, Abuse of Dominant Position, in Competition Law Today(Dhall ed., Oxford, 2019)

Andriychuk, Thinking inside the box: Why competition as a process is a sui generis right, in The goals of competition law(Zimmer ed., Edward Elgar, 2012)

Averitt, Competition and consumer protection law together, in More Common Ground For International Competition Law?(Drexl ed., Edward Elgar, 2011)

Bagley and Lloyd, Patents, Access to Technologies, and Christianity, in Christian and Market Regulation(Crane ed., Cambridge, 2021)

Bainbridge, Christianity and Corporate Purpose, in Christian and Market Regulation(Crane ed., Cambridge, 2021)

Baker, Product Differentiation, 5 Geo. Mason L. Rev. 347, 1997

Baker, Mavericks, Mergers and Exclusion: Proving Coordinated Competitive Effects Under the Antitrust Laws, 77 N.Y.U. L. Rev. 135, 2002

Baker, The Case for Antitrust Enforcement, 17 J. Econ. Persp. 27, 2003

Baker, Taking the Error Out of "Error Cost" Analysis: What's Wrong With Antitrust's Right, 80 Antitrust L.J. 1, 2015

Baker & Morton, Antitrust Enforcement against Platform MFNs, 127 The Yale Law Journal 2176, 2018

Booth, Subsidiarity and the Role of Regulation, in Christian and Market Regulation(Crane ed., Cambridge, 2021)

Broulik, Two Contexts for Economics in Competition Law, in New Developments in Competition Law and Economics(Mathis ed., Springer, 2019)

Carrier, Pharmaceutical Antitrust Enforcement in the United States and Chile, 8 Journal of Law and the Biosciences, 2021

Cleynenbreugel, Innovation in competition law analysis: making sense of on－going academic and policy debates, in The Roles of Innovation in Competition law analysis(Nihoul ed., Edward Elgar, 2018)

Colomo, Self－Preferencing: Yet Another Epithet in Need of Limiting Principles, 43 World Competition, 2020

Crane, Rationals For Antitrust, in International Antitrust Economics(Blair ed., Oxford, 2015)

Crane, Formalism and Functionalism in Antitrust Treatment of Loyalty Rebates: A Comparative Perspective, Antitrust Law Journal 81, no. 1－2, 2016

Crane, Further Reflections on Antitrust and Wealth Inequality, Competition Pol'y Int'l Antitrust Chron., 2017

Dogan, The role of design choice in intellectual property and antitrust law, 15 Journal on telecommunications and technology law 27, 2016

Elzinga and Crane, Christianity and Antitrust A Nexus, in Christian and Market Regulation(Crane ed., Cambridge, 2021)

Director, The Parity of the Economic Market Place, The Journal of Law & Economics, Vol. 7., 1964

Elhauge, Tying, Bundled Discounts, and the Death of the Single Monopoly Profit Theory, 123(2) Harv. L. Rev. 397, 2009

Fingletion, Competition Policy and Competitiveness in Europe, in Competition law and Economics(Mateus ed., Edward Elgar, 2010)

Fox, The Battle for the Soul of Antitrust, 75 Calif. L. Rev. 917, 1987

Fox, What is Harm to Competition? Exclusionary Practices and Anticompetitive Effect, 70 Antitrust L.J. 371, 2002

Fox, The Efficiency Paradox, NYU center for Law, Economics and Organization, 2009

Fox, The Past and future of international antitrust, in Building New Competition Law Regimes(Lewis ed., Edward Elgar, 2013)

Friedman, Capitalism and Freedom, The University of Chicago Press, 2002

Gerber, The goals of European competition law, in the goals of competition law(Zimmer ed., Edward Elgar, 2012)

Godley, Enterperneurship and Market Structure, in Christian and Market Regulation(Crane ed., Cambridge, 2021)

Gregg, Christianity and the Morality of the Market, in Christian and Market Regulation(Crane ed., Cambridge, 2021)

Harper and Rosner, The Common Good and the Role of Government in Regulating Markets, in Christian and Market Regulation(Crane ed., Cambridge, 2021)

Hayek, Competition as a Discovery Procedure, a 1968 lecture at the Univ. of Kiel, translated in The Quarterly Journal of austrian Economics Vol. 5, No. 3, 2002

Hemphill, Less Restrictive Alternatives in Antitrust Law, 116 Columbia Law Review 927, 2016

Hemphill & Wu, Nascent Competitors, University Pennsylvania Law Review, Vol. 168, 2020

Hovenkamp, Appraising Merger Efficiencies, 24 George Mason L. Rev 703, 2017

Hovenkamp, Platforms and the Rule of Reason: The American Express Case, 2019 Columbia Business Law Review 35, 2019

Hovenkamp, FRAND and Antitrust, 105 Cornell L. Rev. 1683, 2020

Hovenkamp, Competition harm from vertical mergers, University of Pennsylvania ILE Research Paper, 2020

Hovenkamp and Morton, Framing the Chicago School of Antitrust Analysis, University of Pennsylvania Law Review Vol. 168 No. 7, 2020

Erik Hovenkamp, Tying, Exclusivity, and Standard−Essential Patents, 19 Columbia Science and Technology Law Review 79, 2018

Erik Hovenkamp, Tying and Exclusion in FRAND Licensing: Evaluating Qualcomm, 19 Antitrust Soruce 1, 2020

Erik Hovenkamp, The Antitrust Duty to Deal in the Age of Big Tech, Yale Law Journal, 2022

Joskow, Transaction Cost of Economics, Antitrust Rules, and Remedies, 18 J.L. & Econ. & Org. 95, 2002

Kaplow, On the choice of welfare standards in competition law, in the goals of competition law(Zimmer ed., Edward Elgar, 2012)

Katz and Shelanski, Merger and innovation, 74 Antitrust L.J. 1, 2007

Kianzad, Excessive Pharmaceutical Prices as an Anticompetitive Practices in TTIPS and European Competition Law, in New Developments, in Competition Law and Economics(Mathis ed., Springer, 2019)

Kingston, Competition Law in an Environmental Crisis, Journal of European Law & Practice Vol. 10. No. 9, 2019

Klein, Competitive Resale Price Maintenance in the Absence of Free Riding, 76 Antitrust L.J. 431, 2009

Krattenmaker et al, Monopoly Power and Market Power, 76 Georgetown Law Journal 241, 1987

Künzler, Economic content of competition law: the point of regulation preferences, in The goals of competition law(Zimmer ed., Edward Elgar, 2012)

Kovacic, Failed Expectations: The Troubled Past and Uncertain Future of the Sherman Act as a Tool for Deconcentration, 74 Iowa L. Rev. 1105, 1989

Lande, Wealth Transfers as the Original and Primary Concern of Antitrust: The Efficiency Interpretation Challenged, 50 Hastings L.J. 871, 1999

Lande, Consumer choice as the best way to recenter the mission of competiton law, in More Common Ground For International Competition Law?(Drexl ed., Edward Elgar, 2011)

Layne−Farrar, The Economics of FRAND, in Antitrust Intellectual Property and High Tech(Blair ed., Cambridge, 2017)

Leslie, Unilaterally imposed tying arrangements and antitrust's concerted action requirement, 60 Ohio St. L.J. 1773, 1999

Leslie, Cutting through tying theory with Occam's razor, 78 Tul. L. Rev. 727, 2004

Leslie, The anticompetitive effects of unenforced invalid patents, 91 Minn. L. Rev. 101, 2006

Leslie, Rationality Analysis in Antitrust, 158 University of Pennsylvania Law Review 261. 2010

Leslie, Antitrust Made (Too) Simple, Antitrust Law Journal Vol. 79 No. 3, 2014

Leslie, The probative synergy of plus factors in price—fixing litigation, 115 NW. U. L. Rev. 1581, 2021

Lianos, Is There a Tension Between Development Economics and Competition?, in Competition Law and Development(Sokol ed., Standford Law Books, 2013)

Lianos, The Poverty of Competition Law, in Reconciling Efficiency and Equity(Gerard ed., Cambridge, 2019)

Maier—Rigaud, On the normative foundations of competition law, in the goals of competition law(Zimmer ed., Edward Elgar, 2012)

Meier, Pleading for a Multiple Goal Approach in European Competition Law, in New Developments in Competition Law and Economics(Mathis ed., Springer, 2019)

Melamed, Antitrust is not that complicated, 130 Hard.L.Rev. 163, 2017

Newman, Anticompetitive Product Design in the New Economy, 39 FLA.ST.U.L.Rev. 681, 2012

Newman, Procompetitive Jusitfications in Antitrust Law, 94 IND.L.J. 501, 2019

Newman, Antitrust in Zero—Price Markets: Applications, 2015

Newman, A modern antitrust paradox: The output welfare fallacy, 107 Iowa L. Rev., 2022

Nihoul, Is competition law part of consumer law?, in More Common Ground For International Competition Law?(Drexl ed., Edward Elgar, 2011)

Nihoul, Do words matter? A discussion on words used to designate values associated with competition law, in the goals of competition law(Zimmer ed., Edward Elgar, 2012)

OECD, Licensing of IP rights and competition law, OECD Background Note by the Secretariat, 2019

OECD, Environmental Considerations in Competition Enforcement, OECE

Background Paper by the Secretariat DAF/COMP(2021)4, 2021

Orbach, The Durability of Formalism in Antitrust, 100 Iowa Law Review 2197, 2015

Parret, The Multiple personalities of EU competition law: time for a comprehensive debate on its objectives, in the goals of competition law(Zimmer ed., Edward Elgar, 2012)

Page, Areeda, Chicago, and Antitrust Injury: Economic Efficiency and Legal Process, 41 Antitrust Bull. 909, 1996

Perrot, Do National Champions Have Anything to do with Economics?, in Competition law and Economics(Mateus ed., Edward Elgar, 2010)

Posner, The Chicago School of Antitrust Analysis, University of Pennsylvania Law Review Vo. 127:925, 1979

Priest, Competition Law in Developing Nations, in Competition Law and Development(Sokol ed., Standford Law Books, 2013)

Richards, Is Market Definition Necessary in Sherman Act Cases When Anticompetitive Effects Can Be Shown with Direct Evidence, 26 Antitrust 53, 57, 2012

Salop, Question: What is the Real and Proper Antitrust Welfare Standard? Answer: The True Consumer Welfare Standard, Loyola Consumer Law Review, 2010

Salop, Antitrust, competition policy, and inequality, Georgetown Law Journal Online, 2015

Salop, What Consensus? Ideology, Politics, and Elctions Still Matter, Georgetown Law Journal Online, 2015

Salop, The raising rivals' cost paradigm, conditional pricing practices and the flawed incremental price—cost test, Antitrust Law Journal, 2017

Salop & Scheffman, Raising Rivals' Costs, 73 Am. Econ. Rev. 267, 1983

Shapiro, Mergers with Differentiated Products, 10 Antitrust 23, 1995

Shapiro & Shelanski, Judicial response to the 2010 horizontal merger guidelines, 58 Rev. Indus. Org. 51, 2021

Sokol, Antitrust, Institutions, and merger control, 17 George Mason Law

Review 1055, 2010

Sokol, Vertical mergers and entrepreneurial exit, 70 Florida Law Review 1357, 2018

Sokol, Antitrust, Industrial Policy, and Economic Populism, in Reconciling Efficiency and Equity(Gerard ed., Cambridge, 2019)

Sokol, Analyzing Vertical Mergers: Accounting for the unilateral effects tradeoff and thinking holistically about efficiencies, 27 George Mason Law Review 761, 2020

Stiglitz, Towards a Broader View of Competition Policy, in Competition Policy For the New Era(Bonakele ed., Oxford, 2017),

Stigler Committee on Digital Platforms Final Report, Chicago Booth Stigler Center , 2019

Stucke, Are people self－interested? The implications of behavioral economics on competition policy, in More Common Ground For International Competition Law?(Drexl ed., Edward Elgar, 2011)

Stucke, What is competition?, in the goals of competition law(Zimmer ed., Edward Elgar, 2012)

Stucke, Is competition always good?, Journal of Antitrust Enforcement, Vol. 1, No. 1, 2013

Werden, "Antitrust's Rule of Reason: Only competition matters", SSRN Electronic Journal, 2013.

White, Antitrust Policy and Industrial Policy: A View from the U.S., in Competition law and Economics(Mateus ed., Edward Elgar, 2010)

Wu, The "Protection of the Competitive Process" Standard, FTC Hearings, 2018

Zimmer, Competition Law de lege ferenda, in the Development of Competition Law(Zäch ed., Edward Elgar, 2010)

Zimmer, The basic goal of competition law: to protect the opposite side of the market, in the goals of competition law(Zimmer ed., Edward Elgar, 2012)

사항색인

저자 소개

정재훈

1993년 제35회 사법시험에 합격(사법연수원 제25기 수료)한 후, 19년의 법관 경력(판사 12년, 부장판사 7년)을 포함한 24년의 공직에서 2018년 2월 명예퇴직하고, 2018년 3월 이화여대 법학전문대학원 교수가 되었다. 2011년 경제법 전공으로 법학박사 학위를 받았으며, 법학전문대학원, 일반대학원, 법무대학원, 사법연수원, 법무연수원, 변호사연수원 등에서 공정거래법 강의를 담당하였다. 서울고등법원 공정거래전담부에서 주요 공정거래 사건을 전담하였고 (Judge, Antitrust Tribunal of Appellate Court, 2013~2016년), 공정거래위원회 비상임위원을 담당하는(Non-Standing Commissioner of KFTC, 2019~2021년) 등 경쟁법 학자로서 법원과 경쟁당국에서 모두 경쟁법 사건을 심리한 경험을 가지고 있다.

공정거래법 및 공정거래특별법 전반에 대한 연구와 더불어, 기업결합의 규범적 통제, 의약품 특허·규제와 경쟁법, 경제법의 역외적용, 하도급법 등을 연구하고 있고, 근본적인 주제로 '경쟁과 경쟁제한성의 이해'를 고찰하고 있다. 단독 저서로 하도급법 연구: 이론과 실무(이화여자대학교 출판문화원, 2022년), 의료·의약품 산업과 경쟁법(경인문화사, 2020년, 유민총서 8권), 공정거래법 소송실무(제1, 2, 3판, 육법사, 2020년)와 공동 저서로 주석민법 채권각칙(한국사법행정학회, 2022년, 독점규제법, 노동관계법, 실화책임 부분), 법학입문(제6판, 법문사, 2020년, 경제법 부분), 대규모유통업법 주석(로앤비, 2019년) 등이 있고, 2022년 12월 기준 연구실적으로 47편의 학술논문(경제법 논문 41편)이 있다.

경쟁과 경쟁제한성의 이해

초판발행	2023년 2월 20일
지은이	정재훈
펴낸이	안종만 · 안상준
편 집	양수정
기획/마케팅	조성호
표지디자인	이수빈
제 작	고철민 · 조영환
펴낸곳	(주) **박영사**
	서울특별시 금천구 가산디지털2로 53, 210호(가산동, 한라시그마밸리)
	등록 1959. 3. 11. 제300-1959-1호(倫)
전 화	02)733-6771
f a x	02)736-4818
e-mail	pys@pybook.co.kr
homepage	www.pybook.co.kr
ISBN	979-11-303-4346-4 93360

* 파본은 구입하신 곳에서 교환해 드립니다. 본서의 무단복제행위를 금합니다.
* 저자와 협의하여 인지첩부를 생략합니다.

정 가   27,000원